贵阳学院阳明学与地方文化研究中心

阳明学研究丛书

王学研究

第三辑

赵平略　陆永胜　主编

社会科学文献出版社
SOCIAL SCIENCES ACADEMIC PRESS (CHINA)

中国·贵阳

2014'第二届知行论坛

"中国传统文化(阳明文化)的现代传承"

国际学术研讨会会议论文集

主办单位

贵州省高校社科基地贵阳学院阳明学与地方文化研究中心
贵州省社会科学界联合会
贵阳市社会科学界联合会

二〇一四年九月十七至十九日

《王学研究》编辑委员会

目　录

阳明学研究

海外阳明学研究

阳明学比较研究

阳明后学与学派研究

阳明学史料考论

Contents

Studies on Yang – ming's Philosophy

Oversea's Studies on Yang – ming's Philosophy

Comparative Studies on Yang – ming's Philosophy

Studies on Post – Yang – ming's Philosophy Schools

Textual Research on Yang – ming's Philosophy

阳明学研究

论《大学问》乃王阳明哲学纲要

◎ 蒋国保*

摘要：以往的研究一般以为，《大学问》也就是《大学或问》，是阳明关于《大学》精义的阐释，其意义在于它乃阳明"《大学》观"的晚年定论。本文认为，《大学问》论述的是成就大人之至高、至大的学问，而阳明关于"大人之学"的具体论述则处处贯彻阳明哲学的基本原则、基本取向与价值理想，堪称阳明哲学的纲领。本文从三个方面论证此观点：《大学问》对程朱，尤其朱熹的批驳，反映了阳明中年后一贯的态度与立场；《大学问》对"良知"的界定与阐述，与他以前的有关阐述无论在内容还是在形式上都高度吻合；《大学问》对"致良知"的阐述，则可谓阳明"致良知"说的概要。

关键词：王阳明　大人　大学问　纲要

王阳明在他逝世前一年，特意为弟子讲授其关于《大学》"三纲"的体认。这一讲授在录成文本时取名《大学或问》，后改为《大学问》。关于《大学问》，学者的研究多以为它乃阳明晚年定论，是与《传习录》同样重要的阳明学代表文献。至于它何以具有如此重要的价值，学者又语焉不详，缺乏细致的论证。有鉴于此，本文将通过细致论证说明《大学问》之重要就重要在它实际上是阳明在晚年对自己哲学所做的纲要性的阐述。这个阐述，宗旨不是纠正其早年思想的偏颇，以便给其思想下个自我定论；而是就其哲学做整体性的描述，亦可谓阐述其哲学纲要，以便其弟子精准地掌握其哲学思想的精义。由于一年后阳明便逝世，而逝世前一年又因忙

---

* 蒋国保，苏州大学哲学系教授，博士研究生导师。

于平息动乱和安抚民心等诸事而无暇再讲学术，《大学问》实际上就成为阳明对其弟子所做的思想上的最后交代①。

一

王阳明在逝世的前一年②，与其入门弟子有两次学术问答。这两次问答的记录文本，无论对于正确理解王阳明哲学，还是正确理解整个宋明理学乃至整个中国古代哲学之发展历程，都有极重要的学术价值，这就是在宋明理学史上十分著名的阳明"四句教"和《大学问》。关于"四句教"的成因及产生时间，在其弟子编纂的《阳明先生年谱》中，有清楚的记载：时值1527年阴历九月八日夜晚，地点在越城天泉桥上，目的是想调和钱德洪与王畿关于"心体无善无恶"之体认分歧。但关于《大学问》，在《阳明先生年谱》中却只字未提，只有记录者钱德洪的简单交代："师征思、田将发，先授《大学问》，德洪受而录之。"③ 通过这个交代，我们只能知道《大学问》产生于王阳明将出征广西思恩、田州之时，难以详知其产生之具体地点与时间。若想稍知其详，当细考"将发"之时。《阳明先生年谱》记载，朝廷命阳明出征平息思恩、田州之乱，时为嘉靖六年（1527）五月，王阳明本不想应命，上疏请辞，以致一再拖延，直到八月"先生将入广"④。而钱氏所谓"将发"，应该具体就是指"将入广"。因为根据《年谱》记载，王阳明正式"发越中"即离开故乡越城出征之时，不是在八月，而是在"九月壬午"⑤。钱德洪在《大学问》记录文本的末尾，还加了一则附记以交代其缘由和说明其意义，其中提到："嘉靖丁亥（1527）八月，师起征思、田，将发，门人复请，师许之。"⑥ 此所谓"许之"，是指王阳明同意其弟子将其所讲"录成书"，以书面文字形式流传的请求。既然弟子们的这一请求（容许将《大学问》以书面文字的形式

---

① "四句教"稍晚于《大学问》，它何以不能取代《大学问》而成为阳明思想上的最后交代？这个问题，将在下文通过分析来回答。

② 即1527年，此年王阳明56岁。

③ 吴光等编《王阳明全集》，上海古籍出版社，1992，第967页。

④ 吴光等编《王阳明全集》，第1305页。

⑤ 吴光等编《王阳明全集》，第1306页。

⑥ 吴光等编《王阳明全集》，第973页。

流传）也是发生在丁亥八月，那么开讲《大学问》，只能在此前。文前的"征思、田将发"与文后的"起征思、田，将发"，既都发生在八月，则后一个"将发"应是指准备正式动身出征广西，时间应是在八月下旬，因为"九月壬午"已经正式开拔了。既然弟子的这一请求发生在八月下旬，那么王阳明开讲《大学问》当在八月中上旬，而最有可能是中旬，即在他被朝廷使节"敦促上道"①而不得不准备动身之时。王阳明开将《大学问》的时间既明，那么开讲的地点也就可以推断为在其家乡山阴（今绍兴）。因为根据《年谱》记载，自嘉靖元年（1522）至嘉靖六年（1527）九月初出征广西期间，王阳明一直居住于家乡余姚。

现在要问：王阳明为什么要在出征广西前夕特意为入门弟子讲《大学问》。按照钱德洪的说法："《大学问》者，师门之教典也。学者初及门，必先以此意授。"②王阳明特意讲授《大学问》，本想为王门后学留下"教典"，希望王门后学照它的意思以教授初入王门的学子。钱德洪的这个说法，未必契合阳明特意讲授《大学问》的初衷。因为按照王阳明一贯的做法，凡接待初次请教的学子，必以讲解《大学》《中庸》要义的方式指示为学门径，然而他这次为何又违背惯例特意为已入门多年的弟子讲授《大学》。况且，如只想为王门后学留下讲《大学》的"教典"，则他必为弟子整全地讲授《大学》，绝不会只讲《大学》的"经"而不讲它的"传"。从《大学问》以"六经注我"的方式讲解《大学》的"经"来看，阳明实际上是在讲他自己哲学的逻辑展开。由此可以推断，阳明于嘉靖丁亥③八月，例外地为其已入门弟子讲解《大学》的"经"，目的显然不是为弟子指示为学路径，也不是为弟子以后讲《大学》立个"教典"，而应是特意向弟子阐述其哲学纲要，在思想上向弟子做最后交代。

正因为王阳明特意讲授《大学问》的初衷是做最后的思想交代，所以他起先希望其弟子以心传的方式传承其所讲，不同意弟子将其所讲"录成书"，以书面文字形式流传。他解释不同意的理由："此须诸君口口相传，若笔之于书，使人作一文字看过，无益矣。"④那么要问：为什么阳明起先

---

① 吴光等编《王阳明全集》，第 1305 页。
② 吴光等编《王阳明全集》，第 973 页。
③ 即嘉靖六年，公元 1527 年。
④ 吴光等编《王阳明全集》，第 973 页。

会认为对其所讲若以书面文字形式流传的话则"无益"，只有"口口相传"才有益处呢？王阳明对此没有做任何说明，我们也就难以推知。臆之，未必不是因为阳明觉得对传承其思想来说，"心传"要比"文字传"更有效、更重要、更有价值。这可能受禅宗"传衣钵"以延续思想传统的影响，但更可能是因为他觉得口口相传会因其私密性更容易引起弟子的重视。但不管是哪一种可能，都表明：阳明特意讲《大学问》，本意不是为王门后学方便讲《大学》留下一份教学大纲，而是为了其后学精确掌握其哲学留下一份思想纲要。

《大学问》被完整地留了下来，恰恰因为阳明后来在弟子的一再请求之下，同意将《大学问》录成书，以书面文字形式流传。否则，只"口口相传"，我们今天即便仍能读到《大学问》，但所读未必是它的完整文本。这就让人不得不提出一个问题：阳明为何改变想法，同意将《大学问》录成书面文本？这个问题，因缺乏史料，现已无法考证出明确的答案。现在所能了解的是，《大学问》录成书面文本后，曾呈阳明过目，而且他自己也就起先不同意将《大学问》录成书面文本做出简单的解释："《大学或问》数条，非不愿共学之士尽闻斯义，顾恐藉寇兵而赍盗粮，是以未欲轻出。"① 这个解释，只是告诉弟子，他起先不同意将《大学问》录成书面文本，是因为担心流传出去给其论敌提供攻击他的借口。那么根据这个解释也只能反推出：他后来之所以同意将《大学问》录成书面文本，是因为放下了这个担心，不怕《大学问》流传出去成为别人攻击他的借口。

从上面引文中的《大学或问》② 来看，《大学问》在呈阳明过目时，名为《大学或问》。这个篇名，应该是仿照朱熹的《四书或问》而取。它作为《大学或问》原先的篇名，是难以否定的事实。那么，将《大学问》改名为《大学问》者，显然是阳明弟子，最有可能就是钱德洪。此篇名的改动，是否征得王阳明本人的同意，现今难以考证。但从钱德洪让阳明过目在先，而阳明给钱德洪发信谈《大学或问》在后来断，篇名改动事先当未征得阳明同意，而直至阳明逝世，钱德洪再无机会就篇名改动一事征求其师意见。当然，还有一种可能，即在阳明逝世前，《大学或问》并未改

<hr />

① 吴光等编《王阳明全集》，第 973 页。
② 在《王阳明全集》原文中，因竖排书名之中间波浪线的断裂（当系印刷所致），这个书名，看似《大学》与《或问》。

名，而在阳明逝世后才由钱氏改名为《大学问》。

无论是哪种情况，都不妨碍我们提这样一个问题：钱德洪为何非得改名？钱氏没有交代。但我推测他将《大学或问》改为《大学问》，定出深思。《大学或问》这个篇名所显示的意思只能是对《大学》的问答，但它实际上只是关于《大学》"经"的问答，并不涉及《大学》的"传"的内容。钱氏改篇名也许出于这个考虑，但还可能出于更深的考虑：借改名提升《大学或问》的思想意义。因为《大学问》一眼看上去，让人立即理解为是对最高学问或最大学问的论述，而绝不会让人觉得是关于《大学》的问答。由以《大学问》篇名示人的意思似可以推断：钱德洪之所以改篇名，正是因为他希望师门不要将其师最后的思想交代看作有关《大学》的解释，而应视之为做人治学的最高、最重要的学问。钱氏说《大学问》是阳明为王门留下的"教典"，或许就是从《大学问》对于全面而精确地体认阳明哲学之重大意义上来强调的。

接下来就势必要讨论《大学问》篇名的真实含义。以往，大多数学者把这个篇名理解为"《大学》问"，其意只表示关于《大学》的问答。这样理解，有两点难以圆说：（1）该篇文字，只涉及对"经"之要义的理解，不是关于整部《大学》解释，则为何以偏概全，取名为"《大学》问答"？（2）若此篇名确是表"《大学》问答"之意，钱德洪为何要改《大学或问》为《大学问》，难道钱德洪竟不知去掉"或"字就不能显示"问答"的意思①。既然理解为"《大学》问"难以自圆其说，则不妨将此篇名之"大"字作形容词解，将"学问"作名词解，《大学问》此名是表示文中所涉及的学问，不是一般的学问，而是最大、最根本的学问。王阳明在出征思恩、田州之前，特意向钱德洪这样的入门多年的弟子传授至大、最根本的学问，未必没有向弟子们就自己的学问做最后交代的意思②。一年后，王阳明逝世于出征返程的途中。无论王阳明是否因事先有预感而特意为弟子们讲"大学问"，客观地讲，《大学问》确实是他留给后人的最后篇章。《大学问》对于正确把握王阳明思想的重要性不言而喻。

既说《大学问》为阳明留给后人的最后篇章，就必须解决它与"四

---

① "或问"是有人问的意思。有人问，必有人答，原名让人很容易理解出"问答"的意思。如去掉"或"字，人们很难将一个"问"字准确地理解为有问有答。

② 他做这一交代，也许出于他不便明说的不祥之感。

句教"孰先孰后问题。若的确如上面所考，《大学问》成于嘉靖丁亥（1527）八月中旬，那么阳明讲《大学问》就比他传"四句教"早了20来天，因为《年谱》很清楚地记载着阳明传"四句教"时在嘉靖丁亥九月"初八日"夜半①。"四句教"既然晚于《大学问》，为什么还要强调《大学问》乃阳明留下的最后篇章呢？这主要不是从文字数量多少来说的，而是从两者的价值大小来说的。正如以往研究所形成的主流看法，王阳明传授"四句教"②目的是调和钱德洪与王畿关于"心体"体认的认识分歧，即对"心体"本来是"无善无恶"（钱）还是"有善有恶"（王）的认识分歧，以强调钱、王两人"之见正好相取，不可相病"，希望"汝中须用德洪功夫，德洪须透汝中本体"③。由此可知，"四句教"的传授，出于特定的愿望，为解决特定的问题，绝不是出于全面总结其思想之考虑，因而"四句教"也就不具有阳明哲学之纲要性文献的价值与意义，尽管它也十分重要。《大学问》则不然，它的传授，本来就出于阐述其哲学纲要之考虑，希望在最后为后人留下一份哲学上的全面、总结性的陈述。至于阳明何以预感到以后再无机会全面陈述其哲学，就属于神秘范畴的问题，我们当然难以回答。但人在特定的场合，对自己的未来遭遇有所预感，也是被经验所一再证明的事实。这个事实，亦未必不适用于王阳明。况且，王阳明也未必不是出于"万一"之考虑而特意在出征前夕做思想上的最后交代，因为他毕竟是出征平乱，很难打消性命之忧。

二

尽管研究者对于《大学问》的认识有分歧，但视它为阳明晚年思想定论，似乎是多数研究者比较一致的看法，分歧只在于从哪个层面去把握。有的学者，例如钱明先生，从阳明的"《大学》学"的层面来把握《大学问》作为其"《大学》学"之定论的价值与意义，强调较之早年对《大

---

① 吴光等编《王阳明全集》，第 1306 页。
② 即关于"无善无恶是心之体，有善有恶是意之动，知善知恶是良知，为善去恶是格物"的传授。
③ 吴光等编《王阳明全集》，第 1306 页。

学》的认识，"王阳明晚年《大学》的重点是对《大学》的重解，而不是恢复古本、调整结构"①；有的学者，如陈来先生，则从儒家精神境界的高度来把握《大学问》的价值与意义，强调《大学问》之可贵就在于它"全面阐发了阳明关于仁者以天地万物为一体的思想"②。诸如此类的理解，从不同层面拓展了对《大学问》价值认识的深度，为进一步深入研究《大学问》提供了启示。基于他们的启迪，笔者曾认真思考一个问题：是否另有更有助于贴近阳明本意去理解《大学问》的路径。带着这个问题，笔者反复研读《大学问》，逐步形成了一个认识，即不将《大学问》作为关于《大学》之解释的学问（王阳明的"《大学》学"）来研究，而是将其作为关于最高、最大的学问（王阳明哲学）来研究。这个认识一旦形成，我就愈发觉得《大学问》与其说是阳明关于儒家"天地万物一体"之境界的全面阐述，不如说是阳明关于自己哲学纲要的概说。由于直至逝世，阳明再无机会就自己的哲学做提纲挈领的概说，故《大学问》作为阳明关于自己哲学的最后的定说，也就弥足珍贵。

说得容易做起来难。当决定就笔者的认识——《大学问》乃阳明哲学纲要——做出论证时，笔者起先很犯难，不知如何具体进行，再三斟酌，决定先梳理《大学问》内容，然后再分析它为何足以作为阳明哲学纲要。

三

《大学问》除去钱德洪附加于前后的文字，还剩三千多字。三千多字的《大学问》，由不同的问答自然分成六个部分。剥去就《大学》首章（即朱熹所谓《大学》"经"的部分）的问答的表面外壳，这六个部分就内容论不外乎三大哲学问题。

首先，阐述大人与小人生命境界之高低之分。阳明指出，大人就是"以天地万物为一体者"。这种人，"其视天下犹一家、中国犹一人"③，具备了博爱情怀，树立了人我、人物同体的精神境界。所谓同体（一体），不是说人与人、人与外物具有相同的物理品性，而是说人一旦具备了广

① 钱明：《阳明学的形成与发展》，江苏古籍出版社，2002，第56页。
② 陈来：《有无之境》，人民出版社，1991，第265页。
③ 吴光等编《王阳明全集》，第968页。

博的爱心就自然能感受到人我不分、人物相即的精神境界。说白了，这也就是主体的仁爱之心在感应中真实地感受到了人的主观世界与人的客观世界之高度吻合。阳明将这一感受中所实现的"一体"论证为人的怜悯心、同情心因无限推广而广泛体现："见孺子之入井，而必有怵惕恻隐之心焉，是其仁之与孺子而为一体也；孺子犹同类者也，见鸟兽之哀鸣觳觫，而必有不忍之心焉，是其仁之与鸟兽而为一体也；鸟兽犹有知觉者也，见草木之摧折而必有悯恤之心焉，是其仁之与草木而为一体也；草木犹有生意者也，见瓦石之毁坏而必有顾惜之心焉，是其人之与瓦石而为一体也。"① 这种论证的实质在于将人的主观情感、感受客观化为现实存在。

阳明认为，大人之所以能"以天地万物为一体"，并非其主观意念所致，而是"其心之仁本若是"②，因为其客观具备的仁心原本就要求其"与天地万物而为一"③。但他同时强调，并非只有大人才具备仁心，虽小人亦莫不具备仁心。小人因而也可能"与天地万物而为一"。可在现实里小人毕竟做不到"与天地万物为一体"，这不是因为他们先天不具体仁心，而是因为他们"间形骸而分尔我"④，在后天为感性生命所限制而使人的主观世界与客观世界分裂开来。这意味着小人"自小之耳"，自己放低自己的生命境界。尽管小人降低自己的生命境界，但当其"分隔隘陋"之心"未动于欲，而未蔽于私之时"，"其一体之仁犹能不昧"⑤，他还能保持普爱天下的仁心。"及其动于欲，蔽于私，而利害相攻，忿怒相激，则将戕物圮类无所不为，其甚至有骨肉相残者，而一体之仁亡也。"⑥

阳明通过区别大人和小人生命境界之高低所凸显的是"一体之仁"⑦。"一体之仁"（仁心）"乃根于天命之性"，是人先天具备的道德本性、道德本体，因其具有"自然灵昭不昧"的道德判断与评价功能，被称为"明德"。是否丧失"一体之仁"乃判断是大人还是小人的根本标准。而判断

---

① 吴光等编《王阳明全集》，第 968 页。
② 吴光等编《王阳明全集》，第 968 页。
③ 吴光等编《王阳明全集》，第 968 页。
④ 吴光等编《王阳明全集》，第 968 页。
⑤ 吴光等编《王阳明全集》，第 968 页。
⑥ 吴光等编《王阳明全集》，第 968 页。
⑦ 即仁心，仁心必导向"天地万物为一体"，故谓之"一体之仁"。

"一体之仁"是否丧失的唯一标准是看有无"私欲之蔽","苟无私欲之蔽，则虽小人之心，而其一体之仁犹大人也；一有私欲之蔽，则虽大人之心，而其分隔隘陋犹小人矣"[1]。

其次，阐述成就大人的"大人之学"。阳明指出，要治"大人之学"，先须明白要成就大人，不是增益人的外在条件（诸如知识、技艺等）就能办到的，唯一的途径在于"去其私欲之蔽，以自明其明德，复其天地万物一体之本然"[2]。"自明其明德"，只是"立体"，然后为显体就得达其"用"，即通过"亲民"来显明与落实其"明德"（发用显现中的"仁心"）。这种显明与落实，被阳明论证为父子、君臣、夫妻、朋友，"以至于山川鬼神鸟兽草木也，莫不实有以亲之，以达吾一体之仁"[3]。达用即是明体。天下万物为一体，正是通过人与人、人与物如此普遍亲近实现的，因为我与彼相互亲近就证明我之仁实与彼为一体；进而也就证明我之仁与天下每一个人为一体；再进而证明我之仁与万物莫不为一体。人一旦"达吾一体之仁"，对天下之人与物真实的亲近之，"然后吾之明德始无不明，而真能以天地万物为一体"[4]。

"明明德"是立体，"亲民"是达用。立体与达用都须规范。而规范它们的"极则"就谓之"至善"，即"所谓良知也"[5]。良知是"天命之性，纯然至善"，乃"明德之本体"；"明德"只意味着它"灵昭不昧"的发用显现。良知本体（至善）一旦"发见"（发用显现）就"是而是焉，非而非焉"[6]，自然地确立了人之道德上的当然的准则。若不知"至善之在吾心"，在心上放弃了良知（心之本体），就会"昧其是非之则，支离决裂，人欲肆而天理亡，明德、亲民之学遂大乱于天下"[7]。所以，"止至善（亦即以良知为规范、为准则）之于明德、亲民也，犹之规矩之于方圆也，尺度之于长短也，权衡之于轻重也。故方圆而不止于规矩，爽其则矣；长短而不止于尺度，乖其剂矣；轻重而不止于权衡，失其准矣；明明德、亲民

---

① 吴光等编《王阳明全集》，第968页。
② 吴光等编《王阳明全集》，第968页。
③ 吴光等编《王阳明全集》，第969页。
④ 吴光等编《王阳明全集》，第969页。
⑤ 吴光等编《王阳明全集》，第969页。
⑥ 吴光等编《王阳明全集》，第969页。
⑦ 吴光等编《王阳明全集》，第969页。

而不止于至善，亡其本矣。故止于至善以亲民，而明其明德，是之谓大人之学"①。

再次，阐述治"大人之学"亦即实践"大人之学"的工夫。阳明指出，实践"大人之学"，成就大人人格，所应为者有三：一是要"志有定向"；二是要明"不当分本末为两物"；三是既要明"八目"乃言"三纲"之功，又要明"八目"自身须区分为"工夫所用之条理"与"条理所用之工夫"。所谓"志有定向"，是针对程朱由外在事事物物求定理而无一定之向而言的，旨在强调："至善"（良知）既在吾心，"而不假外求，则志有定向"。志有定向，则心不妄动；心不妄动，则心能静；心能安静，则遇事就能安然从容处之。人一旦保持安然从容的心态，人心之良知（心之本体）在心之起念感物（事）的瞬间自然就能"详审精察之"，此谓心之能虑。"能虑则择之无不精，处之无不当，而至善于是乎可得矣"②，它既是人能正确抉择的保证，亦是人之心本体（至善或曰良知）得以体现的形式。

所谓"不当分本末为两物"，是针对朱熹将明德与新民分为本末两物③而言的，旨在强调与树干、树梢共同构成树一样的道理，明德与亲民本为一事，不当分为两物来看待。这显然是就"至善"（良知）呈现之工夫来看的，因为只有从本体与工夫的关系（本体即工夫，反之亦然）才能将明明德与亲明不是两物而为一事的道理讲明白：明明德与亲民不当分为两物，是因为它们同是呈现"至善"（良知）的一个工夫。阳明说："若知明明德以亲其民，而亲民以明其明德，则民④德亲民焉可析而为两乎？"⑤ 这已将明明德与亲民是同一个工夫的道理讲得很明白，不必再赘言。

"工夫所用之条理"与"条理所用之工夫"之区分，就是将呈现"至善"的同一个工夫区分为两个过程，一个过程叫作"工夫所用之条理"，另一个过程叫作"条理所用之工夫"。关于这两个过程的分别，阳明是这

---

① 吴光等编《王阳明全集》，第 969~970 页。
② 吴光等编《王阳明全集》，第 970 页。
③ 朱熹：《四书章句集注》，中华书局，1986，第 3 页。
④ 原文如此，疑为"明"字误。
⑤ 吴光等编《王阳明全集》，第 970 页。

样解释的："此正详言明德、亲民，止至善之功也。盖身、心、意、知、物者，是其工夫所用之条理，虽亦各有其所，而其实只是一物。格、致、诚、正、修者，是其条理所用之工夫，虽亦皆有其名，而其实只是一事。"① 可见，所谓"工夫所用之条理"，是指"欲修其身者，先正其心；欲正其心者，先诚其意；欲诚其意者，先致其知；致知在格物"②；而所谓"条理所用之工夫"，则是指"格物而后知至，知至而后意诚；意诚而后心正，心正而后身修"③。那么从这个解释可知，在阳明看来，前后两个工夫过程，其实"只是一物""只是一事"，只是同一个工夫的不同作用过程而已。一个（工夫所用之条理）是指工夫见于对象（其所）的依次作用过程；一个（条理所用之工夫）则是指工夫本身之作用过程的依次展开。工夫本身之作用过程，一旦见之于对象，就转为工夫的依次作用过程，两个工夫过程其实是同一个工夫的不同表现，其区分，有其名而无其实。

四

上面关于《大学问》内容的梳理乃说明《大学问》旨在阐述"大人之学"。从表面看，"大人之学"只是阳明哲学的一个部分或者一个层面，不足以作为阳明哲学之纲领；但如果认真研读《大学问》，就不难认识到阳明关于"大人之学"的论述中处处体现了阳明哲学的基本立场、基本原则、基本取向与价值理想，从中完全可以归纳出阳明哲学的纲要。为了说明这个观点，下面做扼要的论述。

但凡对阳明哲学有所了解的人都明白，就反映阳明哲学之本质与特色的纲领性问题而言，把握阳明哲学最为重要的不外乎三个问题，即彻底的反程朱之态度、良知说的提出与确立、致良知（知行合一）说的提出与确立。这三方面的问题，《大学问》都有不同程度的论及，因此，《大学问》堪当阳明哲学纲要之最后的表达或阐述。

阳明哲学是"心学"派哲学的集大成。与其他"心学"派哲学家相比，其哲学对于程朱哲学论旨之否定性的破解，是更为彻底的。这也就是

---

① 吴光等编《王阳明全集》，第971页。
② 朱熹：《四书章句集注》，中华书局，1986，第3页。
③ 朱熹：《四书章句集注》，第4页。

说，彻底地反程朱，是阳明自开始创立其哲学时就一直坚持的态度，亦当然地反映在《大学问》中。在《大学问》里，阳明对程朱，尤其是朱熹，并没有指名道姓，而是以"先儒"代指。《大学问》对于"先儒之说"的批驳，主要涉及本体论和工夫论范畴。在本体论方面，阳明批评程朱之所以思无定向，思维混乱，支离决裂，错综纷纭，是因为不知"至善"在吾心，就人心求定理，而是"以为事事物物皆有定理也，而求至善于事事物物之中"①，于心外的一个一个事物中求定理。朱熹这样解释如此求定理的可能性：通过不断地求一个一个事物中的理的经验积累（用力之久），就会不期然地在某时"豁然贯通焉"，求得事事物物莫不有的定理。② 然而《大学问》将此解释斥为"用其私智以揣摸测度于其外"③，却不清楚定理（是非之则）只能在心中。而在工夫论方面，阳明批评朱熹不当改亲民为新民，并以明德为本，新民为末，使得就工夫论而言的明明德与亲民由本为一事（体现至善的工夫）被割裂为两物，殊不知既在"本末"范畴讨论明德与亲民，就应懂"明明德"与"亲民"本为一，否则，岂不等于说"本"与"末"是与树无挂搭的两物。崔大华先生说得好，"王守仁心学在本体论和工夫论上对朱学的破解是相当彻底的。正是这种彻底性，使其与先前的南宋陆九渊心学及同时代的湛若水江门心学区别开来"④。根据崔先生的论断，我们不难判断，阳明在《大学问》中对于朱熹哲学的驳斥，绝不是无关紧要的，而是他对自己反程朱之态度的最后表达，对于正确认识阳明哲学意义重大。

作为"心学"的集大成者，阳明哲学在本体论上，当然要坚持"心即理"的理论立场。但坚持"心即理"立场，是所有"心学"哲学家共同的思想特色，而阳明的独特处则在于将孟子的"良知"说引入本体论理论建构。这一建构最为核心的地方，就是将"良知"确立为"心之本体"，并以它作为先验的"是非之则"。这一确立，并非只是将"心"界定为"良知"那么简单，必须经由一个复杂的过程：先就一心区分体与用，再论证即体即用、用即体，体用不分，最后就心用（已发）呈现心体（良

---

① 吴光等编《王阳明全集》，第 970 页。
② 朱熹：《四书章句集注》，第 7 页。
③ 吴光等编《王阳明全集》，第 969 页。
④ 崔大华：《儒学引论》，人民出版社，2001，第 538 页。

知），以证明"至善"（良知）不在心之外的事事物物，的确就在"吾心
之中"。阳明构建心本体（良知本体）所遵循的这一理路，在《大学问》
里，也有比较完整的体现，只不过是借论"大人之学"的形式来表达。在
《大学问》中，阳明指出，无论是大人还是小人，其心中都存在使人得以
"以天地万物为一体"的仁心。仁心是人的"天命之性"，是人先天就有的
"明德"（光明的德性）。"明德"意味着"仁心"具有"灵昭不昧"的功
能，当其未发时，它就只是个"至善"（纯然至善）；待其发用（至善之
发见）时，它就作为"心之本体"而主宰意念的是非取向。而所谓"良
知"正是指显现"明德"功能的"心之本体"："明德之本体，而即所谓
良知也。"① 作为心之"明德"，"良知"固然能决定人在念起之刹那当然
的向善，但不能保证人必然的起善念。② 人心一旦"动于欲""蔽于私"，
则仁心亡，"良知"也就失去其主宰作用。阳明在《大学问》中，所以要
说"心之本体本无不正，自其意念发动，而后有不正"③，并不是要强调
"良知"在意念发动时变为不正，而是为了强调意念的不正乃发生在意念
发动时失去了良知的主宰。由此不难证明，"良知"显现于念起时，正念
固然是呈现良知，邪念也未必不能证实良知的存在④。正因为"良知"显
现于起念时，则"良知"的作用就表现为"凡其发一念而善也，好之真如
好好色；发一念而恶也，恶之真如恶恶臭"⑤，即对所发的意念加以约束与
制衡，"就其意念之所发而正之"⑥。由此不难得出如下结论：《大学问》
关于"良知"，由作为先验的"至善"，到发用中的"明德"，再到所发后
的呈现，这一内在展开过程的论述与阳明以往关于"良知本体"之架构理
路的论述，无论在内容上还是在形式上都高度吻合。

在工夫论上，阳明哲学与程朱哲学的显著区别，就在于不以程朱解

---

① 吴光等编《王阳明全集》，第969页。
② 因为作为心之本体，良知的主宰作用，只能发生在"念"已起之后，不可能发生在
"念"未起之前。
③ 吴光等编《王阳明全集》，第971页。
④ 只不过它是负的证明：所以念不正，是因为脱离良知主宰而起的念。可见，不正之念虽
非因良知而起，但它确可以证实良知的存在，因为良知若不缺失就不会念起而不正，则
不正之念间接地证明了良知的存在。
⑤ 吴光等编《王阳明全集》，第971页。
⑥ 吴光等编《王阳明全集》，第971页。

"格物"（推究客观事物中的定理）为然，将"格物"解为纠正不正当的意念。换言之，阳明其实就是将"格物"解为"正念"（"正"不作形容词看，应作动词看）。如何"正念"？或者问以什么途径、什么工夫"正念"？阳明以为要"正念"唯有靠真切地落实"良知"的作用。为了阐发这个认识，阳明先是提出"知行合一"说，后在晚年又提出"致良知"说。"知行合一"说重在阐发"一念发动即是行"，强调不当的念头已属于"行"范畴，在它发起的刹那就要纠正之，使之转向正当；而"致良知"则重在阐发"致吾心之良知"①，强调以道德本体、是非之则（良知）保证意念发动时当然的向善。可见，作为工夫论，"知行合一"偏重于如何消解不当的念头，而"致良知"则偏重于如何立起正当的念头。两说虽各有偏重，但论旨相同，都是旨在强调起念正当对于道德实践的先决意义。对于这个先决意义，《大学问》阐述得相当明白："是非之心，不待虑而知，不待学而能，是故谓之良知。是乃天命之性，吾心之本体，自然灵昭明觉者也。凡意念之发，吾心良知无有不自知者。其善欤，惟吾心之良知自知之；其不善欤，亦惟吾心之良知自知之；是皆无所与于他人者也。……今欲别善恶以诚其意，惟在致其良知之所知焉耳。何则？意念之发，吾心之良知既知其为善矣，使其不能诚有以好之，而复背而去之，则是以善为恶，而自昧其知善之良知矣。意念之所发，吾之良知既知其为不善矣，使其不能诚有以恶之，而复蹈而为之，则是以恶为善，而自昧其知恶之良知矣。若是，则虽曰知之，犹不知也，意其可得而诚乎！今于良知之善恶者，则无不诚好而诚恶之，则不自欺其良知而意可诚也已。"②根据阳明这一论述，"致良知"就是意念发动的当下基于道德本体（良知）而如实地好恶之，善念知其所善而好之，恶念知其所恶而恶之，以从根本上保证以善念见诸行动，使行动正当，合乎道德。由此，《大学问》对于"致良知"的阐述，亦可谓阳明"致良知"说的概要。

① 吴光等编《王阳明全集》，第971页。
② 吴光等编《王阳明全集》，第971～972页。

王阳明佛教观述论

◎李承贵*

摘要：王阳明心学，向来被认为具有鲜明的佛禅特色；我们也不否认王阳明心学所受的佛教影响。不过，王阳明理解佛教的准确性如何，王阳明真实的佛教态度如何，王阳明观念中的儒佛关系究竟怎样，应该是研判阳明心学与佛教关系必须回答的课题。故此，本文尝试从"道体"的判断、"著相"的理解、"出家"的评论、"心性"的分析、"儒佛"的定位，以及"排佛"策略的提出等角度，考察王阳明在上述三个方面的真实表现。本文考察的结论是：王阳明对佛教诸多教义的理解失之全面，王阳明对儒、佛关系的安排是"儒体佛用"的，王阳明应对佛教的策略是抑制的、排斥的，而完成这些观念活动的根本依据是儒家的基本观念、基本价值。因此，或许我们可以对王阳明心学中的佛教与儒学关系作更完整的理解。

关键词：王阳明　佛教观　论略

一　"道体"：一抑或二

在《近思录》中，朱熹根据自己的意思把周敦颐、张载、二程等涉及"道体"的语录加以编辑，形成他关于"道体"的认识。被列入其中的"无极而太极、诚、中、和、心、性、仁、理"等，当属"道体"范畴，而引起我们关注的是对于"道体"的描述。比如，讲到"中"，是"天下

---

* 李承贵，南京大学哲学系教授，博士生导师，贵阳学院阳明学与地方文化研究中心特聘研究员。

之大本，天地之间，亭亭当当，直上直下之正理"；讲到"仁"，是"天体物不遗，犹仁体事而无不在也，'礼仪三百，威仪三千'，无一物而非仁也"；讲到"性"，是"万物之一源，非有我之得私也，惟大人为能尽其道，是故立必俱立，知必周知，爱必兼爱，成不独成"。而总体来看，则是"凡物有本末，不可分本末为两断事，'洒扫应对'，是其然，必有所以然"，则是"冲漠无朕，万象森然已具，未应不是先，已应不是后，如百尺之木，自根本至枝叶，皆是一贯"（《道体》，《近思录》卷一）。因此，朱熹心中的"道体"是本末一体、上下贯通、内外兼备的。这其实也是所有儒家学者对"道体"性质的理解。由于儒家学者对"道体"结构特性有了基本的定位，因而面对佛教时，很自然地会将佛教放在儒学这面显微镜下加以观察。那么，在王阳明这里有没有例外呢？

其学生王嘉秀曾经说，佛教以出离生死诱人入道，道教以长生久视诱人入道，他们的初衷也不是要人作恶，如果真要刨根问底的话，佛、道二家也只见得圣人之学的上一截，所以在极点处，佛、道二家与儒学可以说是略有相同，但它们只有上一截，没有下一截，因此不如圣人之学全面，自然也不是入道的正确方向；但是，那与圣人之学相似的上一截，还是不可否定的。对此，王阳明的回答是："所论大略亦是。但谓上一截、下一截，亦是人见偏了如此。若论圣人大中至正之道，彻上彻下，只是一贯，更有甚上一截、下一截？'一阴一阳之谓道'，但仁者见之便谓之仁，智者见之便谓之智，百姓又日用而不知，故君子之道鲜矣。仁智岂可不谓之道？但见得偏了，便有弊病。"[1] 不难看出，王阳明基本上赞同学生的说法。不过，王阳明认为，所谓"上一截""下一截"，也是人们主观上的偏见所致而已。为什么？因为圣人之学是彻上彻下、一以贯之的，无所谓"上一截""下一截"。比如，阴阳交替变化即是"道"，可是，仁者见这个道就叫"仁"，智者见这个道就叫"智"，而老百姓天天实践这个道却不认识它，可见，"道"无所谓上下，只是人们认识上的偏颇所致。值得注意的是，王阳明所讲完整而无上下之分的"道"，是圣人之"道"，是儒家大中至正之"道"，而非佛教之"道"。这就意味着，王阳明理论上强调"道"的完整性并不是肯定佛教的"道"是完整的。如下文献即是具体的证据。

---

[1] 《王阳明全集》（上下），上海古籍出版社，1992，第18页。

佛氏着在无善无恶上，便一切都不管，不可以治天下。圣人无善无恶，只是无有作好，无有作恶，不动于气。然遵王之道，会其有极，便自一循天理，便有个裁成辅相。①

就是说，佛教、儒学虽然都主张本体之"无善无恶"，但佛教只就本体而言，对本体之外的事情概无兴趣，所以不能治理天下；而儒学不仅主张本体之"无善无恶"，其本体之"无善无恶"还要表现为遵循王道，掌握大自然的规律，顺应大自然实际情形，以开物成务，治理天下百姓。这是说佛教在"道体"上本末不一。

吾儒养心，未尝离却事物，只顺其天则自然，就是功夫。释氏却要尽绝事物，把心看做幻相，渐入虚寂去了。与世间若无些子交涉，所以不可治天下。②

王阳明认为，佛、儒两家虽然都注重"养心"，但差别甚大。儒家"养心"，不是养空心，而是"著物而养"，也就是顺天道而为，它与现实生活密切关联着，因而儒家的修行是生活中的修行，是有内容的修行。而佛教"养心"是离事物而养，是空寂的，它与人间物事毫无关系，所以佛教不可以治天下。这是说佛教在道体上"上下不一"。

昨论儒释之异，明道所谓"敬以直内"则有之，"义以方外"则未。毕竟连"敬以直内"亦不是者，已说到八九分矣。③

对于程颢说佛教有"敬以直内"无"义以方外"，王阳明的回应是"已说到八九分"。为什么程颢的话只说到"八九分"呢？因为王阳明认为佛教"连'敬以直内'亦不是"。如此说来，王阳明不仅认为佛教在道体上是"内外不一"，而且连佛教引以为自豪的"敬以直内"也"不是"。可是，王阳明做这种判断的根据是什么呢？阳明说："彼释氏之外人伦，遗物理，而堕于空寂者，固不得谓之明其心矣。"④原来如此！在儒学语境中，"心"

---

① 《王阳明全集》（上下），第29页。
② 《王阳明全集》（上下），第106页。
③ 《王阳明全集》（上下），第146页。
④ 《王阳明全集》（上下），第179页。

即理，"心"即人伦物理，所以"尽心"就是穷尽事物之理，"养心"就是即物即事以纯洁心灵。但佛教不是这样，佛教是离却事物而"养心"，是遗弃人伦物理而"尽心"。这是说佛教在道体上"内外不一"。

佛教之所以在"道体"上表现为"本末不一、上下不一、内外不一"，就是因为"遗物事、弃伦理"——"佛、老之空虚，遗弃其人伦物事之常，以求明其所谓吾心者，而不知物理即吾心，不可得而遗也。至宋周、程二子，始复追寻孔、颜之宗，而有'无极而太极'、'定之以仁义，中正而主静'之说，动亦定，静亦定，无内外，无将迎之论，庶几精一之旨矣"①。而在周敦颐、二程兄弟那里，"道"并无动静、内外、本末、上下之分，正是因为没有"遗物事、弃伦理"，所以说他们恢复了孔颜精一之学。

可见，王阳明的确认为佛教之道是支离的、断裂的，而他做如此判断的原因是佛教"外人伦，遗物理"；也就说，他是将儒学的"道即一"（心性之学必须表现为经世致用）观念作为判定佛教道体的根据。可是，本体上的"无善无恶"并非只有落实在末用上才体现出它的价值，道德上的"养心"并非离开了事物就毫无价值，"内心正直"并非表现在"无意外王"上才有意义，这是其一。其二，就佛教"道体"而言，虽然不像儒学"道体"上下、内外、本末统一，但它有自己的统一，佛教的"道"事实上也是完满自足的，不能因为缺了"人伦物理"，就判定它是断裂的、支离的。因此，王阳明的判断不仅错误地估计了佛教"道"的特质，也显示了其儒学实用主义情结的膨胀。

二 不著相还是著了相

"不著相"是佛教基本观念之一。佛教认为，世间所有"相"都是虚妄，但是，凡夫俗子心念执着、意想住相，因而只有做到破执、扫相、无念，才能信心清净，才能见得诸相非相，才能见得如来。所以，"不著相"实际上是建基于佛教"万法皆空"本体观念之上不住声、色、欲的修为方法和心理状态。

那么，王阳明对佛教"不著相"是怎样理解的呢？——"先生尝言：

---

① 《王阳明全集》（上下），第 245 页。

'佛氏不著相，其实著了相。吾儒著相，其实不著相。'请问。（王阳明解释）曰：'佛怕父子累，却逃了父子；怕君臣累，却逃了君臣；怕夫妇累，却逃了夫妇，都是为个君臣、父子、夫妇著了相，便须逃避。如吾儒有个父子，还他以仁；有个君臣，还他以义；有个夫妇，还他以别。何曾着父子、君臣、夫妇的相?'"① 在阳明看来，佛教说它"不著相"，实际上著了相，不仅著了相，而且"著相很深"。为什么？生活在现实社会中的人，不仅处于父子、君臣、夫妇等人伦关系之中，而且要为美好的生活打拼、奋斗，如果佛教"不著相"，就应该积极面对并解决这些问题，但恰恰相反，佛教要人们出家离世，逃离父子、君臣、夫妇之伦，逃避生产、生活之苦，放弃对社会的责任。如果不是"著相"，怎么会有这么激烈的反应呢？怎么会有这样消极的行为呢？与佛教比较，儒家反而做到了"不著相"。为什么？因为儒家对君臣、父子、夫妇分别还他以"仁"、还他以"义"、还他以"别"，而且，儒家主张经世致用、利用厚生，积极为美好的物质生活、精神生活而努力奋斗。概言之，儒学并不以生活为累为苦，而是积极勇敢地面对。这就是"不著相"。

如此看来，阳明说佛教"著相"，就是说佛教"身已离心未去"；就是说佛教"心"仍然有住于现世，有住于名利，有住于声色；就是说佛教逃避现世生活，以之为累为苦。那么，应该怎样理解这个判断呢？阳明说佛教怕苦怕累，真正的深山老林修行究竟是甜还是苦呢？是轻松还是劳累呢？阳明说佛教不顾世事，放弃责任，远离功名利禄，是"著相"，那么执着于尘世的功名利禄，泡在声色利欲之中是什么呢？佛教所谓"不著相"明明是要求"破执扫相""离相无念"，它要破的正是人们对生死的执着，正是人们对功名利禄的执着，怎么在阳明这里变成了"有念""住相"呢？这就使得我们不得不去探求一下阳明判断佛教"著相"的究竟。从阳明的证词中很容易发现，阳明判佛教为"著相"的根据是佛教害怕尘世之苦之累，从而出家离世，从而放弃了作为一个伦理人的责任。而不以尘世为苦，该工作就工作，该休息就休息，遭遇痛苦不回避，碰上幸福不拒绝，在家尽孝养之责，遵守伦理，正是儒学的处世原则，正是儒学的价值要求。因此，佛教究竟"著相""不著相"便变得不重要了，重要的是

① 《王阳明全集》（上下），第99页。

佛教的教义、教规、行为是否符合儒家的价值，符合即是"不著相"，不符合便是"著相"。

王阳明对佛教"不著相"的判断，还可以根据他对《金刚经》中"应无所住而生其心"的理解来考察。他说："圣人致知之功至诚无息，其良知之体皦如明镜，略无纤翳。妍媸之来，随物见形，而明镜曾无留染。所谓情顺万事而无情也。无所住而生其心，佛氏曾有是言，未为非也。明镜之应物，妍者妍，媸者媸，一照而皆真，即是生其心处。妍者妍，媸者媸，一过而不留，即是无所住处。"① 就是说，"良知"好比一面明亮的镜子，晶莹剔透，无论是人还是物，只要来到"良知"面前，美丑自然呈现，但"良知"不曾留下任何痕迹。而佛教"无所住而生其心"说的就是这个意思。明镜照物，美者自美，丑者自丑，没有任何虚假，这就是"生其心处"；明镜照物，美也好，丑也罢，各物自有，不会在镜子上留下任何痕迹，这就是"无所住处"。由此看来，王阳明所理解的"无所住处"，就是像镜子照物那样不留任何痕迹，而"生其心处"就是像镜子照物那样"物如其故"。这样，我们可以如是分析：第一，阳明肯定"无所住而生其心"，是在证明"良知"特质情况下发生的，所以不能因此认为阳明支持佛教，而应认为佛教是阳明用于诠释、论证儒家思想的工具。第二，阳明说"无所处"是"一物不留"，注意到佛教不住物、"不著相"之内容，但不是说"无所住"就像镜子照物那样没有任何主体的投入就"一物不留"，因为要做到"无所住"并不是件容易的事，而是需要主体的努力，比如，出家、修行、守戒等。所以，阳明对佛教"无所住"的理解省去了许多"工夫"。第三，在阳明这里，"良知"是本体，"一物不留"与"一照皆真"只是"良知"的功用，这就等于说，"无所住"与"生其心"也被视为"良知"的功用，二者是并行的"用用"关系。而在佛教，"无所住"是体，"生其心"是用，用不离体，体不离用，体用并显；没有"无所住"，就没有"生其心"，有什么样的"无所住"，就有什么样的"生其心"。第四，阳明说"生其心"就是"一照皆真"。"良知"如同一面镜子，人物美丑，一照自现，这就是"一照皆真"，其所内含的是"良知"的功能和使命；也就是说，"良知"是事功的、"著相"的，如果将"生

---

① 《王阳明全集》（上下），第 70 页。

其心"等同于"良知"的发用，就是暗地里将"应无所住而生其心"看成是"著相"的。

由此看来，王阳明对佛教"不著相"的判断，虽然为许多人津津乐道，甚至成为某些人贬低佛教思维方式的依据；但我们必须认识到，王阳明对佛教"不著相"的理解和判断，显然是存在误读之处的，而之所以如此，在于他完全是拿儒家的基本思想、基本价值作为审视佛教的坐标。

三　出家：是修行还是自私

"出家"，是佛教基本教规之一。佛教"出家"，通俗地讲就是离开家庭到庙宇里去做僧尼；而且，"出家"不是出两片大门之家，而是出三界（欲界、色界、无色界）之家，不仅自己出三界之家，还须与众生同出三界之家。可见，"出家"并不是件轻松简单的事，不是"剃发染衣"就"出家"了，它含有牺牲、责任和理想。那么，王阳明对佛教"出家"是怎样理解的呢？

王阳明认为，佛教"出家"即是去人伦、遗物理，就是放弃责任。他说："夫禅之说，弃人伦，遗物理，而要其归极，不可以为天下国家。"① 可是，人伦物理怎么能去得？社会责任怎能抛弃？所以，王阳明对于"出家"是非常反对的。比如，王阳明曾成功地劝说一位僧人离寺回家——"往来南屏、虎跑诸刹，有禅僧坐关三年，不语不视，先生喝之曰：'这和尚终日口巴巴说甚么！终日眼睁睁看甚么！'僧惊起，即开视对语。先生问其家。对曰：'有母在。'曰：'起念否？'对曰：'不能不起。'先生即指爱亲本性谕之，僧涕泣谢。明日问之，僧已去矣。"② 对一位修行三年的和尚大声呵斥，责问对方想念不想念自己的母亲，并成功地说服僧人归尘还俗，尽人间责任。不难想象，王阳明对"出家"行为是极不尊重的，而他成功说服僧人的武器是"爱亲本性"，即儒家血亲伦理。

---

① 《王阳明全集》（上下），第 245 页。
② 《王阳明全集》（上下），第 1226 页。

王阳明为什么如此痛恨"出家"呢？直观的原因大概有两个：第一，佛教"出家"表现的是"自私"品性——"问：'释氏于世间一切情欲之私都不染着，似无私心，但外弃人伦，却似未当理。'先生曰：'亦只是一统事，都只是成就他的一个私己的心。'"① 王阳明认为，佛教所谓不染世间一切情欲，正是其远离尘世、放弃责任的结果，因而还是"自私"之表现。"外伦理"就是超出伦理之外，不受规范和约束，"遗物事"就是对人间之事毫无兴趣，置之不理。可是，伦理规范是使社会秩序稳定和谐的保障，而"物事"是社会中所有人必须面对、处理的任务；因此，"遵守伦理"就是积极面对现实生活中的问题，"勤于物事"就是积极地解决生活中的问题，佛教不愿遵守伦理、不愿勤于物事，而是"出家"以远离俗世，成一己之好，当然是"私己"。王阳明既然认为佛教"出家"是"自私"的行为，其肯定陆九渊以"义利"辨儒、佛的主张自在情理之中。他说："象山辩义利之分，立大本，求放心，以示后学笃实为己之道，其功亦宁可得而尽诬之！而世之儒者，附和雷同，不究其实，而概目之以禅学，则诚可冤也已！"② 佛禅才是"自私"，竟然有人将陆九渊心学等同于"自私"的禅学，当然是对陆九渊心学的最大冤枉！而之所以出现这种偏见，可能与某些人分不清儒家"为己"之学与佛教"出家"的差别有关系。王阳明说："君子之学，为己之学也。为己故必克己，克己则无己。无己者，无我也。世之学者执其自私自利之心，而自任以为为己；滥焉入于隳堕断灭之中，而自任以为无我者，吾见亦多矣。呜呼！自以为有志圣人之学，乃堕于末世佛、老耶僻之见而弗觉，亦可哀也夫！"③ 就是说，儒家"为己"之学实际上是为公之学，因为它是无己的，这与佛教醉心于修身自好完全不同；而佛教是私己的，也是"无人"的，与君子"为己"之学、无我之学是完全相悖的。

第二，佛教"出家"表现为对人性的残害。王阳明说："人之生，入而父子、夫妇、兄弟，出而君臣、长幼、朋友，岂非顺其性以全其天而已耶？圣人立之以纪纲，行之以礼乐，使天下之过弗及焉者，皆于是乎取中，曰，'此天之所以与我，我之所以为性'云耳。不如是，不足以为人，

① 《王阳明全集》（上下），第 26 页。
② 《王阳明全集》（上下），第 809 页。
③ 《王阳明全集》（上下），第 272 页。

是谓丧其性而失其天。而况于绝父子，屏夫妇，逸而去之耶？吾儒之所谓性与天者，如是而已矣。"①在王阳明看来，人生在世，在家有父子、夫妇、兄弟等亲情伦理，出外则有君臣、长幼、朋友等社群伦理，而且，人生而求美食华服，这都是人之天性。儒家圣人立教，就是使人顺其天性而已，如果不能顺人之性而全人之天，那就是丧失人之天性。可是，佛教要求俗人远离世俗生活，绝父子，弃夫妇，自是背离人之常情；佛教要求僧人衣衲服、吃粗食、喝生水，自是戕杀人的天性。

可见，王阳明对佛教"出家"的定性是"自私"和"害性"。王阳明判"出家"为"自私"，是因为他认为"出家"带来的后果是遗人伦物理、弃人间物事，这些都是"天下大公"，而"出家"意味着这些全被抛诸脑后；王阳明判"出家"为"害性"，是因为他认为"出家"带来的后果是弃绝君臣、父子、夫妇、朋友等人伦关系，是去除人追求声、色、欲、味之天性。所谓"人伦物理"就是以君臣、父子、夫妇、兄弟为中心的儒家礼制系统；所谓"人间物事"，就是儒家崇尚的立功、立德、立言之"三不朽"，就是开物成务。因此可以说，王阳明判"出家"为"自私"、为"害性"的根据，是儒家的基本观念和基本价值。因此，王阳明对"出家"所持的态度是批评、否定的。不过，这并不意味着王阳明对佛教"出家"的理解和判断是正确的。

这是因为，佛教"出家"的根本原因是基于佛教对世界人生的看法。佛教认为，世间所有的物事都是空幻的，是没有规定的，所谓"缘起性空"，所谓"万法皆幻"。众生因为不能觉悟到这种智慧，才陷于苦痛之中，而要超脱这种苦痛，就必须修行，而修行最直接的办法之一就是"出家"。因此，佛教"出家"的教规完全出于它的世界观，出于它的人生哲学，而这是王阳明所没有涉及的。如此便可进一步分析王阳明判"出家"为"自私"、为"害性"不合理性。就"自私"而言，约可分为两种形式：一是利益上的自私自利，属于伦理学范畴；一是心智上的自私自利，属于心理学范畴。佛教"出家"，不存在利益方面的争夺，因而阳明讲的"自私"只能是后者。而就后者言，也不能说佛教"出家"完全是为了自己，只求洁身自好，因为佛教"出家"还有"度人"的任务，还有"出

①《王阳明全集》（上下），第1046页。

得三界"的使命，这显然是不能以"自私"来定义的。而佛教"出家"的使命和责任，在今天已由人间佛教淋漓尽致地展示出来。所以，无论在哪个层面上，王阳明判"出家"为"自私"都是不符合实际的。

那么，"出家"能否判为"害性"？如上所言，王阳明讲佛教"出家"残害人性，无非是说，"出家"就弃置了君臣、父子、夫妇等人伦关系，就穿得破旧、吃得粗劣、住得简陋、行得辛苦等。然而，"出家"是一种修行方式，这个行为本身的确是悬置君臣、父子、夫妇等人伦关系的，的确是穿得破旧、吃得粗劣、住得简陋、行得辛苦的。可是，第一，"出家"主要出于个体自愿，它并不会成为君臣、父子、夫妇人伦关系实际上的否弃者，而且，佛教还规劝那些没有"出家"的人们遵守人伦关系。第二，"出家"对人性的完善与提升具有积极作用，人性的完善不能仅仅体现在物质生活、感官欲望上，还应体现在精神生活上，因而不能说"出家"就是残害人性的。第三，从事实上看，佛教"出家"只是对物质生活的淡漠，而不是完全绝去；只是对人伦关系的悬置，并不表示彻底颠覆；而真正的出家人，身体上并无损害，精神上丰富而高尚。所以，王阳明判佛教"出家"是残害人性，也是失之片面的。

四 心性：是"自得"还是空疏

佛教所言"心"，是菩提心、如来藏心、清净心，也是三界的根源、万法的本体；佛教所言"性"，是本体、本根之"性"，是诸法诸相之"性"，是灵明之"性"，是成佛的根据。佛教认为，自心清净，心即真如，而且，"心生种种法生，心灭种种法灭"，所以反对于"心"外去寻讨，于"心"外去摸索，而应"即心见性"。所以，佛教心、性为一体，并且，它们既是本体又是方法，强调在"自心"中体证，在"自心"中觉悟。王阳明没有专门讨论过佛教心性论，但他的文字中常有对佛教"心"和"性"的理解和评论。这里就通过那些涉及佛教心性论的文字，观察王阳明对佛教心性论的理解。

首先，他认为佛教可算是"自得"之学。他说："今世学者，皆知宗孔、孟，贱杨墨，摈释老，圣人之道，若大明于世。然吾从而求之，圣人不得而见之矣。其能有若墨氏之兼爱者乎？其能有若杨氏之为我者乎？其能有若老氏之清净自守、释氏之究心性命者乎？吾何以杨、墨、老、释之思哉？彼于圣人之道异，然犹有自得也。"① 王阳明告诉我们，他之所以对杨、墨、老、释有所吸取，乃是因为它们有自己独到的东西。墨氏之兼爱、杨氏之为我、老氏之清净自守、释氏之究心性命等，都是这些学派专有的东西。这里，王阳明把佛教究心性命等同于墨氏之兼爱者、杨氏之为我、老氏之清净自守。这些学派虽然都是"异端"，但又都是"自得"之学。正是因为都是"自得"之学，有其特殊性，所以值得尊敬。阳明说："居今之时而有学仁义、求性命，外记诵辞章而不为者，虽其陷于杨、墨、老、释之偏，吾犹且以为贤，彼其心犹求以自得也。夫求以自得，而后可与之言学圣人之道。某幼不问学，陷溺于邪僻者二十年，而始究心于老、释。赖天之灵，因有所觉，始乃沿周、程之说求之，而若有得焉。"② 在阳明看来，一个人如果抛弃了记诵辞章之学，那么即便陷于释、老，它还算"自得"之学；而领悟了"自得"之学，就可以继续学习圣人之道。而佛教"自得"之学即是"究心性命"之学。可见，王阳明对佛教心性论是有所了解、有所肯定的。

不过，王阳明并不认为佛教心性理论及其工夫是可以接受的。他说："夫禅之学与圣人之学，皆求尽其心也，亦相去毫厘耳。圣人之求尽其心也，以天地万物为一体也。吾之父子亲矣，而天下有未亲者焉，吾心未尽也；吾之君臣义矣，而天下有未义者焉，吾心未尽也；吾之夫妇别矣，长幼序矣，朋友信矣，而天下有未别，未序、未信者焉，吾心未尽也。吾之一家饱暖逸乐矣，而天下有未饱暖逸乐者焉，其能以亲乎？义乎？别、序、信乎？吾心未尽也；故于是有纪纲政事之设焉，有礼乐教化之施焉，凡以裁成辅相、成己成物，而求尽吾心焉耳。心尽而家以齐，国以治，天下以平。故圣人之学不出乎尽心。禅之学非不以心为说，然其意以为是达道也者，固吾之心也，吾惟不昧吾心于其中则亦已矣，而亦岂必屑屑于其外；其外有未当也，则亦岂必屑屑于其中。斯亦其所谓尽心者矣，而不知已陷于自私自利之偏。是以外人伦，遗物事，以之独善或能之，而要之不可以治家国天下。"③ 在阳明看来，佛教与圣人之学都以"求尽显其心"为

---

① 《王阳明全集》（上下），第 230 页。
② 《王阳明全集》（上下），第 231 页。
③ 《王阳明全集》（上下），第 257 页。

事，但是，二者是有差别的，那就是圣人之学"尽其心"是以天地万物为一体。所谓以天地万物为一体，就是亲父母还亲他人，否则就是心未尽；由于心未尽，所以，为了使"心尽"，圣人之学就有纪纲政事之设，有礼乐教化之施，加以裁成辅相、成己成物。因此，佛教尽心与儒学尽心是完全不同的，佛教虽然也以"心"为说，但佛教所谓"尽心"，只停留于"心"而已；佛教认为，不昧于吾心就不错了，怎么还能劳困于"心"外的事情，而"心"外之事又未必相当，难道就一定要劳困于"心"吗？这就是佛教所谓"尽心"，实际上已陷入自私自利之偏。因此，像佛教这样外人伦、遗物事之学，独善其身或许还可以，但要它治家齐国平天下是不可能的。

比如，佛教号称可以使人清心绝欲、求全性命，那为什么它对于当今民众之困苦毫无办法呢？王阳明说："以为其道能使人清心绝欲，求全性命，以出离生死；又能慈悲普爱，济度群生，去其苦恼而跻之快乐。今灾害日兴，盗贼日炽，财力日竭，天下之民困苦已极。使诚身得佛氏之道而拯救之，岂徒息精养气，保全性命？岂徒一身之乐？将天下万民之困苦，亦可因是而苏息！"① 再如，佛教自称明心见性，但既不见其实地用功，也不见其实际成效。王阳明说："区区'格致诚正'之说，是就学者本心日用事为间，体究践履，实地用功，是多少次第、多少积累在，正与空虚顿悟之说相反。"② 而与儒家"格致诚正"之说比较，佛家"明心见性"就是空疏之学。他说："吾儒养心，未尝离却事物，只顺其天则自然，就是功夫。释氏却要尽绝事物，把心看做幻相，渐入虚寂去了。与世间若无些子交涉，所以不可治天下。"③

概言之，王阳明肯定佛教心性之学是"自得"之学，是独善其身之学，而且，这种"自得"之学对于他进入圣人之学产生过积极作用。但是，他仍然认为，佛教心性之学是空疏而不究实用的，对于齐家治国平天下毫无积极意义。不过，王阳明的这种理解和判断还是存在很大问题。问题就在于，他将佛教心性之学放在现实层面拷问：见的是什么"心"？明的是什么"性"？其中有无"理"？是不是遵守伦理？是不是履行责

---

① 《王阳明全集》（上下），第 294 页。
② 《王阳明全集》（上下），第 41 页。
③ 《王阳明全集》（上下），第 106 页。

任？是不是能解决现实中的难题？但很遗憾，王阳明没有找到想要的答案。这样，佛教心性之学在阳明的心里就从"自得"之学转变成了"空疏"之学、无用之学。然而，佛教就是佛教，它不能做，也无法做不属于它做的事情，就是说，王阳明从儒家经世致用之学去认识，进而否定佛教心性之学的价值，是以马之用要求牛之体，是不符合佛教本身的特质的。

五　毫厘之差抑或天壤之别

佛教、儒学的关系是宋明儒家学者必须面对且必须回答的课题，王阳明自然不能例外。他说："大抵二氏之学，其妙与圣人只有毫厘之间。"①"毫厘"之间，也就是一个小小的差别，而这个小的差别在哪里呢？请看王阳明的回答。

就"动静"言，佛、儒各有其"动静"，二者的差别在何处呢？这正是王阳明一位学生的疑问："儒者到三更时分，扫荡胸中思虑，空空静静，与释氏之静只一般，两下皆不用，此时何所分别？"②这句话的意思是，儒者静坐到三更时分，心中便空无一切，与佛教没有了差别。但王阳明不同意这个说法。他说："动静只是一个。那三更时分空空静静的，只是存天理，即是如今应事接物的心。如今应事接物的心，亦是循此天理，便是那三更时分空空静静的心。故动静只是一个，分别不得。知得动静合一，释氏毫厘差处亦自莫掩矣。"③王阳明认为，在儒学这里，动也是静，静也是动，动静一体，为什么？因为儒者在静的时候还是应物接事，还是存天理，所以儒学的"动静"是一。换言之，儒学不存在不应事接物的静，不存在空洞的静，而佛教静时没有"天理"，所以是不应事接物，所以是空洞无物，所以它的动静是分离的。这就是儒佛差之毫厘处。

就"觉悟"言，佛、儒各有其"觉悟"，二者有无差别呢？王阳明做了肯定回答。他说："'觉悟'之说虽有同于释氏，然释氏之说亦自有

---

① 《王阳明全集》（上下），第36页。
② 《王阳明全集》（上下），第98页。
③ 《王阳明全集》（上下），第98页。

同于吾儒，而不害其为异者，惟在于几微毫忽之间而已。"① 就是说，"觉悟"对于儒学、佛教而言，虽有相同的地方，但这并不能掩饰它们的差别。他们的差别在哪呢？曾有人认为象山的"觉悟"与佛教的"觉悟"没有差别，从而指责象山心学为禅。但王阳明回应说，象山之"觉悟"虽然在形式上类似禅宗之"觉悟"，但在内容上仍然是孔孟之学，仍然有"理"，所以不是空虚。而就王阳明自己的"觉悟"看，他悟的是"格物致知"之旨，悟的是"圣人之道，吾性自足，向之求理于事物者误也"，也就是说，王阳明"觉悟"的对象是"理"。因此，在王阳明这里，儒佛在"觉悟"上的差别，就是儒者悟的是"理"，佛教悟的是"空"。

就"养心"而言，佛、儒各有其"养心"，但佛教"养心"与儒学还是不同的。王阳明说："吾儒养心，未尝离却事物，只顺其天则自然，就是功夫。释氏却要尽绝事物，把心看做幻相，渐入虚寂去了。与世间若无些子交涉，所以不可治天下。"② 差别在哪里？差别就在儒学"养心"，是不离事物而养，是顺天则自然而为，是以治天下为目的；佛教"养心"不是如此，佛教是离事物而养，把"心"看成幻相，所以陷于空寂。王阳明说："盖圣人之学无人己，无内外，一天地万物以为心，而禅之学起于自私自利，而未免于内外之分；斯其所以为异也。今之为心性之学者，而果外人伦，遗事物，则诚所谓禅矣；使其未尝外人伦，遗物事，而专以存心养性为事，则固圣门精一之学也，而可谓之禅乎哉！"③ 佛教心性之学"外人伦、遗物事"，儒家心性之学"守人伦、尽物事"，二者的差别还是"理"之有无。

由上可以看出，在动静、觉悟、养心等方面，佛教与儒学存在相似的地方，不过，同样在这三个方面，佛教与儒学的差别却是相同的，那就是遗弃物事，就是没有"理"不可以治天下。所以，王阳明认为，儒学、佛教主要不是异同问题，而是是非问题——"（郑德夫）问于阳明子曰：'释与儒孰异乎？'阳明子曰：'子无求其异同于儒、释，求其是者而学焉可矣。'曰：'是与非孰辨乎？'曰：'子无求其是非于讲说，求诸心而安焉者

---

① 《王阳明全集》（上下），第 808 页。
② 《王阳明全集》（上下），第 106 页。
③ 《王阳明全集》（上下），第 257 页。

是矣。'曰：'心又何以能定是非乎？'曰：'无是非之心，非人也。口之于甘苦也，与易牙同；目之于妍媸也，与离娄同；心之于是非也，与圣人同。其有昧焉者，其心之于道，不能如口之于味，目之于色之诚切也，然后私得而蔽之。子务立其诚而已。子惟虑夫心之于道，不能如口之于味，目之于色之诚切也，而何虑夫甘苦妍媸之无辩也乎？'曰：'然则《五经》之所载，《四书》之所传，其皆无所用乎？'曰：'孰为而无所用乎？是甘苦妍媸之所在也。使无诚心以求之，是谈味论色而已也，又孰从而得甘苦妍媸之真乎？"① 就是说，佛儒不在同异，而在是非，但是非由"心"而定，"心"诚而与圣人同。经书只是甘苦妍媸，诚心求之方得其正。在这里，王阳明强调"心"诚是一个人能够真切地识得"道"的根本，"心"诚，甘苦美丑自然呈现于眼前。"心"诚是本体，"心"诚才能辨是非，但"心"有昧的话，就不如口、目来得真切，就是求之经书，也只是谈味论色而已。因此，佛儒之间有同者并不能说明佛教怎么好，有异者也不能说明佛教怎么坏；重要的是观其"是"，察其"非"。这样，"几微毫忽"之间，虽差之毫厘，可能谬以千里。

儒佛之间，不仅有同异，更有是非，那么，在异同、是非之间，怎么安置它们的关系？王阳明提出了个"三间共为一厅"的比喻——"说兼取便不是。圣人尽性至命，何物不具？何待兼取？二氏之用，皆我之用。即吾尽至性命中完养此身，谓之仙；即吾尽性至命中不染世累，谓之佛。但后世儒者不见圣学之全，故与二氏成二见耳。譬之厅堂，三间共为一厅，儒者不知皆我所用，见佛氏则割左边一间与之，见老氏则割右边一间与之，而己则自处中间，皆举一而废百也。圣人与天地民物同体；儒、佛、老、庄皆吾之用，是之谓大道。"② 在阳明看来，圣人之学完备不缺，所以不能说"兼取"佛教、仙家中有益的东西，因为佛教、仙家中有益者，完全可从圣学中推演出来，如在尽性至命中完善此身，即为仙，在尽性至命中不染世界，即为佛。也就是说，佛教所有的，完全可从儒学中获得，因而无须"兼取"。因此，那种把儒、佛、仙分成一房三厅的观念是错误的，因为这样做就会导致"举一废百"之后果。事实上，只有儒、佛、仙都为

---

① 《王阳明全集》（上下），第 238 页。
② 《王阳明全集》（上下），第 1791～1180 页。

儒者所用时，这叫作"大道"。不难看出，在王阳明的观念中，佛教的功能及其效果，完全可以在儒学的展开中实现，因而佛教在王阳明思想世界并没有独立的主体地位。

王阳明甚至认为，仙家之"虚"、佛教之"无"，不能加进儒学的"实"和"有"，如果勉强加入，就会丧失它们的本色。他说："仙家说到虚，圣人岂能虚上加得一毫实？佛氏说到无，圣人岂能无上加得一毫有？但仙家说虚，从养生上来；佛氏说无，从出离生死苦海上来，却于本体上加却这些子意思在，便不是他虚无的本色了，便于本体有障碍。圣人只是还他良知的本色，更不着些子意思在。良知之虚，便是天之太虚；良知之无，便是太虚之无形。日月风雷山川民物，凡有貌象形色，皆在太虚无形中发用流行，未尝作得天的障碍。圣人只是顺其良知之发用，天地万物，俱在我良知的发用流行中，何尝又有一物超于良知之外，能作得障碍？"[①]"太虚无形"，是张载用于批判佛教的概念。在张载看来，世界上根本不存在佛教所讲的绝对的"空虚"，即便被人们看成是"空虚"的东西，其实还是"有"（物），这个"有"（物）就是细微的"气"。因此，我们可以说，王阳明在这里以"太虚无形"形容良知，而拒绝将其等同于佛教的虚无，无非是说，"良知"之为本体，虽有虚无之象，但它仍然是"造化的精灵"，世间所有"貌象形色"之物无不在良知的发用流行中，而且各得其所，然其所然。可见，"良知"之为本体与佛教是有着根本性差别的，而通过王阳明对此差别的深刻辨析与自觉凸显，佛教在其思想世界中的位置也就一目了然。

六 修己明道以应对

对于王阳明而言，佛教是不理物事之学，是遗弃伦理之学，是偏执之学，是空疏之学。然而，就是这种违背常理的"异端邪说"，竟然吸引了无数人的心，这不能不让王阳明忧虑。不过，化解这种忧虑还是需要拿出具体的办法来。王阳明非等闲之辈，在应对佛教的挑战上，既继承了前辈儒者的智慧，也有自己的创造发明。

---

① 《王阳明全集》（上下），第106页。

其一，占据阵地。佛教的发展和传播，需要寺庙；儒学的发展和传播，需要学堂。可是，自佛教进入中国之后，传播儒学的学堂一个接一个地消失，传播佛教的寺庙一个接一个地兴起，真所谓"此消彼长"。这委实让王阳明气愤和担忧。事实上，北宋初年的欧阳修就大力将寺庙改为学堂，随后，李觏、张载、胡宏、张栻都提出过类似主张。[①] 王阳明继承了这一优良传统，极力主张恢复学堂、书院。他说："夫龟山没，使有若先生者相继讲明其间，龟山之学，邑之人将必有传，岂遂沦入老佛词章而莫之知！求当时从龟山游不无人矣，使有如华氏者相继修葺之，纵其学未即明，其间必有因迹以求道者，则亦何至沦没于四百年之久！又使其时有司有若高君者，以风励土习为己任，书院将无因而圮，又何至化为浮屠之居而荡为草莽之野！"[②] 这段话所传递的信息是：东林书院如果能继承杨时的讲学传统，这里的人们怎么可能陷于佛老辞章呢？如果有人像高氏那样以教化百姓为己任，东林书院怎么会成为佛教僧人住宿、传教的场所呢？不难看出，王阳明对儒家书院变成佛教寺庙是非常郁闷的，因为书院变成了寺庙，不仅意味着儒家学者没有传道的场所，也意味着普通百姓没有学习礼仪制度的场所，更意味着僧人可以随心所欲地传播佛法，意味着越来越多的百姓将皈依佛门。这种景象是阳明所不能容忍的。可见，"占据阵地"是王阳明应对佛教的策略之一。

其二，自修其身。怎么样占据阵地？王阳明认为，主体素质的提升是关键。他说："孟子曰：'经正则庶民兴，庶民兴，斯无邪慝矣。'今不皇皇焉自攻其弊，以求明吾夫子之道，而徒以攻二氏为心，亦见其不知本也夫！生复言之，执事以攻二氏为问，而生切切于自攻者，夫岂不喻执事之旨哉？《春秋》之道，责己严而待人恕；吾夫子之训，先自治而后治人也。"[③] 所谓"经正则庶民兴"，就是把老百姓兴旺的前提归于"经正"，而"经正"实际上是要求人正，要求领导者正；所谓"自攻其弊"，就是检讨自己，通过检讨自己，克服自身缺点，发展自身优点；所谓"先自治后治人"，就是强调先把自己的素质提高、完善，才谈得

① 李承贵：《儒士视域中的佛教——宋代儒士佛教观研究》第1~3章，宗教文化出版社，2007。
② 《王阳明全集》（上下），第898页。
③ 《王阳明全集》（上下），第862页。

上战胜他人。相反，如果主体素质不高，不仅会陷于异端而不自知，而且还会使好的学说导致坏的结果。他说："今夫二氏之说，其始亦非欲以乱天下也；而卒以乱天下，则是为之徒者之罪也。夫子之道，其始固亦欲以治天下也，而未免于二氏之惑，则亦为之徒者之罪也。……今夫夫子之道，过者可以俯而就，不肖者可以企而及，是诚行之万世而无弊矣；然而子夏之后有田子方，子方之后为庄周，子弓之后有荀况，荀况之后为李斯，盖亦不能以无弊，则亦岂吾夫子之道使然哉？故夫善学之，则虽老氏之说无益于天下，而亦可以无害于天下；不善学之，则虽吾夫子之道，而亦不能以无弊也。"① 为什么有人会陷于老学？就在于人们不能认识老学毛病在哪里，而老学的问题出在"专于为己而无意于天下国家"，自己做到仁义就可以了，天下人做得到做不到仁义就不管了，是"置其心于都无较计之地"，然而，人们并不能认识到这一点，稀里糊涂地陷于佛教而不自知。而就儒学言，由子夏到田子方，由田子方到庄周，由子弓到荀子，由荀子到李斯，儒学名声逐渐变坏，其原因就在于主体素质不高。可见，一种学说有益无益于天下，完全取决于主体善不善于学习，完全取决于主体善不善于应用，完全取决于主体素质之状况。

其三，明了圣道。"自修其身"另一方面的内涵就是对圣人之学的把握。朱熹曾经说，要战胜佛教，首先要把自家的东西搞明白，如果能把圣人之学搞明白，使其内化于心，佛教是侵袭不进来的。王阳明继承了这一观念。他说："然则天下之攻异端者，亦先明夫子之道而已耳。夫子之道明，彼将不攻而自破，不然，我以彼为异端，而彼亦将以我为异端，譬之穴中之门鼠，是非孰从而辨之？今夫吾夫子之道，始之于存养慎独之微，而终之以化育参赞之大；行之日用常行之间，而达之于国家天下之远。人不得焉，不可以为人，而物不得焉，不可以为物，犹之水火菽帛而不可一日缺焉者也。然而异端者，乃至与之抗立而为三，则亦道之不明者之罪矣。道苟不明，苟不过焉，即不及焉。过与不及，皆不得夫中道也，则亦异端而已矣。而何以攻彼为哉？"② 既然异端之产生在于人的识见上的问题，那么一种学说本身价值的消极与积极不在自

---

① 《王阳明全集》（上下），第861~862页。

② 《王阳明全集》（上下），第861页。

身，而在主体；而主体对圣人之道的"无明"，才是无法与佛教对抗的根本原因。因此，攻击异端，应该掌握圣人之学，将圣人之学了然于心，使自己的思想得到充实强大，那么，佛教不仅无法侵袭进来，而且将不攻自破。

其四，儒佛优劣。有明一代，信奉佛教者比比皆是，其中也包括高高在上的皇帝，原因在于他们认为佛教有许多优点，有许多让他们着迷的地方。王阳明为了让人们远离佛教，回归圣人之学，不得不对佛教的"缺陷"予以揭露。他说佛劣于儒："夫西方之佛，以释迦为最；中国之圣人，以尧、舜为最。臣请以释迦与尧、舜比而论之。夫世之最所崇慕释迦者，慕尚于脱离生死，超然独存于世。今佛氏之书具载始末，谓释迦住世说法四十余年，寿八十二岁而没，则其寿亦诚可谓高矣；然舜年百有十岁，尧年一百二十岁，其寿比之释迦则又高也。佛能慈悲施舍，不惜头目脑髓以救人之急难，则其仁爱及物，亦诚可谓至矣；然必苦行于雪山，奔走于道路，而后能有所济。若尧、舜则端拱无为，而天下各得其所。惟'克明峻德，以亲九族'，则九族既睦；平章百姓，则百姓昭明；协和万邦，则黎民于变时雍；极而至于上下草木鸟兽，无不咸若。其仁爱及物，比之释迦则又至也。佛能方便说法，开悟群迷，戒人之酒，止人之杀，去人之贪，绝人之嗔，其神通妙用，亦诚可谓大矣，然必耳提面诲而后能。若在尧、舜，则光被四表，格于上下，其至诚所运，自然不言而信，不动而变，无为而成。盖'与天地合其德，与日月合其明，与四时合其序，与鬼神合其吉凶'，其神化无方而妙用无体，比之释迦则又大也。"①就是说，佛教虽然也有它的长处，但与圣人之学比较，还是全面落于下风：第一，佛不如尧、舜寿命长，不值得羡慕；第二，在慈爱施舍的方法和内容上，儒学比佛教更高一筹；第三，在觉悟群生、规范众生行为、教化方法和效果等方面，儒学也优胜于佛教。既然佛的寿命不如尧舜，既然佛教施舍方法与内容不如圣人之学，既然在教化民众、觉悟群生方面，佛教并不比圣人之学高明，那么，上至皇帝，下至百姓，还有什么必要皈依佛门呢？

王阳明判佛教"道体"为支离，判佛教"无念"为著相，判佛教

---

① 《王阳明全集》（上下），第 295 ~ 296 页。

"出家"为自私，判佛教"心性"为空疏，并提出了"占据阵地""自修其身""明了圣道""儒长佛短"等一系列抑制、排斥佛教的策略，其对佛教之态度已是昭然若揭；而在分辨、处理儒学与佛教关系上，王阳明一句"佛儒不在异同，而在是非"，即将佛教降为异端邪说，即便其尚有"自得"之处，还是连占据"一厅"的资格都没有。而在这些"判定"和"分辨"之中，所呈现的是王阳明对佛教义理理解的肤浅和片面。尽管在王阳明心学体系中，似乎处处可以找到佛教禅宗的印记，以致人们千篇一律且毫无疑虑地认为心学是佛教禅宗的藏身之地，阳明心学与佛教禅宗不过半斤八两。然而本文的初步探讨及所显示的问题，或许提醒我们需要检讨，进而有纠正俗见的勇气，以求得对阳明心学与佛教关系之完整认识。

信念政治与社会教化

——阳明学派的政治向度论略

◎朱 承[*]

摘要： 阳明学派承续了儒家道德政治的传统，通过"化治世为治心"的思路，把社会治理的问题转化为个体道德意志和道德情感问题，强调道德信念对于良好政治的重要作用。基于对道德政治的坚定信念，阳明学派十分重视社会教化，他们通过积极的社会教化活动将心学理论落实到普通人的生活中去，化民善俗。信念的政治以及社会教化的理论与行动构成阳明学派在政治哲学上的两个主要指向。

关键词： 阳明学派 信念 教化

阳明学派向来被视为心性儒学的重要一支，其为学注重对人的内在心志力量予以开掘。作为儒家学派，阳明学派的思想不仅仅局限在心性层面，还承续了儒家的道德政治传统并做了新的发挥。那么，在心学的立场上，阳明学派对于儒家道德政治观念做了何种发挥和落实？本文试图就上述问题做出分析，并在此基础上探讨阳明学派的政治哲学向度及其特点。

一 儒家的德治传统

众所周知，把政治与道德结合起来，是儒家政治哲学的主要传统。孔子说："道之以政，齐之以刑，民免而无耻。道之以德，齐之以礼，有耻且格。"（《论语·为政》）在孔子看来，政刑之具虽是国家治理中的重要

* 朱承（1977～），男，哲学博士，现为上海大学哲学系教授，主要研究方向为中国哲学。

工具，但不如德礼之教在国家治理中的根本性作用。对此，朱熹在《论语集注》中说道："愚谓政者，为治之具，刑者，辅治之法。德礼则所以出治之本，而德又礼之本也。此其相为终始，虽不可以偏废，然政、刑能使民远罪而已，德礼之效，则有使民日迁善而不自知。故治民者不可徒持其末，又当深探其本也。"① 就国家治理的方式而言，儒家对刑、政、礼、德四种方式做了排序，认为"德"最具根本性意义。这一点，在孟子那里体现得更加明显，孟子反复强调有"仁心"而后有"仁政"，认为治理者的德性有无将决定国家治理是否具有合法性与有效性。

儒家道德政治的传统，在漫长的历史时期中得到了充分的展现。中国古代历代王朝都乐意宣扬其统治的道德合法性，更声称其统治权来源于天命对其德性的嘉许。在此基础上，历代统治者往往主张德治的原则，提出如以孝治天下、以礼治天下的具体主张，通过倡导"忠孝节义礼义廉耻"等道德原则来进行社会治理，甚至还提出"忠信以为甲胄，礼义以为干橹"（《礼记·儒行》）的德治口号。上述现象大致表明，"德治"是儒家政治哲学的核心内涵。无论统治者的统治在现实政治中表现为礼治还是教化，其实质是要以是否合乎道德原则为标准。

概括地讲，德治传统发挥作用，主要体现在理论上强调德性的重要性和实践上强调道德教化两个方面。从理论上来说，儒家强调德性作为信念对于为政者以及为政事业的重要性，主张"为政以德"（《论语·为政》）。在国家治理过程中，儒家主张以道德及其外化的礼乐制度作为国家治理的原则与工具。儒家以道德作为政权合法性的基础，在政权更迭过程中，往往用前代政权失德因而失去天命来解释政权更迭的原因。这种"失德"，要么是君主失德，要么是社会道德价值系统的崩溃。可见，君主或者社会风气符合儒家道德原则，是政权或者统治者的合法性的基础。比如说，在儒家传统里，弑君是不道德的，但是如果君失去了德性，那么弑君就是合理的。所以孟子在有人问到"臣弑君"可否之问题时说道："贼仁者谓之贼。贼义者谓之残。残贼之人，谓之一夫。闻诛一夫纣矣，未闻弑君也"（《孟子·梁惠王下》）。在孟子看来，如果君主失去了德性，就不应再将其作为"君主"来看待。另外，按照汉儒董仲舒"天人感应"思想，如果世

---

① 朱熹：《四书章句集注》，中华书局，1983，第54页。

俗政权失去其德性，那么上天将用灾异的形式予以警示与处罚。宋明理学所强调的"天理"，更是赋予儒家道德政治形而上学的理论色彩。可见，在儒家思想传统里，道德对于政治合法性、为政事业来说具有基础性和前提性的作用。

在实践层面，儒家强调道德教化的重要性。儒家认识到，既然道德非常重要，可社会现实中依然有很多不道德的人和不道德的事情，那么就需要通过各种教化手段来激发出人们的道德意识。在儒家看来，德性往往是由圣人、君子率先体悟和印证。作为担负社会责任的圣人、君子，除了自己的德性圆满以外，更为重要的是要用德性来启发民众。所谓"修己以安人、修己以安百姓"，儒家经典《大学》的三纲领里称，君子在"明明德"之后，还要"亲民"；而《大学》的八条目也说，"修身"的指向是要"齐家"、"治国"和"平天下"。可见，在儒家的思想传统里，除了"有位"的人能进行社会教化之外，有"德性"的君子也应该担当社会教化的任务。儒家用以教化生民的内容，主要是经典中记载的倡导道德的话语或者各种礼仪制度等。儒家期望教导人通过读书明理来发挥明确自己的德性，或者教导人们在日常生活中通过遵守礼教来落实德性，或者通过表彰或惩罚来劝善止恶，等等。在儒家看来，社会教化的形式多样，无论是礼教、诗教、乐教，还是宋明时期的大规模讲学活动；无论是上行的"得君行道"，还是下行的"觉民行道"；无论是国家对孝廉忠义的表彰，还是乡间对孝子节妇的表彰，都可以是"教化"的表现。儒家认为通过教化，化民善俗，使"愚夫愚妇"守德遵礼，意识到德性与礼仪的重要性，进而改善社会风气，形成公序良俗，达成良好的社会公识。

上述发端于先秦的儒家德治传统对后世影响极大。尤其是士人阶层特别重视个体德性的挖掘与社会礼俗的教化。宋明理学虽然不以讨论政治问题为其主要表现形式，但是宋明理学家在政治问题的倾向上，无疑都传承了先秦儒家的德治传统，把政治问题与道德问题联系在一起，强化儒家德治的传统。阳明学派以心体、良知立教，对内在的德性尤其看重，十分注意个体的道德意志与道德情感对于政治的意义。具体到行动上，阳明学派努力推行"觉民行道"的下行路线，开展大规模的讲学活动，努力推行儒家道德政治的教化活动。

二　信念与良知力量

阳明学派的开创人王阳明的哲学以心体为宗，推崇"良知"在改造个体与社会中的作用，强调主体的道德意志、道德情感对于伦理事务的重要性。这种以内在道德意识为主导的哲学思想，反映到政治思想领域上，就是将治世的政治问题归结到治心的伦理问题，展现了王阳明哲学里政治问题与伦理问题的交错纠葛。王阳明的政治哲学主张大致可以概括为"化治世为治心"①，其最显著的特征是将政治社会中的问题收摄为人的道德本心之问题。

我们知道，在儒家德治传统里，大致上可以区分出两种路向，一种是以孟子为代表的仁心政治，一种是以荀子为代表的礼仪政治。两种路向在本质上都认同儒家的基本价值理念，只是在具体政治操作上各有偏重。王阳明大体上是继承了孟子一路的仁心政治，即强调仁心可以转换为仁政，认为可以实现所谓"内在超越"。换句话说，主张"仁心政治"的思想，认为为政者与百姓只要具备并发挥仁心，那么良好的政治是可以期待和实现的。

"心体"是王阳明立教的根本，他把政治事务和社会事务的良善与否都归结为"心体"是否被发明，也就是人的道德本心或良知是否在日常生活中得以扩充和呈现。人的内在德性培养的过程，就是政治社会走向良好的过程。在王阳明看来，道德心体的培养和政治社会的治理实际上是合二为一的，政治的问题实际上就是人心的问题，"修己治人，本无二道"②，人心向善，则社会向善，人心向恶，则社会趋向堕落。因此，在王阳明那里，政治问题的本源在于人心，人心是政治中的第一义，而礼仪规范则是政治中的第二义。王阳明曾说："人只要成就自家心体，则用在其中。如养得心体，果有未发之中，自然有发而中节之和，自然无施不可。苟无是心，虽预先讲得世上许多名物度数，与己原不相干，只是装缀，临时自行

---

① 关于此问题的论述，详见朱承《治心与治世——王阳明哲学的政治向度》，上海人民出版社，2008。
② 王阳明：《答徐成之》，吴光、钱明、董平、姚延福编校《王阳明全集》卷四，上海古籍出版社，2011，第163页。

不去。亦不是将名物度数全然不理，只要'知所先后，则近道'。"① 名物度数是儒家礼教的重要内容，但是王阳明认为成就心体是比熟悉具体的礼仪规范更为重要的事情。王阳明强调个体意志与情感的意义，这种思路对儒家礼教传统有所冲击，当然这种冲击针对的是过分烦琐的礼仪形式，而非对"道德政治"之根本原则的挑战。

王阳明认为："人者，天地万物之心也；心者，天地万物之主也。"② 从事具体政治事务时，也曾做到"为政不事威刑，惟以开导人心为本"③。可见，在王阳明看来，治世即是治心。那么，如何保证政治的正当性和实现良好的政治社会生活呢？毋庸置疑，在阳明那里，这些问题是和"在心上用功"紧密联系在一起的。王阳明认为，所谓"心"不仅是一团血肉，而且还蕴含了儒家的道德与政治原则，是道德之心，政治之心。心以及心之良知在政治生活中具有本原的意义。因此，要实现良好的政治生活，推行儒家的理想政治，无疑要强调社会成员在心上做工夫，只有从心上用功，在心上锻炼，致良知以破心中贼，解决内在的观念和情感的问题，现实中的政治事务方可以得到合理的安顿。否则，如果仅仅立足政治的外在形式，袭义于外，便丧失了政治的正当性，就成为虚假的政治表演。因此，王阳明哲学中的心学工夫，绝不单是个体的修养兴趣、修养之途，同时也是一个重要的政治问题，在心性修养的同时蕴含了家国天下的关怀。王阳明基于本心的政治观，在解释当时和历史上的政治问题时显示了其独特之处，而且，化治世为治心的政治观对王阳明从事的实际政治事务也有所推动。王阳明认为破"心中之贼"要比破"山中之贼"更为困难，因此他在处理具体政治事务中，特别重视对人们的心理感化和道德教化，而非简单的杀伐威压，这种思路在他平定南赣的政治军事行动中多有体现。

王阳明"化治世为治心"的思路为其后学所承续。如王畿曾提出了"先天正心"之说，把"治心"作为"治世"的逻辑起点和根本依据。在此基础上，王畿认为良知的效用可以扩大到政治生活领域；还在王阳明思

---

① 王阳明：《传习录上》，吴光、钱明、董平、姚延福编校《王阳明全集》卷一，第24页。
② 王阳明：《答季明德》，吴光、钱明、董平、姚延福编校：《王阳明全集》卷六，第238页。
③ 王阳明：《年谱一》，吴光、钱明、董平、姚延福编校《王阳明全集》卷三十三，第1356页。

想的基础上进一步强调"万物一体"作为最好人间秩序的意义及其可能性，倡导个体应该破除"意见"之私并承担社会责任；还十分崇尚王道政治，认为王道政治之根源在于人心之诚，将良知学说作为古典理想政治的出发点。① 聂豹也曾着力强化阳明学派"化治世为治心"的思路，他提出"良知本寂"，认为世间百病或者现实社会的问题皆源于心体不明、杂念丛生，要想建设好的政治，就要明确天地万物为一体，并且能调养本体归于虚寂，如此，则世间万毒自然会消去，德性的本体、心体一旦廓清，那么好的政治就有了根基。② 诸如王畿、聂豹等人的学说，在阳明后学中很常见，对"本心"和"良知"的信念构成他们期盼理想政治的重要前提。

如上所述，阳明学的政治向度集中反映的是人的内在道德与良好政治社会之间的关系，其最根本特质是"化治世为治心"，即通过对道德情感、道德意志的塑造，通过致良知并在此基础上形成政治信念，进而追求先儒们所向往的"万物一体"的理想社会，或所谓"三代之治"。可见，阳明学的思想主张体现在政治哲学领域，主要是提供一种信念。虽然阳明学派在社会教化上做出了大量的努力，但他们所设想的理想秩序及实现这种理想秩序的途径主要还是停留在观念层面。阳明学派以道德为基石的政治设计，如同宗教一样为民众提供一种道德信念，他们相信，只要民众确信良知的力量，那么社会必然会走向良善。同时，通过"觉民行道"的下行路线，通过教化使得群众也能接受上述"信念"，树立信念，从而自觉地参与"好的社会"的建构。英国哲学家欧克肖特曾提出："政治信念与道德信仰的相互影响往往是交叉的，于是他们彼此都可能用以阐述对方的背景。由于我们关注的是政治理念和反思，道德信仰就成了背景说明。"③ 政治信念与道德信仰之间这种互为背景的关系在阳明学派那里体现得十分明显。阳明学派坚信良知的信念，认为良知既可以是道德的原则，并能转化为维护社会秩序的规范，又可以成为良好政治的出发点。

基于道德或良知的信念政治相较于基于权术和法律（制度）的政治，

---

① 参见朱承《王畿哲学的政治向度》，《中州学刊》2011 年第 3 期。
② 参见朱承《聂双江思想的政治之维》，《地方文化研究》2014 年第 3 期。
③ 〔英〕迈克尔·欧克肖特：《哈佛演讲录：近代欧洲的道德与政治》，顾玫译，方刚校，上海文艺出版社，2003，第 28 页。

有其特殊的意义。由于阳明学派的信念政治触及了政治中的道德本心问题，切中当时明代思想界溺于旁求外袭的时弊，注重个体的内在资源对于社会生活、政治生活的意义，将治世之事转向内在的治心之事，因而对于现实政治仍然具有一定的启发性，这些都是阳明学派信念政治的意义所在。当然，我们说阳明学派基于良知和心体的信念政治具有现实意义，并不意味着它能在当下直接指导政治现实，而是说它能在政治哲学层面为我们思考政治问题提供别样的启示，比如政治中的人心问题，为政者的道德修养问题。由于其对政治操作有着直接的影响，所以我们绝不能忽略人心建设而仅重视制度建设。

三　教化与觉民行道

我们知道，阳明学派作为一个主旨大体相近的思想共同体[1]，是明代中后叶影响力最大的学派。阳明门人弟子遍及大江南北，其思想学说在中晚明社会大行其道，延续百年。阳明心学之所以流传广泛，在思想界和民间都能产生巨大的影响，除了其理论上对程朱理学有重大挑战并形成独特创见之外，还与阳明学派不遗余力地从事社会教化活动密切相关。

王阳明在回答徐爱问《大学》三纲领中"亲民"还是朱子所谓之"新民"的时候，曾指出："'亲民'犹孟子'亲亲仁民'之谓，亲之即仁之也。……说'亲民'便是兼教养意。"[2] 我们知道，"亲民"与"新民"只有一字之差，但其所指并不同。在阳明看来，"亲民"因包含了教化之意故而更符合儒家信念。王阳明还曾提出："良知良能，愚夫愚妇与圣人同。但惟圣人能致其良知，而愚夫愚妇不能致，此圣愚之所由分也。"[3] 正是认识到了圣、愚的后天努力程度有所不同，王阳明尤其重视通

---

① 狄百瑞曾认为："王阳明死后一百年间，这些观念继续有人赓续发扬。诸学派分立，但都上溯于阳明，故不管各学派对于其他教训解释差异如何，不管从我们观点看来他们是保守，自由或极端，他们对这些基本信念是大致信守的。"参见〔美〕狄百瑞《明代理学与黄宗羲的自由思想》，《中国的自由传统》，李弘祺译，台北联经出版社，1983，第72页。

② 王阳明：《传习录上》，吴光、钱明、董平、姚延福编校《王阳明全集》卷一，第2页。

③ 王阳明：《传习录中》，吴光、钱明、董平、姚延福编校《王阳明全集》卷二，第56页。

过教化工作来激发人们意识到自己的良知并努力地去扩充和落实良知，而这正是其社会教化工作的出发点。

从历史角度来看，阳明学派能够深入民间进行社会教育，参与乡村建设，把人们的注意力重新引向日常生活，发现日常生活中的神圣意义，或者说为普通人的日常生活确立意义，这是其学派得以广泛流传的重要原因。阳明学派的教化活动走向民间并关注日常生活，主要表现在他们倡导简洁的理论、主持书院会讲、参与乡村伦理建设等多个方面。阳明学派通过理论创建和社会活动，将哲学家与社会生活紧密关联起来，使哲学产生了现实的教化作用。日本学者沟口雄三曾认为："中国阳明学在历史上的第一作用就在于'儒教的大众化'。"① 应该说，沟口雄三对阳明学的历史作用的概括确有所见，阳明学派通过其社会教化活动，对儒学深入大众生活做出了积极的推动，这也体现了哲学家的社会作用。哲学家不仅是理论玄思者，也是理论的传播者、社会教化的承担者以及社会秩序的创制者。②

理论要为人们所接受，实现所谓"教化"的作用，除了理论自身的有效性之外，还要求理论表达与理论传递要切合群众的接受能力。阳明学派在传播心学的过程中，就是使用了简单明了的表达方式。阳明学所倡导的理论本身直指人心，其表现形式有时如同"口号"那般简洁明了，即使对理论不甚了了的人也能有所感悟。如他们宣称"满大街都是圣人"，用简洁直白的话语将每个人内在的良知点出，并让人领会"众生"平等，每个人都具有圣人的本性。阳明心学多用简易、直接的话语来讲明"成圣"之路，构筑了一条能够鼓动人心，使得人们"自作主宰"的道路。王阳明的"千圣皆过影，良知乃吾师"③，正是此类鼓动人心的话语之一。阳明心学所主张的理论，多用简单明了的话语阐述。针对阳明心学简洁明晰的理论方式，钱德洪曾说："吾师阳明先生，平时论学，未尝立一言，惟揭《大学》宗旨，以指示人心。谓《大学》之教，自帝尧明明德睦族以降，至孔

---

① 〔日〕沟口雄三：《两种阳明学》，李晓东译，生活·读书·新知三联书店，2014，第251页。
② 参见朱承《政治哲学视域中的明代王学兴起》，《现代哲学》2011年第1期。
③ （明）王阳明：《外集二·长生》，吴光、钱明、董平、姚延福编校《王阳明全集》卷二十，第876页。

门而复明。其为道也，由一身以至家国天下，由初学以至圣人，彻上彻下，通物通我，无不其足。"① 也就是说，阳明学易简明白、指示人心，对于为学各个阶段的人都有所裨益。

明代儒者特别重视讲学事业，黄宗羲曾称："有明事功文章，未必能越前代，至于讲学，余妄谓过之。"② 明儒的讲学事业在中国历史上十分兴盛。在社会教化的实践行动中，阳明学派最为重要的活动也是讲学。王阳明本人尤其重视讲学，一生也以讲学为主业，同时也以讲学事业为荣。在阳明学派看来，讲学关乎世道人心、天下治平之事，因此他们能自觉地把民间的讲学事业同政治联系在一起，而这也是他们融入社会、宣传理论的重要途径。为了更好地将心学学说推广开来，王阳明要求学生放下身段做"愚夫愚妇"，用简易平常的话语来讲学："你们拿一个圣人去与人讲学，人见圣人来，都怕走了，如何讲得行！须做得个愚夫愚妇，方可与人讲学。"③ 又对他的学生说道："与愚夫愚妇同的，是谓同德。与愚夫愚妇异的，是谓异端。"④ 王阳明关于学者讲学态度的阐释，对于后世行教化之道颇有启发。儒家的教化与教主式的布道不同："讲学"之人应与受众处在平等位置，不可以真理在握的姿态"与人讲学"，也不可以居高临下之傲慢气势"与人讲学"；主讲者须知与听讲之人原本平等，秉承如此态度的教化工作才会取得效果。

阳明学派还在中晚明社会掀起了一股书院会讲之风。阳明学派多以直接有效的书院会讲方式在中晚明的民间社会传播思想。在阳明心学兴起的过程中，书院的发展与心学流传互相促进。一方面，书院由于阳明学派诸公的努力而不断兴盛，另一方面书院的兴盛又推动阳明心学的传播。甚至发展到后来，阳明后学的会讲，已形成政治权力"禁而不能止"的声势，可见阳明心学及书院在民间社会的传播的广泛性和有效性。除书院的会讲之外，阳明学派多在民间、学人团体中制定乡约、会约、民规等民间生活规范，以实际行动积极参与乡村社会的伦理建设，以期形成公序良俗。在

---

① （明）钱德洪：《续刻传习录序》，钱明编校整理《徐爱、钱德洪、董沄集》，凤凰出版社，2007，第181页。

② （清）黄宗羲：《明儒学案·序》，沈芝盈点校，中华书局，1985，第7页。

③ （明）王阳明：《传习录下》，吴光、钱明、董平、姚延福编校《王阳明全集》卷三，第132页。

④ （明）王阳明：《传习录下》，第121页。

具体制定和推行乡约中，除王阳明有《南赣乡约》（还包括推行该乡约的一系列诰谕，如《告谕各府父老子弟》《告谕新民》《告谕顽民》《谕俗文》）外，王畿有《蓬莱会籍申约》，邹守益有《祠堂规》《立里社乡厉及乡约》《书壁戒子妇》，罗汝芳有《宁国乡约》《腾越州乡约》《里仁乡约》等，泰州学派的颜钧有《急救心火榜文》，何心隐有《聚合率教谕族侄语》《聚合率养谕族侄语》等。这些乡约、民规直接进入了乡间的社会生活，不再只是学者之间往复辩论的理论话题了。通过上述乡约等乡间规范的制定，阳明学派深入乡村伦理生活，自觉担任了民间生活秩序的教导者和维护者。

乡规民约的制定，实际上是传统儒家礼治精神的落实。在阳明后学中，邹守益就特别重视儒家的礼治教化精神，并将儒家的礼治精神贯彻到乡村建设和具体的政治实践中去。邹守益从心学的立场出发，对"礼"进行了理论解释，以本心与良知说"礼"，强调"礼"的根源实在于人的本心与良知，"礼"的实质是由内而外的；同时，他又以"礼"说本心，强调"礼"在本心落实过程中起到了文饰和规范的作用，因而"礼"在现实生活中具有不可或缺的必要性。在社会政治生活领域，邹守益把儒家的礼治精神深入贯彻到宗族建设、学术共同体建设中，体现了阳明学派一以贯之的"觉民行道"的政治建设思路，对于乡村道德的维护与发展具有一定的促进作用。①

另外，在社会教化问题上，阳明学派还十分重视"政学合一"的思想。在阳明后学中，欧阳德比较集中地发挥了阳明学派的"政学合一"思想。欧阳德认为，所谓"学"，不是读书求仕或者获得见闻知识，而是明确自己的良知和德性。"学"是使得良知澄明，并在生活中得以实现，进而成就道德理想的成圣道路。而所谓"政"，则是希望通过教化让人们都能认清自己的良知和德性，并能在各种环境下坚持"循其本心"的生活，从而形成一套良好的公共秩序。"政"从本源上应该是人的良知本性在社会生活、公共交往事务上的呈现。基于上述对"学"与"政"的理解，欧阳德坚持"政学合一"的论断。欧阳德认为，"政"与"学"在指向上虽

---

① 参见朱承《本心与礼教——邹守益的礼治思想》，杨国荣主编《思想与文化》第十二辑，华东师范大学出版社，2012。

各有侧重，但就其根本而言本是一事。"学"意味着成就自我和求真明善，而"政"意味着应对世事和良知的落实，因此，强调"政学合一"，也就是强调求真、求善，实现自我、应对世事，在本质上是一致的。"学"与"政"是"良知"的两面，"学"是良知的昌明，是"良知"之"明"，而"政"则是良知的落实，是"良知"之"致"。① 另外，聂豹等也认为，从政最要紧的事情是"明学"，他提出"是故政莫要于辨学"的政纲。聂豹主张，为政的根基在于为学，为学是为政的前提。在他看来，只要学有根本，则政有根本。② 上述所列阳明后学"政学合一"的思想，期望借助行政力量来推行儒家之道，也是一种积极参与社会伦理建设的下行教化路线，对于从政者有着启发意义。

在实际的社会教化事业上，阳明后学尤为引人注目的人物是王艮③及其开创的泰州学派。王艮在阳明学派里颇为特殊，他本人终生未仕，始终是以一个平民儒者的姿态出现。在他身上，有着传统儒家学者一贯的政治情结，也集中地展现了阳明学派社会教化的路线。虽然不在"其位"，但王艮在其哲学思想里对于公共性的政治问题给予了热烈的关注。王艮特别倡导"大成师道"学说，认为儒者应该用"圣人之教"来教化君主和万民，通过教化社会、参与政治来实现儒者的救世使命，所谓"出则为帝王师，处则为天下万世师"④。王艮及其所开创的泰州学派以"过市井启发愚蒙"⑤的姿态在中晚明思想界独树一帜，十分值得关注。

教化作为儒家学者的一种政治实践，在阳明学派里展现得特别明显。阳明学在理论上简易直接，打动人心。阳明学派中人多希望以悦服心灵的

---

① 参见朱承《欧阳德的"政学合一"论》，《社会科学论坛》2014年第3期。
② 参见朱承《聂双江思想的政治之维》，《地方文化研究》2014年第3期。
③ 参见朱承《平民儒者的政治狂情——以明儒王艮为中心的考察》，《人文杂志》2008年第2期。
④ 王艮曾说："学也者，学为人师也。学不足以为人师，皆苟道也。故必以修身为本，然后师道立。身在一家，必修身立本，以为一家之法，是为一家之师矣；身在一国，必修身立本，以为一国之法，是为一国之师矣；身在天下，必修身立本，以为天下之法，是为天下之师矣。是故出不为帝者师，是漫然苟出，反累其身，则失其本矣；处不为天下万世师，是独善其身，而不讲明此学于天下，则遗其本矣。皆非也，皆小成矣。"黄宗羲：《泰州学案一》，沈芝盈点校《明儒学案》卷三十二，第715页。
⑤ 王艮：《明儒王心斋先生遗集·年谱》，《王心斋全集》，江苏教育出版社，2001，第71页。

方式来推行儒家的理想、教条和秩序，其意在"收拾人心"进而实现政治理想；阳明学派中人深入民间进行社会教育，在明代严酷的官场政治之外，通过简易平常的哲学话语以及书院会讲、制定乡约等手段来达到改造心灵和社会的目的，表明了阳明学派在政治鼓动问题上，更多的不是寄望于政治精英，而是提倡向下的社会教化路线。

结　语

如上所述，阳明学的政治向度显示出儒家道德政治的基本主张，大体体现在两个方面。一是在理论上强调道德对于政治的作用，认为治心可以转化为治世，良知及其他内在性的资源可以转化为社会的规范和准则，人也从完善的道德个体成为合格的社会成员，同时强调好的生活在于民众的自我创造。二是在行动上走社会教化的路线，他们认为，民间社会的教化行动使民众参与、自下而上的道德救赎不仅是可能的，也是必要的；而哲学家或者知识分子应承担社会教化的政治责任，将"学"与"政"打通，积极投身到社会的伦理建设中。

阳明学派的理论与行动既是儒家政治哲学的延续和传承，同时也是创新，对丰富儒家政治哲学的内容具有积极意义。总体而言，从思想上看，阳明学派作为明代中后期社会的思想精英，他们的思想的政治向度代表了前近代中国社会的知识分子群体对于政治社会的关怀和焦虑。他们相信人的道德对于政治社会的改良和发展有着至关重要的作用。他们秉承着道德政治的信念，而其思想中的平等、自由和解放精神又融入了中国古典政治思想发展的脉络中。从行动上看，阳明学派的讲学实践、劝善活动和政治行为，主要是教化社会和美善风俗，是他们干预政治社会的最重要方式。对道德政治的信念促进了他们积极从事社会教化活动，而社会教化活动也正是他们对于道德能改善社会政治这一信念的落实。

余英时曾提出，明代阳明学在政治上实行的是"觉民行道"的路线。[①]

---

① 日本学者沟口雄三也有类似的看法，他说："在朱子学那里，士大夫和官僚作为政治主体试图以道德方式驾驭民众；而到了阳明学，则开始致力于把政治—道德的主体扩散到民众中处于指导地位的、具有自觉意识的阶层中去。"〔日〕沟口雄三：《中国的冲击》，王瑞根译，孙歌校，生活·读书·新知三联书店，2011，第206页。

如其所言，"觉民行道"的政治理念尤其是阳明后学的"民间化"道路，将改造社会的期望投向民间社会和一般群众，不同于古典儒家政治的"君子""圣人"的精英化路线，是儒家政治哲学发展历程上的一次重大变革。阳明学派的政治哲学对于当代政治建设的意义，在于其将道德作为政治的最重要内容，强调道德决定政治，进而凸显自由、平等以及勇于变革的精神；而其教训在于，由于过分强调信念对于政治的作用而容易陷入"良知的傲慢"。

良知、秩序与管理

——王阳明"致良知"思想与现代管理刍议 兼论中国管理哲学学科的建立

◎王　进 *

摘要："管理"的本义就是对秩序的确立和追求。"良知""致良知"及现代权利观因其抽象、绝对、超越的特性而与具体、相对、特殊的秩序之间存在着紧张对立关系。管理者必须对此有着充分的意识，从而努力寻求超越管理"知识"的管理"智慧"。现代思想降低了智慧的内涵，将"知识"等同于"智慧"，从而增加了管理的难度。现代思想在价值上将古典文明智慧等同于落后，从而决定了对古典文明智慧只能是断章取义、残砖碎瓦式的利用。对中国古典文明智慧来说，这样的遭遇更加明显。要建立中国管理哲学学科，就必须超越现代的视野。

关键词：良知　秩序　管理　中国管理哲学学科　现代管理

现代管理如何有效地吸收王阳明思想及中国传统智慧是摆在我们面前的重要课题之一。无论是管理理论的研究者还是管理实务的从事者，都离不开这一课题。本文拟对此问题展开讨论，抛砖引玉，以求教于同道。

本文的讨论拟从"管理"的实质问题开始。对此，成中英先生的一个考证相当值得我们思考或者说予我们以重要启示。

管理哲学这个概念是个很新的概念，但就"管理"二字来说并不

---

* 王进（1974～），男，汉族，贵州思南人。毕业于武汉大学哲学学院，获哲学博士学位，现为贵州大学哲学系副教授。目前主要研究方向为古典政治哲学与儒家思想。

新。据我的考证，"管"这个意思在春秋时就有，它指的是一种乐器，因为当初排练乐队的时候，要用管子吹出来的声音使整个乐队的节奏和谐。"管"字的来源是音乐，就是用"管"字来表示形成一个秩序的力量，一种影响的力量。所以从字源的角度，"管"的原始含义在中国来说就是管一件事情或处理一件事情到一种合理的秩序。"理"字指的是一种自然的条理，玉石之理。用作动词，表示理顺，当成为动词以后，就是"使它具有更好的理"的意思。管和理都包含着一种自然秩序或人对秩序的一种规范、要求。从汉代开始，中国原始时代就有的一些概念，随着生活越来越复杂，慢慢演变成了一种双语词，包括"管理"在内，很多都是这样，例如，"简单""复杂"。这说明中国早就有"管理"的概念，把两个字连用也不过是凸显出中国人对秩序的一种认识，以及对秩序建设的一种需要的认识，甚至于也可以说包含着理想的、所要求的秩序是什么的一种认识。①

成中英先生从训诂学的角度对"管理"做出的解释相当值得我们注意。他指出了"管理"与"秩序"的内在关系，重视这一点具有重要的意义。可以这样说，"管理"天然地与"秩序"相连，所谓"管理"也就是寻求一种合理、正当的秩序及对此秩序的贯彻执行。由此，本文所探讨的问题也就可以转化为：在王阳明思想领域或者视野之下，"致良知"与秩序之关系以及管理对此关系的作用问题。

一

明亡以后，王学思想遭到部分儒家士人的极大非议，认为正是它导致了明王朝的覆灭。在此言论的背后，潜含的其实是阳明思想与秩序的关系问题，也即：王阳明思想与秩序之间存在着极大的冲突与矛盾。

王阳明的思想与秩序真的存在冲突与矛盾吗？由于王阳明思想的核心是"致良知"，那么我们就会问："致良知"与秩序存在着矛盾与冲突吗？

如果我们宕开视野，并不仅仅停留于阳明身上，我们就会发现，其实

---

① 成中英、吕力：《成中英教授论管理哲学的概念、体系、结构与中国管理哲学》，《管理学报》2012年第9卷第8期。

这样的怀疑并非明亡之后才有，而是伴随中国思想始终。阳明"致良知"思想来源于孟子的"良知"，而早在荀子那里，就有对孟子"良知"的疑难。荀子在《非十二子篇》中抨击孟子道："略法先王而不知其统，犹然而材剧志大，闻见杂博。案往旧造说，谓之五行，甚僻违而无类，幽隐而无说，闭约而无解。案饰其辞而祗敬之曰：此真先君子之言也。子思唱之，孟轲和之，世俗之沟犹瞀儒，嚾嚾然不知其非也，遂受而传之，以为仲尼、子游为兹厚于后世，是则子思、孟轲之罪。"①荀子是礼学大师，而礼学的实质，正是强调秩序和法度，由此，荀子质疑孟子的"良知"思想就格外值得我们关注。其后，对"良知"及"致良知"与礼法秩序的关系问题的讨论就不绝如缕。以宋代为例，位居政治权力秩序高峰和强调历史现实的政治家、史学家司马光就曾经激烈地抨击孟子，认为其思想对礼法秩序具有否定和破坏作用。②为什么强调现实和秩序的思想家、政治家相对来说就比较警惕孟子的"良知"和王阳明的"致良知"思想？而为什么我们今天恰好不太重视这一思想潮流呢？

要深切地明白这个问题，或许我们可以汲取古典政治哲学对"哲学"与"政治"关系的思考资源。

在古典政治哲学看来，政治哲学的"首要和中心问题就是要检讨哲学与政治社会的关系"。③它首先追问哲学和政治的各自性质。它追问"什么是政治的"和"所谓'哲学'到底是一种什么样的活动"④。在古希腊语中，politeia 意为"国家构成"，"通常被译作'政制'（constitution），指的是被理解为城邦形式的政府形式，即是这样的东西：它通过规定城邦所追

① 王先谦撰《荀子集解》，沈啸寰、王星贤点校，中华书局，1988，第94~95页。
② 司马光：《温公疑孟》，见黄宗羲原著，全祖望补修《宋元学案》，陈金生、梁运华点校，中华书局，1986，第282~294页。
③ 甘阳：《政治哲人施特劳斯：古典保守主义政治哲学的复兴》，该文乃甘阳为"列奥·施特劳斯政治哲学选刊"所写之"导言"。具体可见〔德〕列奥·施特劳斯《自然权利与历史》之"导言"，详见该书57~58页。
④ 古典政治哲学由列奥·施特劳斯重新兴起，对其旨趣与具体内容，可以参看氏著《什么是政治哲学》（李世祥等译，华夏出版社，2011）。甘阳为"列奥·施特劳斯政治哲学选刊"所写之"导言"——《政治哲人施特劳斯：古典保守主义政治哲学的复兴》一文是目前国内对施特劳斯最为简洁而得当的概述，可以参看。见〔德〕列奥·施特劳斯《自然权利与历史》之"导言"（生活·读书·新知三联书店，2006）。对其深入的研究可参看刘小枫《施特劳斯的路标》，华夏出版社，2009。

求的目的或其仰望的最高目标，以及通过规定城邦的统治者而确定城邦的特征"①。"政治"在此具有秩序法度和伦理规范的含义，它针对的是具体的现实世界，在这个世界之内，伦常秩序不可或缺；而哲学则"作为追求智慧的纯粹知性活动，必然要求无法无天的绝对自由，必然要求不受任何道德习俗所制约，不受任何法律宗教所控制，因此哲学就其本性而言是与政治社会不相容的：哲学为了维护自己的绝对自由，必然嘲笑一切道德习俗、必然要怀疑和亵渎一切宗教和神圣，因此'哲学'作为一种纯粹的知性追求对于任何政治社会都必然是危险的、颠覆性的"②。对此，古典政治哲学家列奥·施特劳斯有着清楚的说明："在研究早期思想家时，我渐渐意识到理解追求真理（哲学或科学）与社会之间的关系的这种方式：哲学或科学，作为人的最高级活动，试图用关于'万物'的知识取代关于'万物'的意见；但意见是社会的基本要素（the element of society）；因此，哲学或科学的努力就会瓦解社会所赖以生存的基本要素，于是便危及到了社会。所以，哲学或科学必须保持在极少数人手中，哲人或科学家们必须尊重社会所依赖的种种意见。尊重意见完全不同于把那些意见当作对的而加以接受。"③ 因此，在古典政治哲学看来，哲学只是一种个人的生活方式④，想以哲学思想理论来直接指导和改造现实实际的行为都必须慎之又慎。

古典政治哲学所揭示的哲学与政治（秩序）、思想与现实、理论与实践之间的关系为我们反思"致良知"思想与秩序（管理）之间的关系开启了新的维度。由于"良知"人人皆有，"良知""知是知非"，所以在理论上人人都可以作为判断是非之主体，良知及致良知的思想也由此激发了人的主体意识。也正是在此意义上，部分现代中国哲学的研究者往往喜欢以启蒙的理性来理解和诠释明清哲学。但是这样的诠释和理解的前提是对启蒙思想和上述哲学与政治之间关系缺乏反思。启蒙及其现代政治哲学"没

① 〔德〕列奥·施特劳斯：《政治哲学史》，李天然等译，河北人民出版社，1993，第59页。
② 甘阳：《政治哲人施特劳斯：古典保守主义政治哲学的复兴》，该文为甘阳为列奥·施特劳斯《自然权利与历史》之"导言"，彭刚译，生活·读书·新知三联书店，2006，第61页。
③ 〔德〕列奥·施特劳斯：《注意一种被遗忘的写作艺术》，中译本见氏著《什么是政治哲学》，李世祥等译，华夏出版社，2011，第215页。
④ 〔德〕列奥·施特劳斯：《进步还是回归？》，中译本见潘戈编《古典政治理性主义的重生——施特劳斯思想入门》，郭振华等译，华夏出版社，2011，第334~335页。

有首先严肃地追问，政治和哲学到底是什么关系”，也从未首先追问哲学和政治各自的性质。简而言之，现代政治哲学对诸多需要首先解释和确立的前提问题不加追问，就贸然进行研究。良知属于道德的范畴，它所判断的是道德的是非，但是，道德不是抽象悬空的，而是体现在一定的具体的秩序规范之中，由此，对道德的判断必然体现、落实在对某一具体规范制度也即秩序的判断之上。如果良知感觉到一定的具体的秩序法度与抽象的道德观念不相符合，那么必然起而反对之，由此，良知成为否定和破坏秩序法度的源泉。也正是如此，所以“可以这样说，每当近代中国社会面临变革的历史关头，阳明的良知思想往往成为批判和改造社会的理论武器，许多革命者也往往成为阳明的信徒”，“此点仅仅从晚清民国以来时代风云人物的思想来源中即可窥见一斑，如章太炎、梁启超、孙中山、蒋介石、毛泽东、郭沫若等，无不深受阳明良知思想的影响”。① 但是，其中潜含的问题是：作为抽象、绝对、超越的良知，与具体、相对、特殊的现实秩序之间存在着一定的距离。良知自身所具有的这样的普遍、超越、绝对的本性，容易使它对特殊、具体、相对的秩序产生一定程度上的藐视和傲慢，从而倾向于追求一个绝对、超越、普遍的世界。这样的问题在笔者看来，王阳明自身就已经有所觉察和意识。② 这一点考之史实当可显明。良知与秩序的冲突与矛盾所反映出来的思想与现实、理论与实际、哲学与政治之间的冲突和矛盾，使儒家极为推崇“中庸”的原则。就古典政治哲学的眼光来看，“中庸”反映的正是古典政治哲学所极为强调的对政治、秩序的安详、温良和节制的态度和精神，也是一种理性务实的精神和态度。③ 孟子与荀子反映的也正是两种不同的精神。“孟子是生活在洞穴中的‘哲人’而非政治哲人，他对实现自己的思想主张的可能性与现实性问题缺乏清醒的认识，他的思想像漂浮在天空中的云朵难以降落在大地上。与荀子相比他更像一个慷慨激昂、指点江山的革命者，相比于先秦其他儒家，他所遭受到的‘冷落’自然会更为严重，因为孟子的政治哲学中缺少政治的意

---

① 王进：《哲人的告诫：良知与政治——王阳明心学思想的政治—哲学研究》，《人文杂志》2012年第4期。

② 王进：《哲人的告诫：良知与政治——王阳明心学思想的政治—哲学研究》。

③ 就“中庸”所做出的解释，在笔者看来也是最为切合“中庸”本义的解释，当推马云志的解释。参见马云志《中庸：一种古典的政治哲学精神——孔子政治哲学的精神追求》，《孔子研究》2006年第4期，第25~32页。

识，缺少对政治自身要求与特性的理性分析，缺乏对民众生活的理解与尊重，他总是希望政治按着哲人的设计而存在，这种设计又不受政治的约束与限制。他的思维路向更多的是由哲学化的理想人出发，基于仁义之道而形成自己的政治主张，并非从现实的政治生活出发，以一个普通民众或政治家的眼光看待政治生活。"① 孟子"良知"是王阳明"致良知"思想的先驱和前导，我们今天谈论后者与秩序（管理）的关系，必须首先对此有着清醒的自觉。

但是，良知与秩序之间的紧张关系在现代并未得到足够的重视，相反，本已紧张的关系变得更加紧张，甚至达到几乎崩断的程度。其原因在于我们陷入了与良知性质相近的现代"自然权利"观。该观念将活生生的社会的人抽离为赤裸裸的孤立的个体，使之脱离社会，从而藐视社会及其秩序。但问题在于，人又不可能脱离社会。良知具有"冲决罗网"的本性，如果我们从人的存在的现实性来说，这样的"罗网"恰好具有社会秩序的性质，而秩序为人和社会所必需，诚如卢梭所言，"人生而自由，却无往不在枷锁之中"。一方面人在渴望像诸神那样有着逍遥于天地间的自由，却又因为人的存在的物质性不可能脱离大地，由此决定了人无法避免陷入社会秩序的"枷锁"之中。逃离了秩序的"枷锁"和"罗网"的人要么是神，要么是禽兽。现代思想在本质上鼓励人成为神，但是成为神不可能，那么唯一的可能就是堕落为禽兽。今天我们所面临的问题正是人类社会堕落为禽兽世界的危险和可能。换言之，今天我们正在以各种现代的名义在否决秩序。彻底的否决秩序当然不可能，但可能的是不断降低秩序的底线。这样的担忧并非杞人忧天，以伦理学的研究来说，对"底线伦理"的呼吁折射的正是作为人的社会的标准的不断下降。"学术本是文明社用于防御野蛮的壁垒，却更经常成为回归野蛮时代的工具。历史已经证明，学术已在逐步退化，但这次面临的危险是前所未有的，因为这次的危险源于我们称为哲学的东西。通过这种哲学，人类的宽容被推向极端，极端的宽容演变成抛弃所有的标准，随之所有的学科，包括哲学。"② 面对这样一个底线不断下降、"抛弃所有的标准"、秩序的密度不断松弛和稀释

---

① 马云志：《中庸：一种古典的政治哲学精神——孔子政治哲学的精神追求》，《孔子研究》2006 年第 4 期。

② 〔德〕列奥·施特劳斯：《古今自由主义》，马志娟译，江苏人民出版社，2010，第 72 页。

的世界，本质上诉诸寻求秩序的"管理"何以可能？

二

良知与现代自然权利要求冲破秩序的束缚，但管理的秩序本性恰好要求确立秩序，由此，管理面临一种极为复杂的局面。如何化解这一局面，成为摆在现代管理理论和实践者面前的重大课题。

面对良知、现代自然权利与社会秩序的紧张对局，吊诡的是，表面看来，前者占了上风，但实际情况可能是：现代社会以隐秘、极端的形式加强了对秩序的追求，并且其理由极为冠冕堂皇，其形式极为变态和扭曲。以当今世界号称最为民主自由、最为尊重人的权利的美国来说，斯诺登事件就是显明的例子。作为国家秩序的建立者和执行者的立法、执法机关，对于国家对公民的监控不仅没有罪恶感，相反振振有词。再从微观的企业管理来说，表面看来，企业采取了许多所谓"人性化"的管理措施，但是，这样的"人性化"的依据是现代科学对人的"科学"研究的结果。但"无论现代自然科学的意义是什么，它无法影响我们对何为人身上的人性（what is human in human）的理解"①。企业运用这样的科学研究结果，是为了更充分地利用人这个"工具"。在此意义上，所谓的"人性化"管理倒不如说是野蛮的"兽性化"利用。这就可以部分地解释为什么尽管现代管理虽然越来越"人性化"，但是始终无法培养起人的安全归属感的现象。

这样一来，对于今天的管理者来说，面临的困难就相当巨大了，同时也对管理者提出了更高的要求。

第一，管理者必须充分地认识到上文所言的良知及基于启蒙的现代思想对秩序近乎"本能"的反对和排斥。管理者如何把握和掌控其间的分寸和限度，做到既不泯灭良知和牺牲权利，又能让良知、权利缓慢、有序地释放出来，而不是井喷似的爆发，从而毁掉一切秩序（管理），就是一个大问题。要做到这一点，我们就必须让管理者和被管理者从良知和权利所激发的狂热中抽身出来，深刻认识到作为现实的具体的人对

---

① 〔德〕列奥·施特劳斯：《什么是政治哲学》，李世祥等译，华夏出版社，2011，第29页。

秩序的本然的需求，建立对秩序的健康、正常、常识的态度和认识。今
天我们号召开展"管理哲学"的研究，但是，"管理"与"哲学"之间
的关系却是我们必须首先思考的大问题。古典的"哲学"本身就内在地
包含了对"秩序"（政治）的要求，但是在17世纪以后，"哲学"发生
了改变，"本来，哲学乃是人类对于永恒秩序的追求，并且因此它就是
人类灵感和激情的一个纯粹的源泉。自十七世纪以来，哲学变成了一个
武器，也就是变成了一个工具"①。也就是哲学政治化了，变成了对政治
（秩序）的否定和批判。这一转变是由现代自然权利论对古典自然权利
论的否定所产生的。随着对"作为某一事物或某类事物的本质特征"的
"自然"的发现和追问，作为"初始事物"或祖传之物的"自然"随之
被抛弃。"哲学的出现极大地影响了人们一般而言对政治事务、特殊而
言对法律的态度，因为它极大地改变了人们对于这些事物的理解。原先，
最好的权威是祖传的，或者说一切权威的起源都是祖传的。经由自然的
发现，基于祖传而要求权利的路数被连根拔起。哲学由诉诸祖传的转而
诉诸好的——那本质上就是好的，那由其本性〔自然〕就是好的。"② 以
近代政治革命的先驱之一的法国革命来说，"法国革命是第一场'哲学
革命'。它是第一场有文人、哲学家、'纯种的玄学家们'所发动的革
命，他们'不是叛乱的附属工具和鼓吹者，而是主要的策划者和经营
者'。它是'雄心勃勃的精神与思辨的精神相互联系起来的'第一场革
命"③。当启蒙哲学以一个绝对抽象的、"超历史、超社会、超道德和超宗
教"④ 的"自然"及"自然权利"来改造社会的时候，其实质是彻底抽掉
了秩序、法度、伦理、道德得以建立的根基，自此，秩序法度、伦理道德
不复存在。这样的悲剧恰好是由对古典政治哲学精神和原理的遗忘所导致
的。"当人们试图掌管城邦时，他们预先就知道，为了对城邦有用或有益，
就必须淡化对于智慧的追求。如果这些要求就等于自然权利，那么，自然
权利或自然法就必须淡化，以与城邦的要求相匹配。城邦要求将智慧与同

---

① 〔德〕列奥·施特劳斯：《自然权利与历史》，彭刚译，生活·读书·新知三联书店，
2006，第36页。
② 〔德〕列奥·施特劳斯：《自然权利与历史》，第92页。
③ 〔德〕列奥·施特劳斯：《自然权利与历史》，第309页。
④ 〔德〕列奥·施特劳斯：《自然权利与历史》，2006，第90页。

意相调和。……公民生活要求以纯然的习俗性权利来淡化自然权利。自然权利会成为公民社会的火药桶。"① 这一点，我们可以王阳明的一个事例来说明。

据《王阳明年谱》记载，宸濠叛乱对阳明来说完全是意外之事件。其时阳明正按朝廷之命令前往福建戡处叛乱②，行至丰城县黄土脑时，得知宸濠叛乱一事，阳明当机立断复返吉安安排戡乱事宜。阳明此举完全基于良知之感动而非朝廷之命令，"义不忍舍之而去"③，良知不允许他弃此危难而去，而是积极投入戡乱事宜。此正如《年谱》所云："先生起兵，未奉成命。"④ 王阳明对此"未奉成命"之"义举"可能带来的灾难后果是有所警觉的，故反复声明自己"不俟诏旨之下"、"亦不待诏旨之督"和"不以非任为嫌"（《擒获宸濠捷音疏》）⑤ 未奉成命之举是迫不得已。在平定宸濠叛乱之后，阳明曾于嘉靖元年正月（初十）和七月分别上疏请求辞去皇帝对他个人的封爵而将恩赏惠及所有参战将士，但结果都是"疏上不报"，其中之缘由颇堪回味。封爵及阳明，是因为他及时挽救了明朝的危机，尽管他未尝受命。在此方面，作为国家秩序的最高确立者和执行者的朝廷从内心来说是不愿对之加以封爵的，但是又迫不得已承认和奖励他的良知所感发的行为，但是，对于其他将士基于良知的"忠义"行为，则是不敢加以表扬的。其道理可能在于，如果朝廷能如阳明所呼吁的那样"论功朝锡之余，普加爵赏旌擢，以劝天下之忠义，以励将来之懦怯"⑥（《擒获宸濠捷音疏》），那么以后所有的将士都如此出于良知"未奉讨贼之旨"而行动，则秩序将无法维持。朝廷需要的不是阳明基于良知的大勇，而恰好是他所反对的"懦怯"。阳明或许不知道，他怀着喜悦的心情给朝廷上奏的"捷音"疏，对朝廷来说可能是忧喜交加的大问题。军队和个人的行为必须掌控于政权而不是良知之手。所以，虽然阳明反复声明将士的"义

---

① 〔德〕列奥·施特劳斯：《自然权利与历史》，第 154～155 页。
② "臣奉前旨，欲遂径往福建。"（王阳明《飞报宁王谋反疏》，参见王阳明《王阳明全集》，吴光、钱明、董平、姚延福编校，上海古籍出版社，1992，第 392 页。）
③ 王阳明：《王阳明全集》，吴光、钱明、董平、姚延福编校，上海古籍出版社，1992，第 392 页。
④ 王阳明：《王阳明全集》，第 1263 页。
⑤ 王阳明：《王阳明全集》，第 405 页。
⑥ 王阳明：《王阳明全集》，1992，第 406 页。

倡""忠义之诚"，不赏"太远乎人情"，并且告知如果不予以奖赏对其个人所带来的困难和难堪，但是，结果最终还是未能如愿。阳明或许不知道，朝廷最为恐惧的恰好是他所说的"义倡"、"忠义之诚"和"人情"等。① 简而言之，朝廷最为害怕的就是他所说的良知。由此我们可以更加明了良知与政治的关系，也可以了解阳明力倡良知的政治意味。关于上述之问题，许多研究者认为，之所以如此，乃因为朝廷高层的权力斗争等。但是在笔者看来，这样的观点的得出由两方面所致：一是研究者基于现代视野，对良知估价过高和偏爱；二是未能仔细探究其根源。如果以管理学的眼光来看，朝廷作为秩序的确立者和执行者，如此作为或许并无过错。但是无论如何，良知与秩序的关系值得我们深思，从而要求管理者必须具有高明的管理智慧。

第二，管理者要有管理的"智慧"，而不仅仅是管理的"知识"。自古以来，知识与智慧的区别及前者如何转化为后者的问题（"转识成智"），始终是一个亘古不变的问题。智慧的寻求相当困难，但最为困难的是，我们今天已经降低了哲学和智慧的品格，也就是将智慧等同于知识，将哲学等同于教条。

"哲学"的本义是"爱智慧"，但什么是"智慧"呢？在古典政治哲学看来，"柏拉图所说的智慧不纯粹是形而上学的思辨性能力，而是关切现实的干练安邦之才。关心城邦、立足现实、悯怀生民，这就是古典政治哲学的特色。所谓'智慧'，在柏拉图看来，就是从事政治，为老百姓的生活编织一张足以安居乐业的社会经纬，因为根据自然而建立的城邦，整个儿都是智慧的，它来自于领导和统治的知识。在各样的知识中，唯有这类知识才应该被称作智慧，而这种知识自然只有少数人才具有"②。这一点与中国古典思想不谋而合。中西思想都认为，最高的智慧不等于渊博的知识：尽管一个人拥有渊博的知识，但是，如果他在现实中不能针对特殊、具体的情况提出恰切的解决办法，那么无论如何我们不能说这个人拥有智慧。但是我们都知道，要拥有这样的智慧是非常困难的，也正是如此，所

---

① 所分析之两疏分别指嘉靖元年正月阳明所撰写的《辞封爵普恩赏以彰国典疏》和同年七月之《再辞封爵普恩赏以彰国典疏》。详见王阳明《王阳明全集》，第452～459页。

② 程志敏：《从"高贵的谎言"看哲人和城邦的关系——以柏拉图〈理想国〉为例》，《浙江学刊》2005年第1期。

以说智慧"自然只有少数人才具有"。这样的看法在今天却越来越淡薄。今天更为流行的看法是，只要接受了管理学的训练和教育，只要拥有了管理学的知识，似乎也就拥有了管理智慧。为什么会这样呢？因为今天我们实际已经不再寻求智慧，或者更准确地说，我们错把知识认作了智慧，降低了智慧和古典意义上的"哲学"的品格。海德格尔在《形而上学导论》中谈到对哲学的"误解"时说，哲学"不是一种人们可以像对待工艺性和技术性的知识那样直接学到的知识；不是那种人们可以像对待科学的和职业性的知识那样直接运用并可以指望其实用性的知识"①。今天我们谈论管理"科学"，但是，科学与哲学截然不同，"一切科学的运思都只是哲学运思衍生出来的和凝固化了的形态。哲学绝不由也绝不通过科学产生。哲学与科学绝不并肩而行，相反，哲学位于科学之先，这种在先并不仅仅指'逻辑上的'或者说它处于科学总体性的范围内"②。我们今天恰好把哲学、智慧等同于知识，这样的结果是产生了许多流行而又被认为是正确的观点，其中之一是认为无论是关于宏观的国家管理，还是微观的企业管理，其方案似乎都已然确定，剩下的情况不过就是以何种方式、时间早晚实现此种方案而已。比如就前者来说，在福山看来，民主政治就是唯一的、正确的国家治理方式，剩下的问题不过就是不同国家以何种方式在不同时间实现而已。③ 其次，管理学在今天俨然成为一门显学。但是从智慧的本来含义来看，这样的显学恐怕难以真正显崇起来。从学院的学科划分来看，管理学自成一个独立的院系。其所开设的课程也仅仅限于管理学科，据说，只有这样才显得"专业"。但是，这样的"专业"是值得怀疑的，因为它完全建立在对管理的"科学"和"技术"的理解之上。科学和技术的标准是整齐划一，是人人都可以学习和运用的知识，但是我们谁都知道，这违背管理的实际和常识。如果说现代政治学使本来复杂的"政治问题成了技术问题"④，那么也可以这样说，现代管理学使本来复杂的管理问题变成了技术问题。管理针对的是具体、特殊的对象，要真正做好管理，

① 〔德〕海德格尔：《形而上学导论》，熊伟、王庆节译，商务印书馆，1996，第10页。
② 〔德〕海德格尔：《形而上学导论》，第26页。
③ 〔德〕弗朗西斯·福山：《历史的终结与最后之人》，黄胜强、许铭原译，中国社会科学出版社，2003。
④ 〔德〕列奥·施特劳斯：《苏格拉底问题与现代性——施特劳斯讲演与论文集》卷二，刘小枫编，彭磊、丁耘等译，华夏出版社，2008，第37页。

必须要有智慧，而智慧的培养不能从技术中产生。由此，管理学的教育和学习就是一个亟待根本变革的大问题，它必须突破对管理的狭隘的技术性的理解。管理涉及人和具体的单位，要了解这样的对象，就必须具体学习和了解属于对象的一切。具体来说，就必须学习文学和史学这样"属人"的学科。但是，今天的情况恰好是："属人"的文学和史学根本不在管理学科范围之内。造成这样的情况的原因在于，管理学科已经将活生生的管理变成了教条。今天，如何结合中国具体实际提出一套适合于中国的管理办法，这就迫使我们对目前我们的管理的教育和学习进行彻底的反思。在漫长的五千年的历史当中，中国人成功地建立了一个完整的家国天下秩序，但与此同时，中国并没有一本现代意义上的管理学"专业"著作，但这并不等于中国传统就没有管理的智慧。对于中国的管理教育者和实践者来说，加强对中国历史文化学习和了解，朝夕浸淫其间，天长日久，管理的智慧或许就会产生——从智慧产生的严格意义上说，这才是培育智慧的恰当方式。同时也只有这样，我们才能真正建立属于自己的，也是符合中国实际的管理学科。这也就牵涉到中国管理学科的建设问题。

三

今天，建立属于中国自己的管理哲学的呼声格外强烈，对此，许多学者付出了艰苦的努力并且也取得了一定的成果，值得表扬与鼓励。但是，在笔者看来，如果我们不先对一些前提性的问题进行思考与反思的话，那么无论我们如何努力，可能其结果都只是事倍功半甚至无济于事。

这些前提性的问题并不只存在于今天我们所讨论的中国管理哲学学科问题上，而是普遍存在于几乎所有的学科领域，所以毋宁这样说，它们是普遍的、共同的问题，只是在中国管理哲学学科上的再次反映和折射而已。既然我们谈到管理"哲学"，我们就以相近的"中国哲学"学科来说——近一百年以来，"中国哲学"学科的合法性和正当性问题——尽管我们有许多治中国哲学的学者并不愿意承认这个问题的存在，一直悬而未决。扩而论之，中国政治学、中国法学、中国经济学等学科莫不如此。无论我们从理论上还是现实上都感到迫切需要中国学术的自主性，但是实际的情况是：我们根本就没有或许甚至也无法做到。再回到中国管理哲学问题上，开创中国管理哲学的成中英先生在无意识中或许也面临这样的困惑——如果我没有理解错的话——成先生在 2012 年接受《管理学报》访谈时说："我是提倡中国管理哲学这个学科，至少现在有个 C 理论的范本，我影响了中山大学这一批年轻学者 30 年，尚不知能不能带动成为全国性的行为，或者先在华中这块地区繁荣，我不知道。你把文章登出来，写得很生动的话，或许能激发人心。"① 在此，成先生自己本人对于"提倡中国管理哲学这个学科"及其"C 理论的范本"能否收到重视都表示了一定程度上的担忧。

磨刀不误砍柴工，我们与其盲目而又热切地要建立一门中国自己的学科，倒不如首先来反思一下一些前提性的问题。

犹如诸多现代学科一样，"管理哲学"作为一门学科也起源于西方。所不同于许多具有悠久历史学科的是："管理哲学"学科的历史相当短暂。如果从 1923 年由英国管理学家奥利佛·谢尔登（Oliver Sheldon, 1894 ~ 1951）编著、英国伦敦伊萨克·皮特曼父子公司出版的被公认为管理哲学学科奠基之作的《管理哲学》算起，那么其历史只有 90 多年。但是，其历史的短暂并不意味着中国学人或者中国管理实务者就能够在其中占有一席之地。其道理在于：在现代思想的架构之中，中国无论在思想还是在实践上都被视为传统的代名词，而最要命的是：与此同时，现代思想已经在价值上将传统等同于落后了。由此，如果我们不跳出现代视野的话，无论中国的管理思想界还是管理实务界，可能都只是一个"帮腔"、敲边鼓的角色。

这样的说法或许并非传言或者流言。比如今天我们喜欢谈论——就管理思想来说，"（中国、西方）传统管理思想的现代价值"或者"（中国、西方）传统管理思想的现代诠释"这样的话题。但是如果我们认真分析这样的话题，我们就会发现，它们潜在的前提是：无论是中国还是西方的传统（管理）思想，在整体上都是已经坍塌的大厦，只是在局部的残砖碎瓦上还尚有可资利用的价值。对中国古典思想智慧来说，这样的看法可能更加严重。对中国思想具有浓厚兴趣、被某位中国学人认为对中国思想具有

---

① 成中英、吕力：《成中英教授论管理哲学的概念、体系、结构与中国管理哲学》，《管理学报》2012 年第 9 卷第 8 期。

天才直觉的列文森就曾经宣传说：中国的古典思想只有存放于博物馆仅供后人凭吊的价值。尽管其中部分残砖碎瓦尚可继续使用，但从整体上来看，中国思想大厦的坍塌势所必然，也理所当然。我们有无数的中国学人前往哈佛礼拜过这位中国思想研究的天才大师，在礼拜的同时，也就完全接受了这位大师的"势""理"观。由此导致：我们以悲戚的心情忍痛拭去同情的泪水（以防视线模糊）返回坍塌大厦的废墟上去寻找这些残砖碎瓦。既然漫长的截至晚清的中国古典社会已经被定义为价值上"落后"的传统社会，当这个在价值上被宣布为"落后"、错误的古代社会与"先进"、正确的现代西方社会对举的时候，要从中国传统社会上去发掘管理思想，我们怎么可能不是一个帮腔和敲边鼓的角色呢？我们推倒了中国古人所建立的思想智慧（包含管理智慧）大厦，我们现在的努力不就只是在为西方所建立的大厦添砖加瓦吗？我们在道义上都已经彻底失败了。这样的失败并非他人强加给我们的，而是我们在无意识之中所承受的，因为：犹如那位大师、天才，我们都是现代思想的子嗣，我们对于现代思想所宣扬的一切都已经不加质疑地完全接受了。① 但是与此同时，现代社会及其管理毛病丛生、危机四伏，我们为什么不从根基上对之加以怀疑而非要亦步亦趋呢？"古典哲学的现代学人都是现代人，因而几乎不可避免地都是从一种现代视角来着手古典哲学。研究古典哲学，只有同时对现代原则进行坚决而无情的反思，并由此从对这些原则的幼稚认同中解放出来，现代人才有望能充分理解古典哲学。"② 对于以建立中国管理哲学学科为志的人来说，或许也必须如此。更进一步来说，"彻底质疑近三四百年来的西方思想学说是一切智慧追求的起点"③，只有在此基础上，我们才能基于中

① "孟德斯鸠决定性地扭转了耶稣会传教士及莱布尼兹等早期启蒙思想家对中国人生活的赞美，奠定了批判中国人生活方式和政治制度的基本主题，其后从黑格尔、马克思、韦伯到魏特夫对中国政治和社会的分析和批评，都可以看作是对孟德斯鸠基本思想的发展和丰富。""遗憾的是，是孟德斯鸠的宣传和修辞，而不是他更洞察力的具体分析，支配了后来两个世纪对中国礼教传统的理解，而且不仅对西方人如此，对中国人更是如此。"（李猛：《孟德斯鸠论礼与"东方专制主义"》，《天津社会科学》2013年第1期。）
② 〔德〕列奥·施特劳斯：《论柏拉图政治哲学新说之一种》，见氏著《苏格拉底问题与现代性》，彭磊等译，华夏出版社，2008，第204页。
③ 〔德〕列奥·施特劳斯语，转引自甘阳《政治哲人施特劳斯：古典保守主义政治哲学的复兴》，该文是甘阳为列奥·施特劳斯《自然权利与历史》所作之"导言"，彭刚译，生活·读书·新知三联书店，2006，第24页。

国悠久的古典文明开创出中国管理学科。需要强调和补充的是：之所以如此的原因并非出于狭隘的民族主义情绪，而完全基于对人类社会所面临的生存挑战的理性思考。

古典学家列奥·施特劳斯在《如何着手研究中古哲学？》中说："中古哲学的研习者是一个现代人。不管他是否清楚这一点，他都处于现代哲学的影响之下。恰恰是这个影响，使得真正理解中古哲学变得十分困难，而且甚至变得一开始就不可能。正是现代哲学对这位中古哲学研习者所施加的影响，使得对中古哲学的一种非历史阐释一开始就不可避免。因此，要理解中古哲学，便要在某种意义上从现代哲学的影响中解放出来。而且，若不认真、持续、严厉地反思现代哲学的特定品性，这种解放便没有可能。因为只有知识才能使人自由。我们现代人理解中古哲学，只能达到我们以现代哲学的特定品性理解现代哲学时所达到的程度。"[1] 现代学人是在"近代以来的一种粗野和情绪化的文献中成长起来的"[2]，对于古人的关切已经相当陌生甚至不以为然。如果对此种情况不加反思和改变，那么，所谓的"中西传统智慧与现代管理"的命题和讨论就将失去应有的价值和意义，就只不过是用古传经典来确证现代观念之正确，或者用现代观念对古传经典进行所谓的"现代诠释"而已。中国管理哲学及管理学科的建立就是一句空话。

---

[1]〔德〕施特劳斯著，潘戈编《古典政治理性主义的重生——施特劳斯思想入门》，郭振华等译，华夏出版社，2011，第287~288页。
[2]〔德〕施特劳斯、〔法〕科耶夫：《论僭政——色诺芬的〈希耶罗〉义疏》，何地译，华夏出版社，2006，第201页。

王阳明"知行合一"与"治世"思想

◎辛小娇*

摘要: 从实践与认识的关系的角度看,知不离行、行不离知、以行归知是王阳明"知行合一"思想的三个重要方面,均贯彻于王阳明治理社会的实践中,是其活动的理论前提。王阳明在平定地方叛乱、出任地方官的过程中提出了丰富的治理社会的措施,他一方面重视对民众的道德教化,另一方面提出了具有变革性的经济、政治主张并付诸实践。在其整个"治世"的过程中,尤其突出了人心的重要作用,对他身后乃至今天治理社会的实践活动都具有极其重要的意义。

关键词: 王阳明 知行合一 治世

学界从哲学的角度对王阳明"知行合一"思想研究得较为深刻透彻,而对把他的哲学思想和具体实践结合起来的研究,尚不够充分。事实上,王阳明不仅是"知行合一"理论的提出者,更是这一思想的力行者。所谓"治世",就是治理社会中诸种关系的实践并使之达到最佳状态。王阳明在治理庐陵、巡抚江西、经略广西边务期间提出了许多"治世"措施,表现出了杰出的"治世"才能。学界关于王阳明"治世"思想的研究很多,主要有两种倾向,一种是从认识论的逻辑层面对"治世"理论中的政治向度予以阐发①,另一种则是分析王阳明在担任地方官的过程中推行的具体的治理社会的措施。这些成果为我们继续研究王

---

* 辛小娇,女,安徽宣城人,南京大学哲学系博士研究生,研究方向为儒学。

① 朱承先生在《治心与治世——王阳明哲学的政治向度》一书中从形上的逻辑思路中分析了王阳明的治世思想。参阅朱承《治心与治世——王阳明哲学的政治向度》,上海人民出版社,2008。

阳明的"治世"思想提供了宝贵的材料，然而这两种研究方法都将王阳明的哲学思想与"治世"实践分离开来，具有局限性。本文尝试从"知行合一"理论入手研究王阳明的"治世"思想，通过梳理二者之间的联系，探讨王阳明"治世"理论的核心内容与价值特征，试图呈现其整体面貌。

一 王阳明"知行合一"的基本思想

"知行合一"是王阳明思想的核心范畴与"立言宗旨"。"知"与"行"的含义分别是一切意识的活动与一切生理的活动无疑，在此基础上，王阳明对"知"与"行"的关系做了进一步诠释，形成了独具特色的知行学说。学界关于"知行合一"思想的研究大都围绕形上思辨的层面展开，本文则站在实践的角度，对王阳明"知行合一"理论中"知"与"行"的关系进行了详细的分析。据此，"知行合一"说主要包含了以下三个方面的主要内容。

1. 知不离行

阳明心学产生之前，在官方与社会占统治地位的程朱理学在知行关系上强调"知"的重要性①，认为对道德准则的了解是实践活动的前提条件。王阳明所面对的问题是：由于长期过分注重"知"，人们了解社会通行的道德法则，但并不依照这些法则去行动；明知为道德律令所禁止，却仍然违背禁令去行动。程朱理学重"知"轻"行"造成的知行分离使得王阳明认为"知"必须要在"行"中体现出来，否则不能为真知，正所谓"未有知而不行者，知而不行，只是未知"②。这是王阳明"知行合一"思想的第一层含义——知不离行。《王阳明全集》中记载的如下例子恰好说明了这一点。

> 有一属官，因久听讲先生之学，曰："此学甚好。只是簿书讼狱繁难，不得为学。"先生闻之曰："我何尝教尔离了簿书讼狱，悬空去

① 虽然朱熹也强调行重于知，但是在知先行后的理论背景下，在实际的过程中，知仍然是第一位的。
② （明）王守仁：《王阳明全集》，上海古籍出版社，2011，第4页。

讲学？尔既有官司之事，便从官司的事上为学，才是真格物……簿书讼狱之间，无非实学。若离了事物为学，却是著空。"①

由此可见，为官之学问不可脱离"簿书讼狱"之类的政治实践，可从"簿书讼狱"中获得，即"知"蕴藏于"簿书讼狱"之中，"簿书讼狱"之事即是"行"。这种"行"也被王阳明称为"事上磨炼"的工夫，他尤其强调"人须在事上磨炼做工夫"②。王阳明认为，绝大多数的人处于"中人上下"，如果不常用"为善去恶功夫，只去悬空想个本体，一切事为俱不着实，不过养成一个虚寂"③。因此，必须将所学之"知"落实于真切的实践中，方能显示"知"的效用与价值，不致沦为虚寂，正所谓"人须在事上磨，方能立得住"④。王阳明在论证知不离行时，常常借助经验事实。王阳明说：

> 食味之美恶必待入口而后知，岂有不待入口而已先知食味之美恶邪……路歧之险夷必待身亲履历而后知，岂有不待身亲履历而已先知路歧之险夷者邪。⑤

王阳明认为对于"食物之美恶""路歧之险夷"的认知，必须要在"身亲履历"后方能做出判断，即对于事物之理的认识有待于"行"，只有从具体实践活动中得到的知识，才能算得上是真知。人的道德修养亦是如此，如果只停留于观念的层面，并不能表示已经有了德性。王阳明说："就如称某人知孝，某人知悌，必是其人已曾行孝行悌，方可称他知孝知悌。"⑥ 诸如"孝""悌"之类的德性必须要落实于德行之中，否则，不能说知晓了"孝""悌"。据此，王阳明还批评了佛教只谈心性，不务实学，他说："是故良知皆实理，致知皆实学，固非堕于空灵，一与事物无干涉，如禅家者流也。"⑦ 正所谓："未有学而不行者，不行不可以为学。"⑧

---

① （明）王守仁：《王阳明全集》，第107页。
② （明）王守仁：《王阳明全集》，第107页。
③ （明）王守仁：《王阳明全集》，第134页。
④ （明）王守仁：《王阳明全集》，第14页。
⑤ （明）王守仁：《王阳明全集》，第47页。
⑥ （明）王守仁：《王阳明全集》，第4页。
⑦ （明）王守仁：《王阳明全集》，第1769页。
⑧ （明）王守仁：《王阳明全集》，第51页。

由此可见，王阳明认为"知"应当落实于"行"，唯有付诸"行"之"知"，才是真知。因此，真正的"知"总是包含着"行"的向度，并且"知"只有在付诸实行时，才具有现实性，正所谓："致知者，意诚之本也。然亦不是悬空的致知，致知在实事上格。"① 先验的"知"未有在后天的工夫中才能获得其现实性的品格。

2. 行不离知

王阳明在理论上较少论及人自身以外的世界，却在现实生活中极其重视"事上磨炼的工夫"与建立功业。之所以会产生这种表面上的矛盾，是因为在王阳明看来，客观世界、行为本身皆依赖于人心之"知"而存在。这种"知"就是王阳明所说的"良知"，是先验的、具有形上本体意义的德性之知。行不离知意在说明实践活动不能离开人的道德认知。

从存在的意义上看，王阳明描述的世界是被人的本质所渗透的，不能离开人的意义而存在的价值世界，世界只有在与人心相关联后才有意义。正如杨国荣先生所说："按王阳明的理解，人所面对的世界与人自身的存在有不可分离的关系，人亦不能在自身之外去追寻超验的对象，而只能联系人的存在来澄明世界的意义。"② 在王阳明那里，"人自身的存在"就是指人心，或者更具体地说就是指人的"良知"。既然世界是充满意义与价值的世界，那么，对这个充满意义与价值的世界的实践必须要建立在道德认知的基础之上，"知"只是借"行"展示自身。王阳明说：

> 行之时，其心不能明觉精察，则其行便不能真切笃实。③

能"行"并不代表能"知"，"行"若脱离了"知"，则其"行"便是妄行，不能达到预期的效果，因此，行为的发生不能离开行动者固有的美德，知识是指导行为的主宰。在王阳明那里，虽然实践活动是人心与外部世界建立联系的重要途径，但是这个过程中人心之"知"是起点，也是基础。若没有强烈的道德之"知"的支撑与挺立，那么实践活动便成了无源之水，无土之木，缺乏了指导与目标。同时，人能不能行，如何去行，行

---

① （明）王守仁：《王阳明全集》，第 136 页。
② 杨国荣：《心学之思——王阳明哲学的阐释》，生活·读书·新知三联书店，1997，第 198 页。
③ （明）王守仁：《王阳明全集》，第 234 页。

为的正确与否，皆由知所决定，故知永远决定行，行的发生不能离开知的作用。需要指出的是，行不离知并不是说要先“知”了再去做“行”的工夫，即首先获得了道德修养，再去投入实践。如此，便只能是“终身不行”，“终身不知”。

就表面来看，“知”“行”之关系就是知行不离。知不离行意在强调学问知识必须要投入实行之中，从而避免空疏之知与玄虚之知，在现实性上凸显了实践的重要性。行不离知意在强调实践行为必须要以知识学问为基础，从而避免无知妄为与盲目冥行，在现实性上凸显了知识对于行为的统帅作用。

3. 以行归知

不仅如此，在王阳明看来，“知”与“行”实际上是一个工夫。王阳明说：

> 凡谓之行者，只是着实去做这件事，若着实做学问思辩的工夫，则学问思辩亦便是行矣。学是学做这件事，问是问做这件事，思辩是思辩做这件事，则行亦便是学问思辩矣。若谓学问思辩之然后去行，却如何悬空先去学问思辩得，行时又如何去得做学问思辩的事？行之明觉精察处，便是知；知之真切笃实处，便是行。若行而不能精察明觉，便是冥行，便是“学而不思则罔”，所以必须说知；知而不能真切笃实，便是妄想，便是“思而不学则殆”，所以必须说个行；元来只是一个工夫。①

毫无疑问，“学问思辩”原本属于“知”的范围，“做这件事”原本属于“行”的范围，二者有着清晰的划分。但是，王阳明认为，倘若我们在“学问思辩”上做“真切笃实”的工夫，那么“学问思辩”的活动就是“行”；倘若我们在“做这件事”的过程中能够“明觉精察”于“知”，那么“学做这件事”的行为就是“知”。可以说，“行”的展开中就已包含了“知”的规范，“知”的存在中已经蕴含了“行”的要求。事实上，作为“知”的“学问思辩”与作为“行”的“做这件事”在时间上是同时发生的，不分先后，甚至，“知”与“行”就是同一个活

---

① （明）王守仁：《王阳明全集》，第 232 页。

动的两面①。这表明，作为实践活动的"行"与作为意识活动的"知"最后复归于统一。统一于何处？统一于"知"。王阳明知行学说的最终走向就是以行归知。王阳明举了大量事例论证"行"就是"知"。《全集》记载：

> 先生游南镇，一友指岩中花树问曰："天下无心外之物，如此花树，在深山中自开自落，于我心亦何相关？"先生曰："你未看此花时，此花与汝心同归于寂。你来看此花时，则此花颜色一时明白起来。便知此花不在你的心外。"②

又说：

> 如意在于事亲，即事亲便是一物；意在于事君，即事君便是一物；意在于仁民爱物，即仁民爱物便是一物。③

王阳明认为，作为客观对象的"花"并非存在于客观世界，而是存在于人心，那么"观花"的过程就可被看作是复归本心、体认本心的过程，亦即"知"的过程。不仅如此，作为德行的"事亲""事君""仁民爱物"亦来源于人心。总之，不管是作为外在的物理，还是内在的性理，都是一心所发，聚于心内，而"心外无理"。倘若万物万理都在心中，那么，所谓的实践也就是在心上做工夫。王阳明说：

> 我今说个知行合一，正要人晓得一念发动处，便即是行了。发动处有不善，就将这不善的念克倒了。须要彻根彻底，不使那一念不善潜伏在胸中。此是我立言宗旨。④

"一念发动"原本属于"知"，然王阳明却说这已是"行"了，实际上是以行归知，正所谓"欲食之心即是意，即是行之始矣"⑤。王阳明为什

---

① 贺麟即认为"知行合一乃指与行为同一生理心理活动的两面而言"。参阅宋志明编《儒家思想的新开展——贺麟新儒学论著辑要》，中国广播电视出版社，1995，第272页。
② （明）王守仁：《王阳明全集》，第122页。
③ （明）王守仁：《王阳明全集》，第7页。
④ （明）王守仁：《王阳明全集》，第109页。
⑤ （明）王守仁：《王阳明全集》，第47页。

么要立此论呢？就是为了"不使那一念不善潜伏在胸中"，提醒人们不能忽视"行"之发端处的不善，而是要在整个行为的过程之中贯彻德性之知，做道德践履。

正如黄宗羲所说："以知识为知，则轻浮而不实，故必以力行为功夫。良知感应神速，无有等待，本心之明即知，不欺本心之明即行也，不得不言'知行合一'，此立言之大旨。"① 王阳明的"知行合一"理论一方面体现了他重视德性之"知"，另一方面又坚信这种德性之"知"必须要在实践中获得现实的力量。同时，王阳明十分注重人心之"知"的重要性，认为"行"亦是"知"，从而走向了以知统行的知行合一论。

二　王阳明的"治世"方法

王阳明"知行合一"思想中包含了知不离行与行不离知双层含义，与此对应，他批判社会生活中的两种人：一种人"茫茫荡荡悬空去思索，全不肯着实躬行，也只是个揣摸影响"②；另一种人"懵懵懂懂的任意去做，全不解思维省察，也只是个冥行妄作"③。与此不同，王阳明在理论上认为"知""行"二者在本体上并无区别，重"知"亦重"行"，反对空想之知与冥行之行；在现实中表现为主张以心之仁德为基础的建立功业与济世安民，提出了一系列"治世"措施。正如钱穆所说："阳明讲学，偏重实行，事上磨炼，是其着精神处。讲王学的人，自然不可不深切注意于阳明一生的事业。"④ 这种在"心"上去除功利与在"行"上追求功业，反映了王阳明德高为范的人品以及经世致用的务实作风。需要指出的是，"知行合一"理论包含了以行归知的倾向，在实践向度上则表现为以心挽世的"治世"倾向，对于今日社会治理之实践有借鉴意义。

1. "治世"以德

从实践的角度看，行不离知旨在说明社会治理要以为政者与老百姓固有的德性之知为基础。在政治理想上，王阳明与传统儒者一样，推崇的是

---

① （清）黄宗羲：《明儒学案·姚江学案》，中华书局，1985，第182页。
② （明）王守仁：《王阳明全集》，第1356页。
③ （明）王守仁：《王阳明全集》，第1356页。
④ 钱穆：《阳明学述要》，九州出版社，2010，第3页。

唐、虞、三代之治的理想社会。三代之治从本质上来说就是一个"父子有亲、君臣有义、夫妇有别、长幼有序、朋友有信"的道德理想社会，"教者惟以此为教，而学者惟以此为学"①。如果要建立这样一个理想社会就必须要重视道德在社会治理中的重要作用。

从为政者的角度来看，与历代儒者一样，王阳明也主张德治，即为政者要将自身之仁德施与百姓，实行仁政。所谓："夫志于为利，虽欲其政之善，不可得也。志于行道，虽欲其政之不善，亦不可得也。"② 如果统治者能够实行仁道，则必能实现善政。他在给皇帝的奏折中说：

> 臣惟财者民之心也，财散则民聚；民者邦之本也，本固则邦宁。故文帝以赐租致富乐之效，太宗以裕民成给足之风。君民一体，古今同符。③

王阳明要求明武宗把叛王朱宸濠侵占百姓的土地房屋交还老百姓，其余则以时价卖给政府。这样，既使百姓得到实惠，又使国家不浪费。这里，王阳明重申了儒家治世的一个重要命题："民者邦之本也，本固则邦宁。"凸显了老百姓在国家治理中的重要意义，旨在要求为政者对老百姓宽厚仁德。

王阳明十分注重为政者的道德品质，主张国家的政令必须要靠具有为民之心和道德品质高尚的为官者去推行。王阳明主张为官者必须要勤政廉明，反对以权谋私。他对官场的腐败与玩忽职守深恶痛绝，多次提出批评。嘉靖初年，王阳明总督两广等地军务，针对当时的腐败现象说：

> 大抵天下之不治，皆由有司之职，而有司之失职，独非小官下吏偷情苟安侥幸度日，亦由上司之人，不遵国宪，不恤民事，不以地方为念，不以职业经心，既无身率之教，又无警戒之行，是以荡弛日甚，亦宜分受其责可矣。④

---

① （明）王守仁：《王阳明全集》，第63页。
② （明）王守仁：《王阳明全集》，第1152页。
③ （明）王守仁：《王阳明全集》，第476页。
④ （明）王守仁：《王阳明全集》，第698页。

王阳明看到了"有司之失职"是天下之不治的重要原因，而"上司之人"的失职是"有司之失职"的根本原因，"小官小吏"的失职皆是由"上司之人"的失职引发的。针对这种情况，王阳明治理地方的一项主要措施就是整顿吏治，提倡执政为民，勤政守职。王阳明自己在这方面也做出了表率。他在任庐陵县知县时，恰逢灾疫流行，他派遣医生分赴乡里，实行救治；对贫困者，由官府施与药物，又告谕父老乡亲"疾病相扶持"，提倡互助互济精神。

2. 四民异业而同道

在理论上王阳明认为知不离行，与之对应，在现实中王阳明十分重视事功，其中一个重要表现就是王阳明对于商业的重视。传统儒家认为，商业是逐利的活动，是在功利之心的驱使下进行的不合德性的活动，因而商人的地位自西汉之后就一直是四民之末。王阳明对此持不同意见，他说：

> 良知只在声、色、货、利上用功，能致得良知精精明明，毫发无蔽，则声、色、货、利之交，无非天则流行矣。①

又说：

> 使在我果无功利之心，虽钱谷兵甲，搬柴运水，何往而非实学？何事而非天理？②

王阳明认为，作为道德本体的良知不排除"声色获利"，只要"声色货利"能够致得良知，使良知没有遮蔽，则对"声色货利"的追求就符合天理。"钱谷甲兵"之事亦是如此，只要不存功利之心，"钱谷甲兵"之事就是实学，符合天理。由此可见，王阳明认为凡是合乎道德良知的治世措施都是应该被提倡和采纳的。王阳明说：

> 其才质之下者，则安其农、工、商、贾之分，各勤其业以相生相养，而无有乎希高慕外之心……故其精神流贯，志气通达，而无有乎人己之分，物我之间。③

---

① （明）王守仁：《王阳明全集》，第139页。
② （明）王守仁：《王阳明全集》，第186页。
③ （明）王守仁：《王阳明全集》，第62页。

若人人皆能以德性修养为基础，同心同德，按照自身的才质从事农、工、商、贾等本职工作，"各勤其业"，"相生相养"，而不希高慕外，那么这个社会便可和谐安宁，亲如一家。由此可以推想，王阳明对职业并没有按照上下尊卑来区分，而是认为，如果人人能坚守"心"之德（良知）而不被营利之心所遮蔽，那么，"虽终日做买卖，不害其为圣为贤"①。由此，王阳明对传统的"四民"观点做出了修正，明确提出了"四民异业而同道"的崭新思想，详细记录在他为弃儒从商的方麟撰写的《节庵方公墓表》中。王阳明说：

> 古者四民异业而同道，其尽心焉，一也。士以修治，农以具养，工以利器，商以通货，各就其资之所近，力之所及者而业焉，以求尽其心。其归要在于有益于生人之道，则一而已。②

在王阳明看来"四民"皆能"尽其心"，"有益于生人之道"，所以不存在绝对的高下之分，都应该得到重视，士、农、工、商都应该得到发展。王阳明还举商周之代伊尹、胶鬲、吕望、百里奚的事例说他们虽然从事着不同的职业，但"皆古之仁圣英贤"。王阳明还解释了为什么会有传统的四民不平等的思想，他说："自王道熄而学术乖，人失其心，交骛于利以相驱轶，于是始有歆士而卑农，荣宦游而耻工贾。"③可见四民地位之不平等是由"王道熄"导致"人失其心"，良知被遮蔽，逐利之心凸显，那么如果能够恢复王道，正人心，则四民之道是一致的。同时，王阳明还将其重视商业的思想在社会实践中予以落实，如在巡抚田州期间，王阳明允许"商课设于河下，薄取其税，以资给用"④，保护商业的发展。

3. 乡约的"治世"模式

王阳明提出的具有开创性的"治世"措施，不仅表现为他重视发展商业，也表现在他以乡约为主的乡村治理实践之中。乡约实际上就是以儒家道德理想为依托，在乡村订立乡规民约，试图以道德教化的形式，达到稳定乡村秩序的目的。这种乡约思想并非王阳明首创，在王阳明之前较为著

① （明）王守仁：《王阳明全集》，第1291页。
② （明）王守仁：《王阳明全集》，第1036页。
③ （明）王守仁：《王阳明全集》，第1037页。
④ （明）王守仁：《王阳明全集》，第699页。

名的有《吕氏乡约》①，主要内容为："德业相劝，过失相规，礼俗相交，患难相恤。"② 可惜一直未能得到实践。朱熹也对《吕氏乡约》赞赏有加，认为它将理学的主旨融于乡民的日常生活起居之中。但是，朱熹无论在居乡，还是任地方官时，都未具体实践乡约思想。追溯缘由，恐与其"知行分离""知先行后"说有关。与此不同，王阳明不仅在理论上提出了乡约思想，而且在其巡抚南赣时，推广践行了乡约思想，具体记录在《南赣乡约》一文中。这与王阳明重"知"亦重"行""知行合一"的思想倾向是一脉相承的。

《南赣乡约》是王阳明在平定南赣一带的农民起义后，制定的一套与十家牌法③密切配合，相辅相成的乡村治理措施。王阳明说：

> 咨尔民，昔人有言："蓬生麻中，不扶而直；白沙在泥，不染而黑。"民俗之善恶，岂不由于积习使然哉！往者新民盖常弃其宗族，畔其乡里，四出而为暴，岂独其性之异，其人之罪哉？亦由我有司治之无道，教之无方。尔父老子弟所以训诲戒饬于家庭者不早，熏陶渐染于里闬者无素，诱掖奖劝之不行，连属叶和之无具，又或愤怨相激，狡伪相残，故遂使之靡然日流于恶，则我有司与尔父老子弟皆宜分受其责。呜呼！往者不可及，来者犹可追。故今特为乡约，以协和尔民，自今凡尔等同约之民，皆宜孝尔父母，敬尔兄长，教训尔子孙，和顺尔乡里，死丧相助，患难相恤，善相劝勉，恶相告诫，息讼罢争，讲信修睦，务为良善之民，共成仁厚之俗。呜呼！人虽至愚，责人则明；虽有聪明，责己则昏。尔等父老子弟毋念新民之旧恶而不与其善，彼一念而善，即善人矣；毋自恃为良民而不修其身，尔一念而恶，即恶人矣；人之善恶，由于一念之间，尔等慎思吾言，毋忽！④

王阳明认为，叛乱发生的原因不在于民众之性恶，而在于"司治之无

---

① 熙宁九年（1076）京兆府蓝田（今属陕西）儒士吕大均（和叔）与他的兄弟在本乡推行一种新型的地方治制度，这便是《吕氏乡约》，也叫作《蓝田乡约》。

② （宋）吕大钧：《吕氏乡约仪》，《蓝田吕氏遗著辑校》，陈俊民辑（校），中华书局，1993，第536～567页。

③ 十家牌法是以弭盗为主，辅以教化，而乡约则是在军事征服过后，主要为"教化"民众而设的。

④ （明）王守仁：《王阳明全集》，第664页。

道，教之无方"。因此，农民得不到道德的熏陶，长此以往，社会中形成了恶俗且得不到遏制。因此，王阳明制定乡约对百姓进行道德教育，即使人人通过修身而心存善念，以善念待人处世，而成为"善良之民"，最终达到移风易俗、和谐乡里、安定社会秩序之目的。乡约的具体做法是推举约长、约副、约正、约史、知约、约赞等作为乡约的首领，负责乡村教化事宜，每月进行一次约会进行彰善和纠错，具体内容无非是儒家道德伦常。由此可见，乡约作为王阳明治理南赣地区的政策，关键在于从个人修身格心上下工夫，希望通过正人心达到治理社会的目的。因此，乡约理论与王阳明知行不离思想是一脉相承的，是王阳明"知行合一"理论的具体运用。

4. 以心挽世

通过以上讨论我们不难发现，王阳明认为天下之乱源于人心之乱，人心之良知受到遮蔽不能呈现出来。所以，王阳明极为重视为政者的德性修养，民众的道德教化和善念的培养，这也是王阳明"治世"措施的核心与关键。王阳明的知行观在理论上走向以行归知，在现实性上必然要求人们在人心之知上做工夫，不使那"一念发动处"有不善存在。由此可以推出，在王阳明看来，"治世"的关键在于人心的修养，只要把人心治理好了，则人人都能按照道德伦理行为，社会自然能够得到治理。

在王阳明看来，此"心"是人之"本心"，是天赋予的完满自足的内在"德性"，就是"良知"。王阳明说：

> 依此良知，忍耐做去，不管人非笑，不管人毁谤，不管人荣辱，任他工夫有进有退，我只是这致良知的主宰不息，久久自然有得力处，一切外事亦自不能动。①

又说：

> 仆诚赖天之灵，偶有见于良知之学，以为必由此而后天下可得而治。②

---

① （明）王守仁：《王阳明全集》，第115页。
② （明）王守仁：《王阳明全集》，第90页。

由此可见，良知不仅是个人修养的准则，而且对于社会政治也有着重要的影响。若人能遵循心之良知而行，就自然能够抵制外在的邪说、物欲等的侵蚀，民心就会稳定。民心稳定，则社会安定。因而，良知是挺立自我、和谐民众、安定社会秩序的决定力量。可见，王阳明已明确将治理社会与治理人心联系起来。他说：

> 且如事父，不成去父上求个孝的理？事君，不成去君上求个忠的理？交友治民，不成去友上、民上求个这与仁的理？都只在此心。心即理也。①

在王阳明看来，如果伦理事务、政治事务都失序了，那么应该从何处找原因呢？王阳明回答："都只在此心。"即现实生活的失序，不能去外物上找原因，而必须回到自身，返回内心的良知去找根源。换句话说，"治世"不成的根源在于"治心"不力。这样，王阳明就将"治世"这种政治问题归结为"治心"这种道德修养问题，形成了王阳明治理理论的一个重要特色。

如上讨论表明，王阳明不仅是一位儒者，亦是一位政治家，具有杰出的经世能力。王阳明将"知行合一"理论贯穿于治理社会的实践中，不仅提倡德政，注重教化，同时主张发展经济，表现出与传统儒者不同的"治世"倾向。更为重要的是，王阳明突出了"心"之于政治的重要作用，认为"治世"的关键在于社会的道德教化和个人的道德认知与修养，体现了以心挽世的"治世"倾向。

结　语

如上讨论表明，王阳明的"治世"思想是以"知行合一"理论为基础的具有可行性与开创性的价值理论。即便从今天的视角看，这种思想仍然对社会的治理产生诸多积极意义，原因如下。

第一，准确把握了知识与实践二者的关系，对传统儒家重"知"轻"行"的理论倾向有所突破，对后世治理思想的发展亦有深远影响。王阳

---

① （明）王守仁：《王阳明全集》，第2页。

明的"治世"理论以"知行合一"理论为指导，在"治世"的过程中提倡重"知"亦重"行"，反对分知行为二，批驳由知行为二导致的空谈性理与无知妄行等弊端，对后世产生了重要影响。其中一个重要表现就是它直接推动了明清之际经世致用思想的产生。试举两例以说明之：师承王门左派的明末启蒙思想家李贽强调学者之学必在日用事功之中，他认为"治贵适时，学必经世"，方为"圣人正心诚意之学"①；自称王门正宗的黄宗羲亦深受王阳明"知行合一"思想的影响，反对提出了"穷经""经世"的主张，他说："受业者必先穷经，经术所以经世，方不为迂儒之学。"②穷经的目的是为了经世，"道无定体"，"学贵适用"。可以说，黄宗羲的经世思想开启了清代经世致用思想的先河，他无疑受到了王阳明思想的巨大影响。不仅如此，王阳明以"知行合一"理论为基础的乡约思想亦对民国时期梁漱溟的乡村建设运动产生了一定的影响。梁漱溟的乡村建设实验实际上就是试图把传统儒学的道德实践转化为包括经济活动在内的社会实践，建立儒学复兴的社会基础，寻求传统文化价值的空间，把传统儒学从书斋引向社会。梁漱溟曾直言他的"乡村组织"就是对王阳明"乡约之补充改造"，同时建立旨在提高农民素质，教化风俗的乡村学校。当前中国提倡基层群众建设、社区建设，在此过程中，既要帮助民众提高思想道德意识与民主法治意识，也要积极采取措施提高人民生活水平。

第二，强调对道德与利益的双重关切，纠正了传统儒家重农轻商思想的片面性，对于后世商业的发展有思想启蒙作用。王阳明之前的儒者大都将义、利放在对立的关系上，并持重义轻利的观点，甚至对利采取了坚决排斥的态度。③ 在这种思想的影响下，儒者乃至社会普遍认为凡是有利的就必然会损害义，由此导致商人的社会地位十分低下。特别是自西汉之后，重农抑商成为儒家的正统思想。与此不同，王阳明不仅重视工商业，保护商人利益，而且认为"治生亦是讲学中事"，认为学者只要"调停得心体无累，虽终日做买卖，不害其为圣为贤"④。这里的"心体"实际上就

---

① （明）李贽：《藏书·赵汝愚》，中华书局，1956，第600~603页。
② （清）全祖望：《鲒埼亭集》，商务印书馆，1936，第136页。
③ 孟子说："何必曰利，亦有仁义而已矣。"荀子说："故义胜利者为治世，利克义者为乱世。"
④ （明）王守仁：《王阳明全集》，第1291页。

是指良知。王阳明认为良知不排除声色货利与钱谷兵甲，只要声色货利、钱谷兵甲能致得良知，就符合天理。同时，王阳明将"一念发动"视为行，提醒人们重视自己心中的不善之念，并在这种念头萌发之际就坚决克除，保持本心的纯正无邪，从而实现社会的稳定和谐；反对人因借口未曾行而对自己的不善之念采取姑息纵容的态度，体现了王阳明对于道德和利益的双重关切。总之，王阳明将评判事物的标准放在良知而非简单的义利之上，是对传统思想的一个重大突破，对明清之际商业的发展有重要的影响：明末李贽就继承和发展了王阳明"四民异业而同道"的思想，认为要提高商人的地位，保护商业的发展，甚至提出要给工商业者以明确的私有权利。明末清初，黄宗羲在《明夷待访录》中也提出了"工商皆本"的口号。王阳明这种对道德和利益的双重关切对现代中国的"治世"实践亦有巨大的启示：现代社会，商人为了追求超高的商业利益，不惜以损害人民的利益甚至健康为前提，食品安全问题、房屋建筑质量问题等层出不穷。因此，不仅要加强对商业的法治建设，亦要加强对商人的道德培养。

第三，将自上而下的"治世"模式与自下而上的"治世"模式结合起来，降低了传统治理模式中对统治者的依赖程度，对提高民众的参政意识与参政能力具有重要作用。从孔子的德治到孟子的仁政，从荀子的礼治到朱熹的"德礼"为本，"刑政"为辅，为政者无论是以德性教化百姓，还是以礼法制约百姓，都是一种自上而下的治理社会的模式。儒者希望通过圣明的统治者将仁爱之心自上而下地推广到民众中去，实行仁政，以稳定民心，安定社会秩序，必要时，辅之以刑罚。在以儒家思想为主导的中国古代社会中，为政者较少采取与百姓合作、互动的方式，百姓的参政意识和能力弱，基本依赖于在上者的治理。王阳明的"治世"理念与此不同，他将自上而下的"治世"模式与自下而上的"治世"模式结合起来进行政治实践。王阳明一方面重视德治，这与传统儒家的"治世"模式一脉相承；另一方面，王阳明主张以心挽世。毫无疑问，这个心不仅仅是为政者之心，更是每一个老百姓的心。因此，王阳明不仅将好的政治寄托在为政者自上而下的仁政之中，更寄托在每一个民众的道德修养之中。这样，在"治世"问题上王阳明就实现了一个内转，治理家国天下究其根本就是要"治心"。且不谈这种道德之知在其现实性上究竟能否顺利地转化为行，它至少提高了民众自身对社会治理好坏的影响程度，表达了好的政治是民众的自我创造这一现代"治世"理念。同时，王阳明在南赣地区订立乡约并且付诸实践，可以看作是对早期基层自治的一个尝试，对政府在乡村的统治起到很好的辅助作用，其治理理念与具体措施亦可以供我们今天的基层建设借鉴。

论王阳明德育思想及其当代意义

◎ 龚妮丽*

摘要： 王阳明不仅是中国历史上著名的哲学家，也是著名的教育家，他将兴办教育看成是转变风气和立政治民的根本。王阳明的德育思想是他系统性哲学思想的体现，包含着"致良知"的德育宗旨，协调统一的德育理念。这些思想值得我们继承和发扬。阳明德育思想中，"立志"是德育的根本，"知行合一"是德育的原则，启发式教育是德育须遵循的规律，情理交融、寓教于乐是德育的有效方式，对我们今天的学校德育有着重要的参考意义。

关键词： 王阳明　德育　致良知　协调统一

在中国几千年的历史中，王阳明是为数不多的既"立德""立言"，又"立功"的大儒，其思想不仅在明代中后期"流传愈百年"（《明史·儒林传》），至中国近现代愈加显示出强大的生命力。王阳明不仅是中国历史上著名的哲学家、政治家、伦理学家和军事家，也是著名的教育家。王阳明的思想经历了"出入释老"又"归本孔孟"的历程，至正德三年被贬至贵州龙场，历经百死千难终于悟道，史称"龙场悟道"。以此为起点，他相继提出"心即是理""知行合一""致良知""四句教""万物一体"等哲学思想，形成了他的心学体系，走上了与朱子不同的心学道路。王阳明的德育思想正是他系统性哲学思想的体现。他的德育思想，包含着"致良知"的德育宗旨和协调统一的德育理念，这些思想对我们今天的学校德育

---

* 龚妮丽，女，贵州大学人文学院教授，贵州省儒学研究会理事，贵州省文艺理论家协会副主席，贵州省美学学会副会长兼秘书长。

无疑有重要的启示意义。

一 "致良知"的德育宗旨

"致良知"是阳明心学思想的重要组成部分，也是他对自己一生教学思想的提炼和总结。他声称："吾平生讲学，只是'致良知'三字。"① 他还提出："'致良知'是学问大头脑，是圣人教人第一义。"② 可以说，"致良知"既是他教育的目的和内容，也是他教育的途径和方法。阳明教育的核心是人的德性、德行，"致良知"正是对他德育宗旨最好的概括。

"致良知"是阳明"心即理"思想的展开。与程朱理学将伦理道德视为外在"天理"的制约不同，王阳明认为伦理道德是个人内在心灵、良知的呈现，他认为"良知即天理"③，并将"心"看成是人的意志、主观精神。他指出：

> 身之主宰便是心；心之所发便是意；意之本体便是知；意之所在便是物。如意在于事亲，即事亲便是一物；意在于事君，即事君便是一物；意在于仁民爱物，即仁民爱物便是一物；意在于视听言动，即视听言动便是一物。所以某说无心外之理，无心外之物。④

王阳明认为"心"是"身"的主宰，"心"之所发，即是人的主观意识。人的行为是由人的意识支配的，有孝敬父母的意识，才能去孝敬父母；有忠于国家君王的意识，才能去效忠国家君王；有仁的意识，才能有"仁民爱物"的行为。在王阳明看来，仁义礼智、纲常伦理的"理"只能从人的本心上去求得，而不是外在于人心的"理"。"物理不外于吾心，外吾心而求物理，无物理矣；……故有孝亲之心，即有孝之理；无孝亲之

① 《寄正宪男手墨二卷》，载《王阳明全集》卷二十六"续编一"，下册，上海古籍出版社1992年点校本（以下引用简称《全集》），第990页。
② 《传习录中》，载《全集》卷二"语录二"，上册，第71页。
③ 《重刻王阳明先生传习录序（刘宗周）》，载《全集》卷四十一"序说·序跋"，下册，第1612页。
④ 《传习录》（上），载《全集》卷一"语录一"，上册，第6页。

心，即无孝之理矣。"① 正是在"心即是理""心外无物"的思想理路下，王阳明提出了"致良知"的道德本体思想。

王阳明吸取了孟子关于人不假外求，便先天具有良知、良能的学说，提出"性无不善，故知无不良"，将《大学》提出的"致知"转换为"致良知"，所谓"致吾心之良知者，致知也"②，建构了他的德育思想。"良知"并非向外求"理"的"知"，而是本心裁定是非善恶之标准，王阳明说：

> 良知者，孟子所谓"是非之心，人皆有之"者也。是非之心，不待虑而知，不待学而能，是故谓之良知。是乃天命之性，吾心之本体，自然灵昭明觉者也。凡意念之发，吾心之良知无有不自知者。其善欤，惟吾心之良知自知之；其不善欤，亦惟吾心之良知自知之；是皆无所与于他人者也。……今欲别善恶以诚其意，惟在致其良知之所知焉尔。③

阳明认为良知是每个人先验的善恶是非标准，"不待虑而知，不待学而能"，良知应是人人皆有的道德理智，这就是知善、择善的是非之心。要想正确地判断是非善恶，只要有本真诚意之心，致其良知就能做到，因为良知本然是善，本然知善，所以本然地能判断事物的对与不对、正与不正、善与不善。但是，在人生与社会现实的经验层面，良知本体的明觉呈现往往会被小己私欲遮蔽，良知本体的自然运作也会受到狭隘私欲杂念的干扰，背离本然的良知。建构道德秩序，正是为了抵制和防御人类在历史文化中对良知的违背，对意义世界的消解。因此，"致良知"的目的，即是要让人回到良知本真的觉悟中，"致良知"是让人们接受道德教育，提高道德修养，恢复至善心体的大用，使良知本体之心、性、理、情浑然呈现，自然展开，并落实到社会生活的各个方面。

"致良知"的宗旨既关乎本体，也关乎工夫，可以说，王阳明的整个德育思想就是如何在"致良知"的过程中让受教育者"开悟"，最终成为具有"天命之性，粹然至善"④的觉悟者。"致良知"应着力在"致"的

---

① 《答顾东桥书》，载《全集》卷二"语录二"，上册，第42页。
② 《答顾东桥书》，载《全集》卷二"语录二"，上册，第45页。
③ 《大学问》，载《全集》卷二十六"续编一"，下册，第971～972页。
④ 《亲民堂记》，载《全集》卷七"文录四"，上册，第251页。

工夫上。王阳明十分看重调动修习者的主观能动性，让他们通过"静坐息思虑""省察克治"革除私欲。这是一种内省自求于心的去蔽工夫，也可以说是一种"向内工夫"。王阳明说：

> 教人为学，不可执一偏：初学时心猿意马，拴缚不定，其所思虑多是人欲一边，故且教之静坐、息思虑。久之，俟其心意稍定，只悬空静守如槁木死灰，亦无用，须教他省察克治。省察克治之功，则无时而可间，如去盗贼，须有个扫除廓清之意。无事时将好色好货好名等私逐一追究，搜寻出来，定要拔去病根，永不复起，方始为快。……初学必须思省察克治，即是思诚，只思一个天理。到得天理纯全，便是何思何虑矣。①

"静坐息思虑"，可以让人心安静，从人欲妄想中回复平静，但仅仅是"悬空静守如槁木死灰"，也是没有用的，还要教他们"省察克治"的工夫，随时随地自我反省，"将好色好货好名等私逐一追究，搜寻出来，定要拔去病根，永不复起，方始为快"。"省察克治"的关键还是"思诚"，体认天理，得到"天理纯全"。

再次是"事上磨炼"的工夫，阳明指出："人须在事上磨炼做功夫，乃有益。若只好静，遇事便乱，终无长进。"② 这就是应将纯然的本心、良知的"德性"贯彻到"德行"中去，即贯彻到主体"良知"意志所支配的行为中去，这是一种"向外工夫"。这是王阳明德育思想中非常重要的方法，也是他所倡导的"知行合一"说的体现。"致良知"与"知行合一"是完全相通的。王阳明说：

> 天地间活泼泼地，无非此理，便是吾良知的流行不息。致良知便是必有事的工夫。此理非惟不可离，实亦不得而离也：无往而非道，无往而非工夫。③
>
> 知是行的主意，行是知的功夫；知是行之始，行是知之成。④

---

① 《传习录上》，载《全集》卷一"语录一"，上册，第16页。
② 《传习录下》，载《全集》卷三"语录三"，上册，第92页。
③ 《传习录下》，载《全集》卷三"语录三"，上册，第123页。
④ 《传习录上》，载《全集》卷一"语录一"，上册，第4页。

"致良知"就包含着以行动来彰显良知,"行"的过程便是良知发用的过程,也是生命存在返回良知本身的过程。王阳明一方面强调良知形上本源的意义,一方面又关注良知本体发用的实践过程,彰显良知的现实作用和价值,将"知"与"行"都统合到良知的世界中,这正是"致良知"最具道德实践意义的精神。这种体用不二的道德修习宗旨,对我们今天的道德教育有着极其重要的借鉴作用。

二 协调统一的德育理念

在王阳明的德育理念中,十分注重协调统一的系统性,他在《教条示龙场诸生》中提出"立志、勤学、改过、责善"的进德修业基本原则,概括了德育和人格完善相互关联、协调统一的四个方面;在《训蒙大意示教读刘伯颂等》中倡导童蒙德育应"诱之歌诗以发其志意,导之习礼以肃其威仪,讽之读书以开其知觉"①,将"知""情""意""乐"协调、统一起来;在《传习录下》中提出"学问也要点化,但不如自家解化"②,一方面重视教师的作用,另一方面更强调学生的积极主动性、倡导教师的点化与学生的自化相统一。这种协调统一的德育理念,是王阳明德育思想中不可忽视的重要内容。

1. "立志、勤学、改过、责善"的进德修业基本原则

王阳明对进德修业有着系统的教育理念,首先强调的是"立志"。他指出:

> 志不立,天下无可成之事。……故立志而圣,则圣矣;立志而贤,则贤矣;志不立,如无舵之舟,无衔之马,漂荡奔逸,终亦何所底乎?

王阳明认为"立志"是为学之本,也是道德修养之本;若没有道德修养的志向和目标,就如"无舵之舟,无衔之马",将一事无成。他告诫他的弟子们:"大抵吾人为学紧要大头脑只是立志,所谓困忘之病,亦只是

① 《传习录中》,载《全集》卷二"语录二",上册,第87页。
② 《传习录下》,载《全集》卷三"语录三",上册,第974页。

志欠真切。"只有真正立下坚定的道德修养之志，才能克服一切修习的障碍。

立志之后是"勤学"，王阳明指出：

> 已立志为君子，自当从事于学。凡学之不勤，必其志之尚未笃也。从吾游者，不以聪慧警捷为高，而以勤确谦抑为上。

"勤学"既是检验立志的试金石，也是进德修业的必经之路。在道德修习方面他并不看重"聪慧警捷"，而更强调"勤确谦抑"。其实，勤勉、笃实、谦逊，本身就内含道德修养，对于德育，更应倡导这样的学习态度。

再次是"改过"，王阳明指出：

> 夫过者，自大贤所不免，然不害其卒为大贤者，为其能改也。故不贵于无过，而贵于能改过。

王阳明认为只要是人，就有可能犯过错，哪怕是"大贤"也免不了，但只要能改正，仍然可以成贤人。甚至是盗贼流寇，能知错改过，都可以成为君子。这是道德教育中十分重要的理念。道德修习，就是不断地认识自我，查找自身的缺点，不断改过，不断进步的过程。

最后是"责善"，王阳明说：

> 责善，朋友之道。然须"忠告而善道之"……谏师之道，直不至于犯，而婉不至于隐耳。使吾而是也，因得以明其是；吾而非也，因得以去其非，盖教学相长也。①

"改过"是对己而言，"责善"是对人而言，即规劝别人改过。阳明告诫学生们，在修德的过程中，要相互批评攻错，由不善而归于善，这才是朋友之道，并强调要"忠告而善道之"，不仅要勇于批评，还要善于批评，以恰当的方式收到良好的效果。可贵的是他还鼓励学生向他"责善"，这样可以相互提高。字里行间透出王阳明与学生平等、亲和、朋友般的师生

---

① 以上引文均见《教条示龙场诸生》，载《全集》卷二十六"续编一"，下册，第 974～976 页。

关系，对学生的循循善诱，体现阳明身体力行，履践"致良知"的德育宗旨。

2. 知、情、意、乐协调统一的蒙学教育

王阳明十分重视童蒙教育，以"明人伦"为蒙学教育的核心，在此基础上，再去培养他们的其他才能。他说："今教童子，惟当以孝悌忠信礼义廉耻为专务。"① 他深知这种教育的特点：一方面，"明伦"是人的本性良知，即使是儿童，也知道爱父母，敬兄长。明伦教化并非从外部灌输某种道理，而要用不同的方法引发人们本性中的良知。另一方面，要真正在意识、行为中时时处处都达到人伦的极致，即使是圣人，也有做不到的时候。因此，明伦教化必须在教育方式上下功夫。王阳明继承了孔孟的教育思想，结合自己的教学经验，提出了一套顺乎人类天性的教育方法，他指出：

> 其栽培涵养之方，则宜诱之歌诗以发其志意，导之习礼以肃其威仪，讽之读书以开其知觉。……大抵童子之情，乐嬉游而惮拘检，如草木之始萌芽，舒畅之则条达，摧挠之则衰萎。今教童子，必使其趋向鼓舞，中心喜悦，则其进自不能已。②

王阳明主张以"乐而行之"的美育手段，使受教者在知、情、意、乐各方面协调统一。"诱之歌诗"，是以优美的诗歌诱导儿童，不仅激发他们的意志，也陶冶他们的性情。朗朗上口，曲调优美的歌诗吟唱诵读给他们带来快乐。"导之习礼"，在练习礼仪的活动中，培养儿童严肃礼敬的行为举止。不仅身体得到锻炼，道德规范也从外到里沁入心扉，"明伦"的意识也逐渐形成。"讽之读书"，通过读书，不仅增长儿童的知识，更重要的是开启他们的智慧，培养他们的道德信念。王阳明十分反感当时那些违背儿童天性的时弊，他指出：

> 若近世之训蒙稚者，日惟督以句读课仿，责其检束，而不知导之

---

① 《传习录中·训蒙大意示教读刘伯颂等》，载《全集》卷二"语录二"，上册，第87~88页。
② 《传习录中·训蒙大意示教读刘伯颂等》，载《全集》卷二"语录二"，上册，第87~88页。

以礼，求其聪明，而不知养之以善；鞭挞绳缚，若待拘囚。彼视学舍如图狱而不肯入，视师长如寇仇而不欲见，窥避掩覆以遂其嬉游，设诈饰诡以肆其顽鄙，偷薄庸劣，日趋下流。是盖驱之于恶而求其为善也，何可得乎？①

王阳明看出"近世教育"以"知性"教育代替"人性"教育的弊病，用标点断句，模仿八股文，苛求天真的儿童，而不知用礼和善来激发他们，使他们视学堂为监狱，视师长为敌人，再要求他们从善，怎么可能？王阳明注意到童子的心理特征，以启发取代强制，让他们接受顺应人性自觉要求的教育，在知、情、意、乐协调统一的教育方式中不知不觉地提升道德，获得"中心喜悦，则其进自不能已"的效果，的确是难能可贵的。

3. 自化与点化相结合的教学方式

王阳明的德育思想建立在其心学基础上，他宣称："心外无义，心外无善。"② 人的意念与行为无不被"心"所主宰：一方面"良知"就在人的本性、本心中；另一方面，人被后天习气包裹，心有污染，"良知"不能呈现。德育就是要使受教者祛除后天污染的习气，将潜藏在人心中的良知呈现出来。可以说，德育就是一修"心"的工程，即修正被污染的"心"，使之内化出仁心善念。德育既然是对人心的修正，心性修习的主体必然是学生，因此王阳明强调修习者须"自得于心"，他说道：

> 孟子云："君子深造之以道，欲其自得之也。自得之则居之安；居之安则资之深；资之深则取之左右逢其原。故君子欲其自得之也。"夫率性之谓道，道，吾性也；性，吾生也。而何事于外求？③

道德修养贵在自得，需要引导学生"自化"，而学贵在"自得于心"，即独立思考、自我反省，培养自我的道德主体精神，建立起正确的价值观、是非观，不被外界错误的观念所干扰。读经学道，均要与自我的道德

---

① 《传习录中·训蒙大意示教读刘伯颂等》，载《全集》卷二"语录二"，上册，第 87~88 页。
② 《与王纯甫·二癸西》，载《全集》卷四"文录一"，上册，第 156 页。
③ 《自得斋说》，载《全集》卷七"文录四"，上册，第 265~266 页。

修习联系起来，所谓："率性之谓道，道，吾性也；性，吾生也。"正如阳明告诫学生六经即是"吾心之常道"，只有将学经与修炼本心结合起来，才能做到"自化"。这正是德育之中最重要的"体贴之学"。

当然，教师的"点化"也是需要的，教师的作用不是对学生的修习包办代替，而是指点迷津，使其自我解化。在德育上，教师对学生的启发教育比直接地传授知识更重要。诚如阳明所说："学问也要点化，但不如自家解化者，自一了百当。不然，亦点化许多不得。"① 启发式的指点，可以让学生"自家解化"，解化之后便可举一反三，一了百当。王阳明立足于"心学"的德育教化是十分深刻的。他主张在道德修习上，遇到疑难与困境都应"反求诸己"，"自求自得"，这是培养学生建立伦理道德主体精神的有效方法，也是"致良知"必须重视的工夫。

三　王阳明德育思想的当代意义

我们今天的学校教育在提法上从来都将德育排在第一位，国家的教育方针也明确提出要"培养德智体美全面发展的社会主义建设者和接班人"。但是当今的社会，在欲望与功利的障蔽下，对于终极性的价值目标——信念、信仰、理想等精神上的追求正在淡化；极端的利己主义，使个人利益与社会价值产生冲突，出现人文精神的危机；残酷的市场竞争，使人与人产生激烈的利益冲突，导致道德的危机。在物欲牵引与市场竞争的社会现实中，"德育"在学校的首要地位并未落实，学生普遍缺乏远大理想，青少年犯罪呈上升趋势，有心理障碍的人比以往任何时期都多。学校"重智轻德"极为普遍，升学率成为学校追求的主要目标；说教式的"德育"课几乎是例行公事，对学生的意识和行为没有真正触动。道德失范现状的改变，固然需要全社会配合，而学校的德育也须反思和改进。王阳明的德育思想，是我们优秀中华传统文化的组成部分，无疑对我们今天学校的道德教育有着积极的意义。

1. "立志"是德育的根本

王阳明的"致良知"思想，首先就要求学生"立志"，志向的确立

---

① 《传习录下》，载《全集》卷三"语录三"，上册，第114页。

是进德修业的根本。如果不立志，就如"无舵之舟，无衔之马"。有了向善修德的志向，才有坚定的意志去克服自身的缺点，革除不良的习气；通过勤学、改过、责善等实践环节，逐渐获得光明敞亮的心性，不仅知善知恶，还能行善去恶。我们今天的德育，也应该重视对学生"立志"的培养。一提到"立志"，学生们多是从功利的角度出发，即立志成为有知识、有能力、有谋生本事、有社会地位的人。青少年的偶像大都是科学家、文体明星、老板、官员……很少有"立志"成为品德高尚的人。德育课中那些仁人志士似乎离他们很远，只是口号中学习的榜样。如果我们的道德教育能引导学生将道德修养视为自己一生努力的方向，立志成为品德高尚的人，懂得王阳明所说的"人人可以成圣人"的道理，我们的德育就成功了一半。立志修德并非与成为"有知识、有能力、有谋生本事、有社会地位的人"相对立，但立志修德一定应该置于首位，正如我们的教育方针将德育置于"智""体""美"之前一样。王阳明指出："学校之中，惟以成德为事，而才能之异或有长于礼乐，长于政教，长于水土播植者，则就其成德，而因使益精其能于学校之中。"① 近代教育家钱穆先生继承阳明学说，也如此说："中国教育主要在教人如何好好做一人。而尤要在教其心。从性情方面做起。……学校教育则在教其性情外，又需教其各人之才智。"② 我们今天的学校教育值得反思，应该继承中国传统文化中教书育人的理念，真正将"教人如何好好做一人"作为学校教育的重中之重。王阳明德育思想中的"立志"这个根本，值得我们深思并付诸实践。

2."知行合一"是德育的原则

"知行合一"是王阳明德育思想中的一个重要原则，对我们今天的学校德育有着重要的指导意义。我们的道德教育课程，往往将知识的灌输作为教育的重要手段和主要方法，这与朱熹的"知先行后"德育理念有相似之处，而王阳明在他那个时代就看出这种教育方式的弊病。那时就有一些读书人知行脱节，表里不一，说一套做一套。他指出："后世不知作圣之本是纯乎天理，却专去（从）知识才能上求圣人……故不务去天理上着工

---

① 《传习录中》，载《全集》卷二"语录二"，上册，第54页。
② 钱穆：《现代中国学术论衡》，岳麓书社，1986，174页。

夫，徒弊精竭力，从册子上钻研，名物上考索，形迹上比拟，知识愈广而人欲愈滋，才力愈多，而天理愈蔽。"① 阳明针对朱子"知先行后"之说提出了"知行合一"的主张，以纠正知行分离的倾向。他认为："体用一源，有是体即有是用。"② 知为行之体，行为知之用，体有用必显体，知行合一，知行不二。正如有学者论析王阳明这一主张时所说："主体进行道德活动，从动机产生到实践完成，乃是一个整体统一的过程。要而言之，道德意念的动机世界与道德实践的生活世界，应是一个和谐、完整、统一的世界。"③ 因此我们今天的学校德育应打掉"知"与"行"的割裂，并非仅仅指知道了就要去做，而是将"知"与"行"视为一个整体，在道德实践中去"知"，在"知"的工夫上用"行"，使"知德"与"行德"相辅相成，贯穿一体。应改变以知识灌输为德育的唯一或主要方式，在学生"立志"修德的基础上，让他们明白德育是一种修炼工夫，即在正确的意识指导下去实践，在实践中明白为什么要这样去做，巩固正确的意识，懂透正确的理念；建立道德理性，又不脱离情感世界的真诚。德育就是要通过引导学生做修德的工夫，成就健全、完善的道德人格，使言、知、情、意、行完全地统一起来。

3. 启发式教育是德育须遵循的规律

王阳明关于道德修养贵在自得，"学"贵在"自得于心"的思想，以及教师应通过"点化"，引导学生"自化"的理念，对我们今天学校德育的教育方式有很重要的借鉴意义。由于道德教育不是纯粹的知性教育，需要学习者从内心接受做人的道理，内化为自己的意识和行为，王阳明提出的"自家解化"无疑是德育最有效的方式，启发式教育应该是德育须遵循的规律。我们今天的德育课，大多是教师给学生讲授知识，通过考试，督促学生记住些知识，也有以说教的方式要求他们做好人好事。即使学生们德育考试都可以拿满分，内心深处是否认同这些做人的道理，并自觉自愿地去做，就很难说了。甚至有的学生厌倦这些说教，教学效果更适得其反。启发式的教育需要老师了解学生的心理，以理服人，以情动人，重在"点化"。"点"是"化"的手段，"化"是"点"

---

① 《传习录上》，《全集》卷一"语录一"，上册，第28页。
② 《传习录上》，《全集》卷一"语录一"，上册，第17页。
③ 张新民：《阳明精粹·哲思探微》，孔学堂书局，2014。

的目的，即让学生将这些"理"化为自己内心认同的"理"，真心实意、心悦诚服接受的"理"，化为自己的德性和德行。即使是"点化"，王阳明认为还不如"自家解化"，如他所说："学问也要点化，但不如自家解化者，自一了百当。"如何使学生"自家解化"，需要老师们除了有"解惑授业"的本事，更要以身垂范，以自己的言传身教启发学生，培养他们"见贤思齐"，"见不贤而内自省"①的主体精神。这样的启发教育要贯穿于他们的"立志、勤学、改过、责善"的过程，贯穿于他们的"知行合一""事上磨炼"的过程。可以说，王阳明的德育思想，不仅是对受教者的指导，更体现出对教育者的要求。阳明先生对学生的言传身教是我们德育教师最好的榜样，记录阳明教诲学生的《传习录》，是启发式教育最好的教科书。

4. 情理交融、寓教于乐是德育的有效方式

情理交融、寓教于乐既是王阳明顺应儿童天性的教育方式，也是对儒家礼乐教化的继承。德育是对人"心性"的教育，不是一种纯粹的知识教育，应该是一种情理交融的教化。中国儒家的礼乐教化思想，包含着情理交融的教育理念，即在快乐中接受道德理性教育，使受教者对"礼"的践履乐而行之。"礼"是社会中人的行为规范，侧重理性的行为；"乐"合乎人性中的情，即《乐记》中所说的："乐者，乐也，人情之所不能免也。""礼"与"乐"相配合，既规范人情、人性，又顺乎人情、人性，于是就有了"礼"与"乐"的内外结合。礼乐教化主要集中在社会性的道德伦理教化及个体人格修养两个方面，通过"礼教""乐教""诗教"为特征的"六艺"之教体现出来。用我们今天的话来说，形式是审美教育，核心是道德教育。王阳明继承儒家的礼乐教化传统，并发扬了儒家的人格修养智慧，以"志道"为本，以"六艺"为用，认为这是一种合乎天性的教育手段。他将"德"（习礼）、"智"（读书）、"美"（歌诗）相结合，以启发取代强制，让儿童接受这种顺乎人性自觉要求的教育，在歌诗的吟诵唱和中，调理性情，默化粗顽，渐渐合乎礼义。可见王阳明德育思想情理交融、寓教于乐的高明之处。我们今天的德育也应该借鉴这种情理交融、寓教于乐的教育方式，将道德说教转变

---

① 《书石川卷》，载《全集》卷八，"文录五"，上册，第270页。

为让学生"乐而行之"的"礼"（德）"乐"双修，使受教者在快乐中接受道德的教化，将道德规范变成自己内心情感的要求，自觉地与周围的世界建立和谐、美好的关系。例如，通过多声部的合唱，激发人的向心力，各个声部协调一致，在完美和谐的氛围中感受和谐世界的美与善；通过吟诵优秀诗词，使人在诗化的语言、和谐的音调、高尚的意境中受到熏陶，内化为美好的情操，养成在生活中与人为善、真诚待人、宽容仁爱的道德修养。

王阳明心学的美善关系探析

◎周　玲*

摘要："致良知"是王阳明心学中兼具审美与道德修养意义的形式结构，在此结构中，作为主体的"良知"呈现于心的知情意结构差异，客体层面则依次呈现为事物、意象与"良知"自身的不同演变，由此"致良知"呈现出"心—事物"、"心—意象"和"良知—良知"三个层次。对应于此，王阳明心学的美与善表现出美善并行、美对善的超越、美善合一三种具有内在逻辑联系的关系形态。

关键词：王阳明　心学　致良知　美与善

引　言

本文拟立足于王阳明心学"致良知"这一审美与道德修养共有的形式结构，通过对"致良知"中主客体结构演变的解析，以期对王阳明心学的美善关系及其层次做进一步的梳理与探讨。

一　"致良知"与美善同构

尽管学界对王阳明心学的道德与审美思想的理解尚有不同层面的分歧，但众多学者已达成共识的是，在王阳明心学中，"良知"是兼具美与善意蕴的基本范畴，而"致良知"则是审美与道德修养所共有的形式结构。在这一结构中，作为"心之本体"的"良知"内在地制约着道德与审

---

* 周玲，贵阳学院马列部副主任，副教授。

美主体,而"良知"的不同呈现形态则又构成了审美与道德实践的对象,即客体。主体与客体对立与统一的变化关系,是推动"致良知"在伦理、思辨及体验不同层次所呈现的不同的道德与审美意义的原动力,也构成了我们探究王阳明心学中美善关系及其层次的基础。

就"致良知"的主体而言,"良知"的本体性有形而上与形而下两个层面,贯穿道德与审美活动的始终。差异在于,在形而下层面,"良知"会体现于心,与心之知、情、意的彼此关系的调整紧密相连。在形而上层面,"良知"不再受缚或受制于理性、情感或欲望,而直接纯化为自身。也就是说,从心到自身,是"良知"在主体范畴运动的基本轨迹。

就"致良知"的对象或客体而言,形而下层面,"良知"首先呈现于可见可触的外在经验事物之中,其次则进一步呈现于可思可辨的意象中。意象虽然依托于经验事物,但通过抽象而对经验事物的具体特征进行消解。形而上层面,作为客体的"良知"直达"万物一体"之境,与主体一样直接呈现为自身。也就是说,由事物到意象,由意象到良知,是"良知"在客体范畴由外而内、由离而合的演变。

以主体与客体关系为依托,"致良知"这一道德与审美所共享的形式结构,分别形成"心—事物"、"心—意象"与"良知—良知"三个可以区分的层次。与此三层次相对应,王阳明心学中的美与善形成美善并行、美超越于善及美善合一的关系形态。以下将结合这三个层次具体论述王阳明心学中的美善关系。

二 "心—事物"与美善并行

首先,从词源上探究,善与美是具有相通之意的。善,从言从羊。《说文》认为,"善,吉也",有"完好、共同满足、吉、美好、善良、慈善"之义。《说文》对美的注释是:"甘也。从羊从大,羊在六畜,主给膳也。"美来源于味美。在孔子那里,美善并行相通,故他说"君子成人之美"。

在心学中,"心与事物"这一层次则突出地表现了美善并行的关系形态。

"随处体认天理"之说，大约未尝不是，只要根究下落，即未免捕风捉影，纵令鞭辟向里，亦与圣门致良知之功尚隔一尘。[1]

此处王阳明所要表达的是，尽管"致良知"，也就是说审美与道德践行离不开处世接物，但若仅仅停留在与事物的交接之中，则可能形成向外逐物攀缘，有悖儒家宗旨。且不说二者都流于表层之态，也容易形成善对美的压抑。

美善并行，并非意味着在此层次上美与善同一或者审美活动与道德践履是同步的，此时审美与行善都展开于具体的接物处世中。作为审美对象的事物，彼此间差异依赖于知的作用。在"良知"所内蕴的知、情、意结构中，知与情、意二者尚处于对立状态，而知与情的对立之态更为明显。

三 "心—意象"与美对善的超越

作为阳明心学中最核心的"良知"概念，虽然源于孟子，但差异是：孟子所持"良知"，主要讨论道德修养，虽然也有学者认为其思想不乏美学色彩，但在孟子那里，美善关系十分含糊却是可以肯定的；然王阳明通过对"致良知"的主体客体的变化所阐发的美对善的超越，使"良知"具有了更加明显也更加深邃的美学意蕴。

美对善的超越是"致良知"这一形式结构进一步发展的结果。在此阶段，作为客体的"良知"所呈现的不再是具体的事物，而是意象。所谓"闲观物态皆生意"[2]，意象是意识所成之象。意象营构的基础是情感与意志。若无情感，意象只是干瘪且毫无美感的抽象符号；若无意志，意象也呆板而无生机，更不可能彼此联系并构造出意境。尽管此层次中，理性仍然会参与其中，如判别不同意象或意境的差异，但其地位已退居其次。

值得注意的是，尽管我们仍用心来表述"良知"所体现的主体，但此心已非彼心，差异在于知、情、意三者的关系调整。面对意象，情感与欲望不再像面对经验事物那样，只是理性的对立面，或者只是对"良知"的

---

① 王阳明：《王阳明全集》，上海古籍出版社，1992，第 201 页。
② 王阳明：《王阳明全集》，第 717 页。

遮蔽。也就是说，随着客体对象的转变，心之情与意已经成为知的协调力量并积极发挥作用，相对于先前处于理性的约束、控制和主导地位而言，它们获得了对自身的超越。这一超越，也使王阳明心学中美超越善成为可能。

就美对善的超越这一层次而言，道德上呈现为具有自律功用的道德原则与道德观念，是具有较强思辨色彩的道德认知，而不再是落实于经验层面的接物处世的行为。审美方式则转变为心之感应而非直接欣赏具体事物。依王阳明的说法，是"感应神会"，是一种纯粹精神层面的审美意识的流动。

此外，"心—意象"这一结构转换也可让我们更好地理解王阳明"致良知"的主张对儒家传统，尤其是程朱理学的继承。儒家经典中，《周易》就明确提出"言不尽意"及"圣人立象以尽意"等观念，历代学者也纷纷就意象之论有过阐述，魏晋玄学更是一度把这一主题推向讨论高潮。在理学中，朱熹亦多次论及理与象的关系，他说道："体用一源者自理而观，则理为体，象为用，而理中有象，是一源也；显微无间者自象而观，则象为显，理为微，而象中有理，是无间也"（《朱文公文集·答何叔京》）。可见，朱熹注重从理入手，以体用关系剖析意象，而王阳明认为"心外无理"，注重从心入手来梳理，但二者均关注意象则是不可否认的。

四 "良知—良知" 与美善合一

美善合一是王阳明心学的最高层次。美善合一，善即是美，美即是善。美与善均达其至而圆融无碍。在这一审美与道德践行的最高层次，"致良知"演变成"良知—良知"的结构。在这一结构中，道德与审美的主体与客体均为"良知"，换言之，即"良知的自我体认"。

为与前两个层次形成对比，我们不妨仍以主、客体两个层面进行阐发。就主体层面而言，知、情、意三者因彼此关系平衡而得以消融，呈现"光明圆莹，更无罣碍遮隔处"①的状态，这其实已是心直达本体"良知"的状态。就客体层面而言，"良知"所呈现的不再是具体事物或

---

① 王阳明：《王阳明全集》，第86页。

意象，而是自我呈现。唯其如此，作为审美与道德践行主体的良知，面对其对象，必定是"即之而无所，指之而无定，执之而无得"①。同样，不难理解，正是"致良知"关系结构中主体与客体密合无间、完全同一，心于一念透显间与天地万物浑然一体并升华为美善合一。"致良知"通过自身结构的转化，促使王阳明美学"由伦理思辨美学转向心性体验美学"②。

美善合一，直达本体澄明境界，因此不能依靠理性的思考与分析去认识，也不可借助情感和意志的主导去把握，只能依靠直观体验。这种直观体验，王阳明因人随文而表述各异，或称之为"体证"，或称之"默识"，或称之"大知"，或称之"明觉"，有时干脆直称为"觉"或"悟"。所谓"体证"，因直观体认乃自我当下所悟，非可由他人传授，故王阳明言"圣人亦难以语人，须是学者自修自悟"③。所谓"默识"，乃因直观体认所得非可借由语言呈现，故王阳明言"此须自心体认出来，非言语所能喻"④。所谓"大知"，乃因直观体认不同于一般的理性之知。所谓"明觉"，乃因直观体认由觉悟直透澄明无滞之境。故王阳明在《传习录》中以"明镜"巧妙设喻说："明镜之应物，妍者妍，媸者媸，一照而皆真，即是生其心处。妍者妍，媸者媸，一过而不留，即是无所住处。"⑤

显然，王阳明之直观体验的审美方式，与佛家"禅悟"颇有沟通之处。有学者认为这"正是会通禅悟精神的结果"，并且指出这和王阳明早期曾经"逃仙逃禅"的经历不无关系。⑥ 但是我们需要注意的是，王阳明所谓"觉"，并非如佛家涅槃一样归于虚无空寂，只有远离尘世，不食人间烟火方可达成。在王阳明看来，美善合一诚然寂然不动，所谓"未应不是先，已应不是后"⑦。因为"良知之妙，真是周流六虚，变通不居"⑧，故良知

① 王阳明：《王阳明全集》，第 262 页。
② 潘立勇：《"心上功夫"与王阳明的体验美学》，《浙江大学学报》（人文社会科学版）2005 年第 1 期。
③ 王阳明：《王阳明全集》，第 24 页。
④ 王阳明：《王阳明全集》，第 23 页。
⑤ 王阳明：《王阳明全集》，第 70 页。
⑥ 潘立勇：《"心上功夫"与王阳明的体验美学》，《浙江大学学报》（人文社会科学版）2005 年第 1 期。
⑦ 王阳明：《王阳明全集》，第 122 页。
⑧ 王阳明：《王阳明全集》，第 62 页。

对自身的体认是"洒落"且"稳当快乐"的。王阳明也强调，洒落不是"旷荡放逸、纵情肆意"，而是与"敬畏"相辅相成的，"和融莹彻，充塞流行，动容周旋而中礼，从心所欲而不逾，斯乃所谓真洒落矣"①。

美善合一的境界及其直观体验方式，充分说明王阳明立足于心学，吸纳了佛、道等传统道德与美学资源，将儒家审美与道德践行更加完美地予以结合，焕发出独特的魅力。

结　语

在王阳明看来，一个与我们自身相对立的、纯粹的物质世界是不存在的；宇宙与"此心"一体，与我们一体，渗透着心性，内在于我们。这种理论的内在要求，依笔者粗浅的研究看来是建立在知、情、意三者的结构变化之上的。基于此，王阳明断言，"物"不是"外在的"，不是与人相对的"他者"，正是一种"我"正在做的或是"我"被卷入其中的事情，而这事情正是人的"意之所在"。从理论上说，万物一体真正的动因就在于道德主体自觉的存养工夫，正是由身心工夫引出心学的审美体验。这种审美体验强调了体认与直觉的意义。心学之"本体"是一种特别强调在境域中的当下生成或呈现的本体，因此，"良知"是一种为个体自我与天地万物相互感发的一种境界，也是以"良知"为体的本体美学的重要特征。

---

① 王阳明：《王阳明全集》，第 190 页。

王阳明良知学说与自由解放精神

◎王国良*

摘要： 王阳明根据自己的亲自经历和体验，提炼出良知学说，接通了理学与心学，把先秦儒家自强不息的精神，孟子之尽心，道家之道体，禅宗之即心即佛、本来面目融为一体，完成了对理学的革命性变革，从四个方面推动了晚明自由解放思潮的兴起与发展，弘扬了中国哲学独立自主、自强不息的伟大传统。

关键词： 良知　豪杰　狂者　思想解放

王阳明（1472～1528），名守仁，字伯安，浙江余姚人，后迁居浙江山阴（越城）。因筑室于山阴城外的阳明洞天，自号阳明子，学者称他为阳明先生。其做过南京兵部尚书。纵观阳明一生，极富传奇色彩。几经变难而屡建奇功，虽建奇功而屡遭打击诬陷。阳明先生于百死千难之中，根据亲身经历、体验，提炼出良知学说，对朱熹理学体系实行了颠覆性变革，表现出勇往直前、信念不移的大无畏精神，极大地推动了晚明自由解放思潮的兴起与发展。本文对此试加探讨，并求证于方家学人。

一

王阳明最初学习程朱理学，按朱熹格物致知的方法去寻求成贤成圣之道。"一日，思先儒谓众物必有表里精粗，一草一木，皆涵至理"①，于是

---

* 王国良，安徽大学中国哲学与安徽思想家研究中心教授、博士生导师。
① 吴光等编《王阳明全集》卷三十三，"年谱一"，上海古籍出版社，1992，第1223页。

准备从最基本的做起，按格物穷理的方法去穷格官署里竹子的道理。结果却是失败。

王阳明格物失败之后，并没有怀疑格物致知本身，只是怀疑自己能力不够，无法做圣贤，一直在继续思考格物致知之旨。只是在被投放到一个特殊的环境中经历生死考验时，才恍然大悟格物致知之旨，即著名的"龙场悟道"。龙场悟道的核心是悟到格物致知之旨不是向外格物，而是向自己身心上求；天下之物本无可格，外部事物总是不完美的，只有心中的理念才是完美的。王阳明终于悟到"吾性自足""心外无理""心即理"，这也就是良知说的创立。但这并不是任何人可以随意体认出来的，与"随处体认天理"的任运自然意识有根本区别，良知学说是王阳明在独特的环境中获得的独特的体悟，是"置之死地而后生"生出来的生命精神，是依靠自我应付环境求生存而获得的思维经验，故具有超越生死、勇往直前的无畏精神。

正德元年，王阳明为救同僚抗疏而得罪宦官刘瑾，被流放到贵州龙场驿为驿丞。龙场在西北万山丛中，谈笑无鸿儒，往来者不是山中野人，就是亡命逃犯。瘴疠蛊毒之与处，"魑魅魍魉之与游，日有三死焉"①。从王阳明当时所写《瘗旅文》可以看出，王阳明时刻面临死亡的威胁。王阳明居夷处困，动心忍性，首要的任务就是应对环境，在孤立绝望的环境中奋发求生存。他既见不到君，又见不到父，如果圣人处此地位，将会如何处置？恐怕也只能依靠自己的智能与经验来应付环境，战胜困难，度过危机！在面临死亡威胁的紧急关头，万家学说必然涌入心头，人生意义问题常常萦绕于脑际。终于在某一天夜里，他忽然悟到真理就在自己心中，自己在克服一个个困难，渡过一道道难关时所采取的方法措施无不是理，无不来自自己心中；凡理莫不求于己出，心外哪有什么理能救你呢？"游子望乡国"，除了"泪下心如摧"，还能企盼什么呢？只有悟到一切由心决定，才终于胸中洒洒。"忽中夜大悟格物致知之旨，寤寐中若有人语之者，不觉呼跃，从者皆惊。始知圣人之道，吾性自足，向之求理于事物者误也。"②为什么中夜有所悟而大声呼叫？因为长期困扰他的格物致知问题被

---

① 《王阳明全集》卷二十一。
② 《王阳明全集》卷三十三，"年谱一"。

他解决了，特别是重新找到了做圣人之路令他充满了自信。真是置之死地而后生！王阳明后来回忆说："及在夷中三年，颇见得此意思，乃知天下之物本无可格者，其格物之功，只在身心上做，决然以圣人为人人可到，便自有担当了。"①

"龙场悟道"是王阳明一生多次生死考验中体验最透彻、对他的思想形成与发展意义最大的一次经历，是王阳明思想转折的关键，也是整个宋明理学发生转折的关键。历来研究者似对此注意不够，本文不妨略费笔墨加以讨论。阳明格竹子之理受挫后，追求圣贤理想的自信心受到打击，但并未放弃对格物致知之旨的思考，而是继续广涉百家，"出入于佛、老者久之"，其中佛教禅宗思想对他影响较大。在龙场居夷处困，促使他寻求自救，各种学说不停地在脑海中翻滚。阳明在险恶环境中体验，终于有一天忽然顿悟，仿佛豁然贯通、通晓了格物致知之旨，恢复了做圣人的自信，即"吾性自足""自有担当"，茅塞顿开，拨云雾而见青天，标志着阳明心学的诞生，独立于朱熹的理学体系。阳明龙场悟道可说是阳明心学的"独立宣言"，而且是与陈白沙的"以自然为宗"的心学体系大异其趣的良知心学。黄宗羲对王阳明知道陈白沙但从不提起陈白沙曾感到困惑不解②，但在笔者看来则是顺理成章之事。

龙场悟道似乎带有某种神秘主义性质，但也不难理解。所谓"寤寐中若有人语之者"，实际上并没有别人在说话，只是自语，即"自己言说"。"自己言说"只是自己内心的会话，不能指望它传达什么人生忠告、处世技巧，实际上它不能传达任何信息，只是证明了一件事：找到自己。"自己言说"只有欲回归自己者能够听见。令人感到奇妙的是海德格尔竟也有类似体验：中夜起坐，忽闻一阵呼声由远及近，如天外游龙，如隐隐惊雷，但实际上并没有什么外在的声音，"呼声"来自自己。海德格尔将这种呼声称为"倾听良知的呼声"③，真是妙不可言。人在这种倾听中回到本己，回到自身，一切外在的东西都崩坍了。

王阳明顿悟到格物只在自己身心用功，意识到"吾性自足""自有担

---

① 《传习录》（下），第 120 页。
② 《明儒学案·姚江学案·序》。
③ 〔德〕海德格尔：《存在与时间》，陈嘉映、王庆节译，生活·读书·新知三联书店，2006，第 324 页。

当"就是找到自己，回到自己，是自己主体精神的独立挺出。王阳明后以儒家学说相验证，"乃以默记《五经》之言证之，莫不吻合，因著《五经臆说》"①。说明王阳明的悟道虽含有"陡然惊动"的韵味，但又不是突发奇想，而是源远流长的儒家自强有为精神的回归。

王阳明提到的《五经臆说》现存有臆说"十三条"，我们略做分析便可看到阳明心学与先秦儒学自强有为、生生不息精神的联系。王阳明解释"元年春之正月"，说"元也者，在天为生物之仁，而在人则为心"②；解释"贞"，说"圣人感人心而天下和平"③，说明人心即是天心，天下事为皆由心而动，故只需在自己身心用功，不在于向外格物；解释"易·晋"时说，"明出地上，'晋'，君子以自昭明德"④，"执竞"十四句，"言武王持其自强不息之心"⑤。自昭明德，自强不息，阳明在险恶绝境中再次体验到先秦儒学中自强有为、生生不息精神的伟大感召力量，促使自我良知的昭苏觉醒。阳明宣称在龙场时就已形成良知学说，良知的最根本的精神就是自有担当、自强不息的精神。正是这种精神的支撑、鼓舞，使阳明下定决心积极应对环境，克服困难，度过危机，在艰难竭蹶中挣扎立起，大获成功！总之，王阳明通过生存绝境的切身体验，借助先儒自强有为之精神，摆脱了与朱熹学说的联系而独立出来。

二

王阳明的良知学说内涵极其丰富，解说极其灵活，初下手时，极难把握，然通观阳明学说，似可从以下几个方面分述：（1）良知是宇宙万物之本体；（2）良知是天理之昭明灵觉；（3）良知是是非之心；（4）人人有良知。

（1）良知是宇宙万物之本体。朱熹曾说过人心即是天心，但未以人心取代天心。王阳明第一次把良知提升为宇宙万物的本体，提升到"与物无

---

① 《王阳明全集》三十三卷，"年谱一"。
② 《王阳明全集》，第976页。
③ 《王阳明全集》，第978页。
④ 《王阳明全集》，第980页。
⑤ 《王阳明全集》，第981页。

对"的绝对高度，高扬了人的主体精神。王阳明顺应儒家天人合一的思路，认为人是宇宙自然界长期发展的产物，而人的良知又是人的"灵明"，因此良知是天地的最高产物，用王阳明的话说就是："良知是造化的精灵。这些精灵生天生地，成鬼成帝，皆从此出，真是与物无对。人若复得它完完全全，无少亏欠，自不觉手舞足蹈，不知天地间更有何乐可代。"①这就是说，良知赋予天地万物规定性，能够决定万事万物的生灭变化；与良知相比，万事万物皆处于从属地位，故良知与物无对。如果没有我的良知，天地万物皆不成万物，至多只是混沌。这也就等于说，我的良知是宇宙的主宰。

王阳明继续说："人的良知就是草本瓦石的良知，若草木瓦石无人的良知，不可以为草木瓦石矣。岂惟草木瓦石为然，天地无人的良知，亦不可为天地矣。盖天地万物与人原是一体，其发窍之最精处，是人心一点灵明。风霜露雷，日月星辰，禽兽草木，山川土石，与人原只一体，故五谷禽兽之类皆可以养人，药石之类皆可以疗疾。只为同此一气，故能相通耳。"②人与天地万物是一个有机系统，人是该系统的最高目的，其他事物都是为了人而存在；如果没有人的良知，其他事物的存在都失去了意义。人与天地万物一气流通，这一气流通说是存在意义的连续，故"人的良知就是草木瓦石的良知"，人的"一点灵明"决定了天地草木瓦石的意义。阳明继续发挥说："可知充天塞地中间，只有这个灵明，人只为形体自间隔了。我的灵明便是天地鬼神的主宰。天没有我的灵明，谁去仰他高？地没有我灵明，谁去俯他深？……今看死的人，他这些精灵游散了，他的天地万物尚在何处。"③可见，王阳明是从人规定天地万物的性质、赋予天地万物以存在意义的角度确立良知为宇宙万物之本体。这与康德从认知理性的角度提出"人为自然立法"的命题有相似之处，但也有区别，康德的命题可能多一些客观确定性，而阳明的命题可能多一些主观性。

（2）良知是天理之昭明灵觉。王阳明最初提出"心即理"④，认为

---

① 《传习录》（下）。
② 《传习录》（下）。
③ 《传习录》（下）。
④ 《传习录》（上）。

"心外无理，心外无事"，接着又说"心即性，性即理"，后来又说良知就是心之本体，"心之本体即是天理，天理只是一个"①，"良知者……吾心之本体"②。良知作为天理的丰富性在于良知将心、性、理连为一体，良知即是仁、义、礼，良知即是"未发之中"，即是"廓然大公"，"良知即是易"③。"义即是良知，晓得良知是个头脑。"④良知还是道，命即是性，性即是道，道即是教，"道即是良知"⑤，可见良知作为天理，包含了儒学的道德心性内容。王阳明对良知即是天理的明确表达是："良知是天理之昭明灵觉处，故良知即是天理，思是良知之发用，若是良知发用之思，所思莫非天理矣。良知发用之思自然明白简易，良知亦能知得。"⑥"良知只是一个天理自然明觉发现处，只是一个真诚恻怛，便是他本体。"⑦王阳明不是简单地说良知是天理，而是屡屡言"昭明灵觉""自然明觉"，可见天理在良知那里是呈现，良知是对天理的明察，强调良知的明的特征，一切事物在良知那里都会显现原形，说明良知是德性与智慧主体的判断能力。

（3）良知是"是非之心"。在仁义礼智四德中，朱熹更强调作为仁的"恻隐之心"，而王阳明似乎更突出智的"是非之心"。王阳明提出的"真诚恻怛""诚""独知"，似乎都倾向于知是非。王阳明所说的是非，固然包含真假、真伪的区别，但更多的是道德意义上的善恶、好坏的辨别。王阳明说："孟子之是非之心，知也，是非之心人皆有之，即所谓良知也。"⑧又说："良知只是个是非之心。是非只是个好恶，只好恶就尽了是非，只是非就尽了万变。"⑨

王阳明认为，良知是人的先天自有原则，是本来具足的："心自然会知，见父自然知孝，见兄自然知弟，见孺子入井自然知恻隐，此便是良知，不假外求。"⑩良知非由外铄我，我自本有。王阳明与孟子一样，认为

---

① 《王阳明全集》，第 14 页。
② 《传习录》（中）。
③ 《大学问》。
④ 《传习录》（下）。
⑤ 《王阳明全集》卷三，语录三，第 102 页。
⑥ 《王阳明全集》卷三，语录三，第 105 页。
⑦ 《传习录》（中）。
⑧ 《王阳明全集》卷五。
⑨ 《传习录》（下）。
⑩ 《传习录》（上）。

孩提之童也有良知，孩提之童莫不爱其亲，婴儿饥时便啼，岂不是有良知？这就产生了一个理论上的矛盾：儿童岂不是不要学习就有判断是非的能力？实际的情况是王阳明非常重视儿童教育，而且注意教育方法，"今教童子者……则宜诱之歌诗，以发其志意；导之习礼，以肃其威仪；讽之读书，以开其知觉"①。王阳明认为良知遮蔽之人读书愈多人欲愈滋，但从来没有说过儿童不要读书。良知虽本有，但培植和扩充需要读书与实践，王阳明自己的良知不是来自百死千难吗？可见，良知虽是人先天本有，但不能依靠其自然生长，而是要扩充、培养。但这种扩充、培养又在于外力，而要靠自己在事上磨炼。

良知作为知是知非、知善知恶、好善恶恶的综合判断能力，有自己的是非准则："尔那一点良知是尔自家的准则。尔意念着处，他是便知是，非便知非，更瞒他一些不得。"②良知还是自己的"明师"。这就是说判断、鉴别、评价是非的标准就在自己心中，良知就是标准，良知是独知，"良知即是独知时，此知之外更无知"，"人人自有定盘针"。这里隐含着一个深刻的革命意义，即认识以自身为标准，具有反权威、反教条束缚的解放意义，自然会导致狂者、异端、自由精神的蓬勃发展。

（4）良知人人皆有。王阳明提倡良知人人皆有，首先对提升大众的独立人格有积极意义。"是非之心人皆有之，即所谓良知也。"③良知不仅人人皆有，而且人人相同。这至少从形式上看，颇有平等的精神，提倡在良知面前人人平等。"良知之在人心，无间于圣愚，天下古今之所同也。"④"自圣人以至凡人，自一人之心以达四海之远，自千古之前以至于万代之后，无有不同，是良知也者，是所谓天下之大本也。"⑤这并不是说要把圣人拉下马，让圣人降到普通凡人、愚民的地位，而是把普通民众提升到圣人的地位。因为良知即是成圣的根据，人人有良知，人人就能成为圣人。"心之良知是谓圣"⑥，"个个心中有仲尼"⑦，"圣人气象何由认得？

---

① 《王阳明全集》卷三十三，"年谱一"，第1252页。
② 《王阳明全集》卷五。
③ 《传习录》（中）。
④ 《王阳明全集》卷八。
⑤ 《王阳明全集》卷八。
⑥ 《咏良知四首示诸生》，《王阳明全集》，第790页。
⑦ 《传习录》（中）。

自己良知原与圣人一般！若体认得自己良知明白，即圣人气象不在圣人而在我矣"①。只要认得自家良知，我就是圣人，不必再到圣人那里去寻觅圣人气象。

先秦儒家孟子提出"人皆可为尧舜"，荀子提出"涂之人可以为禹"，竺道生提出"一阐提人皆得成佛"，禅宗说人"本来是佛"，王阳明将这些思想融炼为一体，进一步提出"人胸中各有个圣人"，"尔胸中原是个圣人"②。人本来即是圣人，以至于"满街都是圣人"③，确实是儒家人性论史发展的一个重要里程碑。人从"自信不及都自埋倒"到确信自己就是圣人，确实大大提升了民众的主体精神，昂扬了愚夫愚妇的独立人格精神。

三

王阳明批评朱熹哲学，融合儒道佛，提炼儒学精华，其主观意图无疑是为了更好地巩固封建统治，挽救世道人心，但受到变化的时代条件的影响，以及自己百死千难的阅历，王阳明的良知学说包含了不少新的内容因素与新的形式。这些新的因素形式与理学中陈旧落后的核心价值不能兼容。王阳明良知心学不仅在主观上，而且在客观上都推动了晚明的思想解放。这主要表现在四个方面。

（1）摆脱训诂，直达本心。明代的科举制度空前发达，远超前代。科举取士以朱熹著作为教科书和标准答案，自然有利于朱熹理学的传播与深入人心。但朱熹的著作浩如烟海，再加章句训诂注释，叠床架屋，不胜烦琐，当年不能见其效，终生难以尽其解。朱熹著作集理学大成，包含着内在的理论矛盾，其解说之颠倒反复、牵强附会，比比皆是。朱熹理学不仅繁复，而且歧义纷纭，破绽百出，经不起推敲。就说天命之性与气质之性，朱熹根据气质之性不同来区分圣愚，禀其清气为圣，禀其浊气为愚。然而贤圣也由儿童长成，当其均为儿童之时，你又怎能知道哪个儿童是由清气构成，哪个儿童是由浊气构成？朱熹又说天命之性人人皆有，性即仁，仁包含四德，包括有智，人无论圣愚皆有智，愚者既然也有智，又怎

① 《传习录》（下）。

② 《传习录》（下）。

③ 《传习录》（下）。

能称作愚呢？真是"言益详，道愈晦，析理益精，学益支离"。

不仅如此。朱熹哲学既然是科举考试的标准必读书，人们得鱼忘筌，得意忘言，把朱熹学说当作谋取功名利禄的工具、敲门砖，朱子学说已经丧失了修身养性的功能，逐渐丧失了生命力，走向僵化，与八股相配合成为僵死的学问。值此人心锢蔽之时，阳明子起而高呼，提倡良知与致良知，简易直截，一灯能破千年暗，打破了学界沉闷、鄙俗、无聊的风气，带来一股清新、自由、活泼的学风。他以六经为古人之陈迹，以朱熹学说为秕糠，破除偶像、破除权威，无疑起到思想解放的作用。其影响之大，连明末的顾宪成也不由赞叹："当士人桎梏于训诂辞章间，骤而闻良知之说，一时心目俱醒，恍若拨云雾而见白日，岂不大快。"①

（2）独立自主，反对权威。王阳明的良知说包含自昭明德、自强不息的精神，这对弘扬主体的独立精神无疑有积极意义。良知即是非之心，良知是每个人自己判断是非的准则。每个人可以根据自己的认识对事情做出决断，不必再以外在天理为准则，以权威圣人的言论为根据，不唯上，不唯书，自己灵明的良知是唯一法则，使个人价值得到极大提高。王阳明自己就是带头破除权威的先锋："夫道，天下之公道也；学，天下之公学，非朱子可得而私也，非孔子可得而私也。天下之公也，公言之而已矣。故言之而是，虽异于己，乃益于己也；言之而非，虽同于己，适损于己也。"②王阳明这里的"公"，是指人人都有同等权利和平等的地位，包含所有个体在内，并不是指"无我"，而是要有"我"的平等地位。王阳明反对以天下人之学为一家所有，实有反专断、反独裁的积极意义。王阳明还认为，不论什么人的思想理论观点，都要以自己的审察作为确定其是非的准则。"学贵得之心。求之于心而非也，虽其言之出于孔子，不敢以为是也，而况其未及孔子者乎！求之于心而是也，虽其言之出于庸常，不敢以为非也，而况其出于孔子者乎！"③王阳明在这里把孔子置于与"庸常"民众同等的地位，朱子们当然就更不在话下了。突出个人的地位，张扬个人认知真理的权利，以个人为准则，反对权威，反对统一标准，反对剥夺个人话语权利，确实可以鼓励人们在思想自由与解放的道路上奔跑。

---

① 《小心斋札记》卷三。
② 《王阳明全集》卷二，第78页。
③ 《王阳明全集》卷二，第76页。

（3）豪杰人格，狂者胸次。程朱理学塑造的理想人格是"醇儒"。醇儒给人的印象就是坚守内圣之学，循规蹈矩，四平八稳，动作周旋皆中礼。朱熹曾劝陈亮做"醇儒"，"从事于惩忿窒欲、迁善改过之事，粹然以醇儒自律"①。但王阳明的理想人格却不是醇儒，而是与此有相当差距的豪杰。

一般来说，王阳明与朱熹一样，以圣人为理想人格，但王阳明更倾向于圣人的豪杰人格。人们往往将豪杰与英雄相提并论。最早提出"豪杰"人格的是孟子。孟子说："待文王而后兴者，凡民也。若夫豪杰之士，虽无文王犹兴。"②在孟子看来，跟在别人后面有所作为者只是凡民，而豪杰之士则是即使没有文王出来也能够自有担当，自作主宰，敢为天下先，奋发有为，有所创新。英雄继承了豪杰敢为天下先的勇气，同时又具备非凡的才智。③王阳明眼中的豪杰，是敢为天下先，敢于"推倒一世之智勇"的有识之士。"非夫豪杰之士无所待而兴起者，吾谁与望乎？"④"今诚得豪杰同志之士扶持匡翼，共明良知之学于天下……岂不快哉！"⑤对王阳明敢于打破朱熹理学陈旧格套勇于创新的精神，时人视之为"狂病"，称其为"病狂丧心之人"，王阳明干脆就以"狂者"自居，将狂者与乡愿区别开来。狂者胸次本质上与豪杰的奋发有为精神一致。王阳明自征宁藩之后，经受住了严峻的生死考验，益信良知不疑。此时由于功业势位日隆，良知之学日明，天下谤议益众，是非日博，按照传统人生哲学，阳明此时似应注意韬光养晦，不露锋芒。然而王阳明却向门生宣告："诸君之意，信皆有之，但吾一段自知处，诸君俱未道及耳。……我在南都以前，尚有些乡愿的意思在，我今信得良知真是真非，信手行去，更不着些覆藏，我今才做得个狂者的胸次，使天下之人都说我行不掩言也罢。"⑥当天下议谤方生之时，王阳明不覆不藏，干脆自称狂者。其胆识气量已雄迈古人，非同小可；其学问胸襟若非已臻于成熟之化境，其孰能与于此。"狂者"最初由孔子提出，说"狂者进取"，如果不得中行而与之，则宁愿与狂狷者为伍

---

① 《答陈同甫》，《朱文公文集》卷三十六。
② 《孟子·尽心上》。
③ 可参见刘劭《人物志·英雄篇》。
④ 《传习录》（中）。
⑤ 《传习录》（中）。
⑥ 《传习录》（上）。

同游。孟子解释狂者"行不掩言"，即言与行不相符，似有贬义。王阳明这里所指的"狂者"胸次就是自作主宰，自强不息，只按自己的良知准则信手行去，荣辱毁誉尽听之于天下之人，这就把狂者与孔子所反对的"乡愿"人格区分开来。

在王阳明宣称为狂者后，其门生诸友请他谈谈乡愿与狂者的区别。王阳明说："乡愿以忠信廉洁见取于君子，以同流合污无忤于小人，故非之无举，刺之无刺。然究其心，乃知忠信廉洁所以媚君子也，同流合污所以媚小人也，其心已破坏矣，故不可与入尧舜之道。狂者志存古人，一切纷嚣俗染，举不足以累其心，真有凤凰翔于千仞之意，一克念即圣人矣。惟不克念，故阔略事情，而行常不掩，惟其不掩，故心尚未坏而庶可与裁。"①乡愿是左右逢源，灵活变化，有时为了附和他人而违背自己的意愿，没有卓然不移的信念与志向。狂者是凤凰翔于千仞，无所依傍，自作主宰，达到独立不移、独立不惧的人格境界。虽还没有达到圣人境界，但距圣人已经不远，"一克念即圣人矣"。王阳明宣称自己不怕被指责为"病狂丧心之人"，而且提出要打破礼貌规矩的束缚制约，就各人的不同气质而成就人才。

"王汝中、省曾侍坐。先生握扇命曰：'你们用扇。'省曾起对曰：'不敢。'先生曰：'圣人之学，不是这等捆缚苦楚的，不是装做道学的模样。'汝中曰：'观仲尼与曾点言志'一章略见。先生曰：然。以此章观之，圣人何等宽宏包含气象！且为师者问志于群弟子，三子皆整顿以对。至于曾点，飘飘然不看那三子在眼，自去鼓起瑟来，何等狂态！及至言志，又不对师之问目，都是狂言。设在伊川，或斥骂起来了。圣人乃复称许他，何等气象！圣人教人，不是个束缚他通做一般，只如狂者便从狂处成就他，狷者便从狷处去成就他。人之才气如何同得！"②这里的关键是说人不必受太多的礼仪规矩的束缚，一切顺从自然本性；圣人不是按同一个模式来塑造人，使人成为整齐划一的单向度的人，而是因人的才气不同来成就人，狂者就从狂处成就他。此语一出，岂不石破天惊，把那些低首垂眉的醇儒吓坏了。"昔孔门求中行之士不可得。苟求其次，其惟狂者乎！狂者志存

① 《王阳明全集》卷三十五，"年谱三"，第 1287～1288 页。
② 《传习录》（下）。

古人，一切声利纷华之染，无所累其衷，真有凤凰翔于千仞气象。得是人而裁之，使之克念，日就平易切实，则去道不远矣。予自鸿胪以前，学者用功尚多拘局。自吾提示良知，头脑渐觉见得此意者多，可与裁矣！"①这一段引文与前面引文有重复之处，但话语、语境似又有不同。这里的"狂"似更突出摆脱世累束缚的自由精神，狂者将自由精神内在地包含于自身之中，按自己的良知行事，致自己的良知，扬弃拘局：人谓为狂，我称其为自由可也。

　　然而王阳明认为，人不能满足于狂，仅以狂为境不免任性纵行，因此要裁之，要克念，终究是要成为圣人。《年谱》以下一段记载可看成是王阳明对狂者精神的总结："中秋白月如昼，先生命侍者设席于碧霞池上，门人在侍者百余人，酒半酣，歌声渐动，久之，或投壶聚算，或击鼓，或泛舟，先生见诸生兴剧，退而作诗，有'铿然舍瑟春风里，点也虽狂得我情'之句。明日诸生入谢，先生曰：'昔者孔子在陈，思鲁之狂士，世之学者没溺于富贵声利之场，如拘如囚，而莫之省脱，及闻孔子之教，始知一切俗缘皆非性体，乃豁然脱落。但见得此意，不加实践，以入于精微，则渐有轻灭世故，阔略伦物之病，虽比世之庸庸琐琐者不同，其为未得于道，一也。故孔子在陈思归以裁之，使入于道耳。诸君讲学，但患未得此意。今幸见此意，正好精诣力造，以求至于道，无以一见自足而终止于狂也。'"②狂者敢于突破平庸，超脱俗染，其实质就在于狂者不受拘囚，知一切俗缘皆非性体，而能任自然本性之流露。这里狂者的特征就是自由自在，任意纵行，无入而不自得。但王阳明还是指出，狂者虽能超脱世之庸庸琐琐，但易生轻灭世故、阔略伦物之病，即流于感性放任，因此需努力自修，精诣力造，不能自足而终止于狂，而要一克念成圣人。

　　尽管王阳明的理想人格最终仍是成圣成贤，但王阳明自己欣赏和自命的豪杰、狂者标志着明中后期儒学理想人格从醇儒自律向豪杰英雄的转换，对明中后期开始的个性解放、人的解放有积极推动作用。王阳明后学中人多豪侠性格实非偶然。王阳明后学中普遍称赏豪杰人格，真豪杰，大丈夫气概，"英雄汉""英灵汉"等名词逐渐流行起来，到后来，经天纬地

---

① 《王阳明全集》卷三十二，"补录"，第1177～1178页。
② 《王阳明全集》卷三十五，"年谱三"，第1291页。

的豪杰已经普遍被接受为理想人格。与此相应，一股上下探索、开拓创新的学风精神弥漫于整个学界。嵇文甫曾说，"狂正是王学的特色"。① 王阳明给明代学界带来一股"狂"风，这股"狂"风在王门后学中变成冲决罗网的抗争精神。

（4）人人平等，满街圣人。王阳明主张"人人胸中各有个圣人"，"满街都是圣人"，"与愚夫愚妇同的谓之同德，与愚夫愚妇异的谓之异端"。不论其主观意图如何，在客观上都提高了愚夫愚妇的人格地位，提高了人的价值，打破了传统上对人性品级、等级的区分，对传统的封建等级伦理纲常有一定的冲击力与破坏力。后来的进步思想家也可利用发挥这种思想来反对封建专制制度，提倡人性平等与民本、民主思想。

王阳明说"满街都是圣人"，从最根本的意义上来说，还是指人人都可以通过不断努力成为圣人。也就是说，人人都具有成圣人的可能性，并不是人人已经现成的就是圣人，或本来就是圣人，更不可能是达到圣人的极致。良知是成圣的根据，但王阳明最重要的核心观念还是包含了"知行合一"精神的"致良知"，强调力行，强调行动、实践，通过自己奋发有为把自己向圣人推进。良知人人皆有，孩童也有良知。孩童端茶盘过门槛便知小心翼翼，这是孩童应付环境的综合能力的体现，但这毕竟是简单的、尚未展开的良知能力，如将孩童置于险恶环境中他便难以应付。孩童的良知如果不加以培育灌溉，仅仅停留于孩童的良知，那么他是成不了圣人的，这也是不容置疑的，没有一个人称一个儿童是圣人。而王阳明后来则是"到人情事变极难处时，见其愈觉精神"②。王阳明多次置身于险恶的政治、军事环境中，屡建奇功却屡遭迫害、挑衅。王阳明化平生所学为高度的应变艺术，通达权变，沉着应付，终于出离困境，转危为安，从而愈信良知不疑。"自经宸濠、忠泰之变，益信良知真足以忘患难，出生死，所谓考三王，建天地，质鬼神，俟后圣无弗同者。"③在这种"濒死者十九"的环境中，良知所蕴含的意志、理智、情感诸方面能力得到了极大的锻炼，对人生世情的真谛本质有了更加通透的理解，将从前种种掩饰、顾虑、牵挂念头一齐斩断；所谓真我、良知越加精粹澄澈，以后不管天崩地

---

① 嵇文甫：《左派王学》"序"。
② 《王阳明全集》卷三十二，"补录"，第 1173 页。
③ 《五阳明全集》卷三十三，"年谱一"。

裂，我只是一任良知，放手做去。

王阳明说的"满街都是圣人"，其消极方面的意义就在于可能被理解成每个人"现成的"已经是圣人，即每个人本来就是圣人，当下现成的就是圣人，这就有可能导致人们忽视实践的必要性，不重视行动，有可能打消人们积极从事道德实践的念头；最大的危险是有可能消解人们积极有为、自强不息的精神，而只是顺从自然本性，以简单的"适意"为满足，这就与禅宗的精神有些接近。

禅宗作为中国化的佛教，提倡自性成佛，顿悟成佛，但发展到后来变成人人是佛，本来是佛，谁要是问什么是佛，如何成佛，真是开口便错。王学的兴起带动了晚明的禅学复兴，构成晚明思想界的一道奇特景观，而王门后学被称为狂禅派者，实与王学自身因素有关。

顺便说一句，禅宗推倒了外在的权威，呵佛骂祖；只是佛教的权威，对现实社会并不构成什么威胁。而儒学如果变成狂禅，推倒千古儒学权威，对现实社会就构成严重威胁，因为与儒学话语系统对应的是现实社会的政治经济结构，因此有人称王阳明为中国的马丁·路德，确有一定道理。

以上从四个方面考察了王阳明哲学所蕴蓄的思想解放的作用。以上考察表明，王阳明的许多"不以孔子之是非为是非"以及"狂者"的言论，不仅在客观上，而且在主观上具有思想解放的意义。王阳明心学不论从主观还是客观两方面都具有思想解放的意义，表明传统儒学从王阳明这里开始走向解构的历程。

王阳明的民主思想与实践

◎赵平略*

摘要：王阳明心即理的思想中包含人人平等的观点，王阳明主张万物一体，也包含人人平等的思想，这是现代民主思想的基本理念。王阳明在南赣推行乡约，设立保长，实行乡村自治组织领导的民主选举，更是非常有益和可贵的民主实践探索。王阳明并不认为皇权是绝对不可挑战的，这一思想也包含人人平等的意蕴，与王阳明的民主理念是相通的。但是，王阳明思想中亦有着较为严重的思想专制倾向，这是民主进程中所应该特别警惕的现象。

关键词：王阳明　心即理　民主　实践

王阳明绝不能算是一个民主主义者，但他的理论中包含丰富的民主思想的理念，他的社会治理实践中，也包含可贵的民主探索。

一

王阳明主张心即理，就包含人人都可以成为圣人的观点，这意味着在王阳明的思想中，每一个人都是平等的，这是现代民主思想的基本理念。

儒家的民本思想包含现代民主的理念，《尚书·泰誓》："天视自我民视，天听自我民听。""天矜于民，民之所欲，天必从之。"① 孟子的思想尤其可贵："民为贵，社稷次之，君为轻。是故得乎丘民而为天子，得

---

* 赵平略，贵阳学院阳明学与地方文化研究中心主任，教授。此课题为贵阳学院 2014 年委托项目，项目编号：2014wt010。

① 《尚书全译》，江灏等译，贵州人民出版社，1990，第 212、206 页。

乎天子为诸侯，得乎诸侯为大夫。诸侯危社稷，则变置。牺牲既成，粢盛既洁，祭祀以时，然而旱干水溢，则变置社稷。"① 在孟子看来，人民才是最为重要的，如果诸侯危害国家，就要重立诸侯，如果社稷之神不保佑人民，就要重立社稷之神，这充分体现了孟子的民本思想。但是，儒家的民本思想又绝不等于民主思想，而且，在儒家思想之中，不仅有着严重的等级观念，而且认为人与人是不平等的，孔子说："生而知之者，上也；学而知之者，次也；困而学之，又其次也；困而不学，民斯为下矣。"在孔子看来，人是有生而知之与学而知之的区别的。孔子还说："唯女子与小人难养也。近之则不孙，远之则怨。"② 对这句话的解释历来是仁者见仁，智者见智。但无论怎样解释，都说明一个问题，即孔子并不认为人与人是平等的。孟子更是明确地指出，有大人之事，有小人之事，"或劳心，或劳力；劳心者治人，劳力者治于人"③。董仲舒也非常明确地肯定了君臣、夫妻、父子的不平等，说是君为臣纲，父为子纲，夫为妻纲。这种等级分明、人与人不平等的观点显然与民主理念是不相容的，民主社会的一个基本理念即人与人是平等的，因而，人人都有同等的政治权利。儒家思想中这种根深蒂固的等级观念，人与人生来不平等的观念，极大地影响了中国民主思想的形成。这种情况在王阳明那里得到了根本的改变。

王阳明思想的一个重要概念是心即理，王阳明认为，理就是道德原理和道德规则，而道德原理和道德规则来源于人的本质需要，是人们发自内心的需求。每一个人都需要爱，而每一个人也都知道，只有付出爱，才能得到爱，所以，仁者爱人、爱、友善就是道德规则。正因为道德原理和道德规则来源于人的本质需求，所以，王阳明认为，每一个人都可以成为圣人。

> 一日，王汝止出游归，先生问曰："游何见？"
> 对曰："见满街人都是圣人。"
> 先生曰："尔看满街人是圣人，满街人到看尔是圣人在。"④

满街人都是圣人，并不是说满街的人都修养成了圣人，都达到了圣

---

① 《孟子》，方勇译注，中华书局，2010，第289页。
② 《诸子集成·论语正义》，中华书局，1954，第361、386页。
③ 《孟子》，方勇译注，中华书局，2010，第96页。
④ 《阳明先生集要》，王晓昕、赵平略校注，中华书局，2008，第123~123页。

的道德境界，而是说，每一个都具备成为圣人的潜质。这种人人都能成为圣人的思想，高扬了个体的价值，为民主主义提供了非常重要的理论支撑。

心即理的意义还不止这些，既然道德原理和道德规则源自人的本质需要，因而，一个公认的道德准则是否真的合乎道德，也只有通过人心来判断，所以，人心不仅是道德规则的来源，同时，也是检验道德规则的尺度。而这人心，正是一个个普通人的心。这样一来，王阳明把道德评判的权力也交给了普通民众。

普通人不仅可以成为圣人，还有着道德评判的能力，这意味着在王阳明的思想中，每一个人都是平等的，平等地具有提高自身道德修养的能力，平等地具有判断是非的能力。推而广之，他们当然也应该平等地具有政治上的权利，甚至是政治上的能力。

二

王阳明万物一体的思想从根本上否定了儒家传统中的等级观念和人与人不能平等的思想，也是人人平等的宣言。

> 盖天地万物与人原是一体，其发窍之最精处是人心一点灵明。风雨露雷，日月星辰，禽兽草木，山川土石，与人原只一体。故五谷禽兽之类，皆可以养人，药石之类，皆可以疗疾。只为同此一气，故能相通耳。①

> 夫圣人之心，以天地万物为一体，其视天下之人，无外内远近，凡有血气，皆其昆弟赤子之亲，莫不欲安全而教养之，以遂其万物一体之念。②

在王阳明的良知学说中，人需要爱，就要付出爱。人只有爱家人，爱朋友，爱他人，也才能得到家人、朋友、他人的爱；同样，人只有善待自然，才能得到自然的善待。一味攫取，不顾大自然的承受力，最终会受到

---

① 《阳明先生集要》，第119页。
② 《阳明先生集要》，第222页。

大自然的惩罚。目前，全世界面临的生态问题极其严重，正是人类对大自然过度的索取所造成的，在我国，北方很多城市长期笼罩在雾霾、沙尘暴之下，大部分的水资源受到严重污染，西南地区石漠化现象非常严重，如果不改变现有的生产生活方式，自然环境会进一步恶化，最终有一天，地球会变成不再适合人类居住的星球。万物一体，就是说不仅人与人相互联系，相互依存，而且人与物，人与自然相互联系，相互依存。

人与物相互依存，人与自然相互依存，就意味着人在万物中不是绝对的中心，不能凌驾于自然万物之上。人与人相互依存，就意味着没有某一个人或某一群体生来就高贵或生来就低贱，就意味着没有天生的劳心者与劳力者之分。

因为认为人与人是不平等的，一些人是天生的劳力者，一些人则是天生的劳心者，所以，孔子对樊迟要学种菜很不满意，认为樊迟是在关心小人关心的事情，是不求上进的表现。而因为主张万物一体，人与人没有高低贵贱的区别，王阳明在龙场时，就曾自己开荒，种菜种粮。尤其难能可贵的是，也是在龙场，王阳明的两个仆人生病了，王阳明就给他们做饭，熬粥，讲故事，唱家乡小曲，精心地侍奉两个仆人，使他们能够及时恢复健康。

王阳明还非常明确地肯定了人与人的平等，肯定了普通民众的价值。

> 或问异端。先生曰："与愚夫愚妇同的是谓同德，与愚夫愚妇异的是谓异端。"①

在传统儒家思想看来，所谓异端，是指墨家、佛家、道家等不同于儒家正统思想的学说，但王阳明并不认为这些与儒家正统思想相左的就是异端，而是认为与普通民众的思想不合的才是异端。将评判的权力交给普通老百姓，以普通老百姓的标准作为标准，更是体现了今天民主思想的真正要义。

> 良知良能，愚夫愚妇与圣人同。②

---

① 《阳明先生集要》，第118页。
② 《阳明先生集要》，第215页。

良知只有一个，无论是今天还是往古，无论是圣人还是愚夫愚妇，都是一样。万物一体的思想从根本上否定了儒家传统中的等级观念和人与人不能平等的思想，实际上是人人平等的宣言。

因为肯定万物一体，王阳明的思想还极具包容性。一些儒家学者极力排斥佛教，认为佛教的发展挤占了儒家的空间，甚至会祸国殃民。王阳明则认为，佛教与道教各有自身的价值，"圣人尽性至命，何物不具，何待兼取？二氏之学皆我之学，即吾尽性至命中，完养此身谓之仙，不染世累谓之佛。后世儒者不见圣学之全，故与二氏成二见耳"①。王阳明认为，道家提倡养生，儒家也重视人体生命的价值，佛家希望人们脱离世俗的忧虑，儒家也主张要脱去俗虑，谁的观点正确就该吸收谁的。这种对不同意见的包容态度，对思想自由的充分肯定，正是民主思想所极力倡导的。

三

王阳明还曾担任庐陵知县、南赣汀漳巡抚、江西巡抚等地方官职。在任地方官时，王阳明十分重视乡村的治理，尤其是担任左佥都御史巡抚南赣汀漳期间，王阳明尝试了一系列治理乡村的办法。在这些办法中，就有着非常有益和可贵的民主实践探索。

为了使原来盗匪横行的乡村得到很好的治理，王阳明著《南赣乡约》一文，设计了"乡约"这个基层自治组织形式。乡约基层自治组织中有约长、约副、约正、约史、知约、约赞等不同职位，一共是十八人组成这个基层自治组织，而这个基层自治组织的十八人则全部是由乡民推举产生的。

> 同约中，推年高有德，为众所敬服者一人为约长，三人为约副，又推公直果断者四人为约正，通达明察者四人为约史，精健廉干者四人为知约，礼义习熟者二人为约赞。②

这是典型的民主选举方式，而选举的权利就在当地乡民手中。当然，

---

① 《阳明先生集要》，第20页。
② 《阳明先生集要》，第608页。

规定约长必须"年高",而对何以谓之"年高"却无具体的说明,使得选举的操作性受到一定的限制。《中华人民共和国宪法》在规定中华人民共和国主席的人选时,就明确规定是"年满四十五周岁"的公民,使得操作性很强,不至于在具体选举过程中出现分歧。而且,这个基层组织的领导班子任期多长,什么情况下应该终止他们的领导权力,如果不称职,如何撤换这些基层自治组织的领导,《南赣乡约》都没有做出具体规定,因而,完全可能出现这些被选举出来的基层自治组织的领导把持权力,鱼肉百姓的情况。以民主的方式选举出来的领导最终实行不民主的领导,这不能不说是民主选举的最大失败,也是实行民主政治最需要警惕的事。尽管如此,王阳明的探索仍然是很有意义的探索,是一种接近于现代民主选举形式的民主探索。

乡约如何发挥作用呢?王阳明为之设计了一个民主协商的方式。

> 通约之人,凡有危疑难处之事,皆须约长会同约之人,与之裁处区画。必当于理,济于事而后已。不得坐视推托,陷人于恶,罪坐约长、约正诸人。①

遇有危疑难处之事,不是约长一个人说了算,也不是领导集体说了算,而是约长与同约之人商量如何处理。如果坐视不理,出了问题,约长等领导要承担责任。这种协商的方式,应该说是一种很好的民主方式。民主国家议会的议事,其实也是一种协商,只是议会议事最后有少数服从多数的表决,使其民主的形式更加完善。但我们不能因此苛求王阳明在500多年前的探索。

彰善与纠过是王阳明设计乡约最为重要的一环,目的无非是为了表扬善行,纠正过错,以使民风趋于淳朴。为此,《南赣乡约》设计了彰善簿与纠过簿。彰善簿与纠过簿由约史负责,但谁有善行,谁有恶行,某人的善行是否值得记下,都不是约史一个人说了算,亦要征求同约之人的意见。在得到大家的同意后,约史才能在簿上记下相关善行或恶行。

> 约史出就彰善位,扬言曰:某有某善,某能改某过,请书之以为

---

① 《阳明先生集要》,第609页。

同约劝。约正遍质于众曰：如何？众曰：约史举甚当。约正乃揖善者进当善位，东西立。约史复谓众曰：某所举止是，请各举所知。众有所知即举，无则曰：约史所举是矣。约长副正皆出就彰善位，约史书簿毕。①

纠过簿的记录程序与此相同。这一彰善和纠过程序的设计，避免了基层组织领导们的独断，使乡约不至于沦为基层组织不良领导压制异己、打击异己的手段。

为了维护乡村秩序，割断各地土匪与乡村民众的联系，王阳明特地设计了十家牌式。其办法是让各家于门首置一小牌，写清每家人口、职业及应纳钱粮情况，每十家置一大牌，每天轮流检查各家的情况，同时互相告诫奉公守法，如有面生之人及不合法律及道义的行为，要及时报告官府。王阳明的这一设计，对当时盗匪横行的南赣地区来说，确实起到了很好的作用，亦对以后国家政权管理乡村社会，提供了极大的便利。但是，也极大地压缩了乡村民众的自由空间，使国家政权能够更为方便地干涉乡村社会的自由。尽管王阳明设计的十家牌式有诸多值得讨论之处，但这种不设领导，乡民自己每天轮流管理负责自己事务的方法，仍然不失为一种可贵的民主制度的探索。王阳明还专门对这种设计做了解释："先该本院通行抚属，编置十家牌式，为照各甲不立牌头者，所以防胁制侵扰之弊。"②

因为南赣地区到处都有匪患，占山为王、占寨为王的土匪很多，这些土匪常常会出其不意地攻击村寨，抢劫乡民，王阳明号召各村寨自行抵抗。但这种自行抵抗如果没有人组织领导，显然就缺乏战斗力。于是，王阳明让各地组织设立保长。"为此仰抄案回司，即行各道守巡、兵备等官，备行所属各府、州、县，于各乡村，推选才行为众信服者一人为保长，专一防御盗贼。平时各甲词讼，悉照牌谕，不许保长干预，因而武断乡曲。"③ 所谓保长，就是保卫乡村的头领。这一名称的确定，体现了王阳明对乡村领导的深切思考。乡村头领只有带领乡民防范外来侵略的责任，并不具有干涉乡民事务的权力，乡民的事务仍然由乡民自己做主。王阳明的

<hr>

① 《阳明先生集要》，第611页。
② 《阳明先生集要》，第615页。
③ 《阳明先生集要》，第615页。

这一做法，暗合现代民主思想关于政府的设想。一些民主思想家认为，政府只要对外管好防务，保证人民不受外来武装的欺辱，对内管好社会秩序，保证法律得到尊重，而民众自己的事情，则交给民众自己去办就行了。

保长的产生亦是由推选产生，仍然是一种民主的形式。当然，由多大范围内的人推举，具体操作办法如何，王阳明并未规定，使得这一民主形式很不彻底，很可能最终形成官府委任的形式。

王阳明立保长的措施，可以说是对民主管理的非常有益且可贵的探索。

四

虽然出生在专制社会，但难能可贵的是，王阳明思想中没有那种专制社会下的愚忠。宸濠叛乱，是对皇权的挑战。在专制社会，这是大逆不道的事情。作为臣子，参与平叛自然是义不容辞的责任。但是，胜者王侯败者寇，宸濠被打败，自然是叛乱，是应该消灭的，如果宸濠取胜了，历史又将是另外一种写法，那些毫不犹豫地履行臣子义务的人又该受到清算了。这在明朝，是有前车之鉴的。朱棣当年何尝不是叛乱，但朱棣取得了胜利，成了永乐大帝，忠于建文皇帝的那些忠臣的命运就很惨了，不仅自己被杀，亲人们也跟着受到牵连，有的甚至被灭了十族。宸濠叛乱，王阳明毫不犹豫地起兵平叛，其实是冒着极大的风险的。王阳明为什么要冒着极大的风险起兵平叛呢？按说，从臣子的道义上解释，是最为有力且最为符合当时普遍认可的思想观念的。王阳明在《飞报宁王谋反疏》中就是这样说的："但天下之事，莫急于君父之难。"[1] 君父有难，臣与子不得推避，所以起兵。不过，王阳明在《与当道书》中的说法与此并不相同。"此人凶残忌刻，世所未有，使其得志，天下无遗类矣。"[2] 这是很有趣的一件事，同是宸濠谋反，自己起兵平叛，但对起兵的原因解释并不一样。《飞报宁王谋反疏》是写给皇帝的，很多大臣都可以看到，可以说是公开的。《与当道书》是王阳明写给当时朝中领导的私信，只有这个特定的领导才

---

① 《阳明先生集要》，第518页。
② 《阳明先生集要》，第582页。

能看。显然，公开的是官话，面子话，大家都会说的，官话中不能全讲实情，讲了就显得认识不深刻，水平不高。而私信中不能讲面子话，官话，讲了就显得朋友之间不够真诚，情分不够。王阳明出兵平定叛乱，并不是愚忠，而是因为宸濠人品太差，为人暴虐，他当皇帝，可能给天下百姓带来非常严重的灾难。从王阳明的《与当道书》中可以非常明显地推导出另一层意思：如果造反之人是一个胸怀天下苍生的人，就不应该起兵与之作对，甚至可以支持了。这说明王阳明并非愚忠，而这种并不认为皇权不可挑战的思想，与王阳明人人平等的思想也是相通的，正是产生民主理念的重要基础。

五

当然，王阳明毕竟不是一个民主主义者，他仍然是封建专制社会中的一个知识分子。虽然他的思想有着非常可贵的民主理念，但由于长期受封建思想浸染，王阳明是很容易接受和认可封建专制的，如对于秦始皇的烧书这一极端的专制行为，王阳明就曾表示了有限的同情和理解："春秋以后，繁文益盛，天下益乱，始皇焚书得罪，是出于私意，又不合焚六经。若当时志在明道，其诸反经叛理之说，悉取而焚之，亦正暗合删述之意。"① 王阳明认为，秦始皇焚书，主要是目的不对，是为了维护自己的专制统治，并且烧了不该烧的书。如果是出于公心，并且保留六经不烧，也就没有错了。王阳明甚至认为，如果秦始皇烧正确了，与孔子删书的意义就一样了。孔子删书，订正儒家经典，这是十分受儒家肯定的一件有功于后世的大事，而秦始皇焚书，则被儒家学者认为是非常暴虐的事情。《阳明先生集要》的编纂者施邦曜就说："始皇暴虐，至于焚书坑儒，其罪真万劫莫赎。"② 但王阳明把两件事相提并论，是很让人思考的。其实，王阳明的眼光非常独到。孔子之所以删书而不是焚书，也是因为他手里没权，如果有权，他未必不烧。如果孟子有权，未必不烧杨、墨的书。王阳明的思想是很有包容性的。孔子肯定不毁乡校，也是有着包容的一面的。

---

① 《阳明先生集要》，第40页。

② 《阳明先生集要》，第40页。

关于王阳明《五经臆说》的研究

◎李愚辰*

摘要：王阳明的工夫论是建立在自我领悟的基础之上的，他的自我领悟和"为圣"有密切的关系。与此相同，龙场悟道也是从"圣人处此，更有何道"的"为圣"问题出发，同时龙场悟道是对经典注释的领会。王阳明在龙场悟道后曾说："乃以默记五经之言证之，莫不吻合，因着五经亿说。"由此可见，他的龙场悟道不是想树立独到的思想体系，而是发掘经典里的儒家之道。总体来说，《五经臆说》是王阳明通过经典注释的方式来领悟"圣人之道"。

关键词：王阳明　五经　五经臆说

一

王阳明的工夫论是建立在自我领悟的基础之上的，他的自我领会和"为圣"有密切的关系。与此相同，龙场悟道也是从"圣人处此，更有何道"的"为圣"问题出发的，同时龙场悟道是对经典注释的领会。王阳明在龙场悟道后曾说："乃以默记五经之言证之，莫不吻合，因着五经亿说。"由此可见他的龙场悟道不是想树立独到的思想体系，而是欲发掘经典里的儒家之道。总体来说，《五经臆说》是想通过经典注释的方式来领悟"圣人之道"。

本文对王阳明的《五经臆说》从独到的经典注释学的角度简单地探讨一下。如王阳明所述，"盖不必尽合于先贤，聊写其胸臆之见，而因以娱情

---

* 李愚辰，韩国阳明学会情报理事，忠南大学儒学研究所首席研究员。

养性焉耳"。在这部著作里，他阐述了对儒家经典的独到见解。本来这部著作共有 46 卷，其中对《易》《书》《诗》《春秋》的注释各有 10 卷，另外 6 卷是对《礼记》的注释，不过王阳明亲自把这些书都烧掉了。王阳明死后，他的弟子钱德洪很偶然地在仓库里发现了《五经臆说》的 13 条目。虽然保存的只是极小的一部分，钱德洪叹息着说："吾师之学，于一处融彻，终日言之不离是矣。即此以例全经，可知也。"如果他的叹息属实，我们可以通过这 13 条目推测失传的部分，并且可以具体地理解所谓"圣人之道吾性自足，向之求理于事物者误也"。

二

现存的《五经臆说》的第一条是《春秋》的"元年春王正月"。这一句只是单纯地告知时节，但是王阳明把它解释得非常详细，并激发了读者的兴趣：

> 人君即位之一年，必书元年。元者，始也，无始则无以为终。故书元年者，正始也。大哉乾元，天之始也。至哉坤元，地之始也。成位乎其中，则有人元焉。故天下之元在于王；一国之元在于君；君之元在于心。元也者，在天为生物之仁，而在人则为心。心生而有者也，曷为为君而始乎？曰："心生而有者也。未为君，而其用止于一身；既为君，而其用关于一国；故元年者，人君为国之始也。当是时也，群臣百姓，悉意明目以观维新之始。则人君者，尤当洗心涤虑以为维新之始。故元年者，人君正心之始也。"曰："前此可无正乎？"曰："正也，有未尽焉，此又其一始也。改元年者，人君改过迁善，修身立德之始也；端本澄源，三纲五常之始也；立政治民，休戚安危之始也。呜唉！其可以不慎乎？"

上述论述表明，王阳明把表示时节的这一句的内涵扩展到工夫论。他着眼于"元年"的"元"意味着"开始"或"根源"这一点，把它跟天地、天下、国、人的根源连接起来。王阳明认为："元也者，在天为生物之仁，而在人则为心。"也就是说像天以仁为元创造万物一样，人也以心为出发点进行创造性的思考和行动。思考和行动来自心，因此根本的工夫处必然是心。王阳明把"元年"解释为"人君正心的起点",还指出"正心"工夫没有终点。王阳明阐明人心和天仁都是一种体现"生生之理"的工具,通过"正心"成为圣人从而体现天地万物一体。他还认为"圣人"和"天地"通过交感和沟通的方式来实现"道":"天地感而万物化生,实理流行也。圣人感人心而天下和平,至诚发见也。皆所谓'贞'也。观天地交感之理,圣人感人心之道,不过于一贞,而万物生,天下和平焉,则天地万物之情可见矣。"

天地之所以化生万物和圣人之所以和平治天下,是因为两者都通过感应运行。"天地"和"圣人"绝不是处在封闭和麻木的状态下,而是时刻保持着开放(仁)的状态。他们把开放(仁)视为出发点(元)实现"完成(贞)"。透过"圣人"和"天地"达到"道"的过程,可以确认天地万物是联系在一起的。从这个观点来看,成为"圣人"或"仁者"不是局限于成为有道德的人的层次,而是意味着与万物的感应,这是因为他们的根源"仁"和"心"是结合在一起的。还要指出的是天地自然和圣人之所以能够"完成(贞)",是因为他们常常保持着原来的和万物感应的"开放状态(仁)",因此"圣人感人心而天下和平,至诚发见也"。这句话表明圣人非常虔诚地保持着元状态。王阳明在对《周易》恒卦的解释中这样描述圣人的境界:

> 贞即常久之道也。天地之道,亦惟常久而不已耳,天地之道,无不贞也。……使其滞而不通,止而不动,是乃泥常之名,而不知常之实者也。……圣人之所以能成而化,化而复成,而妙用不穷者,一天道之常久不已也。夫天地、日月、四时、圣人之所以能常久而不已者,亦贞而已耳。

三

圣人之所以能保持本来的状态是因为他们像天地、日月、四时一样至诚无息。凡人和圣人的差距在哪里呢?凡人是由于什么原因丧失了原来的状态呢?针对这一点,王阳明在对晋卦注释里出示了答案:

> "明出地上,晋,君子以自昭明德。"日之体本无不明也,故谓之

　　大明。有时而不明者，入于地，则不明矣。心之德本无不明也，故谓
　　之明德。有时而不明者，蔽于私也。去其私，无不明矣。日之出地，
　　日自出也，天无与焉。君子之明明德，自明之也，人无所与焉。自昭
　　也者，自去其私欲之蔽而已。

　　人之所以丧失本来的状态是因为私欲。但是人拥有像太阳一样永恒不
变和不消失的"明德"属性，正因为这一点，王阳明主张天人合一。私欲
遮盖明德，使人陷入麻木即不仁状态。圣人洞察这一点，驱除私欲来保持
"明德的元状态"，即"开放（仁）状态"。这种能力不局限于圣人，所有
的人都天生拥有这永不消失的本心。只要驱除私欲，人就能保持内心的
"明德—本心—仁"，所以"正心"是最基本的，是他的正心工夫。由此，
"日之出地，日自出也，天无与焉。君子之明明德，自明之也，人无所与
焉"。

四

　　以上简单地探讨了《五经臆说》的主要内容，可以归结为两个要点：
第一，人的本心充满了"仁"和"明德"，也可以这样说，本心就是仁和
明德（本心＝仁＝明德）。第二，真正的工夫就是驱除私欲使身心回归到
原来的状态，这一点符合龙场悟道的内容。换句话说，第一个要点是"圣
人之道吾性自足"的另一种表达，第二个要点是"向之求理于事物者误
也"的另一种表达。由此可见，王阳明在对儒家经典进行注释的时候一点
也没有进行考察和实证。他的经典注释学只是从为圣问题出发，采取了重
新诠释经典的心学方式。

阳明心学研究的回顾与前瞻[*]

◎张新民[**]

摘　要： 总结阳明学研究的百年经验，不难看到生搬硬套西方理论，不仅造成大量的误读误解现象，而且有可能伤害中国文化天道与人道相通相贯的淋漓尽致的元气，有必要采取以心学解释心学的诠释学进路，还原其一派活泼天机的固有状态。东亚阳明学的发展及相应的文化圈的形成，决定了研究者具备的跨地域、跨国界的广阔视野，让东西方文化在互学互鉴的整体历史发展过程中积极参与了文明与文明之间的对话。阳明学说的精义或特色是多方面的，我们有必要在继承发展的基础上，通过开拓创新和转化，建立起符合时代需要的"新心学"。

关键词： 中国阳明学　东亚阳明学　经验总结　文明对话　新心学

中国几千年的历史文化，诚可谓源远流长，人才辈出，但能同时做到"立德""立言""立功"三不朽者，为数不多，旷世难寻，王阳明即为其中少数几个"真三不朽"的大儒。他以不世出的天姿英才，一生汲汲于讲学论道，不仅开创了一个极为重要的心学时代，而且凭借平定宸濠之乱的功绩，缓和了明王朝内部深刻的政治危机，可以说是道德、功业、文章冠绝千古，影响世道人心既深且巨。他的思想自明代中后期以来即"流传逾百年"（《明史·儒林传》），延及晚近仍发出很大的声光电响，不仅显示出自身固有的强大学术生命力，而且也成为与西方思想对话的重要思想资

---

　　* 本文曾作为《阳明精粹·名家今论》前言。

　　** 张新民，贵州大学中国文化书院荣誉院长，教授，贵州省儒学研究会会长，贵阳学院阳明学与地方文化研究中心特聘研究员。

源。也就是说，自 20 世纪以来，王阳明的哲学思想便已进入了西方人的学术视野，成为与朱子学相媲美的又一东方热门学问，也是他们进行中国问题研究的一大重要领域。

阳明学的研究已逾几百年，不同的诠释可谓充盈于耳。评价的升降起伏固然有内部学术理路范式转移的原因，但也明显受到了外部政治气候的干扰或影响。明清嬗变，山河巨变，回翔瞻顾，痛定思痛之余，自然要对前代学术做出反思和总结，于是阳明思想难免遭到各种褒扬与贬斥。而近代以来不少政治家和思想家之所以重视阳明心学，或多或少亦带有急迫的功利性目的。而在此前后，至迟 20 世纪二三十年代，一批受过日本或西方学术文化熏陶的学者，开始主动自觉地借助异域哲学方法或分析手段，重新探讨阳明心学思想的特征及其社会意义，较有代表性的如梁启超的《王阳明知行合一之教》（1926），黄建中的《王阳明与裴希脱》（1927），蒋径三的《王阳明之直觉主义》（1928），冯友兰的《宋明道学中理学心学二派之不同》（1932），钱穆的《王守仁》（1933）等，无论成熟或不成熟，是全盘照搬或有意消化吸收西学，均显示出东西方学术交融互鉴过程中特有的典范转移的特征。其中钱穆特别提出了不同于清儒的研究方法，即"脱弃训诂和条理的眼光，直透大义，反向自心"，以求得王学之"真着精神处"（《阳明学述要》），虽赞同者未必就多，暗中亦必有西学的挑激，但仍反映了以心学方法解释心学传统的潜在致思取向，体现了由清学返归宋学的另一发展趋势。

20 世纪 50 年代以来，由于特殊的政治秩序和气候背景，中国大陆学界研究陆王心学可谓起伏跌宕，学术话语多转换成了政治话语，其中唯物主义或唯心主义、辩证法或"形而上学"两重标准，乃是陆王心学判断定位的绝对依据。在任何人都无法逃遁的意识形态铁笼中，陆王心学理所当然地被戴上主观唯心主义的帽子。"文革"期间，真正的研究实际已完全中断，代之而起的不过是口号式的荒诞性批判。如同政治权源居于中心则学术文化必退于边缘一样，唯物唯心的二分法也将历史人物的境遇切割成了中心与边缘两重决然不同的天地。因此，从理想的积极层面看，政治与学术固然应该在善的目的论的终极处有所交汇；但以现实的消极立场言，政治与学术为了防范恶的手段性侵扰又必须各自分途。

陆王心学思想研究的复苏，主要以 1981 年在杭州召开的首次宋明理学国际学术研讨会为标志，以后则由中华书局陆续出版了诸如《陆九渊集》（1980）、《明儒学案》（1985）、《陈献章集》（1987）等一类心学人物的著述典籍，而阳明学的研究也开始摆脱教条主义的束缚，能够拥有较多的自由空间发表自己的研究成果，并形成了与我国港台地区及日美韩等国学者互动的学术局面。

东亚地区以日本为重镇，他们对阳明学的研究相对深入。早在明治维新时期，他们便将阳明学说作为推动社会变革的指导思想。佐藤一斋、佐久间象山、横井小楠等著名学者甚至提出"东洋道德，西洋艺术，精粗不遗，表里兼该"的主张。针对日本的实际，章太炎指出："日本维新，亦由王学为其先导。"梁启超也强调："日本维新之治，心学之为用也。"可见阳明心学始终受到日本民族的重视，当然也就不能不成为哲学研究的重要内容。这一传统至今尚在延续，譬如著名阳明学家冈田武彦就多次沿着王阳明行踪足迹考察，与贵州学者交流过"体认之学"的理念，类似的交往活动日渐增多，讨论的题域日益广泛，于是遂因心性之学体认方法的认同，形成了一个遍及海内外的研究群体。

中国大陆的阳明学研究自 20 世纪 80 年代复苏以来，始终呈现良好的发展势头，不仅参与的学者越来越多，而且研究的深度亦非昔日可比，范围涉及阳明本人哲学思想的探讨分析，关联王门后学众多学派的挖掘阐发，同时以王阳明一生活动区域为思想资源凝聚热点，形成了有趣的学术地缘分布格局。在其生长的浙江、悟道的贵州、建功立业的江西，分别形成了三大学术研究重镇，涌现出浙学、黔学、赣学三者齐头并进共同发展的良好局面。

阳明的心学思想源自其深邃的生命体验，而每一次境界的跃升、发展和完善，都与他的人生苦难经历和生命磨炼有关。他在龙场直面生死悟道之后发出的欣悦惊呼，堪称历史文化发展即将进入心学时代最震撼人心的思想惊雷。他在《教条示龙场诸生》中提出的立志、勤学、改过、责善等进德修业基本原则，更概括了生命成长和人格完善必须做到的四个方面。他的"心外无理""心外无物"说，肯定了灵性生命应有的道德理性能力，揭示了活泼心灵必有的直观反映能力，突出了存在与存在之间互通互贯的价值意义，最大化地强化了人的意志力量及其所应承担的伦理责任。他的"知行合一"说明确肯定了复本体的重要，只要本体之"知"与本体之

"行"不被私欲隔断，则必然能做到"知"与"行"的不二。"知"与"行"的不二即是"知"与"行"在本体实践活动中的统一，即是"知之真切笃实处即是行，行之精察明觉处即是知"，不仅强化了人的道德实践活动的必要，而且也极大地凸显了人的生命活动不可一日或缺的主体性精神。他的致良知学说则以简易、直接的方式直指本体，并将之前各种成德的方法都纳入工夫的范畴，而更能显示"体用一源，显微无间"的心学思想特点。"致良知"乃是他晚年的定见，也是学问大头脑。无论王门后学如何分化，无不以良知学为根本宗旨。其影响中国传统社会各阶层之深，可谓愚夫愚妇亦能开口即是良知。良知是"天则明师"，能知是知非，乃是生命价值感不断生发涌出的活泼机藏，当然也就意味着每一生命个体都拥有行为抉择的自由，不必跟随外部权威，不能追逐世俗溯源。他晚年最后提出的"四句教"，以"四有"说工夫，以"四无"说本体，既兼顾了有与无，又涵盖了渐与顿，本体与工夫一并打尽，依照不失致良知的根本旨趣。以无说本体，虽有本体而无本体之相，虽有工夫而无工夫之相，乃至无之一字亦浑然相忘，只是一圆融熟化境界现见；以有说工夫，则必须时时处处实地践履，步步下学以上达，刻刻调适而上遂，一样可以凭借循序渐进的方法臻至圆融熟化妙境。可见"四句教"乃是"彻上彻下语，自初学以至圣人，只此工夫。初学用此，循循有入，虽至圣人，穷究无尽，尧舜精一工夫，亦只如此"（阳明语）。考虑到世俗世间未悟未证者人数甚多，为善去恶乃是人类必须永远从事的庄严事业，阳明才更倾向于以"四有"说接引他人，始终强调实地践履工夫的重要与必要。但"四有""四无"最终可以会通，不落二边才是本体与工夫合为一体的上乘法门，究竟孰当用孰不当用，如何契理契机灵活施教，仍必须准确勘定每一个体的实存状况，凭借证量工夫或智慧眼光恰到好处地予以处理，才能有效防范流弊的产生或偏差的出现。至于"万物一体"之说，则表现了一个儒者的人间关怀，反映了与佛教有别的儒学精神发展方向，依然是成德的工夫所要达致的目标，能够提供丰富的现代性诠释学意义，可以通过创造性的转化来丰富人类解决现实生存困境的思想力量资源。

今天的人类已步入了文明对话的又一重要轴心时代，研究王阳明及其后学不仅是发思古之幽情，更重要的是着眼于将来的发展，激活一切可供利用的思想文化资源，以涵盖东西方文化经验与智慧的宽广胸襟来谋求人类问题的解决出路。回顾既往的阳明学研究，实际早已开启了比较与对话的大门——严格说比较即是一种对话——譬如阳明成圣理想与康德道德律令的比较，阳明美学思想与康德美学思想的比较，阳明的亲民思想与16世纪英国入世思想的比较，阳明心学与萨特存在主义的比较，阳明"天人合一"与海德格尔"天地神人"之说的比较，阳明生命教育思想与科尔伯格德育思想的比较，王阳明经典诠释思想与伽达默尔诠释学的比较，程朱、陆王哲学与西方近现代哲学的比较，等等，均为东西方学术视野交融会通所催生的重要研究成果，为今后进一步深入探讨古典学术思想奠定了历史性的基础。如果说阳明过去是儒学内部与朱子同质对话的一位异代知心谈伴，那么今天他已漂洋过海成为与西方哲学异质对话的一位异国沟通净友了。与文明的对话乃是多样性的对话一样，哲学思想的对话也应该是多元性的对话，它应该更深邃更宏广——代表人类最高瞻远瞩的理想和希望。与文明的对话相较，哲学思想的对话更应该展示人类最圆融究极的智慧和勇气，体现人类最合情合理的命运判断和把握，彰显人类最鞭辟入里的存在勇气和批判力量。诚如宋代大儒陆象山所说："千万世之前，有圣人出焉，同此心同此理也。千万世之后，有圣人出焉，同此心同此理也。东南西北海有圣人出焉，同此心同此理也。"① 揆诸古今中外，斯说可谓千古不灭。这既是我们从道境视域生发出来的一种理论自信，也是我们认为阳明哲学可以参与世界文明对话的目的论预设。数千年的古今之争，一百多年的中西之争，无论地域、国别、时代、性别、族群、语言、阶层、礼俗、宗教、信仰有何差异，都终将因为心同理同的本体论道境视域找到会通融合的可能，从而将偏见、傲慢、僵滞、差异、分歧、争执、对抗、冲突消归于无形。如同导源入河再汇归于深邃广袤的大海一样，观点学说虽千溪万壑差异甚大，然论其心源则无不归本于一，最终都将相通、相汇、相融于人类思想苍茫无际的大海之中。

---

① 陆九渊：《陆九渊集》卷二十二《杂说》，钟哲点校，中华书局，1980，第273页。

海外阳明学研究

韩国阳明学者霞谷郑齐斗的良知心学

◎金世贞 *

摘要：霞谷郑齐斗在继承由栗谷和明斋相接续的以诚为中心的务实学的同时又吸收阳明学的思想。霞谷以性理学和阳明心学的统摄和自得为基础，树立了和栗谷、明斋不同的理气心性论，对自己独创的心学思想展开了论述。栗谷思想的特点就是良知说。霞谷通过良知说树立了和栗谷的性理学不同的良知心学。良知即作为生理，其本身的道德能动性显现出能使其感受到不幸等的具体的作用，因此良知是体用一源，或者说是体用合一体。把生生不息作为生命本质的良知是先天就知道并能履行的先天的道德的自觉能力和能动的时间力的统合体，即为知行合一体。霞谷的良知说最终在知行合一上做了归纳。

关键词：霞谷郑齐斗　朝鲜儒学　栗谷李珥　明斋尹拯

绪　　论

韩国的代表性阳明学者霞谷郑齐斗（1649~1736）的生涯大体分为三个时期，分别为：41岁之前在汉城生活的时期，41~61岁在安山生活的时期，以及60岁之后在江华生活的时期。霞谷学脉是由明斋尹拯（1629~1742）、栗谷李珥（1536~1584）和牛溪成浑（1535~1598）等多样派系组成。虽然霞谷是延续明斋及南溪朴世采（1631~1695）等学脉而来的，但是他没有盲目地追随或沿袭他们的思想。年轻时学过朱子学的霞谷另一方面却醉心于阳明学。30岁出头开始正式学习阳明学的霞

---

* 金世贞，韩国阳明学会首席副会长，韩国国立忠南大学儒学研究所所长，哲学系教授。

谷和 34 岁开始学习阳明学的南溪关于此事的争论直到 43 岁时才结束。南溪反对霞谷醉心于阳明学，还因此写了《王阳明学辩》。明斋和霞谷用心钻研、学习阳明学，霞谷将自己学习阳明学的见解、领悟通过书信与明斋交流往来，直到 56 岁。他们学术上的这种影响关系不可忽视。霞谷在青年时期曾通过提出关于朱子格物说的问题，从朱子学转到了阳明学，并在中年时期树立了独创的心学思想来解决之前的问题。能很好地体现霞谷的阳明学的性质和其哲学体系的著作，包括《学辩》《存言》等一些代表性著作大部分都是在他 41 岁以后创作出来的。霞谷大胆地从朱子学的框架中脱离出来，创建了自己的阳明学。霞谷在延续栗谷和明斋的学识时，既重视他们的务实精神，又吸收阳明学的思想，主张以统摄和自得为基础，展开不同于栗谷的理气论和心性论，由此树立了自己独特的心学思想。

一　霞谷对栗谷理气论的批判

在分析霞谷对栗谷的批判之前，先简单地了解一下理气论的特性。栗谷主张"理和气本来就是相互不分离像一个整体一样的存在"，"理气没有分别，所以事实上哪个是第一个也无法区分先后"，由此可看出在理气的关系上，比起不相杂来说，他更重视不相离的关系。然而理和气在本质属性上的不同造成它们在构成事物时的先后关系，即认为理要排在气之前。栗谷所说的理是无形无为的普遍的理。作为根源上的理没有什么作用性，也没有什么生动性，而气是有为有形的现象的质料的作用的可能性存在。由此，理从观念的角度来讲对某种事物具有普遍性，而气从现实的角度来讲具有局限性，这在"理通气局说"中有所提示。在"气发理乘一途说"中，理是不可以发动的，而只有气是可以发动的。①从理和气的本质属性的差异根源来看，他认为理是枢纽，作为根底的理只能排在气的前面。例如在有天地之前，有关于天地的理

①　《栗谷全书Ⅰ》（韩国文集丛刊 44）卷 10，《答成浩原》，210～211 页。"理气元不相离，似是一物，而其所以异者，理无形也，气有形也，理无为也，气有为也。无形无为而为有形有为之主者，理也，有形有为而为无形无为之器者，与气也。理无形而气有形，故理通而气局，理无为而气有为，故气发而理乘。"

已经存在了①，由此理被分为两种次元的理：一种是作为普遍的理，被称作"统体一太极"；另一种是作为各事物内在的理，被称为"各一其性"。②

对于栗谷的理气论，霞谷做了如下的批判陈词。

> 栗谷以为理本无为（是以其本体言之，如是可也，今本体则反以为实有，今正作实状为如是空空焉）。其统体处，如大海，如一天，谓一无极，其各具处，水逐方员器，空随大小瓶，谓物理也。言理气不离，此其为理之悬空与其为实用者之所别可见。此其所以为理之不同者如此。③

霞谷批判了栗谷把理分为空虚的理和实际使用的理。栗谷说理本体上是无为的，这话虽然没有什么问题，但是如果不把本体放在观念的角度，而是把它作为现实世界里现实存在的东西来看的话就有问题了。即认为理是无为的理就不起任何作用，在现实世界，理也就成为一个没有任何作用的空壳。也就是说，现实世界里无为的理不是实理，而是虚理。栗谷一方面认为这样无为的理统率并接纳万物，就是理通的立场上所谓的"无极"（统体一太极）；另一方面认为万物各自有不同于别的事物的模样，即在气局的立场上说的是其他的物理。由此，无极的理成为与气无关的，在观念的角度上存在的虚理，物理成为个别事物里和气无法分离的，在现实的角度上存在的理。虽然栗谷主张理气不相离，但他在实际中没有彻底、深入地剖析理气一元以及理气不相离的局限性，霞谷对此局限性做了批判。

那么由于没能透彻地说明理气一元和理气不相离会导致什么问题呢？霞谷批判当时的性理学者把理当作虚的，主张把理看作实的。霞谷认为当时的性理学者把程子的话"冲漠无朕，万象森然已具，未应不是先，已应不是后"只理解为是对理的解释，冲漠中没有气，"未应"把事物给排除了，

---

① 《栗谷全书Ⅰ》卷10，《与成浩原》，217页。"理气无始，实无先后之可言，但推本其所以然，则理是枢纽根柢，故不得不以理为先……若于物上观，则分明先有理而后有气。盖天地未生之前，不可谓无天地之理也。"

② 《栗谷全书Ⅰ》卷10，《答成浩原》，199页。"天地人物，虽各有其理，而天地之理，即万物之理，万物之理，即吾人之理也，此所谓统体一太极也。虽曰一理，而人之性，非物之性，犬之性，非牛之性，此所谓各一其性者也。"

③ 《霞谷集》卷9，《存言·中》，第254页。

把既没有气也没有物的"虚"当作了理。把虚的东西称作理的话，即使没有明亮的火或者流动的水就自然地认定火的理和水的理总是存在的，这样就是脱离物论理。即使从现象上看事物不存在，也坚信事物的理存在，把实际而具体的事物不存在当作理，必然会导致"寻去空虚理"的弊端。[①]性理学者们所说的理，即虚理，不仅没有能动的作用，而且脱离了具体的事物和现实世界，是没有物质性的抽象的理，是外在的理，是超越的理，面对的是和气相分离的没有生命力的问题。

二 理气一体的存在——生理

在霞谷对栗谷以及当时的性理学者的虚理理论的批判背后，霞谷独创的哲学思想已经占据了一定的地位。霞谷由此展开了不同于栗谷的，从栗谷学中交融变异而来的独创的心学思想。霞谷首先把理分为物理和生理，然后把"生理"看作有能动性的理气一体的存在，并规定此为本领宗主。

霞谷批判的是从对象事物里出发寻求理的朱子的格物说，格物说以德行为基础不仅看不到一个理的本来面貌，从心体中也寻求不到理，从而产生了把心和理看作两个，把知和行也分为两个的问题。[②]朱子的"即物之说"认为所以然和所当然同时存在于事物之中；与此相反，阳明的"良知之学"认为所以然和所当然的理的根源出自于心，所以做出了心为本，具有统领却有本源的积极评价。[③]以此评价为基础，霞谷对朱子的理做出了如下的见解和批判。

> 朱子认为能够条理相通的叫做理。即使条理能对事物普遍相通，

---

① 《霞谷集》（韩国文集丛刊 160）卷 9，《存言·中》，248 页。"彼之以其虚者为理者，盖以冲漠无朕，万象森然已具，未应不是先，已应不是后，以如此处谓之理。（以冲漠为无气，未应为无物也，故以此处为理，而以为无有物无有气者也。）……故彼虚之为理，以虽无有明火，而本自常有火之理，虽无有水流，而本自常有水之理，每离物而论理，谓虽无物而有其理，以无物者为之理而求之。"

② 《霞谷集》卷 9，《存言·下》，268 页。"如即物而穷其理，不见德性上理体，不考此理根于心体者，乃曰人之为学心与理而已，分心与理为二，知与行为两。"

③ 《霞谷集》卷 9，《存言·中》，第 257 页。"其理之为所以然所当然者，亦无异者。然即物之说，以其所以然所当然之理为各在于物，是则无本领也。良知之学，以其所以然当然之理，物所各有者，以其源，皆出于心也，即由心而为本，是却有统领却有本源。"

但如果对物来说是毫无意义的条理的话也只不过是贫弱的道而已，又宽广又渺茫，是不可能成为本领和宗主的。圣人把气的主要明体当做理，它是能够包含仁义礼知的存在。朱子把气能够运转的有条理的轨迹叫做理。气能够运转的有条理的轨迹没有生理和实体和死的物体及其模样相像。事实上那样的理只是人们内心神灵又明亮的深处无益的条理而已。像那干枯的树木和死去的灰尘如果能和人们心里的神灵的光亮一起探寻本性的道的话，能够称呼它为大的本源的真面目吗？能够说人的本性和树的本性相同，树的理和心的理是相同的吗？……大体上的物理就是把气条称为理。那样的事物即使具有各自的气道，也能够一起成为我道理的条路。①

朱子所说的理是作为个体事物的条理相通的条通，以及能使个体事物的气运转的有条理的条路，称为物理。物理作为物质一般客观性规律显现的物理性和有限的法则虽然与每个个体相通，但是如果脱离包含它的个体性的限制性的话不是对所有的存在都普遍适用。② 朱子认为事物和人类普遍存在的理由于没有生理和实体，只是作为机械性的规律性的存在，不能以有人心神明的大本、性体来充当仁义礼智的道德实现、价值判断等的能动性主体。因为没有物理上实现诸如仁义礼智的主体能动性，事物和人类普遍存在的理就成了没有实质的死物。③ 因此需要物理和其他万事万物灵通的本源性的其他理。

霞谷把朱子的理归为虚条和空道的物理，他提出了物理之外的生理，树立了把生理当作本领、宗主的独特的心学思想。霞谷对生理的见解如下所示。

朱子以其所有条通者谓之理，虽可以谓之该通于事物，然而是即不过在物之虚条空道耳，茫荡然，无可以为本领宗主者也。夫圣人以气主之明体者为之理，其能仁义礼知者是也。朱子则以气道之条路者为之理，气道之条路者无生理无实体，与死物同其体焉。苟其理者不

---

① 《霞谷集》卷8，《存言·上》，《睿照明睿说》，235页。
② 金教斌：《阳明学者郑齐斗的哲学思想》，韩国 Hangilsa 出版社，1996，第97页。
③ 李海英：《霞谷郑齐斗哲学的阳明学的展开》，金教斌编著《霞谷 郑齐斗》，韩国艺文书院，2005，第192页。

在于人心神明，而则是虚条，则彼枯木死灰之物，亦可以与人心神明同其性道，而可以谓之大本性体者欤。可以谓之人之性犹木之性木之理犹心之理欤。……以气条为理者，盖物理是耳。彼事物者虽亦各有其气道，同是为吾理中之条路者。①

如果把生理作为"生气的元"和"灵昭的精"的成分扩充到心的话，不仅整个身体会充满精元，整个天地间都将充满精元。首先可以知道"生理"同时包含称为生气的质料的侧面和称为灵昭的精神的侧面；生理是超越的理，可以说是与普遍的原理、道德规范以及个别的事物的道理的朱子学的理是不一样的。朱子学所说的生理比起理的方面更偏向于气的方面。然而朱子学根据清浊粹粕来区分善和恶，不意味着生理比理低等，从受理支配的质料上来说，气也是这样。生理因为有无尽的灵通和无竭的妙用所以不受理的支配，而是主宰众理。霞谷认为应将理（生理）作为气所灵通的地方定为神的存在②，并且认为它是有神妙的生命力的理，是实。③ 生理是人类能和万物感应的灵明的精神作用，是能动的生命力。由于生理，人类和单纯接受存在法则支配的人类之外的存在不同，它是通过实现神妙的生命力表现出来的。因为物理除了必然以外不存在其他的要素，所以生理不同于"虚条"，是实的存在。④

但是把生理限定在"生之谓性"和"天地之大德曰生"的情况下，稍有不慎就有可能仅把生理理解为与道德层面无关的本能的生理层面的能动性。对此霞谷主张生理具有多样的表现性，是真理、明德等的道德主体。生理的主体的性是纯粹的和先天的理，各自效仿造出生命，并作为生命的根源，把所有的事和理连接起来。作为生理主体的性，和朱子学的性即理的说法一样，不是能动的没有作用性的道德规范的性，而是创造出理（条理），造出万事的纯粹的、能动的道德性。性就是作为生理的本质属性，性就是理。⑤ 通过这样的性，生理确保了能动性和道德

---

① 《霞谷集》卷 8，《存言·上》，《一点生理说》，234 页。
② 《霞谷集》卷 8，《存言·上》，《睿照明睿说》，第 235 页。"理者，气之灵通处，神是也。"
③ 《霞谷集》卷 8，《存言·上》，《生理虚势说》，第 235 页。"以神生为理（性志之主，神性之灵，生生不息者）为实（于枯木死灰则绝焉，于盗贼暴淫则息焉）。"
④ 金教斌：《阳明学者郑齐斗的哲学思想》，第 99～100 页。
⑤ 《霞谷集》卷 8，《存言·上》，《生理虚势说》，第 236 页。"理性者，生理耳。"

性的根据，可以把它定位为道德性的生命的主体。霞谷说："其所以统体而为其条路之主者，即其真理之所在者，则即吾心明德是已。"① 作为生理的主体的真理，不是朱子学所说的无形无为的形而上学的原理，而是统率万事万物，能够主宰物理的能动的道德性的性。对此，霞谷说："理者，心之神明者，太极上帝。"② 把真理定位为心的神明，占有绝对的地位，尽管以能动性、真理、明德等多样化的形式表现出来，但这全是生理的道德的能动性。因此对霞谷来说，真理是作为本体的生理，具有跃动的生命性。作为活泼流动生生不息的生命的主体，既是生命的源泉，又是道德的源泉。③

栗谷论及理气之妙，主张"气发理乘一途说"。即为理发和气发，可以说它与主张两发的退溪的理气二元论相比，更接近理气一元论的立场。然而栗谷把理和气按其基本，分为无为无形的形而上者和有为有形的形而下者，理通气局说随此而来。心能够认识理，但是不能创造出理。然而霞谷的生理不是气发理乘一途的体系，它本身作为理气一体的存在和栗谷的理气论相区别，但是与阳明的本心良知思想很相近。生理本身是创造出存在原理和道德规范的主宰者，同时又是能动的道德实践的主体。

三　主体的理和力动的良知心学

栗谷和明斋没有的，而为霞谷所应用的学说是"良知说"。通过良知说，霞谷树立了和栗谷性理学不同的良知心学。霞谷首先对良知和生理的关系做了如下解说。

> 阳明之说曰，良知是心之本体，又曰良知之诚爱恻隐处，便是仁，其言良知者，盖以其心体之能有知（人之生理）者之全体名之耳，非知以念察识之一端言之也。盖人之生理能有所明觉，自能周流通达而不昧者，乃能恻隐，能羞恶，能是非，无所不能者，是其固有之德而所

① 《霞谷集》卷8，《存言·上》，《睿照明睿说》，第235页。
② 《霞谷集》卷8，《存言·上》，《道原》，第234页。
③ 金吉洛：《韩国的象山学和阳明学》，韩国清溪出版社，2004，第336页。

谓良知者也，亦即所谓仁者也。……不察乎其恻隐之心即良知也，心体之知即生理也，则宜乎其所论者之为燕越也。①

霞谷首先说良知是心的本体，作为良知作用的诚爱恻怛叫作仁，由此介绍了阳明的良知体用一源说。他认为不应像思考良知一样单纯地去知觉，而应在心体角度去知，此即为生理。生理通过感应其所面临的不同情况，能够感到可怜，或者是害羞、不好意思、讨厌，以及能做分辨对错等道德性判断行为，这也正是良知，是仁。霞谷还主张："恻隐之心，人之生道也，良知亦即生道者也，良知即是恻隐之心之体。"② 能动恻隐的心是良知，能动恻隐的心的本体也是良知。良知本身作为道德的能动性，是因为它具有体察不幸等具体的作用，所以良知从体用一源出发，进一步地显示其具有体用合一的性质。良知同时包含先天的自觉能力和能动的实践能力，即可称为体用一源和体用合一体。这样的良知即为生理的。良知和生理不是单独存在，而是本来就是一体的。

作为这样的生理的良知具有和宇宙自然同一的功能。

周程曰，太极阴阳，动静相生，阴阳无始，动静无端，此天道之生生不息也。岂独其气生生不息而其神生生不息也。……此人身之生生不息也。岂独其血气生生不息，而其良知生生不息也。此乃性体也。③

霞谷认为天道即是太极和阴阳合一的存在。太极和阴阳合一的存在的天道最重要的特征就是"生生不息"。不断地生成和养育万物就是天道的功能。作为宇宙自然一部分的人类，不仅血气是生生不息的，良知也是生生不息的，这正是性的体。人类的良知和天道一样把生生不息看作生命的本质。人类和自然本来也是一体的，并且成就这种一体的根源从良知中也能找到。霞谷认为生生不息的良知是性的体，且以"性者天降之衷，明德也。……故曰良知良能"④ 的思想为根据的时候，能再一次

---

① 《霞谷集》卷 1，《与闵彦晖论辨言正术书》，第 20 页。
② 《霞谷集》卷 1，《与闵彦晖论辨言正术书》，第 20~21 页。
③ 《霞谷集》卷 9，《存言·中》，251 页。
④ 《霞谷集》卷 9，《存言·下》，第 259 页。

确定形而上学的道德规范不是不起作用，而是起生生不息的、能动的道德性作用。

良知说的主要特征之一是良知具有知行问题，而不是限定在知的领域。

> 盖知能二字不可二之。其自能会此者，是良知，良知即是良能，非专属知识一边之意也。故凡其所谓良知之说，不可只以知觉一端言之也。如天地之能流行发育，万物之能化化生生，无非其良知良能。（非独心之灵觉可谓之知，凡其有主宰，凡其自能会此为此。而不为冥顽窒塞者，皆可言之，易言乾坤知能。）自然之理，无非是此体也。吾人之能恻隐羞恶，能仁民爱物。以至能中和位育也，无非其良知良能。天之所与我，不虑不学而有之本然之体，即亦无非是此体也。故一心理合知行，而有不得以分歧者也。（独人自不能充之，不能一之耳。）①

因为良知是孟子所说的良知和良能的统合体，因此不能说它只具有和朱子学一样的与知识以及知觉相同的知的层面。判断良知是良知良能统合体的根据来自宇宙自然。宇宙自然不是根据超越的存在及全知全能的外部存在来主宰或者根据提前设定的法则循环反复的无生命的机械一样的物质存在，而是依据创出性和自发的能动性生成和养育万物，使他们通过成长，成为具有自己组织性的有机体。这样的创出性和能动性正是宇宙自然的良知良能。作为天地的心的人类把宇宙自然的生命本质看作自己的生命本质。人类作为良知和技能的统合体，因为具有良知，所以通过对万物的感应，在该动恻隐或者该感到害羞时能够动恻隐感到害羞，能爱百姓和万物，由此人类在宇宙自然的自组织化过程中能够主体地、能动地参与其中。因此比起对外在的超越者的信心或者是对外在的道德规范的理解，对自身的信赖和对内的自觉更加重要。良知良能不是通过后天的思考认知或者是学习得来的，而是先天就知道的。能够履行的先天的、道德的自觉能力和能动的实践力的统合体，即为知行合一体。因此以本体来说，知是行，行以及知本来是不可分开的。所以从知的角度来看，

---

① 《霞谷集》卷1，《答闵诚斋书》，第30页。

二者也是一体的存在，而不是两个分别的存在；从行的角度来看也是如此。①

霞谷把良知说归结为知行合一。虽然栗谷说知行立进②，但知行立进并不意味着知行合一。栗谷认为以认识为对象的普遍的理和道德规范作为先验而存在，因此在实践行为之前要先认识理和规范的穷理，即要求知的行为。③ 对此栗谷虽然强调知和行的立进，但对行为做出正确的理的判断比什么都重要，在这一点上可以判断出他的着重点不在居敬涵养上，而在穷理省察上。④ 知行立进是先通过穷理认识理和规范，然后以先知后行为基础，知行立进。对栗谷来说，即便心能够认识理，也不能创造理，并且认识理的知和实践理的行显然不是一件事，而是两件事。另一方面霞谷认为不存在心应给认识普遍的理，作为心的本体的良知是道德的能动性和实践能力的统合体，是能单独创出理并实践理的知行合一体。因此霞谷的良知心学和栗谷相比，在人类的主体性、能动性和实践性方面，更为强调和强化。

结　　论

从栗谷发源，经过明斋，然后到霞谷这样相接续的心学的变容和创造的基础是"诚"和"实"。他们认为"诚"和"实"是宇宙自然和人类的真实的生命本质，也是力动的生活的表现方式。霞谷在继承栗谷和明斋相接续的以诚为中心的务实学的同时又吸收阳明学的思想。霞谷以性理学和阳明心学的统摄和自得为基础，树立了和栗谷、明斋不同的理气心性论，对自己独创的心学思想展开了论述。从对栗谷学的继承方面来看，霞谷和

---

① 《霞谷集》卷9，《存言·中》，第251页。"以本体则知是行行亦知，元无可二者。是故其在知也，亦一而非二，在行也，亦一而非二。"

② 《栗谷全书》Ⅱ卷38，"附录6"，《前后辩诬章疏》，第449页。"但学者知行必须并进。若不知道理，不辨是非，则所谓存心者，亦将何据。"

③ 《栗谷全书》Ⅱ卷27，《击蒙要诀》，《序》，第83页。"皆于日用动静之间，随事各得其当而已。……故必须读书穷理，以明当行之路，然后造诣得正，而践履得中矣。"
《栗谷全书》Ⅱ卷27，《读书章》，第85页。"不被事物所胜，而必须穷理明善，然后当行之道。"

④ 金璟镐：《人格成熟的新地平》，韩国（株）情报和人，2008，第288页。

把诚分为实理的诚和实心的诚，和栗谷和明斋的见解不同。霞谷认为实理是绝对的理，作为不是超越的原理或者规范的理气合一的存在养育苍生万物的活泼的生命力，实心是人们心里的实理，作为诚的实心的主导功能是和万物有所感应。

霞谷的伟大在于对先儒不是单纯的踏袭或追从，而是有力度的批判和创造的变容。栗谷把理分为普遍次元的理（统体一太极）和现实次元的理（各具一太极），对此霞谷把栗谷的理纠正为无为的，批判栗谷的理是在现实中没有任何作用的空壳而已。这样的虚理（统体一太极）不仅没有能动的作用，而且脱离具体的事物和现实世界，是不具有物质性的抽象的理，是外在的理、超越的理，和气是二分的，没有生命力。这样普遍次元的理和空虚的东西不同，个别事物实际使用的理（各具一太极）不能成为物理的本领、宗主。虽然比起理气不相杂来说，栗谷更重视理气不相离，但他在实际上不能彻底地辨清理气一元和理气不相杂的局限性，霞谷对此做出了批判。

以对栗谷和朱子的理气论的批判为基础，霞谷由理气一体的存在提出了生理，并把它规定为本领、宗主。生理是人类和万物能感应的灵明的精神作用，作为能动的生命力，和物理不同，具有能动性。作为生理主体的性（真理＝明德）和朱子学中的性即理一样，不是作为没有能动性的道德的规范的性，而是创造出理（条理）和万事的纯粹的能动的道德性。性即是生理的本质的属性，性即是生理。生理通过这样的性确保了其能动性和道德性，作为道德生命的主体也占据了重要地位。栗谷的理气之妙和气发理乘一途说，虽然与主张理发和气发即两发的退溪的理气二元论相比，更接近理气一元论的观点，但栗谷的理和气基本上分为无为无形的形而上者和有为有形的形而下者，由此产生了理通气局说，心即使能认识理，但绝对创造不出理。然而霞谷的生理不是气发理乘一途说的体系，它本身作为理气一体的存在和栗谷的理气论相区分。生理本身是存在原理和道德规范的主宰者，同时也是能动的理，具有主体的道德实践力。霞谷的生理说和栗谷相比，具有向主体的理和能动的人类迈近了一步的学术意义。

栗谷和明斋没有的，而霞谷独有的学说就是"良知说"。霞谷通过良知说树立了和栗谷的性理学不同的良知心学。良知作为生理，其本身的道德的能动性使其显现出感受到不幸等具体的作用，因此良知是体用一源，或者说是体用合一体。把生生不息作为生命本质的良知是先天就知道并能履行先天的道德的自觉能力和能动的时间力的统合体，即为知行合一体。霞谷的良知说最终在知行合一上做了归纳。虽然栗谷的知行立进说对此也有所提及，但知行立进并不等同于知行合一。作为栗谷的认识对象的普遍的理和道德规范先验存在，因此在实践行为之前需要先做认识理和规范的穷理的知的作业。栗谷认为心虽然能认识理，但是不能创造理；知道理的"知"和把理实践履行的"行"不是一件事，而是两件事。另一方面，霞谷认为不存在心应该认识的普遍的理，作为心本体的良知，是道德的能动性和实践能力的统合体，是能够独自创造出理并把理作为实践来履行的知行合一体。因此较栗谷来说，霞谷的良知心学比起实践性，更加强调人类的主体性和能动性，且向强化的方向变容了。

关于日本阳明学的几个特质

◎钱　明*

　　摘要：本文以日本幕末维新期尤其是以山田方谷为代表的保幕派或协幕派阳明学者为重点考察对象，并在此基础上展开对同一时期日本阳明学基本特质的概述与阐释。在本文所叙述的几大特质中，有的应当属于整个日本阳明学且能显示其时代共同性的特质，如"王朱并举，以王为重"和"文武并举，以文为重"等；有的则主要属于部分日本阳明学且能显示其政治立场性的特质，如"道术并举，以道为重"和"义利并举，以义为重"等。这些特质虽皆与中国阳明学有联系，但其日本化现象十分明显。

　　关键词：阳明学　山田方谷　特质　日本化

序　说

　　日本阳明学的形成与展开，大致可分为江户前期、江户中期、幕末维新期和昭和期（包括战前与战后）四个阶段。由于各个时期的时代课题与问题意识不尽相同，故而其个性特质亦不完全一致。本文拟以幕末维新期的日本阳明学尤其是以山田方谷为代表的保幕派或协幕派阳明学者为重点考察对象，并在此基础上展开对这一时期日本阳明学基本特质的概述与阐释。比较而言，这几个特质中，有的应当属于整个日本阳明学且能反映其时代共同性的特质，如"王朱并举，以王为重"和"文武并举，以文为

　　＊　钱明（1956～），浙江省社科院、浙江历史文化研究中心研究员，日本九州大学文学博士，贵阳学院阳明学与地方文化研究中心特聘研究员，主要研究方向为阳明学、东亚思想史。

重"；有的则主要属于部分日本阳明学且能显示其政治立场性的特质，如"道术并举，以道为重"和"义利并举，以义为重"。

众所周知，幕末维新期的日本社会，出现了"公武合体论"（公即公家，代表皇室；武即武家，代表幕藩）与"尊王攘夷论"的政治分歧。"公武合体论"是保幕派或协幕派的主张，而"尊王攘夷论"是倒幕派的主张。前者更强调"道术并举、以道为重"及"义利并举、以义为重"。因为在保幕或协幕人士看来，忠诚地为主人（幕府将军及诸藩大名）尽责尽力，是一个卫"道"守"义"之武士的分内之事。但在倒幕派看来，只有把权力交还给天皇，并将外国利益拒之门外，才是真正的"道"和"义"。他们要打破的正是保幕派或协幕派所强调的"道"和"义"。这种对"道"和"义"的不同理解，不仅导致了两派政治立场上的分歧，而且引发了思想观点上的差异；即便同样信奉和推崇阳明学，也会因为政治立场的不同而出现思想特征上的差异。

一　王朱并举，以王为重

折中朱王（陆）是中国阳明学后劲的主要修正思潮之一，但并非所有阳明学后劲都有这种自觉。与中国阳明学不同的是，日本阳明学几乎都主张朱王并举，都具有调和朱王的倾向。无论江户前期、中期的第一、二代阳明学者，还是幕末维新期的第三代阳明学者，乃至昭和期的第四代阳明学者，概莫如此。山田方谷（1805～1877，名球，冈山人）在这一点上也表现得立场鲜明。其《答友人某书》曰："向承喻，近专从事王氏之学，因据其致良知之说，偏刺议宋诸贤之言，纵横辩说，无有所遗，且以仆师事佐藤子（一斋），欲与闻其绪论以决当否。古之贤者，内有实得而后立一家之言，如周之主静、程之持敬、陆之尊德性、朱之道问学，以至王氏之致良知，其言各殊，而其有得于道则一也。道问学可也，致良知固可也，将自无辩说之可容也。若犹未有所得焉，而遽议其失，非周程朱陆不免有议，虽则王氏之说，得无瑕疵乎？"[1]强调程朱陆王"其言各殊，而其有得于道则一也"，切不可在没有理解朱学时就

---

[1] 〔日〕山田准编《山田方谷全集》，明德出版社，1997，第1册，第184页。

妄"议其失"。这是对王门中部分人在未真正了解朱学的情况下就贸然抨击朱学的批评。另据方谷二十九岁时撰写的《传习录拔萃序》曰："癸巳之秋，余闲居洛西，久不接于物，取平氏《传习录》，时时读之，熟于口而得于心，犹空水明月相映于无间也。于是乎益信夫速与果也，乃采择其近于得者若干条，手写置于左右，亦将欲效善学焉者之为也。或曰：'子非学朱者邪？若夫传习之方，则朱之书备矣，何必他求之为？'曰：'今之学朱者，争攻王氏之失，遂并其得而斥之，弃内遗约，泛滥无要，此岂朱子之意哉？故余之有此择也。欲救其弊以协于中而已。抑亦朱子传习之本意也夫。'"①"协于中"，即折中朱王。正是以此为基点，方谷不仅要救"学朱者"之弊，同时也看到了王学之得失，指出："世之学朱者，极斥王氏之非何哉？盖朱之为学，合内外，该博约，是以其传协于中，而习焉者，昏明智愚，各循其序而进矣。王之为学，专于内而壹于约，是以其传出于偏，而习焉者，有得有失，何也？昏而愚者由之，则长师心之过而失稽古之功，悍然恣肆，无忌惮之行于是乎兴焉，是其失也。明而智者资之，则见性也速，而断理也果，措之事业，视其效者，往往有之，是其得也。善学焉者，舍其失而取其得，均是传也，均是习也，吾未见其非也。"② 可见，方谷虽不赞成学朱者"极斥王氏之非"的做法，但对"失稽古之功，悍然恣肆，无忌惮之行"的"昏而愚"的学王者也给予了警告。也就是说，方谷虽坚持王朱并举，以王为重，但并不护短，对王学之得失亦有深刻之解读。而他将"措之事业，视其效者"视为王学之"得"者，则使日本阳明学诉诸行动、重在实效的特质彰显无遗。

承方谷之续，其高足三岛中洲（1830～1919，名毅，冈山县人）也对朱王之得失做了深度解剖，并且主张通过"大同小异论之"的办法来化解朱王间的分歧："王子倡新说、驳朱说，不为世所信，于是著《朱子晚年定论》以取信，曰：'吾苦心所存也，朱子苦心亦如此已。'……大同小异论之而可也。余尝有诗曰：'共在孔门围范里，区区流派勿相攻。祖孙一

① 《山田方谷全集》，第1册，第178～179页；第2册，第221～222页；另见〔日〕山田琢、石川梅次郎《山田方谷·三岛中洲》，东京明德出版社，1977，第281～282页。
② 《山田方谷全集》，第1册，第178～179页；另见〔日〕山田琢、石川梅次郎《山田方谷·三岛中洲》，第281～282页。

系传心血，犹有音容小异同。'盖为此也。朱王之学，本孔孟，出入佛老，各成一家说，而朱取老者多，王取佛者多。"① 中洲的"大同小异论"与中国阳明学中的折中派的朱王之辩基本一致。

比较特别的是，方谷认为阳明之言有其得也有其失，所以唯有"舍其言而学其为人"②，才可谓"善学者"。这样的分析，颇有几分日本特色。王阳明在中国是立德、立言、立功之"三不朽者"，立言在其中占据重要位置，多数阳明学者将其放在首位，至少放在立功之前。但日本的阳明学者更看重阳明的为人为事，也就是他的实践性品格，而视"徒务辩论，而不学其为人"是"一大通病"③。方谷的这一观点出自其所作的《答友人某书》，故而三岛中洲曾这样评价此书："此篇主意，言虚论不若实得。是我先师一生学问根底。余尝有诗曰：'徒争道路目相目，唯是险夷迁直间。不若真知实践者，先人直上尼丘山。'亦不负先师之意。"④

不难看出，方谷在主张朱王并举的同时，明显有轻重主次之分，阳明心学的分量明显要高于、重于朱子理学。不仅如此，方谷的为学主旨也倾向于王学，如其曰："乃知圣贤之道，不在乎外，而在乎内，不在乎功业文辞，而在乎性命心身。故学者能用心于斯而有得焉，则庶几乎其道可得而尽矣。"⑤ 以"内"为本，以"性命心身"为的，这与王阳明的主张一致。正因为此，在朱王之辩中，尽管方谷一般把朱置于王之前，但到了其弟子冈本巍时，则把王放在朱之前，强调"王朱并举"。朱王次序的这种"颠倒"，其实体现出方谷的真实想法，这就是"朱王并举，以王为重"。到了晚年，这种"以王为重"的倾向在方谷那里表现得更为明显，故其六十八岁寓于闲谷学校，"应诸子之需，讲孟子养气之章，专奉余姚王子之旨，而不遵朱注"⑥。方谷的养气说，其实是在以王释孟，目的仍是为了调和朱王。方谷强调"王学大旨不出养气一

① 〔日〕山田琢、石川梅次郎：《愚得录抄》，《山田方谷·三岛中洲》，第286页。
② 《答友人某书》，《山田方谷全集》，第1册，第184页。按：河田迪斋称此言为"名言"（同上）。
③ 《答友人某书》，《山田方谷全集》，第1册，第184页。
④ 《答友人某书》，《山田方谷全集》，第1册，第184页。
⑤ 《再送松井安常序》，《山田方谷全集》，第1册，第175～176页。
⑥ 《山田方谷全集》，第2册，797页。

章"，认为"气之直者，莫非良知"。中洲承其后，也不以阳明学为"心学"，而为"气学"，不为"致良知之学"，而为"诚意之学"。故而有人主张把中洲的学问命名为"气学的阳明实践之学"。如果说"主敬"是朱子的思想，"主静"是象山的主张，那么"主诚"便可以说是阳明的立场。他们之间的区别是："敬"着眼于人伦关系中自他之间的"工夫差异性"，可与中上武士阶层的"自敬矜持"精神联系在一起；而"诚"则着眼于人伦关系中自他之间的"和谐统一性"，可与中下武士乃至町人、农民阶层的平等意识联系在一起。"诚"的本体性与"敬"的工夫性，决定了王学与朱学不同的学术个性和理想现实。方谷、中洲等人都想用内外合一、动静合一、心物合一的"诚"来融合阳明的"良知"与朱子的"敬"，而中洲的"诚意之学"实际上是王阳明的"诚意为主"说的自然连接与展开。由此亦可看出他们坚持王朱并举，以王为重的基本取向。

二 文武并举，以文为重

江户幕府建立之初，德川家康为统制武家社会而制定了《武家诸法度》，开始实施"文武弓马之道，专可相嗜事。左文右武，古之法也，不可不兼备焉"①的"文武不歧"政策，强调在不改变武士身份的前提下，务必转变其职能，使之偃武习文或崇文尚武。但此政策在开始执行时，效果并不理想。诚如江户后期学者竹尾次春（又名党苍，号子龙）所言："元和纪元（1615），大阪始平，海宇偃武，黎庶得所。然扰乱之余，诸人尚武薄文。"② 正是在这样的背景下，包括阳明学者在内的一批思想家才纷纷打出文武并举，以文为重的旗帜。

众所周知，儒学历来给人以温文尔雅、谦谦君子之印象，重文轻武、文武分离已成为儒士的惯性思维。儒学的这种特性还深刻影响到其周边，如朝鲜朝后期著名实学思想家李圭景在《武学辨证说》中就说过："古者文武之教，未尝分途……至于建武学，用武举，是分文武

---

① 〔日〕司法省庶务课编《德川禁令考》第一帙，吉川弘文馆，1931，第90页。
② 〔日〕竹尾次春：《旧考余录》卷首，江户后期写本，全五卷，水户彰考馆藏。

为二途，轻天下无全才矣。古之学者，文武兼备，故措之于用，无所不宜，岂谓文武异科，各求专习者乎？……凡为士者，文章之外，兼习九流，临事适用，然后谓之通儒，如司马迁、班固、范晔之徒是已。后世文弊滋甚，右文者视武事若浼，尚武者视文章若病，故永嘉之祸、侯景之乱、晋梁之朝，士不能跨马，束手骈死，岂不可哀？……我东则高丽恭让王二年庚午，始设武科，文武之分悬绝，入国朝尚文，故武逊于文矣。"①"文武之分悬绝""尚文轻武"乃是当时中朝两国的基本政治生态。

然而既是心学家又是军事家、政治家的王阳明，在事功、军功方面的卓越表现②，却给了东亚诸国以耳目一新的感觉。这种感觉不仅源自其打破思想禁锢的精神力量，更源自其"儒者之功，仁人之勇"的政治气魄。冯梦龙的《王阳明先生出身靖乱录》，以记录阳明的军功、事功为主要目的。在冯氏眼里，王阳明在文事武备上乃儒家第一流人物，而冯氏的《靖乱录》，突出的又是"靖乱"，即武备。《靖乱录》载："先生十四岁习学弓马，留心兵法，多读韬钤之书。尝曰：'儒者患不知兵。仲尼有文事，必有武备。区区章句之儒，平时叨窃富贵，以词章粉饰太平，临事遇变，束手无策，此通儒之所羞也。'"③这种儒者形象的出现，对儒学东亚不啻一场地震，颠覆了传统儒学，为东亚社会的近代转型塑造了人格，输入了血液。

日本素有"勇武之风"④，武士们最喜欢王阳明的也正是其文武兼备的形象及其身上的军功重彩。正因为此，《靖乱录》在幕末维新期曾被反复刊印，作为阳明学的入门书在日本受到追捧，并对阳明学普及于日本起到了很大作用。⑤幕末期的日本，不是先刊行钱德洪等编纂的更具可靠性的

① 〔朝〕李圭景：《五洲衍文长笺散稿》上册，明文堂，1982，第293页。
② 程松溪：《送大中丞东崖虞公开府赣州序》："盖自阳明先生始请提督之命，授节钺之权，视诸三边两广，自是百度维新，群凶扫荡，武烈丕振，文教通兴，山川不刊，风猷如在。"（郑云山、项瑞英点校《程文德集》卷八，银河出版社，2005，第86页）
③ 冯梦龙原著，张昭炜编著《皇明大儒王阳明》，九州出版社，2014，第10页。按：冯梦龙所引阳明语，未见于《王阳明全集》，估计是冯氏对阳明精神的自我解读与提炼。
④ 〔日〕林恕：《论二：吴郑论》，《鹅峰先生林学士文集》卷四八，《近世儒家文集集成》第11卷，东京ペリカン社，1997，第510页。
⑤ 参见〔日〕永富青地《王守仁に関するの文学作品の研究》，收入《王守仁著作の文献学的研究》，东京汲古书院，2007，第467页。

《阳明年谱》，而是选择带有传奇色彩的冯梦龙的《靖乱录》①，其用意恐怕亦与两书的侧重点有关。② 从一定意义上说：通过《年谱》与通过《靖乱录》来介绍阳明生平、宣传阳明精神，其效果是不同的。

尽管文武兼备历来是儒学要求士大夫阶级所应具备的理想人格，但在实践中，封建统治者因立足于以文治国，常失于重文轻武，要求军人去"武悍"而"能兼文"；③ 甚至在国家危难之际，仍声称要"谦雅和衷，刚柔相济……文武同心"④，轻蔑或回避尚武精神，故而在面对外敌入侵时，总是陷入被动，任人宰割。朝鲜人的文武之道与中国人较为接近，崇尚文事而轻视武备，比如曾被丰臣秀吉俘获的朝鲜儒者姜沆（1567～1618）就明确反对文武并举，强调指出："文武并用，长久之道……二者之于人国家，诚不可以废一。然文而不能武则不足以为文，武而不能文则不足以为武，其实非有两事也，亦非有二物也，又何以云并用乎哉？……文德者，固所以服远人，而武备者，文事中一物耳……则文武果有两事乎？二物乎？……文武非有两事也，亦非有二物而已矣，何必曰并用乎哉？……自三代以降，文武始分为二途，然就其中，文教胜者享国必久，武力胜者乱亡必促。……呜呼！谓之并用，犹且差当时陷后代如此，而况专尚武力，而谓文教无补于人国家，则将何以善后哉！"⑤

① 和刻本，长沢规矩也双红堂文库旧藏。东京大学东洋文化研究所藏《三教偶拈》第一卷即为《靖乱录》。据谢巍考述："此书容（肇祖）氏著录：'《王阳明出身靖乱录》，三卷，存。'原刻本题作《皇明大儒王阳明先生出身靖乱录》，书存日本，未见。所见为日本庆应元年（1865）弘毅馆刊本，藤川太郎校正，题作《王阳明出身靖乱录》，分上中下三册。所见另一本，为日本明治年间东京青山嵩木堂刻本，封面题作《王阳明出身靖乱录》，卷端题作《皇明大儒王阳明先生出身靖乱录》，分三卷。此书图书馆及书目作传记类编目，误。此实际为冯梦龙自著拟话本，属小说类。书虽不分回，但每则故事以诗作引子，开头用'且说'或'却说'或'话分两头'等开场白。书自王阳明出身叙起，迄封新建伯而止，按年次记述。"（《冯梦龙著述考补》，《文献》，1982 年 12 月，第 14 辑）
② 有关在编纂《阳明年谱》的过程中，围绕把阳明事功视为"精神心术所寓"（即学术思想之基石）与"学术下手处"（即学术思想之运用）的钱（德洪）王（畿）之争，以及编纂者的最终选择，可参见拙著《浙中王学研究》，中国人民大学出版社，2010，第 260～282 页。
③ 郑云山、项瑞英点校《程文德集》卷三十四《临武场简谢王绍勋》："当今总戎多武悍，愿尔力学能兼文。"（银河出版社，2005，第 394 页。）
④ 朱谦之整理《朱舜水集》，中华书局，1981，第 153 页。按：就对"武"的重视程度而言，"文武同心"与"文武并举"显然不在一个级别上。
⑤ 〔朝〕姜沆：《睡隐别集》，课制议，《文武并用长久之道议》，《韩国文集丛刊》，第 73 册，景仁文化社，1990，第 162 页。

　　然日本武士阶级因立足于以武治国，即使在和平的历史条件下，依然主张文武兼备，肯定并推崇尚武精神。尽管江户幕府长达二百多年的和平使武士阶级出现了怠惰、文弱和丧失质素精神等现象，但文武兼备始终是武士阶级认为统治者所应具备的重要品质。特别是在思想领域，无论是正统的儒家思想，还是非正统的各思想流派，都强调文武兼备的价值，认为保持尚武精神是武士阶级的本色。① 例如阳明学鼻祖中江藤树的"文武合一"论、古学派先驱贝原益轩的"文武一途"论、朱子学家斋藤拙堂的"文武平行"论、后期水户学的"文武不歧"论等，其中尤以阳明学者的主张最为明确和突出。

　　与王阳明"文事武备"之经历颇为相似，日本阳明学者亦皆有武备文事之经历，所以他们都主张文武兼备，以心为本，以兵为要，心学与兵学并举。在这方面，"专力文武"② 的山田方谷表现得尤为突出，论述也相当系统，如曰："夫文武相济，犹两轮之相须而行也。然威武之不立，文德不可得而敷。故古之圣王未敢忽于武，但其远人不服，固将修文德以来之。"③ "盖人之性感其所触而见，为仁为义，为爱为勇，犹一镜照众形，莫不各从其貌者。故其所以仁于妻子者，所以义于君长之心；所以厚于室家者，所以勇于战阵之气。一性所照，非有二也。若夫暴悍武夫，斩将搴旗，视死如归，是特虎狼之勇，非发于真性者。……此间武人轻锐成习，壮悍自喜，闻言涉于室家情爱者，则以为怯弱可笑，亦由其莫知情性之极也。"④

　　方谷之所以强调"义于君长"，而非"忠于君长"，是因为"义"乃对于君长将军或大名而言，"忠"则对于君主天皇而言。在武士们看来，将军、大名也是武士，只不过是更高一级的武士。与君臣之间强调"忠"或"忠心"不同，武士之间讲的是"义"或"义心"⑤。由此亦可看出方谷的立场与主张"尊王攘夷"的倒幕派的立场的区别。为此，方谷还严厉批评了日本重武轻文、百王一姓之传统："今之仕者不必学，学者不必仕，学之与仕，邈乎无关也。"⑥ "论者谓：我俗习于武而拙于文，不能明辨是

---

① 参见王志《日本武士阶级的文武合——思想论述》，《古代文明》2008 年第 4 期。
② 引自〔日〕三岛中洲《山田方谷先生墓碣铭》，《山田方谷全集》，第 1 册，第 3 页。
③ 《七旬有苗格论》，《山田方谷全集》，第 1 册，第 159 页。
④ 《书小野寺十内手简后》，《山田方谷全集》，第 1 册，第 179 页。
⑤ 《山田方谷全集》，第 1 册，第 180 页。
⑥ 《答尾台氏书》，《山田方谷全集》，第 1 册，第 202 页。

非以晓主，故然（即谏死者'晨星寥落'）。……曰：彼（指中国）为人主者，革命易姓以为常，有德则君，无德则仇。我（指日本）则百王一姓，有德亦君，无德亦君。彼之所尚在德而不在位，我之所尚在位而不在德。"① 尽管当时的倒幕派也主张"文武并举"，但方谷所批评的"百王一姓"，则不能不说具有相当的针对性。他为了"文武并举"和"义于君长"，临终前甚至"命家人陈《阳明全集》及公（松山藩主板仓胜静）所赐短刀，焚香默谢而逝"②。

在当时的日本，武士的儒士化与儒士的武士化是同步进行的，伴随武士学文之风，文人习武之风也很盛，"男皆知字讲武"③。如新见藩主关大藏君："又曰好武，又好文，而好文之心，胜于好武。""性无嗜好，专志于射骑剑枪铳炮诸技……日夜不绝。常招师友讲习讨论，暇则聚邸中儿童，亲授句读，谆谆无倦色。"④ 而就在武士们把价值追求的目光转向"好学能文"，对"武人俗吏"嗤之以鼻的同时⑤，在当时的文人儒士中，也开始盛行起习武之风。他们不仅爱好舞枪弄棒，而且也喜欢为武士英豪树碑立传。众多"英名录"，就是那时最吸引年轻人的畅销书。方谷也利用为多种"英名录"⑥ 作序的机会，阐释了自己的文武之道："文武并举，自古为然，而文士靡弱，缓急无用，奚足与武人匹哉？我观《明史》所载倭寇者，益知其然矣。夫彼所尚者文，而我所长者武。其寇于彼者，皆濒海奸民，于我莫知其名者，而彼畏之如虎。且当是时唐顺之、归有光辈，彼一代文雄，而亲被寇祸，是以其攻侵之状，讨御之术，具载之集中。其言愤愤，未有得要领以建倜傥之策者。至于顺之，则身蹐行间，膺督师之任，而再三败衄，竟无胜算而罢。夫以一代文雄，与无名奸民极力相搏，乃不用为之敌，其弱不可用如此，斯足以见文武胜劣。而彼尚文之徒，亦可以

① 《论谏死》，《山田方谷全集》，第 1 册，第 192 页。
② 引自三岛中洲《山田方谷先生墓碣铭》，《山田方谷全集》，第 1 册，第 3 页。
③ 引自三岛中洲《山田方谷先生墓碣铭》，《山田方谷全集》，第 1 册，第 5 页。
④ 《关大藏君碑阴记》，《山田方谷全集》，第 1 册，第 201 页。
⑤ 参见《复林生书》，《山田方谷全集》，第 1 册，第 205 页。
⑥ 方谷曾应邀为不少年轻武士撰写的"英名录"作序，如《横屋宪藏英名录序》、《横尾宪藏水川圆藏英名录序》、《野岛铁太郎英名录序》、《题熊木百太郎英名录序》、《村上提英名录序》、《团藤善平英名录序》、《井上贤之介英名录序》和《桑野武彦英名录序》（收入《山田方谷全集》，第 1 册，第 240 ~ 246 页）。

愧死矣。……曰何谓然？古之文武合而为一者也，今之文武歧而为二者
也。歧而为二，文固不胜武；合而为一，武赖文而成。谓之文胜武可也，
然此岂词章文字与射骑阵伍之谓哉？……吾闻幕府新政，文武并举，尤注
意于海防，屡下令以戒不虞，其意亦在警文弱之徒欤！风化所及，足以兴
人，则一旦风汛，贼舰蔽海而来，安知一扫荡平之功不在儒雅操觚之士
哉？"① "方今用武，专于与夷战。夷之兵莫非铳者，则我学剑者，当以剑
对铳为念，不当以剑对剑为主。"② "剑之对铳，无他，弗惧而已矣。"③ 也
就是说，当时无论武人还是文人，其价值观都已悄然发生了改变，即朝着
"文武并举，以文为重"的方向转变。而这种转变，乃是从江户开府直到
幕末巨变始终存在的社会文化现象。阳明学在日本受到追捧，与这种转变
有非常密切的关系。

三　道术并举，以道为重

儒学在江户期的日本，开始只被视为"儒术"，与医术等技能类学问
并列，后来才上升到"儒道"，并超越佛道，成为官方意识形态。但在
"儒"上升为"道"的过程中，其"术"的身份并未消失，甚至形成了把
"术"简单等同于"道"的思维路径。换言之，日本人在用儒家之"道"
改造日本武士的同时，还让日本社会重视"术"的传统得到了很好的保
持。道即术，术即道，逐渐成为日本人的思维定式。反观日本儒学的重要
输入方朝鲜，则与中国一样，重道轻术，甚至蔑术。如朝鲜大儒尹拯曾批
评说："岂不欲勉学雕虫之技，以成一艺之名，以上伸乌鸟之情，下免编
户之坠哉？而傥赖父兄师友之力，不至于失志逢尤，以忝亲而辱祖，则拯
之志愿事业，此外无所望矣。"④

与中朝不同的是，基于实践性、实用性之价值理念的日本文化，均有
重"术"或具体之道而轻根本之道的传统，而把务实的"术"直接上升为

---

① 《送坂谷素三郎之江户序》，《山田方谷全集》，第 1 册，第 217～218 页。
② 《山田方谷全集》，第 1 册，第 243 页。
③ 《山田方谷全集》，第 1 册，第 242 页。
④ 〔朝〕尹拯：《明斋先生遗稿》卷九《上市南》（庚寅），《韩国文集丛刊》第 135 册，景
　仁文化社，1990，第 212 页。

务虚的"道"的思维路径，不过是这种传统的表现形式之一。大凡属于手艺、工匠之层面的"术"，都被上升到"道"的高度，形成多种"术道"，如医道、剑道、花道、茶道、书道、柔道……这样做的好处是职场层面的岗位操守、职业道德受到高度重视，简易又务实，使人人敬畏；其弱点则是宗教超越层面的人生境界、终极关怀略显不足，少思辨，缺虚幻。因此，日本人可以在"术"的层面做得极为精到、精致、精细、精练，但在大势大道上容易缺位迷失，甚至有用"术"道代替儒道，以"小道"代替"大道"的倾向。对此，幕末时的山田方谷已看得很清楚，所以主张术道并举，以道为重。他以医道为例解明说："凡今之世，学医者好夸大其说，并论诸圣人之大道，语天地，谈阴阳，引及国家之治术，自以为天下之理无出于此者，可谓泥之甚者。球闻之先师，天下之物皆理一而分殊，故语其理，则一物之上各有至理之寓者，若语其分，则有大小广狭之殊，而其用各不同矣。世人多执一物之理，欲通天下之理，故遂至牵强附会之甚，皆知理一而不知分殊之弊也。是言最中今世技艺家之病。彼徒偶有得一物之理于其技，则傲然自负以为天下之理解寓于吾艺中矣。不唯轩岐氏之徒为然而已，歌咏游侣，击剑武夫，百家众技无不然者，其为大道之害，亦不为鲜矣。故曰：虽小道必有可观者，致远恐泥，故君子不唯也。今吾弟亦有观夫至理之寓于所习之技，故有此论也。是以益研其术、精其业则可矣，若夫泥之远遂至得夫技艺家之病，则不可不戒也。"① 与所有日本武士阶级一样，相对于中国士大夫阶级重"治理"的传统，方谷也特看重"治术"，但他能在强调"至理之寓于所习之技"的前提下，反对"泥之远遂至得夫技艺家之病"，试图达到"治理"与"治术"的统一，亦即"道"与"术"的统一。

王阳明的思想与历代儒者的最大不同处，在日本人看来恐怕即在于其所具有的"道术合一"之基因。阳明虽未直接说过"道术合一"，但他主张道事合一，强调"事即道，道即事"。据《传习录》载："爱曰：'先儒论《六经》，以《春秋》为史。史专记事，恐与《五经》事体终或稍异。'先生曰：'以事言谓之史，以道言谓之经。事即道，道即事。《春秋》亦经，《五经》亦史。《易》是包牺氏之史，《书》是尧、舜以下史，《礼》、

---

① 《与家弟书》，《山田方谷全集》，第 1 册，第 143 页。

《乐》是三代史。其事同，其道同，安有所谓异？'"① 是故，阳明所说的
"道事合一"又可称为"经史合一"。而如何处理这种"人情事变"的
"事"，则属于技术或技能层面的问题，所以"事"与"术"实可等同视
之。正因为此，日本人会很自然地把自己的"道术合一"传统与阳明的
"道事合一"理念联系起来思考，进而对阳明学产生更大的向心力。"事"
等于"术"，"事即道、道即事"也就是"术即道、道即术"；道乃道心，
故"道术合一"又可转化为"心术合一"。按照这种思维逻辑，若具化于
兵学，则为兵学心学并举，以心学为重；若具化于西学，则为和洋并举，
以和为重。武士阶级重视兵学，乃是很自然的事，而重视心学（实为禅学
化的心学），则与武士的文化素养密切相关。因为武士的儒者化，以"心"
为本显然要比以"理"为本简捷高效得多。若以"理"为本，经学是其必
备的学习知识手段，而以"心"为本，则只需从内入手，直心以动，以保
持心灵的纯净与高迈即可。如果说以"理"为本的充分条件是知识之积
累，那么以"心"为本的充分条件便是心灵之净化。后者显然是武士阶级
进入儒雅圣堂的方便法门。也就是说，武士向儒者转化手段和过程的简易
化，既是江户初期社会的现实需要，也是武士阶级文化素质的最佳选择，
而阳明学则为这种选择提供了最佳范本。

若从东亚文化比较史的视角看，中朝两国的儒生一般要通过严格的应
试训练、科举考试才能"业儒入道"，这对汉学功力较差的日本武士们而
言，不啻缘木求鱼。因此，就有必要为武士们找到一条便捷而畅通的"业
儒入道"的上升通道，而让各行各业的"术"，通过某种改铸和提炼，就
能直接上升为"道"，乃是最便利的办法。而"道术合一"的实际价值，
正好体现在形而下之"技"向形而上之"道"转换的上升通道是完全打开
的，故而在"道术合一"的理念下，弃武业儒、弃医业儒、弃商业儒等在
江户期的日本便成了常态化的现象。如果说这种理念的正面意义是职业道
德的强化，行业平等意识的形成，那么它的负面效应便是形而上的"道"
有可能被"贬值"，甚至为形而下的"术"所代替。既然"术"是人人易
得、人人皆有的，那么"道"亦复如此。如此一来，"道"的超越性和神

---

① 吴光、钱明、董平、姚延福编校《王阳明全集》新编本，第 1 册，浙江古籍出版社，
2010，第 11 页。

圣性便大打折扣了，进而有可能导致善恶不分的泛道化现象。换言之，"术道合一"其实是在提升"术"与贬值"道"的互动过程中同时实现的。

在江户末期，山田方谷所从事的财政改革和藩政改革可谓运用"道术合一"较为成功的案例之一。正是基于"道术合一"的理念，方谷才不去纠缠思辨性很强的理论之争、异端之辩，而是踏踏实实地干起来再说，从"小"处入手，以至"大道"。譬如方谷说："公（指松山藩主板仓胜静）观先生经纶才可大用，举以委国政，谘谋承顺，无所弗至。于是先生亦辅佐参画，大整财政，兴殖产，开荒芜，置贮仓，或设学校以布文教，或严兵备以戒不虞，其大功伟绩，不遑枚举。盖其君臣契合，亦千载一遇也。……顾是皆虽有其英才出于天授者，抑亦无非王学修炼之所致耶？"① 由此可以看出，同为"务实"，中国阳明学是务于抽象学问、虚实之辩，而日本阳明学则是务于具体之物、操作之精；同为"实学"，中国阳明学偏向于道德行为之实学，而日本阳明学则偏向于治术技艺之实学。而这正是由"道事合一"与"道术合一"的不同矢量所导致的结果之一。

进而言之，"道术合一"还使东亚世界形成了不同的价值取向：与中朝两国由于科举制度，而使封建士大夫将大量精力投向皓首穷经的故纸堆，所产生的人才也是些与实际脱节的能说不能行的书生不同的是，日本的制度文化中由于没有引进中国的科举制，而使文化程度较低的武士阶层、町人阶层乃至农民阶层，都可以专心于各自的技术，专注于实用层面的"术"和"艺"，可以把精力放在学习和培养与实践躬行一致的实用知识和技能上。这也是为什么相对于中国历代封建王朝面对内忧外患时，要么束手无策，要么纠结于无谓之争论，日本总能显出超强的行动能力和极高的职业操守的重要原因。同时也可以说，"道术合一"的价值追求，是导致中国儒士所具有的战略意识、大而化小的处世方式、高屋建瓴般的政治手腕，与日本武士所具有的战术素养、小而为大的行事原则、精益求精般的工匠技艺之区别的重要因素之一。

---

① 《山田方谷全集》，第 2 册，第 928～929 页。

四　义利并举，以义为重

讲到日本阳明学的义利观，就不能不涉及朱子学与阳明学在义利之辨上的思维特色。朱熹在浙中见诸葛诚之千能云："'仁人正其义不谋其利，明其道不计其功。'（董）仲舒说得不是。只怕不是义，是义必有利；只怕不是道，是道必有功。"于是谓："才如此，人必求功利而为之，非所以为训也。固是得道义则功利必至，然而有得道义而功利必不至者，人将于功利之狥，而不顾道义矣。"① 在人类历史上，有无数事例可以证明，以道义的名义图功利，尤其是掌握权力的人，满口仁义礼智，暗地里干的却是男盗女娼的勾当，朱熹针对的是这种现象。但朱熹绝对排斥功利，则有极大的负面效应。与朱熹专注于已发的功利行为，强调后天的破除之功不同的是，王阳明的义利观强调先天的立本之功，他说："此独知处便是诚的萌芽，此处不论善念恶念，更无虚假，一是百是，一错百错，正是王霸、义利、诚伪、善恶界头。于此一立立定，便是端本澄源，便是立诚。"② 而若按照"体用一源"的原则，只要做到了先天立本之功，到达了心体纯净无邪，然后顺着本体而自然发用流行，就能做到"正其义不谋其利"。换言之，只要是本体的自然发用，便都是合理的。这就为义利自然观埋下了伏笔，也为功利的合理性留下了口子。顺着王阳明的思路，就有可能得出义利不歧乃至义利并举的结论。

这是从思维特色上说。如果从实际层面上看，朱子学可以说强调的是"义"的规范性，坚信正义和道德是亘古不变的范式，而阳明学则更看重临事之经验，"事"即"义"，即"心"，即"理"，对"义"的内涵必须要放在具体的"事"的过程中来加以把握，必须要借助"诚"之"心体"来加以定位。也就是说，阳明学所强调的"义"，并不是固定不变的"格套"，而是建立在现实经验基础上的社会存在。只有务实地思考、具体地对待，才能使"义"适应现实的需要，符合时代的要求。这样的义利观，对于身处时代巨变中的幕末改革家来说，自然具有极大的

---

① 朱熹：《朱子语类》，卷一三七，《战国汉唐诸子》，中华书局，1988，第3263页。
② 《王阳明全集》新编本，第1册，第38页。

吸引力。

江户时代，由于实行"兵农分离"的政策和"士农工商"四民等级制的存在，武士被剥夺了土地和经济领域的一切特权，只占有政治和军事资源。作为幕藩的各级行政官僚，武士阶级被禁止从事一切生产经营活动，平时只能专心致志地练武习文。与此同时，由于儒学"士大夫"观念的影响，武士阶级又以"君子"自居，将"忠义乃武士道之根本""重义轻利"作为最高的精神信条。比如首倡宋学之义的藤原惺窝说："凡回易之事者，通有无而以利人己也，非损人而益己矣。其利者，虽小还大也；不共利者，虽大还小者。所谓利者，义之嘉会也。"① 强调"利"必须依据"义"。

明治维新后，为谋求日本经济的快速发展，明治政府在武士道精神中融入西方资本主义的功利观念，强调"义利两全"，制定了"士魂商才"的经济发展方针。"士魂"指以"奉公效忠""忠君爱国"为核心的武士道精神，"商才"则指经营、管理资本主义工商业的能力和才干。而在从"重义轻利"的近世武士道精神向"义利两全"的近代武士道精神的转化过程中，阳明学的义利观可以说发挥过重要作用。

中国阳明学中有"满街人都是圣人"的政治哲学理念，伴随这一理念发酵成长起来的便是阳明学的庶民化取向。日本阳明学中也有颇为关注源自圣凡平等说的町人伦理。② 而伴随町人伦理成长起来的是阳明学的庶民化趋向。但同样是庶民化倾向，日本阳明学似乎要比中国阳明学更加明显和具化。因为日本阳明学者之务实精神是中国阳明学者所缺乏的，日本阳明学的实用内涵亦是与中国阳明学不同质的。比如对经济、财政、农业、商业等所有民生问题，日本阳明学者不仅相当关注、投入，而且直接参与、指导。在中国，像张履祥这样的思想家加农学家可谓凤毛麟角；而在日本这样的人可谓举不胜举，尤其在阳明学者中。山田方谷就是位农商出身的阳明学者，他对财政、金融、农业、商业等经济问题的熟悉程度甚至超过专业人士。斋藤谦（号拙堂）尝这样评论方谷所撰的《稼说》一文："儒者谈经济，或欲复井田，或欲行周官，或欲用

---

① 《藤原惺窝集》卷上《舟中规约》，思文阁出版，1978，第126页。

② 参见〔日〕吉田公平《王阳明の贈物——満街のひとは皆な圣人である》，《阳明学》第20号，明德出版社，2008，第57页。

明清之律，不为此老农之笑者鲜矣。"① 而方谷谈经济，亦大都围绕着具体的财政、金融、农业、商业等问题而展开（比如《稼说》谈的就是农业）。

如果说中国阳明学者重点关注的是"成己之学"，那么日本阳明学者重点关注便是"成物之学"。"成己之学"专务于"心性"，"成物之学"专务于"民政"。故而方谷"加评"于赖山阳的《民政论》，内容皆为"租税之法"；② "加评"于吉田松阴的《急务策》，内容皆为国家之急事、民生之要务。③ 正是本着这样的"民政"理念，方谷在《赠矢吹生序》中对"弄权营私"的"胥吏"大加挞伐，并对"身住都邸"的"邑主"提出忠告："山林川泽之富，生育畜产之众，皆足以为政。而足不能践其土，身不能临其民，惮于千里之远，而安于一邸之小，阖境事务，举委于二三胥吏。胥吏之弊，罔上害下，无所不为，而茫乎无知也。即知之，亦视以为常，邈乎无顾也。今之邑主，身住都邸，所谓定府者，大率如此。然而其为胥吏者，皆土豪世职，弄权营私，其心未尝在君与民。"④ 也正是本着这样的"民政"理念，方谷才会毫不忌讳财富、交易等概念，为农民、商人的利益大声疾呼。方谷谈论宋儒，除了朱熹、陆九渊，最感兴趣的是陈亮，或许就与这种"民政"理念有莫大关系。据方谷所撰《杂著》："陈亮之文，唯取其气概而已，不足以为范也，然气焰则可畏可师也。"⑤ 其诗作《读陈龙川集》亦云："朱陆书穷道蕴奥，范扬诗竞句清新。偏南学问成巢窟，超脱飞腾独此人。"⑥ 方谷的义利观就是建立在这种"民政"理念之上的。朱熹主张义利不两立，应崇义绌利；陈亮则认为利也是义，义利双行，这个利并不是无节制的一己私利，而是泛指"生民之利"。与陈亮的主张相近，方谷在备中松山藩具体实施藩政改革时，无论对于君主、武士之利益，还是对于町人、庶民之利益，都不是采取简单的剥夺或禁止的办法，而是提倡"义利合一"，认为只要遵守义之规则，从义理出发，"以义为利"，便能"不计

---

① 《山田方谷全集》，第 1 册，第 168 页。
② 《山田方谷全集》，第 2 册，第 904～909 页。
③ 《山田方谷全集》，第 2 册，第 924～927 页。
④ 《山田方谷全集》，第 1 册，第 1084 页。
⑤ 《山田方谷全集》，第 2 册，第 1095 页。
⑥ 《山田方谷全集》，第 1 册，第 414 页。

利而利自生"，而这样获得的利，即使再多也没有什么好指责的。也就是说，方谷虽主张义利合一或义利并举，但以义为重仍是他的最高价值追求。

客观地说，方谷的义利观不同于朱子的义利观，而与倾心阳明学的张居正的义利观颇为相近。张居正虽也认为"义与利不可并行"①，但他在解释《大学》"国不以利为利，以义为利"时，曾毫不犹豫地直言："以义为利，则有人有土有财用，虽不求利，而利在其中矣。"② 不似朱子屡说："固是义有利存焉，若行义时便说有利，则此心只邪向那边去。"③ 谈论义利问题总是语多顾忌。张居正说："后世学术不明，高谈无实，剽窃仁义谓之王道，才涉富强便云霸术，不知王霸之辩、义利之间，在心不在迹，奚必仁义之为王、富强之为霸也?"④ 而在朱子眼里，"富国强兵"与"礼义"是根本矛盾的。例如他批评王安石时说："看来荆公亦有邪心夹杂……意欲富国强兵，然后行礼义；不知未富强，人才风俗已先坏了!"⑤

如果把方谷的"义利并举"思想拿来与18世纪英国哲学家杰里米·边沁创立的"功利主义"做番比较，便不难发现，方谷的"义利并举"论可以弥补"功利主义"的根本缺陷。"功利主义"的通俗表述是：在道德上正当的事情，就是在某个约束条件下追求"最大多数人的最大幸福"的事情。就政治领域而言，如果一项改革、一种制度，能让大多数的社会成员受益，它就是正当的。但功利主义作为一种理论，也有非常大的漏洞。对它的一个经典指控是：当所有人在利益上、权利上并不相容时，为了多数人的利益，它允许牺牲、剥夺少数人的利益，甚至侵犯少数人的权利。这个大漏洞，给政府侵犯人们的利益、权利带来了诸多便利。它甚至下坠为最粗鄙的版本，政府可以打着"公共利益"的名义损害一些民众的权益，可以打着"人民"的名义迫害少数人，因为什么

① 张居正：《四书集注阐微直解》，卷一，《四库未刊书集刊》第二辑，第12册，北京出版社，2000，第198页。
② 《四书集注阐微直解》，卷一，《四库未刊书集刊》第二辑，第12册，第202页。
③ 《朱子语类》，卷五十一，《孟子一·梁惠王上》，第1218页。
④ 张居正：《张太岳集》，卷三十一，《答福建巡抚耿楚侗谈王霸之辩》，上海古籍出版社，1984，第383页。
⑤ 《朱子语类》，卷七十一，《易七·无妄》，第1799页。

是"公共利益"，谁才是"人民"，解释权在政府手里。由于资源具有某种稀缺性，尽管有权利，但现实是不可能所有人都得到，政府对资源的配置，并不能拒绝功利主义。但这是有前提的：政府权力的获得和运作，制度的安排，必须体现出政治的正义性。"正义是社会制度的首要美德，正如真理是思想体系的首要美德那样。"① 这是美国政治哲学家约翰·罗尔斯在其名著《正义论》中的开篇之语。方谷"义利并举"论的最大合理性，就是可以给权力躯体输入正义的灵魂，给利益诉求安排道义的前提。

于是，从正义的美德出发，方谷反复强调："明义理以正人心，芟浮华以敦风俗，禁贪贿以清官吏，务抚字以赡民物，尚古道以兴文教，奋士气以张武备。纲纪于是乎整，政令于是乎明；经国大法莫不修，而财用途亦从而通矣。"② "夫整纲纪、明政令者义也，欲免饥寒死亡者利也。君子明其义而不计其利，唯知整纲纪、明政令而已。饥寒死亡免与不免，天也。……而义利之分，果不可不明也。义利之分一明，而所守者定矣。日月不足为明，雷霆不足为威，山岳不足为重，河海不足为大，贯天地，度古今，不可移易，又何饥寒死亡之足患，而区区财用之足言哉？"③ "士风之衰，必由财用之穷也。苟患其衰，则不可不讲救其穷之术也。其术无他，止其本、塞其源而已。……斯二弊者不去，则财用之穷决不可救。财用之穷不救，则士风之衰决不可振。士风之衰不振，则衰乱之兆决不可止，不测之变亦不可知也。"④ 这些都是方谷在《理财论》（上下篇）和《拟对策》中提出的重要观点。三岛中洲对此评价说："先生后以理财名于海内者，盖实践此二篇已。"⑤

方谷的"义利并举"论后被三岛中洲继承和发展。中洲在1886年和1908年曾分别以"义利合一论"和"道德经济合一论"为题，在东京学士会及哲学会上对方谷的"义利并举"思想做了宣示和诠释。而中洲的"道德经济合一论"，后来又成为二松学舍大学的办学理念与经营理念。与中洲及二松学舍大学有着非同寻常关系的被誉为"日本近代企业之父"的

---

① 〔美〕约翰·罗尔斯：《正义论》，何怀宏译，中国社会科学出版社，2001，第1页。
② 《理财论上》，《山田方谷全集》，第1册，第195～196页。盐谷世弘批曰："英明特达之主，举贤任能，劝学明道，而不屈于财之内也。"（同上）
③ 《山田方谷全集》，第1册，第197～198页。
④ 《山田方谷全集》，第1册，第214页。
⑤ 《山田方谷全集》，第1册，第198页。

涩泽荣一,在经营方式上则完全践行了从方谷到中洲的"义利合一"思想。涩泽荣一将这种"义利合一"的思想概括为"论语加算盘",强调在武士道"忠君爱国"的精神指导下,用经营管理资本主义工商业的务实方式来发展日本经济。而像方谷、中洲、荣一、松下电气创始人松下幸之助乃至京瓷财团的稻盛和夫这样的经济实用型的阳明学者,是日本阳明学的主流,其价值观代表了日本阳明学的基本取向。这便是日本的阳明学者不是成为政治家、军事家,就是成为企业家、实业家,而真正成为学问家的似乎并不多的重要原因。

阳明学比较研究

王守仁"知行合一"与宋明理学知行观的共同本质

◎魏义霞*

摘要："知行合一"是王守仁知行观的核心命题，也是王守仁与朱熹的分歧所在。王守仁所讲的"知行合一"包括三层基本内涵：第一，知行并进，不分前后；第二，知行本义合一；第三，知行相互包含。深入剖析可以发现，王守仁对知行关系的基本看法与朱熹等人并无本质区别。对于这一点，王守仁和其他理学家凸显知行的伦理维度，他们对格物、致知的理解和将知行范畴落实到"去人欲，存天理"都是明证。

关键词：王守仁　知行合一　宋明理学　知行观

"知行合一"是王守仁知行关系的核心观点，集中呈现了王守仁与朱熹等理学家对于知行关系表面对立，实质相同。在此，有两点必须明确：第一，"知行合一"这一命题并非王守仁的首创。在他之前，南宋理学家陈淳就有知行"不是截然为二事"的思想，明代理学家谢复更是明确提出了"知行合一""知行并进"的命题。尽管如此，由于陈淳、谢复等人对自己的观点并未有较为系统的哲学论证，加之两人的说法在社会上的影响并不大，因此，提到"知行合一"，人们往往会忽视陈淳或谢复，首先想到或提到的反而是王守仁。王守仁继承了陈淳、谢复等人的思想，对"知行合一"进行了系统论证，使这一命题产生了广泛影响。第二，王守仁之所以推崇"知行合一"，是针对当时的社会恶习有

---

* 魏义霞，生于1965年，安徽濉溪人，黑龙江大学哲学学院、中国近现代思想文化研究中心教授，博士生导师。研究方向：中国近代哲学与文化。

感而发的，最主要的是为了反对朱熹的知行观。其实，这两个问题具有一致性。按照王守仁的看法，朱熹的知先行后在社会上造成了知行脱节、言行不一的恶劣风气，有些人正是借口先知后行而对伦理道德不肯躬行的。对自己倡导"知行合一"的良苦用心，王守仁曾经表白说："今人却就将知行分作两件去做，以为必先知了然后能行，我如今且去讲习讨论做知的工夫，待知得真了方去做行的工夫，故遂终身不行，亦遂终身不知。此不是小病痛，其来已非一日矣。某今说个知行合一，正是对病的药。"① 王守仁认为，朱熹的知先行后对此难辞其咎，而"知得父当孝、兄当弟者，却不能孝、不能弟"的毛病不是"小毛病"，滋长下去将危害整个社会；自己提倡"知行合一"，正是为了以知行不分先后为下手处，抵制知行脱节，以此作为"对病的药"来整顿道德秩序，挽救当时的社会危机。正因为如此，王守仁十分重视"知行合一"、不可分离，致使"知行合一"成为其知行观的核心命题和反击朱熹的主打武器。

一 "知行合一"的基本内涵

作为知行观的核心命题，"知行合一"在王守仁的思想中具有重要意义。他对此十分重视，并从不同角度予以界定和阐释，赋予其多层内涵和意蕴。

1. 知行并进、不分先后

王守仁提倡"知行合一"并非突发奇想，也非书斋杜撰，而是为了反对朱熹的知先行后，扭转当时社会上盛行的言行不一的恶劣风气。与这一立言宗旨相呼应，在审视、处理知行关系时，他始终强调，知与行在时间上不分先后、同时并进，并将知与行之间的这种不分先后的并进关系说成是"知行合一"。对此，王守仁举例子论证说：

> 故《大学》指个真知行与人看，说"如好好色，如恶恶臭"。见好色属知，好好色属行。只见那好色时已自好了，不是见了后又立个

---

① 《传习录上》，《王阳明全集》，上海古籍出版社，1992，第4~5页。

心去好。闻恶臭属知，恶恶臭属行。只闻那恶臭时已自恶了，不是闻了后别立个心去恶。①

可见，对于知与行不分先后的合一并进，王守仁的逻辑和理由是：因为"见那好色时已自好了"，"闻那恶臭时已自恶了"，所以"见好色属知，好好色属行"，"闻恶臭属知，恶恶臭属行"。在这里，知与行在时间上不分先后，是同时并进的。既然知与行在时间上不分先后，是并进的，当然就是合一的。至此，不难发现，他对"知行合一"的所有证明都建立在一个前提之上，这个前提是"见好色属知，好好色属行"，"闻恶臭属知，恶恶臭属行"。按照一般认识，好恶是情感，应该属于知；王守仁却将之界定为行，成为"知行合一"的前提。其实，他的"知行合一"就是以对知、行的特定理解为前提的。不仅如此，王守仁对知行关系的全部理解都与对知、行的特殊诠释密切相关。具体地说，他是从"心外无物，心外无事，心外无理"的心学思路来解释知、行以及知行关系的。在这方面，循着心是宇宙本体，吾心即是良知，心中包含万理的思路，王守仁断言，知是天赋的良知，并不是一般的知识、理论或认识。对于行是什么，他一面认为"凡谓之行者，只是著实去做这件事"②，一面宣称"一念发动处，便即是行了"③。可见，王守仁对知行的定义并非是在通常意义上立论的，套用王夫之的话语结构便是："其所谓知者非知，而行者非行也。"④不过，以理学家的标准来看，如果说知为天赋良知并不奇怪甚至是意料之中，且王守仁的这个观点与朱熹、陆九渊非常吻合的话，那么，他对行的理解则与其他人迥异其趣，甚至有些令人匪夷所思。王守仁在承认行是"著实去做"的同时，将意念归于行。这等于抽掉了知与行之间的界线，不仅导致以知代替行的结果，而且使知行同时并进、不分先后、本义合一乃至不分彼此等都成为不言而喻的了。正是循着这个逻辑，他把人的意念、动机称为行，在此基础上提出了"知行合一"、并进说。其实，王守仁正是从知、行——特别是行的特定含义出发来解释知行关系的。不了解知、行的

---

① 《传习录上》，《王阳明全集》，第 4 页。
② 《答友人问》，《王阳明全集》，第 208 页。
③ 《传习录下》，《王阳明全集》，第 96 页。
④ 《尚书引义卷三·说命中二》，《尚书引义》，中华书局，1976，第 76 页。

特定内涵，便无法理解他对知行关系的认定和"知行合一"的精神实质。

2. 真知、真行本义合一

王守仁认为，知与行在本义上是合一的。其实，由于有了"一念发动处，便即是行了"的前提，知行的本义合一便可以理解了。除此之外，知行的本义合一还包含更多的内容。在上面的引文中，王守仁证明知行不分先后、合一并进的前提是"指个真知行与人看"，这里的知与行之所以合一并进是因为它们是"真知行"。这表明，知行并进合一、不分先后不仅是在经验层面上立论的，而且是在本真层面立论的。在他看来，只有相互合一的真知、真行才是知、行的整体含义和理想状态。"知行合一"原本是知行的本义。知行本义指完全意义上的知行，王守仁称之为真知真行或"真知行"。在他看来，行之方显知之真，知之方显行之真；真知不仅是道理上的知，而且必定能够见之于行；真行不是泛指一切行为、活动，而是特指在知指导下的行。正是在这个意义上，王守仁宣称："知之真切笃实处，即是行；行之明觉精察处，即是知。"①

基于对"真知行"的理解，王守仁把"知行合一"视为判断真知、真行的标准，强调知、行只有在与对方的合一中才能成为真知、真行。第一，真知必能行，不行之知即非真知。在这个意义上，他反复申明：

> 未有知而不行者。知而不行，只是未知。②
> 真知即所以为行，不行不足谓之知。③

按照王守仁的说法，真知与行合一包含两方面的含义：一方面，真知一定落实到行动上，才算完结；另一方面，只有经过行才能知之真切、深刻。

第二，真行必真知，行过方谓知。对此，他不止一次地指出：

> 如言学孝，则必服劳奉养，躬行孝道，然后谓之学，岂徒悬空口耳讲说，而遂可以谓之学孝乎？学射则必张弓挟矢，引满中的；学书

---

① 《传习录中》，《王阳明全集》，第42页。
② 《传习录上》，《王阳明全集》，第42页。
③ 《答顾东桥书》，《王阳明全集》，第4页。

则必伸纸执笔，操觚染翰。①

又如知痛，必已自痛了方知痛；知寒，必已自寒了；知饥，必已自饥了：知行如何分得开？②

按照王守仁的标准，行并不都是真行，只有在真知指导下的行才是真行。确切地说，评价一种行为的善恶，不仅视其行为的过程和后果，而且兼顾其动机，应该将知（动机、意图等）纳入评价和考察视野。

3. 相互包含、不分彼此

王守仁认为，知与行不仅在本义上合一，而且在具体程序上也是合一的，这种合一使二者之间呈现你中有我、我中有你的相互包含的关系。正是在这个意义上，他一再断言：

夫人必有欲食之心然后知食：欲食之心即是意，即是行之始矣。食味之美恶必待入口而后知，岂有不待入口而已先知食味之美恶者邪？必有欲行之心然后知路：欲行之心即是意，即是行之始矣。路歧之险夷必待身亲履历而后知，岂有不待身亲履历而已先知路歧之险夷者邪？③

知是行的主意，行是知的工夫；知是行之始，行是知之成。若会得时，只说一个知已自有行在，只说一个行已自有知在。④

按照王守仁的说法，人的行为都带有一定的目的、动机和意图，这些计划、意图和思想组成的知就是行的开始。这表明，知本身就包含着行。反过来，因为行是在意志、思想的支配下发生的，是知的践履工夫，可以说是计划、主意的实施和贯彻。这表明，行中包含知，如何行就事先包含在知中。知行之间这种相互渗透、相互包含的关系就是不可分割的合一关系。不仅如此，为了强调知与行之间相互渗透、包含、合一，他强调，"知行不可分作两事"，是"两个字说一个工夫"。甚至，在知行相互包含、合一的基础上，王守仁淡化了两者之间的界线，进而得出了知行彼此相互代替，一方即可代替另一方的结论——"只说一个知已自有行在，只说一

---

① 《答顾东桥书》，《王阳明全集》，第45页。
② 《传习录上》，《王阳明全集》，第4页。
③ 《答顾东桥书》，《王阳明全集》，第41~42页。
④ 《传习录上》，《王阳明全集》，第4页。

个行已自有知在"。在他看来，若领悟了知行的相互包含、合一，可以只说一方即包含着另一方。这样，知行的相互包含便呈现为知即行、行即知的合一关系。

可见，从反对知先行后开始，王守仁急切地提倡"知行合一"，通过对知行关系的阐释，从知行不分先后、相互包含最终得出了知行并进、合一的结论。这使知与行的合一变成了同一——对于知与行而言，既然只说一个就包含、代表了另一个，那么，知与行在本质上就成了一个，也就完全失去了相互脱节的可能。

通过对"知行合一"内涵的考察不难看出，"知行合一"的三个方面都是对知行相互依存、不可分离的强调，可以归结为知行相依。从这个意义上说，王守仁的"知行合一"与其他理学家包括朱熹的知先行后并无本质区别，流露出相同的价值旨趣：第一，重申了知对行的指导，并且在"只说一个知已自有行在，只说一个行已自有知在"中强化了知对行的指导。第二，重申了行的重要，对真知必能行的论证由于行为之中固有，不再是外在的强制而具有了本能的意味，更显自然和正当。这些相同的理论宗旨和价值取向既是王守仁与程朱等人的相同之处，也是宋明理学知行观的共同特征。在这个大同的前提下，如果说还有小异的话，那便是：王守仁将知与行的相互依赖进一步夸大，由相互依赖上升为不分彼此、完全合一乃至相互代替。

与此同时，由于是针对朱熹等人的知行观提出来的补救措施和医病药方，王守仁的"知行合一"确实包含有不同于他人的独特之处，那就是：将意念说成是行。"一念发动处，便即是行"的定义不仅奠定了"知行合一"的理论前提，由此引申出知行不分先后、完全合一和相互包含乃至相互代替等结论，并在审视、评价知行关系时从原来的注重效果转变为动机与效果兼顾。

与社会背景和立言宗旨相呼应，就社会效果和客观影响而言，王守仁在阐释"知行合一"时既看中后果，又强调动机。就强调行、践履而言，他声称："就如称某人知孝、某人知悌，必是其人已曾行孝行悌，方可称他知孝知悌，不成只是晓得说些孝悌的话，便可称为知孝悌。"[①] 在这个意义上，是否实行以及行之效果是检验真知的标准。一个人只有对道德准则

---

① 《传习录上》，《王阳明全集》，第4页。

躬亲践履，方能证明他对道德准则有正确认识，是有道德的。循着这个思路，王守仁强调，格物、致知、"致良知"、"去人欲，存天理"等均非一句空话，都应该落实到行动上。就强调知、行的动机而言，他一再宣称：

> 今人学问，只因知行分作两件，故有一念发动，虽是不善，然却未曾行，便不去禁止。我今说个知行合一，正要人晓得一念发动处，便即是行了。发动处有不善，就将这不善的念克倒了。须要彻根彻底，不使那一念不善潜伏在胸中。此是我立言宗旨。①

> 彼一念而善，即善人矣……尔一念而恶，即恶人矣；人之善恶，由于一念之间。②

在王守仁那里，意念即是行。因此，只要有恶的意念，即使没有去行，也不能容忍，也要将其克灭。因此，评价一种道德行为，不能仅视其产生的客观效果或后果，还要考察其行为动机。这是典型的动机论。由此可见，如果说王守仁动机与效果兼顾的话，那么，在兼顾的同时，他特别在意动机，"知行合一"的立言宗旨就是"不使那一念不善潜在胸中"，恰好与"破心中贼"的立言宗旨相印证。众所周知，王守仁是中国古代为数不多的"三不朽"人物。在多年的亲身实践中，王守仁切实感受到"破山中贼易，破心中贼难"。所谓"心中贼"，即潜伏在人心中的恶念。在他看来，与"山中贼"相比，"心中贼"更为可怕和危险。对"心中贼"不仅不能姑息，而且应该彻底铲除。有鉴于此，王守仁的思想建构包括"知行合一"均以"破心中贼"、铲除潜伏在人们心里的恶念为初衷。为了唤起人们对不善之念的警觉和防范，他强调"知行合一"，并且别出心裁地提出了"一念发动处，便即是行"的观点。进而言之，王守仁之所以把"一念发动"称为行，旨在说明即使没有作恶，只有恶念也等于行恶，目的是强调心中的恶念是危险的，以此严密加强对人的思想统治。在这方面，他曾经说："必欲此心纯乎天理，而无一毫人欲之私，非防于未萌之先，而克于方萌之际不能也。"③甚至，作为动机论的极端表达和具体贯彻，王守

---

① 《传习录下》，《王阳明全集》，第 96 页。
② 《南赣乡约》，《王阳明全集》，第 600 页。
③ 《答陆原静·又》，《王阳明全集》，第 66 页。

仁修改了圣贤标准，不仅将知识、功绩和著述等从圣人的标准中删除，而且将道德躬行排除在外，只留下了心中意念之善。在他修改后的新标准中，圣人之所以成为圣人，是因为"其心纯乎天理而无一丝人欲之杂"。这样一来，只要意念纯正，没有私心杂念，便是圣人。这一结论与上面的"人之善恶，由于一念之间"如出一辙。如此说来，做圣人只需要意念纯正，不必真正去行。王守仁的圣人标准隐藏的知行关系的误区是用知代替了行。

其实，"知行合一"所包含的这种动机与效果之间的矛盾是王守仁对善与恶提出的不同要求。正如梁启超在《德育鉴·知本》中所说："善而不行，不足为善……仅恶念发，已足称为恶。"从善恶的双重标准可以看出，王守仁把意念说成是行可谓用心良苦。

总之，如果说二程、朱熹和陆九渊主张以知为本、为先是为了确保行之正确，注重行为后果的话，那么，王守仁的"知行合一"则对行之动机予以考察，在关注后果的同时兼顾动机。由此可以看出，一方面，与其他理学家一样，王守仁关注道德教化、提高社会道德水平的初衷不改。另一方面，与他人相比，王守仁对行为的善恶提出了更高的要求和标准——行为的后果要善，动机也要善。

二 "知行合一" 与以知为本

除了王守仁的"知行合一"、不分先后之外，理学家还有知先行后、知本行次、知行俱到、知行互发和以行为重等观点，见仁见智，不一而足。那么，王守仁的"知行合一"与这些观点是何关系？这个问题不仅涉及对王守仁知行观的评价，而且关系到对整个理学知行观的评价。总的说来，王守仁的"知行合一"与包括朱熹的知先行后在内的其他理学家的观点之间既有相同点又有差异性：前者是大同，后者是小异。只有分析、了解其间的异同，才能客观评价理学家在知行关系上的分歧，在此基础上整合、透视理学知行观一以贯之、殊途同归的思想实质。这些相同点展示了理学知行观的共同特征和时代气息，也彰显了其深层的精神实质和价值旨趣。

1. 以知为先、为本

王守仁与其他理学家对知行关系的界定在一边强调不分先后，一边突出知先行后的现象背后,隐藏着相同的致思方向和价值旨趣,那就是:以知为先、为本。

检阅理学家对知行关系的厘定,给人印象最深的莫过于知先行后:从二程、朱熹到陆九渊都不约而同地呼吁知先行后。在这个背景下,为了避免知行脱节,王守仁针锋相对地提出"知行合一"、不分先后。这就给人一种错觉,似乎是王守仁的"知行合一"与其他理学家的知先行后截然对立。事实并非如此。恰好相反,无论是王守仁的"知行合一",还是其他人的知先行后都彰显知的作用。二程、朱熹对知先行后的陈述出于相同的意图和动机,那就是:若行,要先明白做什么,如何做;所以,必须知在先。在知与行的关系上,陆九渊与程朱一样主张知先行后。对此,他一再写道:

> 博学、审问、慎思、明辨、笃行。博学在先,力行在后。吾友学未博,焉知所行者是当为、是不当为?①
>
> 为学有讲明,有践履……未尝学问思辨,而曰吾唯笃行之而已,是冥行者也……讲明之未至,而徒恃其能力行,是犹射者不习于教法之巧,而徒恃其有力,谓吾能至于百步之外,而不计其未尝中也。②

按照陆九渊的说法,只有先明白了道理,行才能有正确的方向;否则,践履便会迷失方向,成为冥行。循着这个逻辑,必须先知后行。可见,陆九渊在主张知先行后上与程朱别无二致,力主此说的初衷也与程朱如出一辙。这表明,无论是二程、朱熹还是陆九渊讲知先行后都是为了强调以知指导行。在他们看来,为了反对脱离知而冥行,必须知在先、行在后。这一点正是王守仁断言"知行合一",强调知行不分先后、合一并进的题中应有之义。他的名言"知是行的主意,行是知的工夫"恰恰是为了把行牢牢地锁定在知的计划之内,目的是将行永远控制在知的主意之下。

进而言之,为了突出知对行的指导,理学家强调,行必须在知的策划、引领和监督下进行,于是推出了知先行后。从行必须依赖知的指导这个角度看,王守仁的"知行合一"与二程、朱熹、陆九渊等人的知先行后

---

① 《语录下》,《陆九渊集》,中华书局,2008,第443页。
② 《与赵咏道二》,《陆九渊集》,第160页。

说的是一个意思。这是因为，从目的是为了以知指导行的角度看，知先行后也是知行相互依赖、不可分离——至少是其中的一个方面。正因为如此，理学家都强调知行相互依赖，缺一不可，朱熹对知行关系前后看似矛盾的说法恰好证明了这一点。朱熹强调知行相互依赖、俱到互发，一定要齐头并进、不可偏废。从这个意义上说，知与行是同时进行的，不可分为先后。同时，他又强调"论先后，知在先"，一定要先知后行。对于一面齐头并进俱到，一面分为先后，朱熹本人的说辞前者是本原性的、抽象的，后者是具体的、就一事而论的。其实，一事中的知先行后以知行相互依存为前提，不仅离开知行相依这一原则便没有知先行后，而且知先行后本身就是相依的两个方面——说明了知行如何相互依存，只不过侧重行如何依赖知而已。明白了这一点可以看到，在知行的相互依赖关系上，二程、朱熹和陆九渊等人的知先行后与王守仁的"知行合一"别无二致。正是知指导行将理学家的知先行后、知行相依和"知行合一"统一了起来，同时也表明理学家的知先行后不是在发生论而是在功能论上立论的，他们对抽象的、本原上的知与行孰先孰后、谁产生谁的问题不感兴趣，而是把关注的焦点聚集在具体处理知行关系时二者的相互依赖、相互作用上；尽管在知行的相互依赖中侧重于行对知的依赖，但是隐藏的前提还是知行相互依赖。在这个意义上可以说，知先行后与知行相依、"知行合一"以及知行不分先后并无本质区别，只是侧重不同而已。这一点也是审视王守仁的"知行合一"与朱熹的"论先后，知在先"以及两人知行观分歧的一个参考系数。

强调知对行的指导作用注定了理学家重知、以知为本。在二程那里，知行的全部关系——从知先行后、知本行次到行难知亦难一言以蔽之都是以知为本。朱熹一面断言"论轻重，行为重"，一面不厌其烦地以知为本、为先，所要表达的也是这个意思。于是，在他的著作中，这样的句子并不难找到：

> 既知则自然行得，不待勉强。却是"知"字上重。①
> "穷理之要，不必深求"，此语有大病，殊骇闻听。"行得即是"，

---

① 《朱子语类》卷十八，《朱子语类》（第二册），中华书局，1999，第390页。

固为至论，然穷理不深，则安知行之可否哉？……则凡所作为皆出于私意之凿，冥行而已。虽使或中，君子不贵也。①

力行而不学文，则无以考圣贤之成法，识事理之当然，而所行或出于私意，非但失之于野而已。②

王守仁不仅重知、以知为本，而且将理学的这一价值旨趣推向了极致。王夫之评价王守仁“销行以归知”，为此提供了佐证。

2. 道德内涵和伦理维度

王守仁的“知行合一”和二程、朱熹、陆九渊等人的知先行后不约而同地以知为先、为本，强调行一定要在知的指导下进行，最根本的原因是，他们所讲的知与行都具有特定的含义：正如知特指对伦理道德之知一样，行特指对伦理道德之行。这一点从理学家对知、行的界定中可以一目了然。例如，朱熹所讲的知在绝大多数情况下并非指人的认识或知识，而是专指人内心先天固有的天赋之知，即所谓的良知或称“天德良知”。在这方面，朱熹有言：“知者，吾心之知。理者，事物之理。以此知彼，自有主宾之辨，不当以此字训彼字也。”③陆九渊、王守仁所讲的知是吾心先天固有之知更是自不待言。在他们那里，吾心之所以能够成为亘古至今的宇宙本体，就是因为吾心即是天理，先天固有良知。其实，将知视为先天固有的先验之知即代表伦理道德的良知是所有理学家的共识。例如，张载在承认“见闻之知”的前提下肯定“天德良知”的存在，并将克服“见闻之知”缺陷的希望寄托于“不萌于见闻”的“德性所知”。张载的这个做法实际上等于抛弃了“见闻之知”，最后投靠了“天德良知”。二程对知即天理、良知的看法从来就坚贞不二、毫不动摇，这也是其自诩“天理二字却是自家体贴出来”（程颢语）的自豪之处。

理学家关于知即先验之知、知即良知的说法引申出两个必然结论。第一，受知指导的行必然与知一样具有道德属性和价值，是对伦理道德的践履躬行。这决定了他们所讲的知、行均属于道德范畴，对知行关系的界定

---

① 《朱文公文集卷四十一·答程允夫》，《朱子全书》（二十二），上海古籍出版社，2002，第1860页。
② 《论语集注卷一·学而第一》，《四书章句集注》，中华书局，2005，第49页。
③ 《朱文公文集卷四十四·答江德功》，《朱子全书》（二十二），第2038页。

侧重道德内涵和伦理维度。第二，在审视、处理知行关系时偏向知的一边，始终以知为先、为本。在理学家那里，知的先验性或良知的与生俱来否定了知源于行的必要性，知的良知内涵决定了行的是非、荣辱完全取决于知。更有甚者，知即天德良知注定了知具有行无可比拟的绝对权威。事实上，无论王守仁还是程朱对吾心的推崇都是对知的神化、夸大和膜拜，都为知在知行关系中占据主导地位、成为根本方面提供了前提：如果说朱熹之天命之性的出现为知在知行关系中的绝对胜出上了第二道保险的话，那么，王守仁对知的界定则赋予知前所未有的至上权威。知在王守仁那里等同于良知，他不仅用良知来称呼吾心或天理，而且断言良知"不待学而能，不待虑而知"，是"吾心天然自有之则，而不容有所拟议加损于其间也"①。循着这个提示，既然心即良知，那么，心是本原即意味着良知是本原。于是，王守仁屡屡说道：

> 人的良知，就是草木瓦石的良知。若草木瓦石无人的良知，不可以为草木瓦石矣。岂惟草木瓦石为然，天地无人的良知，亦不可为天地矣。②
> 良知是造化的精灵。这些精灵，生天生地，成鬼成帝，皆从此出。③
> 天地万物，俱在我良知的发用流行中，何尝又有一物超于良知之外。④

将理与心说成是良知，然后极力神化之是王守仁哲学的基本特点，也是"知行合一"的哲学依托。这一致思方向使良知成为第一范畴，乃至其伦理学说的全部秘密都可以归结为良知。这正如他自己所说：

> 除却良知，还有甚么说得！⑤
> 舍此（指良知、致良知——引者注）更无学问可讲矣。⑥

---

① 《亲民堂记》，《王阳明全集》，第251页。
② 《传习录下》，《王阳明全集》，第107页。
③ 《传习录下》，《王阳明全集》，第104页。
④ 《传习录下》，《王阳明全集》，第106页。
⑤ 《寄邹谦之三》，《王阳明全集》，第204页。
⑥ 《寄邹谦之》，《王阳明全集》，第201页。

　　于是，"致良知"成为王守仁哲学的归宿，也成为"知行合一"的践履工夫。

　　进而言之，有了知、行皆指对伦理道德之知、行，便不难理解为什么理学家在以知为先、为本的同时强调以行为重这种貌似矛盾的做法了：一方面，以知为先、为本是因为只有以知为指导，才能保证行的正确；另一方面，以行为重是因为道德的实践品格，所知必须落实到行动上才能实现其价值。在这个问题上，宣称"知行合一"的王守仁与强调知先行后的二程、朱熹英雄所见略同。

　　二程一再强调知为先、知为本，这一切无非是为了引起人们对知的高度重视。然而，说到底，知之所以可贵、为本，是因为知具有指导行的功能。因此，二程没有由于对知的推崇而漠视行，而是强调不落实到行上，知的价值便无从谈起，知也等于不知。与二程不约而同，朱熹刚讲到"论先后，知在先"，马上让"论轻重，行为重"紧随其后。陆九渊认为，所谓博学并非"口耳之学"，而是"一意实学，不事空言"；学是为了用，知是为了行。由此，他宣称："孟子曰：'幼而学之，壮而欲行之。'……故少而学道，壮而行道者，士君子之职也。"① 由此可见，陆九渊反对只说不做、只学不用的做法，强调学道是为了行，坚持将道德修养落实到践履上。他的这种看法反映在知行关系上就是要求真知必须通过实行表现出来，肯定真知即包含着行的自觉；否则，知而不行便称不上真知。对此，陆九渊解释说："自谓知非而不能去非，是不知非也；自谓知过而不能改过，是不知过也。真知非则无不能去，真知过则无不能改。"② 按照他的逻辑，正如知非必能在行动上去非、知过必能在行动中改过一样，一切知最终都应该通过行表现出来。这表明，知而不去行，知便没有意义，知的价值只有通过践履才能最终体现出来。在王守仁那里，"知行合一"的基本含义就包括知行的相互包含，真知中就具有行。此外，他所讲的"行是知的工夫""只说一个知已自有行在"无非是督促人将知落实到行动上；"致良知"不是一句空话等也是在知必须落实到行动上立论的，同样流露出重行的倾向。对于王守仁的重行旨趣，梁启超一语

①　《与朱元晦二》，《陆九渊集》，第26页。
②　《与罗章夫》，《王阳明全集》，第185页。

破的："知而不行，只是未知两语，是先生所以说知行合一之宗旨也。故凡言致良知，即所以策人于行也。然则专提挈本体者，未免先生所谓闲说话矣。"①

基于上述分析，对理学家所讲的知先行后不能简单地理解为时间的先后问题，更不存在知行脱节的问题，因为这里的知先行后以不证自明的知行相互依赖为前提。这也是朱熹等人为什么一面断言知在先、行在后，一面宣称知行俱到互发，并且强调行为重的秘密所在。明白了这一点便会发现，理学家对知行关系的种种界说——前面提到的知先行后、知本行次、行难知亦难、知行相依、以行为重、"知行合一"、不分先后等原来说的是一个意思，这个共同的思想主旨既可以概括为知先行后，也可以表述为知行相依；当然，表达为以行为重或"知行合一"也未尝不可。因为这些说法都是技术性的，充其量只是表达方式或侧重不同，其思想主旨未尝有别。在此基础上，回过头来审视理学家的知行观则会发现，他们主张知先行后是为了强调知的价值和作用只有通过行才能体现出来，原本就没有将知与行断然分作两截的意思。同样，在这个思维框架中透视王守仁对知行关系的看法则会发现，原来他所讲的"知行合一"也不是单向的，既包括行合于知，又包括知合于行；知与行之间的这种双向性的合一既是为了避免行脱离知，也是为了避免知落空。既然这样，"知行合一"与知先行后之间还有什么不可逾越的鸿沟呢？

三 "知行合一"与"去人欲，存天理"

王守仁之所以大声疾呼"知行合一"，是为了避免知行脱节，从而更有效地"去人欲，存天理"而成为圣人。正因为如此，王守仁不仅与朱熹等其他理学家一样将格物、致知纳入知行观，而且在借助格物、致知凸显知行观的伦理维度和道德内涵的同时，将"去人欲，存天理"落实到人伦日用之中。在宋明理学中，与知行观一样，存心、格物、致知也成为关注焦点。理学家对知行关系的重视与对格物、致知的热衷息息相关：一方

---

① 《德育鉴》，《梁启超全集》（第三册），北京出版社，1999，第1506页。

面，对知的重视使他们在讲格物、致知时侧重知——朱熹甚至将二者一同归于知。从这个意义上说，对格物、致知的重视是他们在知行关系上重知的延续，同时也有了在格物、致知前存心的必要。另一方面，与知、行被定位在道德领域一脉相承，格物、致知在理学中属于纯粹的伦理、道德范畴，这一立论角度使存心有了可能和必要。知、行之间的这种关系使理学家特别重视格物、致知，不仅在界定格物、致知时向知倾斜，而且将它们都诠释为伦理、道德范畴。知、行与格物、致知的密切相关决定了不了解理学家对格物、致知的解释就不可能全面了解他们的知行观，以及"知行合一"与知先行后的关系。

1. 讲格物、致知时侧重于知

宋明理学家对格物、致知十分重视，并且是在知、行的维度上理解格物、致知的。可以看到，二程、朱熹、陆九渊和王守仁都对格物、致知提出过自己的见解，并且试图以自己对知、行和知行关系的理解来诠释格物、致知。

在朱熹的理学中，格物、致知都被明确地归于知的范畴。他曾经断言："格物者，知之始也；诚意者，行之始也。"① 对于《大学》的八条目，朱熹分析说，格物、致知属知，诚意之下属行。在他那里，不仅致知属于知，将格物也归于知是朱熹的一贯做法。与此相关，他讲格物时让人接触事物是为了让人弄懂天理在此一事物上的体现而不是认识事物本身的道理，这套用朱熹本人的话语结构便是"即物穷理"。正因为如此，对于如何格物、格物之何，他解释说："本领全只在这两字（指格物——引者注）上，又须知如何是格物。许多道理，自家从来合有，不合有。定是合有。定是人人都有。人之心便具许多道理：见之于身，便见身上有许多道理；行之于家，便是一家之中有许多道理；施之于国，便是一国之中有许多道理；施之于天下，便是天下有许多道理。'格物'两字，只是指个路头，须是自去格那物始得。只就纸上说千千万万，不济事。"② 同时，朱熹将格物、致知皆归于知，也为他的格物、致知是"一本"提供了佐证。所谓格物、致知是"一本"，除了表示两者是一个过程的两个方面，不可截

---

① 《朱子语类》卷十五，《朱子语类》（第一册），中华书局，1999，第305页。
② 《朱子语类》卷十四，《朱子语类》（第一册），第255页。

然分开之外，格物、致知都属于知也应该是题中应有之义。于是，朱熹一再强调：

> 致知、格物，只是一个。①
>
> 格物，是物物上穷其至理；致知，是吾心无所不知。格物，是零细说；致知，是全体说。②

王守仁对格物、致知的归属与朱熹并不相同。在他那里，致知即充分显露先天固有良知，属于知的范畴，显然无可争辩，而格物的情况就大不一样了。对于格物，王守仁的解说是："物者，事也……格者，正也。"③这样一来，格物成了正事——端正行为，便不完全归于知了。因为端正行为不仅涉及端正态度——要有一个认识上的观念问题，关键是行动，这里缺不了行为。从这个意义上说，王守仁所讲的格物应该属于行或侧重于行，至少不再像朱熹那样归于知了。尽管如此，有一点还是不能忘却的，那就是：对于行，王守仁别出心裁地规定说，"一念发动处，便即是行了"。沿着这个思路推导下去，既然行不过是知（意念），那么，正事的行动未必不可以归结为意念上的正事；夸张点说，只在意念上端正行为也算是格物了。正因为如此，才有了"人之善恶，由于一念之间"的说法。退一步说，即使不对王守仁的格物做硬性归属，同样可以通过王守仁对知、行的界定窥见或推测他讲格物、致知时对知的侧重。其实，对于这一点，理学家大都如此。这也是他们讲道德修养时倚重尽心、存心、诚意、主敬乃至主静的精神旨归。

2. 将格物、致知界定为伦理范畴

在是否将格物、致知归属于知上，王守仁与朱熹等人的看法略有差异；在将格物、致知归于道德领域上，两人的观点完全一致。其实，这也是所有理学家的共同之处。如此一来，无论属知还是属行，在理学家看来，格物、致知非天德良知即道德践履，都是伦理、道德范畴，是毋庸置疑的。

---

① 《朱子语类》卷十五，《朱子语类》（第一册），第 290 页。
② 《朱子语类》卷十五，《朱子语类》（第一册），第 291 页。
③ 《大学问》，《王阳明全集》，第 972 页。

　　陆九渊将格物诠释为"减担"——减少物质欲望，即他崇拜的孟子的名言——"养心莫善于寡欲"的"寡欲"。在此，格物的伦理色彩已经十分明朗。

　　到了朱熹那里，不管属知还是属行，格物、致知的所知、所行归根结底无外乎对三纲五常的体悟或践履；除此之外，别无其他。正因为如此，他强调，格物、致知的目的是"穷天理，明人伦"。朱熹断言："万物皆有此理，理皆同出一原。但所居之位不同，则其理之用不一。如为君须仁，为臣须敬，为子须孝，为父须慈。物物各具此理，而物物各异其用，然莫非一理之流行也。"① 天理是什么？朱熹明确指出："理则为仁义礼智。"② 在他的思想体系中，本原之理又称天理、太极，其实际所指或曰基本内容就是以三纲五常为核心的伦理道德。朱熹试图通过格物的广泛性，在格一草一木一昆虫中"穷天理"，使格物与致知一样成为"穷天理"的重要步骤和途径，归于知之麾下。为了"穷天理，明人伦"的需要，他强调，格物有先后缓急之序，并且警告，如果忘了格物中的先后、缓急、本末之序而"兀然存心于一草木、一器用之间……是炊沙而欲其成饭也"③。显然，所谓格物中的本、先、急即物中蕴含的天理，也就是三纲五常代表的伦理道德，绝不是万物本身的属性或规律。与此相关，对于格物，朱熹的解释是："格物者……须是穷尽事物之理。"④ 意思是说，格物不是拘泥于草木、昆虫的表面现象，做春生夏长的思考，而是通过它们体会天理在不同事物上的不同表现，从宏观上把握"理一分殊"的等级秩序。在这个意义上，他断言："人物并生于天地之间，本同一理，而禀气有异焉。禀其清明纯粹则为人，禀其昏浊偏驳则为物，故人之与人自为同类，而物莫得以班焉，乃天理人心之自然，非有所造作而故为是等差也。故君子之于民则仁之，虽其有罪，犹不得已，然后断以义而杀之。于物则爱之而已，食之以时，用之以礼，不身翦，不暴殄，而既足以尽于吾心矣。其爱之者仁也，

① 《朱子语类》卷十八，《朱子语类》（第二册），第398页。
② 《朱子语类》卷一，《朱子语类》（第一册），第3页。
③ 《朱文公文集卷三十九·答陈齐仲》，《朱子全书》（二十二），上海古籍出版社，2002，第1756页。
④ 《朱子语类》卷十五，《朱子语类》（第一册），第283页。

其杀之者义也，人物异等，仁义不偏，此先王之道所以为正，非异端之比也。"① 不仅如此，为了避免格物时在草木、昆虫的春生夏长上花大力气，朱熹呼吁人在格物之前先存心，以此端正态度，明确格物的宗旨，确立正确的行为路线。这表明，他所讲的格物作为道德范畴具有鲜明的伦理意图，或者说，格物的过程就是对天理代表的三纲五常的伦理认同或体悟。下面两段话集中表达了朱熹这方面的思想倾向：

> 如今说格物，只晨起开目时，便有四件在这里，不用外寻，仁义礼智是也。②

> 君臣父子兄弟夫妇朋友，皆人所不能无者。但学者须要穷格得尽。事父母，则当尽其孝；处兄弟，则当尽其友。如此之类，须是要见得尽。若有一毫不尽，便是穷格不至也。③

进而言之，正是对格物的这种界定预示了格物、致知是"一本"的关系。朱熹认为，格物与致知在本质上是一致的，是一个过程的两个方面。这是因为，知即先天固有的良知，即"天德良知"；致，"推及也"，即扩充到极点；合而言之，致知即"推极吾之知识，欲其所知无不尽也"④。可见，致知就是使心中固有的天理、良知完全显露出来。他对格物的规定决定了通过格物可以达到致知的目的，并且在"穷天理"中可以明人伦。甚至，朱熹所讲的"穷天理"就是"明人伦"。对此，他论证并解释说：

> 说穷理，只就自家身上求之，都无别物事。只有个仁义礼智，看如何千变万化，也离这四个不得。公且自看，日用之间如何离得这四个。如信者，只是有此四者，故谓之信。信，实也，实是有此。论其体，则实是有仁义礼智；论其用，则实是有恻隐、羞恶、恭敬、是非，更假伪不得。试看天下岂有假做得仁，假做得义，假做得礼，假做得智！所以所信者，以言其实有而非伪也。更自一身推之于家，实是有父子，有夫妇，有兄弟；推之天地之间，实是有君臣，有朋友。

---

① 《四书或问·孟子或问卷一》，《四书或问》，上海古籍出版社，2001，第420页。
② 《朱子语类》卷十五，《朱子语类》（第一册），第285页。
③ 《朱子语类》卷十五，《朱子语类》（第一册），第284页。
④ 《四书章句·大学章句卷一》，《四书章句集注》，中华书局，2005，第4页。

都不是待后人旋安排，是合下元有此。又如一身之中，里面有五脏六腑，外面有耳目口鼻四肢，这是人人都如此。存之为仁义礼智，发出来为恻隐、羞恶、恭敬、是非。人人都有此。以至父子兄弟夫妇朋友君臣，亦莫不皆然。至于物，亦莫不然。但其拘于形，拘于气而不变。然亦就他一角子有发现处：看他也自有父子之亲；有牝牡，便是有夫妇；有大小，便是有兄弟；就他同类中各有群众，便是有朋友；亦有主脑，便是有君臣。只缘本来都是天地所生，共这根蒂，所以大率多同。圣贤出来抚临万物，各因其性而导之。①

王守仁对格物、致知的理解与朱熹在方式、方法上有别，并且多次声称自己的观点是针对朱熹的错误提出来的。王守仁曾经指责朱熹的格物、致知与"穷天理，明人伦"脱节，理由是，朱熹格物的方法是让人格一草一木一昆虫之理，这种手段与"穷天理，明人伦"——加强道德修养的目的之间是脱节的，因为在向外的格物中永远也不可能达到"明人伦"的目的。姑且不论王守仁对朱熹的指责是否恰当，其中流露的格物、致知与"穷天理，明人伦"密不可分的思想主旨却昭然若揭。这从一个侧面表明，王守仁讲格物、致知的动机和宗旨与朱熹并无不同，他们的分歧都是技术上、方法上的。这一点在王守仁对格物、致知的界定以及对朱熹的反对中可以看得非常清楚：

朱子所谓"格物"云者，在即物而穷其理也。即物穷理，是就事事物物上求其所谓定理者也。是以吾心而求理于事事物物之中，析"心"与"理"而为二矣。②

先儒解格物为格天下之物，天下之物如何格得？且谓一草一木亦皆有理，今如何去格？纵格得草木来，如何反来诚得自家意？③

上述引文显示，王守仁对朱熹格物的抨击集中在三个方面：第一，朱熹的格物"求理于事事物物"，犯了"析'心'与'理'而为二"的错误，方向不对。按照王守仁的说法，理不在事物而在吾心，"求理于吾心"

① 《朱子语类》卷十四，《朱子语类》（第一册），第 255～256 页。
② 《答顾东桥书》，《王阳明全集》，第 44～45 页。
③ 《传习录下》，《王阳明全集》，第 119 页。

才是认识和修养的唯一途径。第二，朱熹格物的方法是错误的。朱熹要人格尽天下之物，这是不可能的。王守仁认为，朱熹"要格天下之物，如今安得这等大的力量？……其格物之功，只在身心上做"①。第三，朱熹的格物与道德修养脱节，终归解决不了自家诚意的问题。在王守仁看来，朱熹一面把"穷天理，明人伦"作为格物的目的，一面把格一草一木一昆虫之理作为格物的手段，其目的与手段是脱节的。

综观王守仁对朱熹的诘难，与其说是不认同朱熹对格物、致知的解说，不如说是反对朱熹的理本论。前两点都是针对这一问题的，第三点则表明认同朱熹将格物、致知与"穷天理，明人伦"勾连在一起的做法，只是指责朱熹达此目标的方法不当而已。

以朱熹为前车之鉴，王守仁对格物、致知做了自己的新解，其基本精神是把格物、致知完全纳入"致良知"的体系。随着将格物、致知定义为正事、扩充吾心之知，在王守仁这里，手段与目的已经合二为一，不会再出现格物之手段与"穷天理，明人伦"之目的脱节。于是，他一再宣称：

> 若鄙人所谓致知格物者，致吾心之良知于事事物物也。吾心之良知，即所谓天理也。致吾心良知之天理于事事物物，则事事物物皆得其理矣。致吾心之良知者，致知也。事事物物皆得其理者，格物也。②

> 然欲致其良知，亦岂影响恍惚而悬空无实之谓乎？是必实有其事矣。故致知必在于格物。物者，事也，凡意之所发必有其事，意所在之事谓之物。格者，正也，正其不正以归于正之谓也。正其不正者，去恶之谓也。归于正者，为善之谓也。夫是之谓格。③

在这里，王守仁把《大学》的致知说与孟子的良知说结合起来，提出了"致良知"说。他指出："'致知'云者，非若后儒所谓充广其知识之谓也，致吾心之良知焉耳。"④ 与此相联系，王守仁强调先致知，后格物，将格物、致知做了顺序上的调整，以捍卫其心学体系，纠正了朱熹向外用

---

① 《传习录下》，《王阳明全集》，第120页。
② 《答顾东桥书》，《王阳明全集》，第45页。
③ 《大学问》，《王阳明全集》，第972页。
④ 《大学问》，《王阳明全集》，第971页。

工的做法。尽管如此,他关于格物、致知的目的是"穷天理,明人伦",并且通过显露先天良知而加强道德修养的看法与朱熹并无本质区别。其实,这也是他们共同捍卫"去人欲,存天理"的前提所在。

无论王守仁还是二程、朱熹抑或陆九渊,探讨知行关系是加强道德教化的社会需要使然,归根结底是为了推动、普及道德修养和道德教化。进而言之,无论是道德修养的提升,还是道德教化的普及,都不仅表现为道德观念,更主要的体现为道德行为。正因为如此,他们在探讨知行关系时关注道德修养,重视道德践履,并且不约而同地将知、行、格物、致知聚集在"去人欲,存天理"上。在某种程度上可以说,理学家热衷于阐发知行关系,是为了更好地存心、格物、致知,最终目的是在"穷天理,明人伦"的基础上,通过"去人欲,存天理"而超凡脱俗,成为圣贤。这一目标是理学家的共同理想。正因为如此,与对知行关系、格物致知的看法分歧丛生形成强烈对比的是,在对"去人欲,存天理"的理解上,理学家们彼此之间毫无异议,异常统一。

提到"去人欲,存天理"的口号,尤其在控诉理学或理学家以理杀人时,大多数人首先想到的是朱熹的那句"革尽人欲,复尽天理"①,朱熹也由此而成为以理杀人的主犯。基于程朱理学的势力和影响,朱熹对理学以理杀人的恶果难辞其咎,但绝不是唯一的责任人。同时,程颐的那句"饿死事极小,失节事极大"②同样对后世尤其是妇女的悲惨处境产生了深远而巨大的负面影响。其实,"去人欲,存天理"绝不是朱熹的专利,在这一点上,理学家大都与朱熹同道且同调。其中,尤其不能不提王守仁。

在多年的戎马生涯中,王守仁深切感受到"破山中贼易,破心中贼难"。正是围绕着"破心中贼"的宗旨,他建构了自己的哲学。那么,什么是"心中贼"?对于心中之贼究竟应该怎么破?"去人欲,存天理"是全部答案。按照王守仁本人的解释,"破心中贼"就是"去人欲",铲除心中的不善之念,其具体途径和方法就是"去人欲,存天理"。正因为如此,他完全赞同朱熹"去人欲,存天理"的主张,所不同的是,王守仁将"去

---

① 《朱子语类》卷十三,《朱子语类》(第一册),第255页。
② 《河南程氏遗书》卷二十二下,《二程集》,中华书局,2004,第301页。

人欲，存天理"纳入"致良知"的体系中，使其又多了一个术语——"致良知"而已。更有甚者，王守仁对"去人欲，存天理"的重视与朱熹相比有过之而无不及。鉴于讲到"去人欲，存天理"，人们往往将焦点投向朱熹，在此，有必要对王守仁这方面的思想进行简单回顾，以便更直观地理解王守仁与朱熹知行观相同的落脚点和归宿。

与"破心中贼"的理论初衷相呼应，王守仁将格物、致知等所有的道德修养都归结为"破心中贼""去人欲，存天理"而最终成为圣人。与此相联系，他将通过"去人欲，存天理"成为圣人视为最高的价值追求和行为目标，并且奉其为教育、为学的唯一内容和根本宗旨。下面的句子在王守仁的著作中俯拾即是：

> 圣人述六经，只是要正人心，只是要存天理，去人欲。①
> 学是学去人欲，存天理；从事于去人欲，存天理，则自正。②
> 学者学圣人，不过是去人欲而存天理耳。③

不仅如此，对于如何"去人欲，存天理"，王守仁提出了"静处体悟，事上磨炼"等具体修养方法。按照他的要求，"去人欲，存天理"不能只限于事上磨炼，仅仅在面对外物诱惑时克灭私欲是不够的，还要在静坐时"省察克治"，时刻不得松懈。

更有甚者，为了让人把精力都用于"去人欲，存天理"，避免向外用工，循着心外无知、致知外无学的逻辑，王守仁坚决反对皓首穷年读书明理的做法，并且修改了圣贤标准，以此抵制那种"专去知识才能上求圣人"的想法和做法。在他看来，如果只从知识、才能上求做圣人，结果必然是南辕北辙——离圣人越来越远。这是因为，终日"从册子上钻研，名物上考索，形迹上比拟，知识愈广而人欲愈滋，才力愈多，而天理愈蔽"④。基于这种认识，王守仁推出了自己的圣贤标准，并且提出了一套相应的做圣成贤的方法途径和践履工夫。对此，他一再指出：

---

① 《传习录上》，《王阳明全集》，第 9 页。
② 《传习录上》，《王阳明全集》，第 31～32 页。
③ 《传习录上》，《王阳明全集》，第 28 页。
④ 《传习录上》，《王阳明全集》，第 28 页。

圣人之所以为圣，只是其心纯乎天理，而无人欲之杂。犹精金之所以为精，但以其成色足而无铜铅之杂也。①

所以谓之圣，只论精一，不论多寡。只要此心纯乎天理处同，便同谓之圣。若是力量气魄，如何尽同得！后儒只在分两上较量，所以流入功利。②

在这里，王守仁一再表示，圣人"所以为圣者"，只在"纯乎天理而不在才力也"，这就如同鉴别一块金子是否精纯，"盖所以为精金者，在足色而不在分两……犹一两之金比之万镒，分两虽悬绝，而其到足色处可以无愧"③。他对圣贤标准的改变使"去人欲，存天理""致良知"成为超凡入圣的唯一途径和不二法门，除此之外，别无出路。对此，王守仁解释说，良知人人皆有，人人都可以通过"致良知"而成为圣人；超凡入圣的方法是切实进行"去人欲，存天理""致良知"的工夫。于是，王守仁反复申明：

自己良知原与圣人一般，若体认得自己良知明白，即圣人气象不在圣人而在我矣。④

各人尽着自己力量精神，只在此心纯天理上用功，即人人自有，个个圆成，便能大以成大，小以成小，不假外慕，无不具足。⑤

这样，王守仁的道德修养工夫便由"去人欲""破心中贼"开始，通过格物、致知，最后在超凡入圣中以"存天理""致良知"终。就方向、途径而言，"致良知"省略了向外格物的环节，堵塞了向外穷天理、做圣贤的途径；就宗旨而言，良知成为唯一真知。在此，一切都变得简单、明了，"去人欲，存天理"贯彻始终。

王守仁对"去人欲，存天理"的津津乐道表明，"去人欲，存天理"作为理学知行观的道德意蕴和伦理维度的表现，并非朱熹一人情有独钟。

---

① 《传习录上》，《王阳明全集》，第27页。
② 《传习录上》，《王阳明全集》，第31页。
③ 《传习录上》，《王阳明全集》，第27～28页。
④ 《启问道通书》，《王阳明全集》，第59页。
⑤ 《传习录上》，《王阳明全集》，第31页。

其实，所有理学家都对"去人欲，存天理"津津乐道、乐此不疲，至少不应该一说到这一主张马上想到朱熹甚至只想到朱熹一人，因为对于理学来说，这是一个共同关注的公共话题和热门话题。当然，与对知行关系的理解情况类似，王守仁对"去人欲，存天理"的途径以及格物、致知关系的理解与其"知行合一"相互印证，与朱熹等人存在具体差异，大方向和基本宗旨则别无二致。

知、行、格物、致知都被归结为"去人欲，存天理"表明，在宋明理学中，为道德教化提供理论辩护的知行观注定要重视道德修养和道德实践，于是，按照三纲五常的道德标准和行为规范"去人欲，存天理"从一开始便注定了结局。也正是在"去人欲，存天理"中，"知"发挥着指导作用，"行"在君臣父子的人伦日用中时时刻刻在进行着。

通过上述考察、分析可以看出，理学家对格物、致知的具体解释虽有分歧，但是，他们所界定的知、行、格物、致知等无一例外都属于道德范畴。基于这一共同点，理学家的分歧最终走向了合一。朱熹从理本论出发，把格物解释为"即物穷理"。然而，他所讲的格物并非认识事物本身的规律，而是在格一草一木一昆虫之理的基础上豁然贯通，去把握那个先于天地、先于事物的宇宙之理。对于致知，朱熹解释为推致先天固有良知。对格物、致知的如此界定使程朱理学与陆王心学之间的界限开始模糊。王守仁把格物、致知解释为推及吾心先天固有良知而端正自己的行为——正事。这样一来，格物、致知便成了"正意念""去私欲"而回复"灵昭明觉"之心——良知。可见，朱熹和王守仁把格物、致知最终都归结为"去私欲""正君臣"的道德说教，最终演绎为"去人欲，存天理"的道德修养工夫。

综上所述，理学知行观的内涵意蕴、精神实质和价值旨趣是一致的，这表明包括王守仁在内的理学家对知、行的概念界定和对知行关系的理解与其他时期截然不同，由此构成了理学知行观的基本特征和时代风尚。由于将知认定为道德观念和道德体认，将行认定为道德躬行和道德践履，于是才有了以知为本、知先行后的认识，才有了对行的强调以及"知行合一"的结论。这些主张与理学家探讨知行关系是为了迎合宋明时期加强道德教化的社会需要，反过来也使他们的知行观在某种程度上成为道德修养方法的一部分。换言之，理学家注重知行关系主要因为这一时期对道德教化的加强，这种社会需要和理论初衷决定了他们所讲的知、行是为道德教化服务的，也决定了王守仁的"知行合一"与朱熹的知先行后的一致性。明白了这一点，也就找到了揭开理学知行观秘密的钥匙。以这把钥匙开启宋明理学的知行观，便可以深入了解王守仁的"知行合一"及其与朱熹等人知行观的异同关系，在此基础上更深入地把握理学知行观的特殊内涵和价值。

《大学》工夫诠释图式重构

——以朱熹、阳明的《大学》诠释为语境

◎陆永胜*

摘要：《大学》在宋已降的经典诠释中具有重要地位，它以其工夫之道成为各种诠释话语的主题，也因此在不同的诠释视阈中呈现出不同的工夫图式，其中以朱子理学和阳明心学的诠释图式为代表，二者具有内在的一致性：都以伦理之域的修养论为旨归，在本质上不同于传统上对朱熹工夫论的智识化诠释倾向。在此辨析基础上，新的工夫图式得以建构。《大学》工夫新图式以成德为内在理路，以逐层递进为逻辑关系，呈现出内修、外治和内圣外王一体的三重结构。新图式在某种意义上更形象地体现出宋明理学的儒学本质和特色，也对解决内圣外王的紧张关系提供了一条思路，因此对儒学开新与践行不无启示意义。

关键词：《大学》 工夫 图式 朱熹 王阳明

一 文本与诠释：工夫之道的确立

《大学》是《礼记》中的一篇，在宋代以前，它的地位是黯然无显的，只有唐代的韩愈、李翱曾对它略有引述和论及。宋代河南程氏兄弟将其表彰出来，并经朱熹区分经传、补传，调整简序、注释并编入《四书》，始为"四书"之首。不过，在此前后，关于《大学》的地位和版本的问题就一直争论不休。如司马光在《书仪》中谈及"《学记》、《大学》、《中庸》、

---

* 陆永胜（1978~），男，汉族，河南南阳人，贵州省高校社科基地贵阳学院阳明学与地方文化研究中心副教授，研究方向：中国哲学，文艺美学。

《乐记》为《礼记》之精要"时，就把《大学》排在了《学记》之后。清代的陈澧在其《东塾读书记》中讨论经部诸书，言《礼记》而不言《大学》《中庸》，而是仅仅把它们作为《礼记》中的两篇。① 司马光和陈澧是反思《大学》之地位的思想家中有代表性的两位。而关于《大学》文本的问题，主要是围绕朱子的改本而产生的讨论。大学有古本和新本之别。所谓古本即是《礼记》中的原文，在释"格物""致知"两条目时，只有"此谓知本，此谓知之至也"两句。所谓新本，即是朱熹的改本。朱熹承程子意，首先认为有错简，认为"此谓知本"是上一章末句的衍文，并且将"诚意章"中的六段话重新编序为四章提到"此谓知本"之前，分别解释"明明德"、"新民"（也作"亲民"）、"止于至善"和"本末"。② 其次，朱熹认为古本有漏简，即在"此谓知之至也"之前"别有阙文，此特其结语耳"③。朱熹据此借口"间尝窃取程子之意以补之"，补入了对"格物致知"的解释：

> 所谓致知在格物者，言欲致吾之知，在即物而穷其理也。盖人心之灵莫不有知，而天下之物莫不有理，唯于理有未穷，故其知有不尽也。是以大学始教，必使学者即凡天下之物，莫不因其已知之理而益穷之，以求至乎其极。至于用力之久，而一旦豁然贯通焉，则众物之表里精粗无不到，而吾心之全体大用无不明矣。此谓格物，此谓知之至也。④

这一段补文受到了主张古本的诸多思想家的批评，如王阳明认为朱熹之补传"合之以敬而益缀，补之以传而益离"，所以"吾惧学之日远于至善也，去分章而复旧本，傍为之什，以引其义"⑤。陈澧也认为"朱子之补《大学》，不必补也"⑥。以上关于《大学》地位及文本之争的实质在于诠释的角度。因此，疏解对《大学》的诠释，有助于我们把握《大学》工夫

① 参见（清）陈澧《东塾读书记》，台湾中华书局，1996，1～10卷。
② 参见（宋）朱熹《四书集注》，陈茂国标点，岳麓书社，2004，第7～9页。
③ （宋）朱熹：《四书集注》，第9页。
④ （宋）朱熹：《四书集注》，第9页。
⑤ （明）王守仁，《大学古本序》，《王阳明全集》，吴光等点校，浙江古籍出版社，2010，第259页。
⑥ （清）陈澧：《东塾读书记》，台湾中华书局，1996，卷九。

诠释图式及其价值诉求。

从对《大学》的诠释进路看，主要有四个方面：荀学的进路，以《大学》本为荀学，《大学》面向的问题即是外王；以孟摄荀的进路，即朱子的理本体进路，以《大学》为孟荀互融，其面向问题则是内圣决定、含摄或推出外王；孟学的进路，即阳明心本体的进路，以《大学》为十足的孟学，其面向的是内圣和外王一源的问题；气本论的立场，视《大学》为孟皮荀骨，意在回归《大学》本意，凸显外王面向。① 这四种诠释进路最大限度地符合了社会及学术思潮的背景。诠释的多视角凸显文本的多义性，也同样导致面向问题的差异性。所以牟宗三先生曾说：

> 《大学》只是一个"空壳子"，其自身不能决定内圣之学之本质。②
>
> 《大学》只列举出一个实践底纲领，只说一个当然，而未说出其所以然，在内圣之学之义理方向上为不确定者，究往哪里走，其自身不能决定，故人得以填彩而有三套之讲法。③

牟先生之言可谓精辟，不但指出了经典诠释本身的特点，也独到地指出作为诠释立场的内圣之学之本质具有多种可能性。可见，《大学》的四种诠释进路有一个总体面向，即内圣外王，这也是作为"实践底纲领"的《大学》的价值取向。依牟先生所言，无论何种诠释进路，都必将肯定《大学》的工夫论这一主旨。而由诠释立场进至价值目标，其过程则关涉实践、工夫的问题。因此诠释维度的不同，也必将带来对《大学》工夫进路的不同理解。

内圣之学不仅仅关涉内圣，也同样关涉外王。从工夫的维度探究内圣之本质在某种意义上也是在探究内圣与外王的关系问题，这正是《大学》工夫的价值诉求。以《大学》为根本探究儒学内圣外王的关系，其潜在前提即是视《大学》为儒学经典之代表，也就是肯定《大学》四书之首的地位。在这一前提下的诠释代表即是理本体进路的朱子和心本体

---

① 刘又铭：《〈大学〉思想的历史变迁》，载《东亚儒者的〈四书〉诠释》，黄俊杰编，华东师范大学出版社，2008，第 3~34 页。

② 牟宗三：《心体与性体》第二册，台北正中书局，1985，第 424 页。

③ 牟宗三：《心体与性体》第一册，台北正中书局，1985，第 18 页。

进路的王阳明。① 朱、王关于《大学》疏解的异同剖析，唐君毅先生曾做过归纳：

> 阳明之说不同于朱子者，则在朱子之格物穷理，皆由人之知其所不知者，以开出；而阳明之致良知，则由人之知其所已知者，以开出。人由知其所不知，乃日趋于广大；人之知其所已知，则所以日进于高明。广大所以切物，高明所以切己；广大者方以智，高明者圆以神。此即朱子、阳明之格物致知之教，各有千秋，而实未尝相犯。②

唐君毅先生侧重从工夫入路和工夫结果的角度入手，朱子之工夫入路是物，阳明之工夫入路是良知（心），这一区别决定了他们工夫之渐和顿的差异。但不可否认的是，朱子和阳明的入手工夫目标都是先天预设的，朱子为天理，阳明为良知，因此二者都是"现成"论。至于由"所不知者"开出还是从"所已知者"开出，更多是强调工夫之下手处，而没有谈及工夫的过程和哲学本体的问题。

从工夫实践过程和哲学本体言，朱子以先天预设的外在天理为根据，把工夫分为了三个阶段。首先，以个体和本体具有某种断裂为前提，格物而致知，致知以明理，工夫的核心在于察识，是以渐功为主最后必有顿悟的工夫阶段。其次以所明之理为指导，诚意正心修身，摈除习心杂念，使道心显现，并与天理完全相合。这两个阶段也就是"明明德"的过程。最后以有德之人的面貌去践行（理）"礼"，即齐家、治国、平天下，这就是"新民"的过程。"明明德"和"新民"的终极目标就是"止于至善"。朱子工夫第一阶段，即下学上达，最为繁杂，因此被象山说为支离，但一旦万理积于心，豁然贯通，即是达到了"知至"，其后的六目即是所明之理指导下的涵养过程，即是理之用，也就是"得"。与朱熹不同，阳明对于"三纲八目"的阐释则是一体圆融的。他从《大学》古本出发，以现成之良知去指导"三纲八目"之工夫，德、业并修，内圣外王一齐达到。从工夫次第看，因为心体可能被遮蔽，要保持心体的光明莹洁，还需以本然良

---

① 刘又铭在《〈大学〉思想的历史变迁》一文中认为，荀学的诠释进路和明清的气本论诠释进路即是要求还原《大学》在《礼记》中本有的地位，回复《大学》本有的氛围和旨趣。而朱子和阳明则是视《大学》为四书之首的。

② 唐君毅：《中国哲学原论·导论篇》，台湾学生书局，1986，第349～350页。

知指导诚意正心，然后应对万物，所以还需在事上磨炼，顿中有渐。在阳明的工夫进路上，良知是出发点、内动力、目标和工夫准则。也正是在朱子与阳明诠释进路的差异的背景下，冯达文先生才说道：

> 朱子所讲的"知"与阳明所讲的"知"，在内容（对象）上即有差别，朱子广泛涉及外在之"物"与"理"，而阳明仅限于"德"；朱子既以外在之"物"与"理"为所知者，则他所面对的问题，为殊相与共相之关系问题，此为知识论的基本问题，阳明所面对的问题，其实为如何成德之"行"的问题，此实为信仰的问题；在与"物"与"理"相与对待下之"心"与"知"，必为一知识性之"心智"，故朱子主进学以致知，此即不以"良知现成"为说，阳明以"行"论"知"，赋予良知以信仰意义，自有"良知现成"说。①

冯达文先生认为朱子是从形式化和知识化的理路诠释《大学》，而阳明运用的是信仰性和践行性的理路，二者截然不同。但冯达文先生认为朱子主张进学以致知，不以"良知现成"为说，阳明则以"行"论"知"，自有"良知现成"之说。笔者认为这是着眼于朱子工夫本身的第一阶段，而忽略了工夫的前提，而且冯先生的分析具有明显的智识主义倾向。

检视朱子理学和阳明心学，二者固然在本体论和工夫论方面存在重大歧异，但钱穆先生认为，从学统看，阳明心学的最大成就即是解决了宋学留下来的心理为二、身物为二两个问题，阳明没有走出宋学传统。②这一观点和牟宗三先生、劳思光先生、刘述先先生等对宋明学术谱系的划分有所不同。③但值得肯定的是，朱王在本体上皆以"天理"为最高范畴，朱子主张"心具理"，阳明主张"心即理"，对心之地位的确定是二者在本体论上的不同，由此带来二者最明显的区别——工夫方法。朱子以"格物致知"向外求理为主要方法，突出体现在他对《大学》古本

---

① 冯达文：《从朱子与阳明之〈大学〉疏解看中国的诠释学》，载《东亚儒者的〈四书〉诠释》，黄俊杰编，华东师范大学出版社，2008，第 234~235 页。

② 参见钱穆《阳明学述要》，九州出版社，2010，第 1~39 页。

③ 参见刘述先《理一分殊》，上海文艺出版社，2000，第 80~84 页。

的补文。阳明则以"诚意正心"向内求心为主要方法，如他在《大学古本序》首句言："《大学》之要，诚意而已也。"①朱王围绕《大学》关于工夫方法的论述侧重虽有不同，但至少从一个侧面表明了《大学》对工夫之道的凸显。无独有偶，黄宗羲也曾以《大学》为视角，审视朱王的工夫方法：

> 朱子之解《大学》也，先格致而后授之以诚意；先生之解《大学》也，即格致为诚意。其于工夫，似有分合之不同，然详二先生所最切紧处，皆不越慎独一关，则所谓因明至诚，以进于圣人之道，一也。……夫《大学》之教，一先一后，阶级较然，而实无先后之可言，故八目总是一事。②

黄宗羲这里区分朱王之不同的视角和冯达文先生是不同的，当然也和唐君毅先生有别。冯达文先生侧重于内在理路，唐君毅先生侧重工夫入手处和工夫成果的性质，黄宗羲则基于朱王对《大学》工夫次第的判定。冯达文先生看到了朱王义理之异，这在某种意义上解释了唐先生所看到的朱王之异的原因。冯先生和唐先生的观点相资为用，正说明了朱王对《大学》诠释立场的不同，带来对《大学》工夫入手处、过程及成果性质的不同认识。工夫入手处和过程之异所呈现出来的正是黄宗羲所肯定的工夫先后次第之不同，在成果性质上，广大者的"方以智"，高明者的"圆以神"都只是因明至诚而进于的"圣人之道"的境界形态之一。所以，抛开其异而取其同，《大学》之"八目总是一事"，其目标和价值取向在于"圣人之道"，即是在忽略工夫之先后次序的前提下对工夫之道的肯定，这正是《大学》之道。在某种意义上，这也正好暗合了牟宗三先生关于《大学》是一个"实践底纲领"的论断。

《大学》对工夫之道的确立，正体现了中国传统哲学对于道的追求，这一追求向度体现出其"实践""实用"的特征。因此，中国人对于精神超越的追求，主要是通过修养、道德实践而自我实现的，体现在方法论

---

① 王守仁：《大学古本序》，《王阳明全集》，吴光等点校，浙江古籍出版社，2010，第258页。
② 黄宗羲：《师说》，《明儒学案》，沈芝盈点校，中华书局，1985，第7页。

上，即是对于追求之途、工夫之道的探索。

二　朱子理学与阳明心学：两种诠释向度

从诠释学的视角出发，"解释者必须恢复和发现的，不是作者的个性与世界观，而是支配着文本的基本关注点——亦即文本力图回答并不断向它的解释者提出的问题"①。《大学》确立了工夫之道，那么，工夫之道是什么？这是《大学》文本所要回答并不断向它的解释者提出的问题。但在诠释史中，对这一问题的过分强化，致使普遍化的追求形上之道成为研究《大学》的主要视角。在中国传统哲学中，"道"作为本体最终可能呈现为一种精神形态，然而，对"道"的探讨本身则是一种逻辑方法的确立。故此，笔者认为，《大学》的核心价值与目的不在于呈现出"道"的形态，而在于其确立的工夫图式。就《大学》文本而言，"三纲八目"所建构出的工夫图式影响着后世儒学的致思方向和后世儒家的践履之途。

无论从经学史家还是从哲学家的角度言，《大学》的内容有"经""传"之分已经是一个被普遍认可的事实。"三纲八目"在《大学》首章提出，具有"经"的地位，其余文字是对之进行的阐释发挥，也就是"传"了。因此，由"三纲八目"建构起来的工夫图式正是《大学》的工夫之道。

从工夫的维度而言，"三纲"是《大学》工夫的总纲。但各家对于"三纲"内部的关系则有不同的认识。如王阳明认为：

> 明明德者，立其天地万物一体之体也。亲民者，达其天地万物一体之用也。故明明德必在于亲民，而亲民乃所以明其明德也。②
> 若知明明德以亲其民，而亲民以明其明德，则明德亲民焉可析而为两乎？③

---

① 〔美〕戴维·E. 林格（David E. Linge）："编者导言"，收入林格编，高达美著，夏镇平译《哲学解释学》，上海人民出版社，1994，第12页。
② 王守仁：《大学问》，《王阳明全集》，吴光等点校，浙江古籍出版社，2010，第1015页。
③ 王守仁：《大学问》，《王阳明全集》，第1018页。

阳明从"体用不二"的角度认为"明明德"为体,"亲民"为用。二者本为一物,明明德即是亲民,亲民即是明明德,二者不可析为二。而对于"止于至善",王阳明进一步发挥了其一体圆融的诠释方法:

> 至善者,明德、亲民之极则也。……明明德、亲民而不止于至善,亡其本矣。故止于至善以亲民,而明其明德,是之谓大人之学。①

阳明认为至善是明德、亲民之极则,即是明德、亲民的至极处。因此,在本质上它们仍是一事。王阳明从其心学进路出发,将"明明德""亲民""止于至善"一贯打通,三者为一事之体、用和极处。王阳明甚至将"八目"也一贯打通,和"三纲"连为一体。如他说:

> 此正详言明德、亲民、止至善之功也。盖身、心、意、知、物者,是其工夫所用之条理,虽亦各有其所,而其实只是一物。格、致、诚、正、修者,是其条理所用之工夫,虽亦皆有其名,而其实只是一事。②
>
> 自"格物致知"至"平天下",只是一个"明明德"。虽亲民,亦明德事也。"③
>
> 《大学》工夫即是明明德;明明德只是个诚意;诚意的工夫只是格物致知。……《大学》工夫只是诚意,诚意之极便是至善:工夫总是一般。④

王阳明立足于心学,以良知为内在理路,统贯"三纲八目",使它们达到惊人的一致。

与王阳明不同,朱熹视"三纲八目"为工夫的不同节目。如他说:

> 明德、亲民,便是节目;止于至善,便是规模之大。⑤

---

① 王守仁:《大学问》,《王阳明全集》,第 1016 ~ 1017 页。
② 王守仁:《大学问》,《王阳明全集》,第 1018 页。
③ 王守仁:《传习录》(上),《王阳明全集》,第 28 页。
④ 王守仁:《传习录》(上),《王阳明全集》,第 42 页。
⑤ 朱熹:《大学一·序》,《朱子语类》第一册,卷十四,黎靖德编,王星贤点校,中华书局,1986,第 260 页。

如"在明明德，在亲民，在止于至善"这三句话，却紧要只是"在止于至善"；而不说知止，则无下工夫处。①

朱熹视"明德、亲民"为工夫之两个节目，而"至于至善"则体现明德、新民的规模。即是说在实质上，"止于至善"不是工夫之节目。因此，对于朱熹而言，"三纲"中的实有工夫只有明明德和新民。但朱熹又认为"三纲"中"止于至善"是最关紧要的，此当是从"大学"与"小学"之区别而言的，因为"大学"成就的是圣人，追求的是至善，而"小学"追求善，造就的是好人。"大学"的目标追求，决定了明明德与新民都必须臻于极致。唯如此，圣人始可成就。

朱熹对于"八目"仍然以工夫之节目次第阐释：

物既格，知既至，到这里方可着手下工夫，不是物格、知至了，下面许多一齐扫了。若如此，却不消说下面许多。看下面许多，节节有工夫。②

在朱熹看来，"八目"中的每一项都是实实在在的一种工夫。而且这八种工夫分属于"明明德"和"新民"这两种实有工夫，"格物、致知、诚意、正心、修身者，明明德之事也；齐家、治国、平天下者，新民之事也"③。在朱熹这里，"三纲"特别是"明明德"和"新民"的工夫总纲的地位更为凸显。朱熹对于"三纲八目"的诠释，节目次第非常明晰，但相对于阳明，缺乏内在理路的明晰性。这也许就是其被称为"支离"的原因之一。而阳明把"三纲八目"一贯圆融，极为高明，却不免"简易"，入手处反而不易把握，这也许正是导致阳明后学"现成派"日益玄虚，"工夫派"为了究其偏而日益强调践履的原因。

另外，从工夫的内在逻辑进路上看，朱子认为《大学》工夫强调对

① 朱熹：《大学一·经上》，《朱子语类》第一册，卷十四，第279页。
② 朱熹：《大学三·传六章释诚意》，《朱子语类》第二册，卷十六，黎靖德编，王星贤点校，中华书局，1986，第327页。
③ 朱熹：《四书或问·大学或问》，《朱子全书》第六册，朱杰人等主编，上海古籍出版社，安徽教育出版社，2002，第511页。

"至善"的追求，因此，在工夫上，无所不用其极，节节而进，最终构成了一个层层递进的工夫论体系。① 而王阳明一体圆融的工夫逻辑关系，在内在进路上，却存在着不同的诠释。钱穆先生认为阳明不能"于成色分两上一并用心"②，只重成色，忽视分两，因此"阳明良知学，实在也只是一种小学，即小人之学。用今语释之，是一种平民大众的普通学。先教平民大众都能做一个起码圣人。从此再进一步，晦翁的格物穷理之学，始是大学，即大人之学。用今语释之，乃是社会上一种领袖人才的专门学"③。钱穆先生进一步认为，造成阳明学沦为"小学"的内在原因在于阳明骨子里沿袭了宋明理学家六七百年来的一种宿疾，即"总是看不起子路子贡冉有公西华，一心只想学颜渊仲弓。他们虽也说即事即心，却不知择术，便尽在眼前日常琐碎上用工。一转便转入渺茫处"④。钱先生之分析可谓鞭辟入里，但明显是朱子学的诠释立场，这一立场在其《阳明学述要》中更为突出。如果从"善"与"至善"的递进层次角度言，以钱先生的观点为出发点，阳明对《大学》工夫的诠释其内在进路自然不可能是层层递进的。事实上，无论是朱熹还是王阳明，二人所论之工夫都是着眼于修养方法而言的。王阳明和朱熹的工夫论之异在于立足点和出发点的不同，在为学的目的和进路上，二者都没有偏离为己—成己—成物—成圣这一儒学本质和进路。朱熹从外在天理出发，重视"格物致知"工夫，阳明从内在良知出发，标举"诚意正心"。在阳明看来，"八目"作为成就圣人和至善德性的工夫，其出发点即纯明心体，那么心体纯明的工夫过程不仅是"小学"的工夫，而且还将延至"大学"工夫阶段，不是说做"大学"工夫时，就没有"小学"工夫了。这也是阳明强调在日常的"洒扫、应对、进退以及礼、乐、射、御、书、数"等"小学"工夫中显明心体的原因。如《传习录》载：

> 门人有言邵端峰论童子不能格物，只教以洒扫应对之说。先生曰："洒扫应对就是一件物，童子良知只到此，便教去洒扫应对，就

① 郭晓东：《善与至善：论朱子对〈大学〉阐释的一个向度》，载黄俊杰编《中日〈四书〉诠释传统初探》，华东师范大学出版社，2007，第185~207页。
② 钱穆：《湖上闲思录》，生活·读书·新知三联书店，2000，第30页。
③ 钱穆：《湖上闲思录》，第30~31页。
④ 钱穆：《湖上闲思录》，第31页。

是致他这一点良知了。又如童子知畏先生长者，此亦是他良知处。故虽嬉戏中见了先生长者，便去作揖恭敬，是他能格物以致敬师长之良知了。童子自有童子的格物致知。"又曰："我这里言格物，自童子以至圣人，皆是此等工夫。但圣人格物，便更熟得些子，不消费力。如此格物，虽卖柴人亦是做得，虽公卿大夫以至天子，皆是如此做。"①

洒扫应对，恭敬长者是致良知，而且此等工夫自童子以至圣人都是如此。所以，"小学"工夫和"大学"工夫不是从对象上"分别"，也没有前后截然之别。因此，上引钱穆先生所言，或值得再思考。阳明从内在心体出发，强调良知本体对工夫过程的统贯作用，在某种意义上是和其良知学强调知行合一、即本体即主体、即本体即工夫的哲学特征相一致的。也即是说，阳明以一体圆融的方式诠释《大学》"八目"，不但没有否定或者放弃对"至善"的追求，而且同时肯定了主体自身及工夫活动的统一性。也许正是在此意义上，劳思光先生说阳明的"成德工夫原是自我升进之历程。自我本身有统一性，而升进活动亦有统一性"② 此意甚契于阳明。总之，阳明从心体出发的工夫之"简易"是相对于外物的客观实在性而言的。阳明标举"诚意"，除了因为工夫关乎心体之外，还因为他是以"意之所在之事"为工夫对象，事与物在某种意义上是主体德性升进历程之表征。但我们不能因此断定阳明完全化外（物）为内（心），因为物、事不仅可以是意中之物、事，还是客观之物、事，这为我们进一步理解《大学》工夫提供了一个理论契机。

三　诠释图式建构：以成德为内在理路

在朱熹、王阳明为代表的宋明理学诠释视阈中，"明明德"是就己而言，而且"明德是指本体而言，因而即使明德指心，也不是指现实的人心，而是指心的本体"③。心之本体即是心的本然状态，并不是指"心之

---

① 王守仁：《传习录》（下），《王阳明全集》，第132页。
② 劳思光：《新编中国哲学史》（三卷上），广西师范大学出版社，2005，第321页。
③ 陈来：《朱子哲学研究》，华东师范大学出版社，2000，第291页。

体"即"性"。所以，"明明德"作为一种内求工夫，即是要自明其明德，复归本体之明。"亲（新）民"是就由己推人言，即在自明明德的基础上，由己及人，使其也明其明德，是一种由内化外的工夫。显然这里既体现了儒家一体之仁的内在德性力量及其巨大的自我驱动力，也体现了"明明德"与"亲民"间的内在逻辑关系和本末次序。"止于至善"是就本心言，人己内外一齐通透，这就是本心的本然和应然状态。人能内求心体，圆融外物，就是达到了心理为一、身物为一的天地境界。"明明德"或者"亲民"或者由"明明德"以"亲民"作为工夫，都是以"止于至善"为终极目的的。"至善"是心体的本然属性，"止于至善"则是即工夫即境界（本体）。一切对德性之认识与工夫，全都靠心。此点在以良知为体的阳明那里自不必说，"与事事物物上求至善，却是义外也。至善是心之本体。只是'明明德'到'至精至一'处便是。然亦未尝离却事物"①。即使朱子也是强调心上做工夫这一内在维度的，如他说："能知所止，则方寸之间，事事物物，皆有定理矣。"②"方寸之间"显然指心，心之定理即是止其所当止之所，心知所止，则事理皆有定。甚至在某种意义上，朱熹也是讲求做工夫要"先立其大"的，如他说："大学'明明德于天下'，只是且说个规模如此。学者须是有如此规模，却是自家本来合如此，不如此便是欠了他底。……外极规模之大，内推至于事事物物处，莫不尽其工夫，此所以为圣贤之学。"③ 因此，心统摄"三纲"工夫，并使其建立稳定而严密的内在逻辑关系。"三纲"作为《大学》的纲领旨趣，其建立的由内而外、内外合一，以臻于圆融一体境界的逻辑结构范导着"八目"的逻辑建构。

"八目"建构的工夫图式可以形象地表述为三个完整的圆，一个是内

---

① 王守仁：《传习录》（上），《王阳明全集》，第2页。
② 朱熹：《四书或问·大学或问》，《朱子全书》第六册，朱杰人等主编，上海古籍出版社，安徽教育出版社，2002，第510页。在《朱子语类》卷九中，朱熹有类似的表达："理不是在面前别为一物，即在吾心。人须是体察得此物诚实在我，方可。""凡是眼前底，都是事物。只管悉地逐项穷教到极至处，渐渐多，自贯通。然为之总会者，心也。"《朱子全书》第14册，第307页。
③ 朱熹：《大学四·或问上》，《朱子语类》第二册，卷十七，黎靖德编，王星贤点校，中华书局，1986，第381~382页。在《朱子语类》卷九中，朱熹也曾说："若今看得太极处分明，则必能见得天下许多道理条件皆自此出，事事物物上皆有个道理，元无亏欠也。"《朱子全书》第14册，第307页。

修之圆，一个是外治之圆，第三个是内外相连的大圆。在这三个圆中，起枢纽作用的是"格物"和"修身"的工夫。物者，事也，事指外物和性分之物，外物即是眼睛所看到的客观世界各种现象，性分之物包括宗法社会伦理道德，以及人的本性和心理状态。身者兼具内在心性和外在形体。因此，物和事都是内外兼具。这样从内而讲，格、致、诚、正、修就是一个圆，从外治讲，修、齐、治、平、格也是一个圆，"格物"和"修身"成为内修之圆和外治之圆的交点。依这两个交点向外拉伸，八条目就相连成一个由内到外、由外到内、贯通一体的大圆。这正暗合了中国儒家的内圣外王之道。而内圣和外王作为儒家的整体规划的基础是一个不可分割的连续体，共同指向天下有道的目标。在行道过程中，内修与外治又怎么能分开呢？这三个圆正好暗合了"三纲"。明明德即是弘扬光明正大的品德，是典型的内修，亲民做新民讲，即是使人弃旧图新，途径有二：内修德行和外在教化。也可以说修身的两个方面正好起到了承上启下的枢纽作用。止于至善即是使人达到最完善的境界，这正是一个内外兼修至其极的境界。需要说明的是，八条目不是直线式的，而是一个圆形的。因为内修和外治之道都是没有终点的，需要不断的循环往复，最终得到不断提高。

既然建构一种工夫图式，那么如何理解八条目的次序问题呢！王阳明认为：

> 故致知者，诚意之本也。格物者，致知之实也。物格则知致意诚，而有以复其本体，是之谓止至善。①
>
> 是故不务于诚意而徒以格物者，谓之支；不事于格物而徒以诚意者，谓之虚；不本于致知而徒以格物诚意者，谓之妄。支与虚与妄，其于至善也远矣。②

王阳明这里从正反两方面强调了格物、致知、诚意、正心的辩证逻辑关系。有格物之实，才有知致；有致知之本，才有意诚；有意诚，才能"正心，复其体也"③。复心体，呈现心的本然状态，本然亦应然，也就是

---

① 王守仁：《大学古本序》，《王阳明全集》，第259页。
② 王守仁：《大学古本序》，《王阳明全集》，第259页。
③ 王守仁：《大学古本序》，《王阳明全集》，第258页。

达到至善的境界了。朱子"支离",在于其主张格物先于诚意;象山"易简",在于主张诚意先于格物。比较而言,阳明的观点更具辩证性。他肯定了《大学》首章原文的次序,但其前提是以《大学》古本为据,强调"乃若致知,则存乎心;悟致知焉,尽矣"①。格物、致知、诚意、正心,也就是内修德性,是修身的一个方面,所以"内修"这个圆的逻辑次序是不能改变的。

那么,"外治"这个圆的逻辑次序是怎样的呢?王阳明在《大学古本原序》和《大学古本序》中均无论述,在《大学古本旁释》中,则强调修身的重要性和首要性,而齐家、治国、平天下则没有论及。这就给后人留下极大的阐释空间。今人任密林认为,修身是齐家、治国、平天下的基础和前提,修身之后,齐家、治国、平天下可以不按顺序,可以分别或同时实施。② 这种观点从实践的角度看是可以成立的。但从"八目"内在逻辑看,显然与格、致、诚、正、修的内修理路相悖,而且和《大学》工夫内在逻辑递进式的次序也不符。笔者认为,《大学》工夫作为修养工夫,修、齐、治、平的顺序并不是对于外物而言的,而是接着内修的理路谈的,指的是道德内修逐步提高的外在表征,或者说,意在强调大其心、大其量以至盛德的过程。正如朱熹也说道:"在己已尽了,更要去齐家,治国,平天下,亦只是自此推去。"③ 平天下之王不仅仅指功业之"王",也指具有"廓然大公"之心,包举众流之量,处于天地境界中的"王"。在他心中,"万物并育而不相害,道并行而不相背"。他"无为而无不为","应物而无累于物","与物无对",达于"自得"之"乐"境。④

另外,从"物"的外在规定性这一角度看,修身、齐家、治国、平天下其实都是格物,都是事上磨炼的工夫。正如《传习录》所载,有一久听阳明讲学的属官说:"此学甚好。只是薄书讼狱繁难,不得为学。""先生(阳明)闻之曰:'我何尝教尔离了薄书讼狱,悬空去讲学?尔既有官司之

---

① 王守仁:《大学古本序》,《王阳明全集》,第 259 页。

② 任密林:《〈大学〉本义新探》,《哲学研究》2011 年第 8 期。

③ 朱熹:《大学四·或问上》,《朱子语类》第二册,卷十七,黎靖德编,王星贤点校,中华书局,1986,第 381 页。

④ 参见冯友兰《贞元六书》,华东师范大学出版社,1996,第 856 页。

事，便从官司的事上为学，总是真格物。如问一词讼，不可因其应对无状，起个怒心；不可因他言语圆转，生个喜心；不可恶其嘱托，加意治之；不可因其请求，屈意从之；不可因自己事务烦冗，随意苟且断之；不可因旁人潜毁罗织，随人意思处之：这许多意思皆私，只尔自知，须精细省察克治，惟恐此心有一毫偏倚，杜人是非，这便是格物致知。薄书讼狱之间，无非实学；若离了事物为学，却是著空。'"①但是，我们这里需要辨明的是，传统上从事功的角度出发认为，修身、齐家、治国、平天下是功业的逐步扩大，却忽视了工夫维度的思考：修、齐、治、平皆属于格物范畴，身者兼天下，家为身之扩展，国为家之聚合，天下为国之联合。所以，修身、齐家、治国、平天下体现了儒家由己及人、亲疏差别的伦理原则，体现了修养逐步提升的次序，也体现了修己安人的工夫。同时，天下不仅仅指社会政治结构的天下，还指自然。身、家、国亦是自然的一部分，所以"格物"在事与物两个层面上都和"平天下"达到完美对接。如果仅从"事"的角度言，修身、齐家、治国、平天下都是事上磨炼，似乎可以不按顺序或同时进行，这也考虑到现实的人是身在家中，家在国中，国在天下，人之修养工夫可以同时"格"多种"物"。但从道德提升的角度言，则是有阶段性和次第的。所谓"不扫一屋，何以扫天下"即是一个形象的表达。修身、齐家、治国、平天下作为修养提升的外在表征，修养的渐进性决定了他们的顺序不可调整。从此角度看，主张修、齐、治、平可以在现实中不按顺序实践或同时实践是毫无学理意义的。

四 《大学》工夫诠释图式之检讨

《大学》既讲本体，也讲境界，更讲工夫，为我们开启了即本体即工夫即境界的圆融之学；特别是它构建的工夫图式，对儒学开新，理解儒学体系具有重要意义。

首先，成德作为《大学》工夫图式的内在理路凸显儒学浓厚的伦理学色彩，特别是体现了传统儒学在宋明时期的时代特色。《大学》工夫图式

---

① 王守仁：《传习录》（下），《王阳明全集》，第104页。

的建构以修养论为特色，其立足点和逻辑前提是"人（心）"，其工夫目的和逻辑指向是"圣人（境界）"，因此，在工夫的演化中蕴含的是对人的主体性的确认和终极关怀，体现出浓郁的人文色彩。《大学》在宋明时期得到特别的表彰，在某种意义上也正是因为它体现出宋明理学不同于佛道异学和董仲舒天人感应之学的心性学的特点。《大学》工夫诠释图式的重构正是要为人指点出一条阶次朗然的修养之路。从"实有诸身"的角度看，《大学》所指点出的工夫之道强调了对道德践履，因此《大学》工夫论在本质上是一种实修之道，是一种实学。

其次，《大学》工夫诠释图式的三重结构体现出儒学的圆融之学的特色，并且为我们反思由来已久的关于儒学内圣外王的争论提供了一个新的维度，特别是在更深层的意义上揭示了传统士人的内在心理结构。在《大学》工夫图式的三重结构中，内修之圆和外治之圆表明了工夫的两种不同维度及这两种维度交融的必然性，而在本质上体现的是传统士人致思的两种不同向度。向内致思则是内修，向外致思则是外治，内修和外治并不是截然分开的，二者都必然从心（主体）出发做工夫，工夫之对象则是身外之物或身内之物。但基于"心"的立场，身、物之内外并不具有绝对意义，而只是相对的，因此，内修和外治便具有融合的可能，从而形成一个统一的结构。这便构成了儒家的基本心理结构。这种心理结构在根本上化解了内圣与外王的紧张。因此，有论者或强调内圣，或强调外王，或强调二者的共存与紧张，都只是着眼于"用"和"末"，缺少对"体"和"本"的观照。正是基于这种心理结构，儒学及儒家知识分子虽然表现出内敛与开放并存的特征，但能够达到完美的自我圆融。

另外，《大学》工夫诠释图式的内在工夫次第和逻辑结构也为儒学践行提供了理论根据。《大学》工夫次第和内在的逻辑递进关系在某种程度上也可以解释为儒家重视"礼"的原因。"礼"作为介于"理"和"仪"之间的范畴，一方面，它是"天理"落实于人的体现；另一方面，它又是"仪式"的根据。"礼"的重要性就在于其内外统一性。所以，儒家强调"礼"其实是对内、外的共同重视。这再一次证明了内圣外王的统一性，也表明在儒家视阈中内与外的对应一致性和知与行的合一性。也正是在此意义上，《大学》工夫才可以在伦理学、修养论的层次上谈"格物、致知、

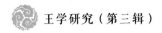

诚意、正心、修身、齐家、治国、平天下"，谈"明明德"与"亲民"，以至于"止于至善"。

可见，《大学》工夫诠释图式的建构不仅是一个学术理论问题，而且具有鲜明的实践性和现实意义，它对厘清某些学术问题及理论建设不无启示意义。

阳明对朱子心学的发展

◎ 张品端*

摘要：在宋明理学的发展中，朱熹较早提出了"心本体"的思想。但由于他的理学体系的需要，这一思想没有被最后确定下来。后来，王阳明进一步发展朱熹的心学思想。具体而言，在心、理关系上，王阳明克服了朱熹"心与理为二"的矛盾，把主观和客观融合统一，用先天道德性的内容把心与理沟通，将朱熹的"性即理"引向"心即理"，实现了"心与理一"；在知行关系上，王阳明在朱熹知行相须互发说和重行说的思想基础上，提出了知行合一说；在格物致知上，王阳明否定了朱熹的格物说，而接受了朱熹的致知说，并提出了致良知说。朱熹的心学思想经过王阳明的阐发，从而完成了宋明理学中的心学体系的建构。

关键词：朱子　阳明　心学　发展

在中国哲学史上，孟子最早注重"心"的作用。他认为"心"具有先验的道德属性："恻隐之心，仁也；羞恶之心，义也；恭敬之心，礼也；是非之心，智也。"[①] 孟子还认为"性"根源于"心"，人性的仁、义、礼、智四端都蕴含于人心中："君子所性，仁义礼智根于心。"[②] 由于性根源于人心，因此尽心便能知性："尽其心者，知其性也；知其性，则知天矣。"[③] 这类见解，确立了先秦儒家心性之学的基本理念。此后经过历代儒

---

*　张品端（1957~），男，江西黎川人，武夷学院科研处副处长，中国社会科学院哲学所宋明理学研究中心秘书长，武夷山朱子学研究中心主任，研究员，研究方向为朱子学。

① 朱熹：《四书集注》，岳麓书社，1987，第 469 页。

② 朱熹：《四书集注》，第 507 页。

③ 朱熹：《四书集注》，第 499 页。

家学者的传承和发展，形成了传统儒家心性之学的主流思想。

在宋明理学发展中，朱熹较早提出了"心本体"的思想。按照朱熹哲学，理是最高本体，可是他又提出了"惟心无对"①。无对就是绝对，就是只有一个主宰。就理学家而言，朱熹是最强调心的，他对于心的作用，也是谈论得最多的，绝不亚于同时代的陆九渊。但由于他的理学体系的需要，这一思想没有被最后确定下来，后来经过其后学得到不断发展。朱熹后学陈淳、真德秀和魏了翁等人，就着重发展了朱熹的心本体论。到了王阳明，他继承和发展了朱熹的心学思想，克服了朱学本身的矛盾，从而完成了心学体系的建构。

作为心学集大成者的王阳明，他继承了陆九渊心学的基本路线，又克服了陆学的粗糙性，他的心学比陆学更加精致；他继承了朱学的思辨性，又解决了朱学中的矛盾，他的心学比朱熹更加彻底。王阳明将陆九渊的简单工夫和朱熹的精密论证融为一体，兼取其长。这样，他的心学既有简易的特点，又有精密的论证。下面就王阳明对朱熹心学的发展做一分析。

一

在心、理的关系上，朱熹认为："人之所以为学，心与理而已矣。心虽主乎一身而其体之虚灵，足以管乎天下之理；理虽散在万物而其用之微妙，实不外乎一人之心。初不可以内外精粗而论也。"② 这样，朱熹就提出了以心为核心的内外合一之学，广泛地涉及主观同客观的关系问题。实际上，在朱熹那里，理是客观精神，心是主观精神，他既强调客观精神，又强调主观精神。为了把二者统一起来，他提出了"心与理一"③ 的命题。上面讲的这一段话，从认识之差别统一关系立论，可以看作是朱熹对于心理关系的经典表达。它说明，心知与物理分为主宾双方，但双方又不能截然分割。心知的虚灵具备了主管天下之理的主体条件；理体作用的微妙，又只能在心知之中才能够体现出来，所以不能够按心内物外的对立视野，将双方分割开来。这也就是说，理的作用可以通过主体的概括发挥而表现

① 朱熹：《朱子语录》，中华书局，1986，第84页。
② 朱熹：《四书或问》，上海古籍出版社、安徽教育出版社，2001，第7页。
③ 朱熹：《朱子语录》，中华书局，1986，第85页。

出来，这是符合人们认识的一般规律的。但是，认识论之心理合一与本体论之心理合一显然存在着一定的差距。因为前者可以有二有一，后者则只能一而不能二。

为了说明心理的相对关系，朱熹又说："夫心之体具乎是理，而理则无所不赅，而无一物不在，然其用实不外乎人心。盖理虽在物，而实用在心也。""理遍在天地万物之间，而心则管之；心既管之，则其用实不外乎此心矣。然则理之体在物，而其用在心也。""此是以身为主，以物为客，故如此说。要之，理在物与在吾身，只一般。"① 可见，心与理不仅具有主客关系，而且具有体用关系。这种双重关系蕴含：一方面是心主而理客，客又统一于主的主客对应关系。在此关系中，理虽无所不赅，但却是"被管"；心体虽具备物理，但心都是"主管"。由于此主管和被管关系，心物、内外之理便归于统一，不可以内外精粗而分。另一方面，就体用关系看，理是体，心是用。理是遍在于天地间的客观本体，从体决定用的角度说，心用只是理体的表现；然而，心表现理又不是被动的，理之用在心，是通过心作为主体，管摄、概括万物之理而主动表现出来的。因此在这里，主客关系要高于体用关系，也即朱熹所说的以身为主，以物为客。正是通过这种以身为主的构架，理体的发动作用才能真正被揭示出来。这样也才能够说，在物之理体与在吾身之心体"只一般"。

由上述可知，朱熹所说的"心与理一"，实际上是由二而一的"心具理"（认识论意义上），而非本体意义上的"心即理"。朱子这种"心具理"的思想，其心学特色还没有完全凸显出来。也就是说，实际上朱熹并没有完成"心与理一"的任务。

王阳明心学的一个突出特点是"心理为一"。这是对朱子心学思想的发展。王学主张心与理为一，是出于对实践道德的论证。他把主观与客观合一，以说明仁、义、理、智不仅是客观的道德规范，更是每个人发自内心的要求，是人心固有的天然本性。因此，他把具有伦理本性的个体之心当作宇宙本体，用它来同化道德内容，以形成修养论、认识论与本体论一体化的结构，达到社会与自然、主体和客体的融合统一。在这里，王阳明用先天道德性的内容把心与理沟通，把朱熹的"性即理"引向"心即理"。

---

① 朱熹：《朱子语录》，中华书局，1986，第416页。

王阳明同朱熹一样，认为心有体用，但他合体用为一，从而克服了朱熹体用为二的缺点。这是王阳明对朱熹心学思想的一个很大的发展。朱熹以性情、动静、未发已发、人心道心为体用，即以形而上形而下为体用，并将体用为二。而王阳明把体用统一起来，合而为一。如动静，他说："心不可以动静为体用，动静时也，即体而言用在体，即用而言体在用，是谓'体用一源'。若说静可以见其体，动可以见其用，却不妨。"① 王阳明所谓"体用一源"，是说用在体，体在用，体用不可分离。"定者心之本体，天理也；动静，所遇之时也。"② 心之本体即在动静上见，而动静之发不离本体。动静皆有定，定即是本体，静者体之静而不能无动，动者体之动而不能无静，因此不可以动静言体用。这就克服了朱熹把体用、动静分割开来的缺点。关于"形而上"与"形而下"，王阳明说："若论圣人大中至正之道，彻上彻下，只是一贯，更有甚上一截下一截？'一阴一阳之谓道'。"③ 这就是说，不能把二者分开，"形而上"即在"形而下"之中，精神本体即在思虑作用之中。

王阳明认为"体用一源"，理气不可离，心外还有什么物？因此，他提出"心外无物、心外无事、心外无理"④ 的思想，从而对朱熹"心外有理、心外有物"的思想做了修正，克服了朱熹"析心与理为二"的矛盾。王阳明以人为世界的中心，把天地万物都从人的思维现象中推出来。这样，其哲学的出发点已不再是概括自然与社会现象的客观观念、抽象天理，而是展现具体的心性，人的道德性和主观精神。他剔除了朱熹哲学中与自然知识相关的内容，把"理"的内涵直接限制在社会伦理的范围内，这样就省去了从自然到社会的烦琐推证，把"理"直接放置到每个人心中，以便对人的行为发挥最大的效用。

这里要指出的是，王阳明的心本体论，并没有从根本上否认客观事物的存在。他的"内外合一"之学，虽然把客观世界消解于一心，建立了"心外无理，心外无物"的心本体，但他并不认为客观世界根本不存在，万事万物都是虚无心体变现出来的幻妄。他把主观精神即"心"说成体，

---

① 王守仁：《王阳明全集》，上海古籍出版社，1992，第31页。
② 王守仁：《王阳明全集》，第16页。
③ 王守仁：《王阳明全集》，第18页。
④ 王守仁：《王阳明全集》，第156页。

而把客观事物说成"用"，以心为本原，以物为心的派生物，不离心而存在。但他既然提出"内外合一"之说，就意味着没有完全否认外物的存在。

王阳明"体用一源"说的另一方面，就是以用为体。他说："目无体，以万物之色为体；耳无体，以万物之声为体；鼻无体，以万物之臭为体；口无体，以万物之味为体；心无体，以天地万物感应之是非为体。"① 所谓耳目口鼻等感觉器官以万物之声色臭味为体，心以万物感应之是非为体，并不是说客观物质是本体；而是说，心之体不离物而存在，因此以物为本。这就是他所说的"感应之机"。

王阳明曾有一段关于"岩中花树"的著名问答，就是"目以物之色为体"，说的就是心与物的感应关系。他说："你未看此花时，此花与汝心同归于寂。你来看此花时，则此花颜色一时明白起来，便知此花不在你的心外。"② 山岩上的花在山中自开自落，是与心无关的，是客观存在的。当人出现时，花即成为反映对象，得到反映，一时明白起来；当人不在时，花未成为反映对象，没有得到反映，因此"同归于寂"。这里所谓"寂"，并不是"不存在"，而是事物存在的一种特殊状态。在王阳明看来，物不过是"意之所在"或"意之用"。

二

在知行关系上，朱熹除了继承程颐的知先行后说外，又总结了儒家一贯重视践履的思想，提出了重行说；同时还广泛地讨论了知行二者的相互关系，提出"知行互发并进"说。朱熹的这些思想，其中有一些合理的因素，同时也包含着矛盾。

关于知行先后的问题，朱熹认为，就一个具体的认识活动而言，先有知，后有行。"今就其一事之中而论之，则先知后行，故各有其序矣。"③ "义理不明，如何践履？""如人行路，不见便如何行？"④ 但是，如果事事

---

① 王守仁：《王阳明全集》，上海古籍出版社，1992，第108页。

② 王守仁：《王阳明全集》，第108页。

③ 朱熹：《朱子全书》（22册），上海古籍出版社、安徽教育出版社，2002，第1915页。

④ 朱熹：《朱子语录》，中华书局，1986，第152页。

都是知了再行，那也不成。因此，他又做了修正。他说："若曰，须待见得个道理，然后做去，则'利而行之'、'勉强而行之'工夫，皆为无用矣。"① 这就是说，不能什么都是知了再行，有所谓"学知利行""困知勉行"者，还是要在行中去知，或行而后知。因此，朱熹认为，知先行后也不是绝对的，而是知行互相推进的。应该说，这是朱熹对程颐思想的改造和发展。

正因为如此，朱熹提出了知行相须互发说。他说："知行常相须。如目无足不行，足无目不见。"② 知行"相须"，就是二者不能截然分离，知靠行来实现，行靠知来指导，如目与足，目无足则不能行走，足无目则无法行走，知行二者具有同等重要性。朱熹还进一步强调知行互发并进，提倡知行二者在并进中互相依赖、互相促进，好比人的两足，鸟的两翼，车的两轮，同时并进，"不可废一"。他说："知与行，须是齐头做，方能互相发。"③ 如果只知不行，"如车两轮，便是一轮转，一轮不转"④。这是强调知行不可偏了一边，更不可缺了一边，须是齐头并进，才能互相推动，互相促进。这种相互依赖、相互促进的作用，反映了认识与实践相互促进的辩证关系。

朱熹的知行互发说，虽然同是强调二者并进，不可偏废，但他更重视行。因此，他又提出"论轻重，行为重"⑤ 的思想。这是朱熹知行说的又一个特点。就朱熹的知行说来看，知行二者是有区别的，不能互相代替，也不能合而为一，特别是朱熹把知解释成"格物致知"；而他所谓行，则是行吾心中之理，这就割裂了知和行的内在联系。这一点特别受到王阳明的批判，他认为朱熹"析心与理为二"，"此知行之所以二也"。因此，王阳明提出了"知行合一说"。

王阳明在由理学向心学转变的第一步，便以他的"知行合一说"为重要标志。他的知行合一说，也就是他的致良知说。良知属知，致良知属行。良知是意识本体，即主观精神；致良知是意识的发现流行，即主观精

---

① 朱熹：《朱子语录》，中华书局，1986，第159页。
② 朱熹：《朱子语录》，第148页。
③ 朱熹：《朱子语录》，第2816页。
④ 朱熹：《朱子语录》，第2738页。
⑤ 朱熹：《朱子语录》，第148页。

神的实现，二者是体用本末关系。知行关系同样如此。良知之外无知，致良知之外无行。因此，知行也是合一的。从理学的演变来看，他的知行说是在朱熹及其弟子陈淳等人思想的基础上进一步发展的。陈淳提出了"知行无先后""知行是一事"的思想，并主张"知行统一"。这个思想为后来王阳明的"知行合一说"开了端绪。

王阳明和朱熹一样，非常重视行。他虽然提出心本体论、良知说等心学理论，但其根本目的是为了践行。他反对背诵辞章、口耳谈说、空疏悬虚之学，主张要在身心上着实体验践履，把道德信念化为道德实践。他说："世之讲学者有二：有讲之以身心者，有讲之以口耳者。讲之以口耳，揣摸测度，求之影响者也；讲之以身心，行著习察，实有诸己者也，知此则知孔门之学矣。"① 他自认为他所讲的就是身心之学，是"圣门真传"。他为学生制定的《教约》中，第一条就是："爱亲敬长之心，得无懈忽未能真切否？温清定省之仪，得无亏缺未能实践否？"应该说，这是从朱熹的"重行"思想发展而来的。

王阳明批判朱熹的知先行后说，但继承、发展了朱熹的知行并进说。他认为持知先行后说，就不能贯彻知行并进说。他说："今人却就将知行分作两件去做，以为必先知了然后能行。我如今且去讲习讨论，做知的工夫，待知得真了方去做行的工夫。故遂终身不行，亦遂终身不知。此不是小病痛，其来已非一日矣。"② 如果按照知先行后说，等知得真了再去行，就是把知行分作两截。王阳明为什么不赞同呢？因为在他看来，正是这个"知先行后"之说，才导致了现实性上的知、行分离，大家都先去做"知"的工夫了，结果是"终身不行"。王阳明认为朱熹之所以分知行为二，是由于他析心与理为二，"外心以求理，此知行之所以二也。求理于吾心，此圣门知行合一之教"③。这可见他的知行合一说是同他的"心外无理"的思想密切联系的。

王阳明进一步提出，知行是"一个工夫"，"不可分作两事"。他说："知是行之始，行是知之成。"④ "圣学只作一个工夫，知行不可分作两

---

① 王守仁：《王阳明全集》，上海古籍出版社，1992，第75页。
② 王守仁：《王阳明全集》，第4页。
③ 王守仁：《王阳明全集》，第43页。
④ 王守仁：《王阳明全集》，第4页。

事。"在王阳明看来，知行原本就是一个工夫。知作为知识活动的过程或知识的形态，都必须通过行来实现。行的实际展开过程，同时即是知的表达与体现过程。就认识过程看，人的实践活动总是需要一定的认识为指导，而人的认识只有经过实践才能实现或完成，这是一种辩证关系。知行二者是统一的，而不是绝对对立的。

正因为知行是统一的，不可分离，因此，王阳明提出"未有知而不行者。知而不行，只是未知"①，就是失知行本体。他所说的知行本体，除了良知说以外，还有知行统一的方面。他又说："行之明觉精察处便是知，知之真切笃实处便是行。若行而不能精察明觉，便是冥行，便是'学而不思则罔'，所以必须说个知。知而不能真切笃实，便是妄想，便是'思而不学则殆'，所以必须说个行。元来只是一个工夫。"② 这里，他用学与思说明知行关系，而把行包括在学之内。这说明，他并没有把知行二者都说成是意识活动，而是有区别的，也并不否定知行各有作用。

朱熹认为，学、问、思、辩都是知，只有笃行才是行。但王阳明认为，学不仅包括知，而且包括行。学、问、思、辩是学也是行，不只笃行才是行。这是对朱熹思想的又一个发展。作为认识过程，行贯穿于学、问、思、辩之中，不是等学、问、思、辩结束之后，才去实行。王阳明说："如言学孝，则必服劳奉养，躬行孝道，然后谓之学。岂徒悬空口耳讲说，而遂可以谓之学孝乎？学射则必张弓挟矢，引满中的，学书，则必伸纸执笔，操觚染翰。尽天下之学无有不行而可以言学者，则学之始固已即是行矣。"③ 就知行关系而言，这话是很有见地的，这已接近在实践中学习，在实践中取得认识这样的光辉思想。

朱熹把"格物穷理"和实行分作两事，认为穷理属知，涵养属行。他所谓行主要指道德践履，而穷理则比较广泛，其中包括对自然规律的认识。他虽然提出，"格物致知"不能只知而不行，不能离开行，但他并没有明确指出"格物穷理"应该包括行。这是他知行学说的一个不足。王阳明则前进了一步，他认为穷理之学应当包括行。他说："学、问、思、辨以穷天下之理，而不及笃行，是专以学、问、思、辨为知，而谓穷理为无

---

① 王守仁：《王阳明全集》，上海古籍出版社，1992，第4页。
② 王守仁：《王阳明全集》，第208页。
③ 王守仁：《王阳明全集》，第45页。

行也已。天下岂有不行而学者邪？岂有不行而遂可谓之穷理者邪？"① 这也是对朱熹思想的补充和发展。当然，王阳明所说的行，同样是道德践履；而他所谓穷理，则主要是"穷心中天理"。

在王阳明的知行合一说中，还包含着以行为基础，知靠行来检验的思想萌芽，这也是对朱熹知行说的进一步发展。他所谓"未有知而不行者，不行只是未知"，"不行不可谓之知"，本是从程朱那里继承过来的，但内容有所发展。一方面，他认为知必须措之于行，即"知者行之始，行者知之成"。如果不行，知也就不成其为知。这是知以行为目的。另一方面，他还认为，知必须从行中取得。经过行的检验，其知才算"真知"，否则，便只是"悬空谈说""揣摸影响"而已，这就有行为基础以及行检验知的意义。

三

格物致知说，是朱子学中最有特色的一个问题。他提出了"格物""致知"以及二者的关系。朱熹说："致，推极也；知，犹知也。推极吾之知，欲其所知无不尽也。格，至也；物，犹事也。穷至事物之理，欲其极处无不到也。"② 这是他对格物致知所做的解释。按照这个解释，格物是即物而穷其理，并穷至其极处。所谓理，当然指本体之理，但也有认识事物规律的意思。他所谓物，所指极广，"凡天地之间，眼前所接之事，皆是物"③。"吾闻之也，天道流行，造化发育，凡有声色貌象而盈于天地之间者，皆物也。"④ 可见，朱熹所谓物，是指客观存在的一切事物；朱熹所谓致知，是致吾心之知。这个知有两方面的意思：一方面是知觉，指心的认识作用；另一方面是知识，指心之所觉，即对心中之理的认识。他说的"人心之灵，莫不有知"，这个知不是指知觉，而是指知识，即心中所具之理。推致吾心之知，是他的"致知说"的主要内容。致知是"就心上说"，格物是"就事上说"。致知是"自我而言"，格物是"就物而言"。格物

① 王守仁：《王阳明全集》，上海古籍出版社，1992，第46页。
② 朱熹：《四书集注》，岳麓书社，1987，第6页。
③ 朱熹：《朱子语录》，中华书局，1986，第1348页。
④ 朱熹：《四书或问》，上海古籍出版社、安徽教育出版社，2001，第22页。

"以理言"，致知"以心言"。总之一句话，致知是由内向外，格物是由外向内，这就是朱熹所说的"内外合一"之学。

王阳明对于"格物致知"的讨论也是很多的。他一方面批判朱熹，一方面又继承朱熹的思想。他把朱熹的内外并用的方法发展为专求于内的一种方法。他否定朱熹的格物说，即否定朱熹向事事物物穷理的一面；而接受了朱熹的致知说，即接受了朱熹推致吾心之知的一方面。王阳明认为良知只是一个"天理"，而朱熹所说的知，就其实质而言，也是指心中的天理。在这一点上，王阳明与朱熹是一致的。他不以朱熹格物之说为然，就在于承认"心外有物"，这是他同朱熹的一个主要区别。按照王阳明的良知说，孝亲之理在心中而不在所亲者身上，恻隐之理在吾心中而不在孺子身上，万事万物莫不如此。他把朱熹的格物说看成是"务外遗内，博而寡要"。

针对朱熹的这个思想，王阳明提出了自己的"格物致知说"。他说："若鄙人所谓致知格物者，致吾心之良知于事事物物也。吾心之良知，即所谓天理也。致吾心良知之天理于事事物物，则事事物物皆得其理矣。致吾心之良知者，致知也。事事物物皆得其理者，格物也。是合心与理为一者也。"① 他批判朱熹的"内外合一并进"的认识论，否定了朱熹由外到内的一面，指出了一条由内到外，由心到物的认识路线。

龙场悟道是王守仁格物思想的转折点，他否定了向物求理，认为外物本无可格，把格物穷理由外在事物引向主体自身，为此他发展出了心外无理、心外无物说，以打通把格物穷理理解为在心上做工夫的道路。王阳明认为"格物"就是从主体的"身心"上用功，即在人的意念发动处做"为善去恶"的工夫。

王阳明经过对朱熹"格物"说的批判和改造，使"天理"主观化，成为与人心合一的道德理性，人心的自性本原，以及主体自知自明的道德灵觉。他认为，天下万事万物之理，不是"心"通过格致外物去体会，而是由心的"良知"来发放，使万事万物各得其理。这种"心之体用"说已超出了道德修养论，涉及本体问题。

《大学》提出"致知"，王阳明认为致知的知就是孟子所讲的良知，因

---

① 王守仁：《王阳明全集》，上海古籍出版社，1992，第45页。

而把致知发挥为"致良知"。良知不仅具有先验的性质,而且具有普遍的品格。王阳明晚年明确提出:"致吾心之良知者,致知也。"① 他以致知为致良知。什么是致良知?他说:"致者,至也,如云'丧致乎哀'之致。《易》言'知至至之','知至'者知也,'至之'者致也。'致知'云者,非若后儒所谓充广其知识之谓也,致吾心之良知焉耳。"② 如果说朱熹格物的观念有三个要点,"即物""穷理""至极",那么王阳明的致知的观念也有三个要点,即"扩充""至极""实行"。以"至"解释"致",即扩充良知而至其极的同时,王阳明强调:"知如何而为温清之节,知如何而为奉养之宜者,所谓'知'也,而未可谓之'致知',必致其知如何温清之节者之知,而实以之温清,致其知如何为奉养之宜者之知,而实以之奉养,然后谓之'致知'。"③ "致知之必在于行,而不行之不可以为致知也,明矣。"④ 这都是指出"致知"包含着将所知诉诸实践的意义,表明"行"是致良知的一个内在的要求和规定。所以,"致良知"一方面是指人应扩充自己的良知,扩充到最大限度;另一方面是指把良知所知实在地付诸行动,从内外两方面加强为善去恶的道德实践。这是王阳明对朱熹致知说的发展。

王阳明的格物致知说,说到底就是"存天理去人欲"。这一点同朱熹并无本质区别,而且比朱熹表现得更加明确,更加彻底。他虽然说良知是人人所同具,"有不容于自昧者",但又"不能不昏蔽于物欲,故须学以去其昏蔽"。格物就是去蔽,蔽之最大者就是人欲,只有消除人欲,才能扩充心中天理。学问的根本目的,"不过是去此心人欲之杂,存吾心之天理而已"。

以上从心与理的关系、知与行的关系和格物致知三个方面,分析了王阳明对朱子心学思想的发展。从中可见,朱熹的心本体论思想经过王阳明的阐发,达到了最高峰,完成了心学体系的建构。

---

① 王守仁:《王阳明全集》,上海古籍出版社,1992,第45页。
② 王守仁:《王阳明全集》,第976页。
③ 王守仁:《王阳明全集》,第48页。
④ 王守仁:《王阳明全集》,第50页。

如何准确理解阳明学的顿教倾向

——以慧能之"求法偈"与王畿之"天泉桥问答"的对比研究

◎宣炳三[*]

摘要：禅宗是中国化佛教的精华，而明代理学的代表是王阳明的心学。禅宗的开山祖师慧能之禅法与王阳明的大弟子王畿之工夫论接近，就是所谓顿教（顿法）。禅宗中，慧能之禅法为正统，而儒学中，王畿之工夫论未必为正统。虽然两教之价值观有不同，但就成佛与为圣之工夫来说，具体修行过程应该具有类似的阶段。若这个主张成立，则可立一个假设：慧能之禅法为正统，则王畿之工夫论不必为非正统；王畿之工夫论不为正统，则慧能之禅法也不必为唯一的正统。这种假设能供新的视角于我们，助于脱离接踵而去的固态依然。

关键词：禅宗　慧能　阳明学　王畿　顿教　渐教

绪　论

一般认为，禅宗是中国化佛教的精华。当今世界，佛教流派中人们耳熟能详的就是禅宗。而且在佛教历史上，在中国人所著的佛教文本中，慧能语录汇集本《坛经》是唯一被推崇为经的论著。在禅宗史上，六祖慧能是禅宗之真正开山祖，而他的精神在于《坛经》。就慧能本人来说，也是传奇的人物，他是不认字的佛教大师。无论他认识字或不认识字，

＊　宣炳三，韩国阳明学会国际理事，成均馆大学研究教授。本论文是基于本人所写的《顿教试论》（《阳明学》21集，2008）而修改的。我认为，限于当时的水平，文章未免有浮华之嫌，但观点仍然有道理，以此供谈讨之资，请多指教。

"不认识字的慧能大师"这种说法意味着他本人奠定的禅宗之精神就是从依经典之教法转为靠佛性之禅法，不重于读经识字，而侧重于明心见性之不认识字。慧能的诸弟子继承先师的精神，打开了禅学之黄金时代。

宋明时代的儒学一般被称为宋明理学。宋代理学之集成者是朱子，明代理学之代表者是王阳明，两者思想有同有异。朱子思想可概括为"性即理"，而王阳明思想可概括为"心即理"，两者都重视理，这是相同点。而朱子的"性"和王阳明的"心"，即是不同点。简单说，朱子以"性"稳固了普遍道德的可能性，而阳明以"良知"确立了道德主体的能动性。朱子以无操作无计度的理为天命之性，是以"性"超出经验世界的干扰，而成为一个永远不变的普遍道德原理。到了明代，阳明将那普遍规范变为典要形式的性，再以出入无时、怵戚恻隐、活泼心体之良知稳定了百折不屈、独往独来的道德主体。

当初，五祖弘忍说，有智慧者自取本性般若之智，各作一偈呈吾，吾看你们偈，若悟大意者，付你衣法，禀为六代。之后，奉命而呈偈者是两个人，即一位是神秀，一位是慧能。神秀是有知有位之教授师，而慧能是无知无位之不认字者。结果呢，神秀是只到门前，尚未得入，以是未得衣法，而慧能是入堂听说，一闻便悟，以是受衣乃法，禀为六祖。禅宗史上，公认慧能之禅法为正统。

明代儒学之代表者是王阳明。他的心学是明代儒学的特色。阳明哲学的形成，基于阳明本人对《大学》的解释。朱子以"即物穷理"为中心形成大学观，而阳明以"诚意"为中心形成大学观，在50岁前后，再以"致良知"为中心形成大学观，从而形成自己的哲学系统。1527年9月，阳明去世前一年，钱德洪与王畿来访，在天泉桥，阳明阐明四句教的宗旨，这就是天泉桥问答，又叫"天泉证道"。阳明居越期间，力说四句教："无善无恶是心之体，有善有恶是意之动，知善知恶是良知，为善去恶是格物。"钱德洪、王畿两者对于四句教理解不同，发生争论，故访阳明，欲听他的判定。钱德洪所解释的四句教叫"四有论"，而王畿所解释的四句教叫"四无论"。[1] 钱德洪接近于渐

---

① 《王畿集》卷一，《天泉证道记》。

教，而王畿接近于顿教。阳明判定说，二君之见正好相资为用，不可各执一端，王畿须用钱德洪之工夫，而钱德洪须透王畿之本体。然后再说，王畿只好默默自修，不可执以接人。① 阳明学史上，王畿之工夫论未得正统。

慧能之禅法与王畿之工夫论接近，就是所谓顿教（顿法），而禅宗内，慧能之禅法为正统②；儒学内，王畿之工夫论不为正统③。虽两教之价值观有不同，但就成佛与为圣之工夫来说，具体修行过程或体验具有类似的阶段。若这个主张成立，则可能立一个假设：慧能之禅法为正统，则王畿之工夫论不必为非正统；王畿之工夫论不为正统，则慧能之禅法也不必为唯

---

① 《王阳明全集》卷三十五，"年谱三"。

② 慧能的顿教获得正统地位的过程，是在高令印的《中国禅学通史》里，根据历史实况，简而要地描写的，而且在方克立的《中国佛教哲学要义》（下）里，按照思想辩论，就顿渐悟修而具体分析，如下。一、神秀一系：重渐修渐悟。二、慧能和神会：主顿悟渐修。三、洪州，石头二宗和五家：唱无修顿悟。

③ 对于现成良知论，特别是对于王龙溪的良知与致良知论之评价，冈田武彦的《王阳明与明末儒学》认为："现成派的主张是把阳明所说的良知看作现成良知。他们强调当下现成，视工夫为本体之障碍而加以抛弃，并直接把吾心的自然流行当作本体与性命。……所以，他们轻视工夫，动辄随任纯朴的自然性情，或者随任知解情识，从而陷入任情悬空之蔽，以至于产生蔑视人伦道德和世之纲纪的风潮。明末社会的道义颓废，在相当程度上应该归咎于现成派末流。在明末，现成思想不仅流行于儒学，而且流行于禅学，两者合而为一而走向猖狂一路。"（冈田武彦：《王阳明与明末儒学》，吴光、钱明、屠承先译，上海古籍出版社，2000，第 104 页。）这种评价在学术界一般是认同的。当然当代新儒家的代表牟宗三对于王龙溪的评价极高，他说："王龙溪之颖悟并非无本，他大体是守着阳明底规范而发挥，他可以说是阳明底嫡系；只要去其荡越与不谛处，他所说的大体皆是阳明所本有了；他比当时其他王门任何人较能精熟于阳明之思路，凡阳明所说的主张他皆遵守而不渝，而亦不另立新说，他专注于阳明的学说而不掺杂以其他（此其他可只限于宋儒说）；他只在四无上把境界推至其究竟处，表现了他的颖悟，同时亦表现了他的疏阔，然若去其不谛与疏忽，这亦是良知教底调适而上遂，并非是错。"（牟宗三：《从陆象山到刘蕺山》，上海古籍出版社，2001，第 200 页。）笔者认为，嵇文甫在《左派王学》里对龙溪学做肯定地评价以后，唯牟宗三是对龙溪学功劳最高的人。他恢复龙溪之阳明的嫡系地位，而正当地评价龙溪建的良知教底调适而上遂之学，并由于他的名望而压制盲守传统评价的固态依然，他之功于龙溪绝不孙于孰。但是他的表扬保留了一个问题，即他所谓"四无论上其不谛与疏忽"之处。若依论者在此的理解，则牟宗三否定了四无论之以工夫论的实践意义。他以"化境"与"圆顿"解定龙溪之四无论的宗旨，这个化境与圆顿，仍然是工夫成熟后到的境界，而不是工夫之实际方便。故龙溪学虽是上遂，但不足下学。按这种推论，龙溪学的意义没有实在性，这便是因阳明学的关键是提供为圣之工夫论，不是玄论本体。论者认为，龙溪之工夫论无论如何，或荡越，或不谛与疏忽，我们承认龙溪之工夫论的实践力量，而后能知道龙溪学的本来面目。

一的正统。这种假设能给我们提供新的视角帮助我们脱离固态。本文是试论而不是深论，故简单介绍而已。

一　慧能之"求法偈"①

禅宗从初祖达摩到五祖弘忍，算是萌芽期，而到慧能开始开花了。慧能禅法的端绪，从当初奉弘忍之命而呈的求法偈中可以看到。为便于叙述，先引其全文，后附吾按语。

> 五祖忽于一日唤门人尽来。门人集已，五祖曰："吾向汝说：世人生死事大。汝等门人终日供养，只求福田，不求出离生死苦海。汝等自性迷，福门何可求，汝等总且归房自看，有智慧者自取本性般若之智，各作一偈呈吾，吾看你们偈，若悟大意者，付你衣法，禀为六代，火急作！"神秀思惟："诸人不呈偈，缘我为教授师。若不呈偈，五祖如何得见我心中见解深浅？吾将心偈上五祖，呈意即善，求法觅祖不善，却同凡心夺其圣位。若不呈偈，终不得法。"秀上座三更于南廊下壁上秉烛题作偈，人尽不知。偈曰："身是菩提树，心如明镜台；时时勤拂拭，勿使惹尘埃。"大师遂唤门尽来，焚香偈前，众人见已，皆生敬心。"汝等尽诵此偈者方得见性。依此修行，即不堕落。"门人尽诵，皆生敬心，唤言："善哉。"五祖曰："汝作此偈，见解只到门前，尚未得入。凡依此偈修行，即不堕落。作此见解，若觅无上菩提，了不可得。要入得门，见自本性。汝且去，一两日思惟，更作一偈来呈吾。若入得门，见自本性，当付汝衣法。"秀上座去数日，作偈不得。慧能亦作一偈，又请得一解书人，于西间壁上题著："呈自本心。不识本心，学法无益；识心见性，即吾大意。"慧能偈曰："菩提本无树，明镜亦无台；佛性常清净，何处有尘埃？"又偈曰："心是菩提本无树，身是明镜台；明镜本清净，何处染尘埃？"五祖至三更，唤慧能堂内说《金刚经》。慧能一闻，言下便悟。其夜受法，人尽不知，便传顿教及

———————————
① 经文以周绍良编著《敦煌写本〈坛经〉原本》为底本。

衣，以为六代祖。将衣为信，禀为六代，代相传法，以心传心，当令自悟。①

按：这个故事是禅宗史上最著名的故事，凸显慧能禅法之精神。当初，五祖弘忍说："你们终日供养，只求福田，不求出离生死苦海。你们自性迷，福门何可求，有智慧者自取本性般若之智，各作一偈呈吾，吾看你们偈，若悟大意者，付你衣法，禀为六代。"他想传衣法于悟大意者。于是，神秀作偈曰："身是菩提树，心如明镜台；时时勤拂拭，勿使惹尘埃。"弘忍谓，神秀之偈是只到门前，尚未得入，更作一偈来呈，而神秀不成。之后，慧能看神秀偈，而作偈曰："菩提本无树，明镜亦无台；佛性常清净，何处惹尘埃？"五祖唤慧能堂内说《金刚经》，慧能一闻，言下便悟。五祖便传顿教及衣，以为六代祖。弘忍在两个求法偈中选了慧能之偈而传衣法。

笔者对此从两个方面来进行解释：第一是弘忍之评论，第二是慧能之禅法。这有助于理解本故事的意义。第一，弘忍在两个偈中选了慧能之偈而传衣法，以为六代祖。是以，一般认为，弘忍扬慧能而抑神秀。这种通见能不能成立？五祖虽说，"你作此偈，见解只到门前，尚未得入"，而接着说，"依此修行，即不堕落"。而且初看神秀之偈而后，唤门人都来说，"你们尽诵此偈者得见性。依此修行，即不堕落。"就这样，五祖认可神秀修行论之教法上的意义。若承认这种解释，则弘忍扬慧能而抑神秀之通说，就教法上而言，有商讨之余地。神秀之修行论是，虽尚未入室，而已到门前，与门外流浪不同，这是不可否定的真实。

第二，慧能为弘忍所认可，而受衣法之缘，就是神秀见解只到门前，尚未得入，而慧能见解已乘堂入室。弘忍如何知道他乘堂入室之境？不是容易能答的。我们仅从偈来找端绪而已。

慧能的首弟子中有叫志诚者，本来从神秀处来而探慧能，却听慧能所说法而回心，后来成为慧能首弟子。从两者次见面的谈话中，可比较神秀和慧能之禅法，有助于理解慧能偈之意味。

> 大师（慧能）言："汝师（神秀）戒、定、慧劝小根智人，吾戒、定、慧劝上智人，得吾自性，亦不立戒、定、慧。"志诚言："请

---

① 周绍良编著《敦煌写本〈坛经〉原本》，文物出版社，第112~118页。

大师说不立如何？"大师言："自性无非，无乱，无痴，念念般若观照。常离法相，有何可立？自性顿修，立有渐次，所以不立。"①

在这段文字里，慧能所说"常离法相，有何可立"，就是表明神秀是立相而他自己不立相。本来，神秀偈曰："身是菩提树，心如明镜台；时时勤拂拭，勿使惹尘埃。"而惠能偈曰："菩提本无树，明镜亦无台；佛性常清净，何处惹尘埃？"按两偈颂，从慧能而言，神秀之树和台是法相，故他所说"有何可立"，便是无树和无台。因此神秀在门前，而慧能已入室内；神秀未达到得鱼忘筌之境，而慧能达到得意忘言之境。最终神秀未得法统，而慧能获得衣法以为六祖。

可是慧能所说，"你师戒、定、慧勤小根智人，吾戒、定、慧勤上智人"，慧能自己判定他所说之教法适于上智人，而神秀所说之教法适于中下智人。然而产生一个问题：实际现实中，上智人应少，乃至很罕见。若承认这点，则慧能之教法适于少数，或者限于罕数，是以他的教法不能成为实际工夫论。当然这种推论并非慧能所想的，那么如何解决这种困难？他在别的地方这样解释：

　　善知识，法无顿渐，人有利钝。迷即渐劝，悟人顿修。自识本心，是见本性。悟即元无差别，不悟即长劫轮回。善知识！我自法门，从上以来，顿渐皆立。②

慧能说"法无顿渐，人有利钝……顿渐皆立"，解释了他的顿教不是反对渐教。如果他不反对渐教，为何反对神秀的渐教而建顿教，是尚需要说明的地方。这个问题，在结论中会略谈一下。

二　王畿之"天泉桥问答"

学术界认同，王阳明之宗说是"良知"本体论和"致良知"工夫论。而且就致良知而言，它本身有二重结构，良知自然流行的致良知，就是保

① 周绍良编著《敦煌写本〈坛经〉原本》，文物出版社，第151～152页。
② 周绍良编著《敦煌写本〈坛经〉原本》，第121页。

任良知，同时廓清为物欲所蒙蔽的心体的致良知，就是恢复心体。前者强调良知的自发性和能动性；后者重于依良知而恢复本心的本然状态。后来，对于阳明弟子们的致良知分说，黄宗羲在《明儒学案》里批评：由于阳明晚年提出的致良知论没充分地讨论，弟子们见智见仁地解释而几同射覆地纷说致良知，毁损了阳明致良知说的本旨。①

致良知工夫论的二重结构问题，在四句教的解释上引起了争论，而最早出现是，嘉靖六年（1527）九月，即阳明去世前一年，他晚年的两位弟子钱德洪与王畿之间的争论。四句教是："无善无恶是心之体，有善有恶是意之动，知善知恶是良知，为善去恶是格物。"四句教引起的争论主要在两个方面：第一，"无善无恶是心之体"的解释，即心体论争；第二，以四无说为代表的本体工夫论和以四有说为代表的工夫本体论的区别，即工夫论之争。先看全文②，而后附吾按语。

丁亥年九月，先生起复征思田，将命行时，德洪与汝中论学；汝中举先生教言，"无善无恶是心之体，有善有恶是意之动，知善知恶是良知，为善去恶是格物"。德洪曰："此意如何？"汝中曰："此恐未是究竟话头：若说心体是无善、无恶，意亦是无善，无恶的意，知亦是无善、无恶的知，物亦是无善、无恶的物矣。若说意有善、恶，毕竟心体还有善、恶在。"德洪曰："心体是'天命之性'，原是无善、无恶的。但人有习心，意念上见有善恶在，格、致、诚、正、修，此正是复那性体工夫，若原无善恶，工夫亦不消说矣。"是夕侍坐天泉桥，各举请正。先生曰："我今将行行，正要你们来讲破此意。二君之见，正好相资为用，不可各执一边。我这里接人，原有此二种。利根之人，直从本原上悟入，人心本体原是明莹无滞的，原是个未发之中。利根之人一悟本体即是工夫，人己内外一齐俱透了。其次不免有习心在，本体受蔽，故且教意念上实落为善、去恶，工夫熟后，渣滓去得尽时，本体亦明尽了。汝中之见，是我这里接利根人的。德洪之见，是我这里为其次立法的。二

---

① 《明儒学案》卷十，《姚江学案》按语。

② 记载本故事的本子以三种为代表：《传习录》本、《年谱》本、《王畿集》的《天泉证道记》本。每本文字，有所增损，而记事概同。但从义理方面讲，各本有不同点：《天泉证道记》偏于王畿，《年谱》倾于钱德洪，《传习录》大体上近于实际面貌。故本文以《传习录》为底本。具体考证，请看拙著《王龙溪哲学研究》，成均馆大学博士论文。

君相取为用，则中人上下皆可引入于道。若各执一边，眼前便有失人，便于道体各有未尽。"既而曰："以后与朋友讲学，切不可失了我的宗旨。无善，无恶是心之体，有善、有恶是意之动，知善、知恶是良知，为善、去恶是格物。只依我这话头随人指点，自没病痛，此原是彻上彻下工夫。利根之人，世亦难遇。本体工夫一悟尽透，此颜子、明道所不敢承当，岂可轻易望人。人有习心，不教他在良知上实用为善去恶工夫，只去悬空想个本体，一切事为俱不着实，不过养成一个虚寂。此个病痛不是小小。不可不早说破。"是日德洪、汝中俱有省。①

按：为方便讨论，先介绍围绕四句教展开的论证之迹，然后谈本论。第一，本体论之争"无善无恶是心之体"是不是受禅佛教的影响？朱熹尝借"作用是性"判佛教的性论，这也成为此后学人批评佛教的规矩，故四句教之第一句引起与佛教性论不异之嫌疑。第二，工夫论之争。王畿以为，良知本体具有自发性和能动性，发挥即体即用的良知即工夫。钱德洪以为，良知是至善，但意念阶段，良知容易被私欲所掩蔽，须为善去恶，恢复良知的工夫。钱德洪怕王畿的工夫论将意念误为本体，甚至追求妙悟本体而放弃礼教。

关于他们之间的争论，阳明如何判定呢？阳明承认两者之工夫论，并说二君之见正好相资为用，不可执一边："汝中（王畿）之见，是我这里接利根人的。德洪（钱德洪）之见，是我这里为其次立法的。二君相取为用，则中人上下皆可引入于道。若各执一边，眼前便有失人，便于道体各有未尽。"可是阳明接着又说：

> 利根之人，世亦难遇。本体工夫一悟尽透，此颜子、明道所不敢承当，岂可轻易望人。人有习心，不教他在良知上实用为善去恶工夫，只去悬空想个本体，一切事为俱不着实，不过养成一个虚寂。此个病痛不是小小。不可不早说破。

按这段文字，我们终于知道，阳明否定龙溪工夫论之实际力量。虽然阳明在前，说他根据学生的根器有两种教法，可是利根之人，却世亦难遇的话，接利根人的王畿之工夫论，实际上没用了。当然这种推论并非王畿

---

① 陈荣捷：《传习录详注集评》，华东师范大学出版社，2009，第315页。

所服的，那么王畿如何解决这种困难？王畿在《天泉证道记》里，直接为他所主张的工夫论辩护：

> 上根之人，悟得无善无恶，心体便从无处立根基……易简直截，更无剩欠，顿悟之学也。中根以下之人，未尝悟得本体，未免在有善有恶上立根基……使之渐渐入悟，从有以归于无，复还本体，及其成功一也。①

看文字，王畿区别上根之人顿悟与中根以下之人渐悟之异。其实，两种根器虽有顿渐之异，却都需要悟的工夫，而且若中根以下之人该从"有"归于无，复还本体的话，从"无"处立根基的上根人之工夫就成为求圣之学的关键。王畿在别的地方，这样补充说明：

> 良知在人本无污坏，虽昏蔽之极，苟能一念之反，即得本心。……此原是人人见在具足不犯做手本领工夫，人之可以为尧舜，小人之可以为君子，舍此更无从入之路，可变之几，固非以为妙悟而妄意自信，亦未尝谓非中人以下所能及也。②

王畿表明，他所主张的工夫非以妙悟而妄意自信，而且未尝谓非中人以下所能及，就是说他的顿教不仅是利根人所能及，而且为中人以下所能及，解释他的工夫论不是妄意自信。暂且不论他的这个解释有效与否，王畿到底为何建顿教，尚须说明。

结论：顿教的本意所在

从上文的讨论，我们可以同意，慧能的禅法是顿教，王畿的教法亦是顿教。这种评价不管他们所讲顿教的具体的含义如何③，其教法都面临不

---

① 《王畿集》卷一，《天泉证道记》。
② 《王畿集》卷六，《致知议辩》。
③ 当然，若要说清楚他们所讲顿教的具体的含义如何？我认为，他们的顿教有异有同。他们所讲的顿教都依于心，而两个心的价值取向有异：自性清净心和是非之心，就是出世之心和入世之心，这是不同点。可是他们所求的境界都超于物质世界：成佛和成圣，这是共同点。虽两者之价值观有不同，而在成佛与为圣之功夫来说，具体修行过程，该体验类似的阶段。

重视工夫，甚至放弃工夫的诘难：本然之身心所谓菩提树和明镜台是本善本光，可是现实人们不免有习心之在，而本体蒙蔽，故意念上着实为善去恶的拂拭工夫熟后，渣滓去得尽时，才本体亦明尽了。所以仅主张体悟本体、体证佛性，而放弃工夫的顿教，很容易流于猖狂放恣、任情纵欲。上根之人或高明的人士，若一悟本体即是工夫，这种人世界上确实难遇，所以顿教还是没效。那么，慧能和王畿到底为何建立顿教？我们先谈慧能。佛教史上，慧能引领禅宗，将禅宗从贵族佛教转为平民佛教。本来，无位无知的慧能得衣法而禀为六祖，意味着以前有位有识的佛教宗派，即三论宗、唯识宗、天台宗，包括神秀等为慧能的禅宗所代替。若慧能之顿教适用于上根之人，不对应无位无知的慧能的教法，而是对应有位有识的其他的教法，那么，后来慧能的顿教，如何被称为适用于上根之人呢？这就是慧能不依赖任何外在，强调反观内省，明心见性的缘故。"口念不行，如幻如化""若口空说，不修此行，非我弟子"① 等话，多是鼓励佛弟子勇猛精进。这也表明了慧能所讲的顿教本意所在何处。我们掌握这点以后，才可以理解慧能所谓"即烦恼是菩提"② 的本意。若没有真成佛之念愿，没有真修行而口净，他的"烦恼是菩提"是猖狂放恣、任情从欲之借口而已。

再来谈王畿。阳明心学主张他们的工夫论比朱子的工夫论更简单、易行。可是，后来王畿的顿教却被称行适于高明的人士，原因何在？这是因为王畿也取消外在的任何依靠，强调顺从他所谓"只是咽喉下不肯著此一刀，舍不得性命，所以牵引文义，容他出路。若当下舍得，不为姑容，便是入微功夫"③ 等话，多是立发愤忘食之志，展示了王畿的精神所向。我们理解这点以后，才可以掌握王畿所谓的"一念自反，即得本心"④ 的本意。因此，若没有真求圣之志，"一念自反，即得本心"只是猖狂放恣、玩弄光景之借口。

虽然慧能与王畿的价值趋向有异，但成佛求圣的真志是相同的，所以他们为了发扬这种精神，肯冒放弃工夫的批评，力主顿教的工夫论，这也

---

① 周绍良编著《敦煌写本〈坛经〉原本》，文物出版社，第 131~132 页。
② 周绍良编著《敦煌写本〈坛经〉原本》，第 132 页。
③ 《王畿集》卷一，《抚州拟岘台会语》。
④ 《王畿集》卷八，《孟子告子之学》。

是他们建顿教的内因。我们可以说，慧能之顿教为正统，则王畿之顿教不必为非正统；王畿之顿教不为正统，则慧能之顿教也不必为唯一的正统。所以，我们可以反省和再论对慧能工夫论之肯定，对儒学界王畿工夫论的否定。笔者认为，两派的入世和经世的宗旨不同导致了这种结果。佛教是所谓"寒梅传香村农家"的宗派，离开人世，却熏陶人间；所以撤掉外靠，全入内心的顿教，便于修身。可是，儒家是所谓"莲花破拆香千里"的宗派，着跟人世，而熏陶人间，所以撤掉外靠，全入内心的顿教，会流于治国之障。

优入圣域：王阳明、孔子
教育方法之比较

◎ 王胜军 *

摘要： 王阳明立志"学为圣人"，在教育方法上也希图"优入圣域"。阳明一反当时知识学的教育路径，转而倡导孔子明白、简实、因材施教的教育方法，使儒学反求诸己的身心之学得以重新展开。然而，阳明多使用语言思辨，让生徒去体悟本体，而孔子是从形而下的生活中去矫正生徒性情；阳明对生徒多持肯定态度，张扬其成圣的勇气，孔子对生徒则多加裁抑和矫正，力图使之成为中和的君子。

关键词： 王阳明　孔子　儒学　教育方法

孔子是儒家的圣人、士林的木铎。从汉唐到宋明，两千余年来，可以说言六艺者莫不折中于夫子。这种折中不仅表现在学术内容上，也表现在教育方法中。教育方法或称"教术"，如孟子"教亦多术矣"之谓。王阳明拔本塞源，批判朱学，在明朝中后期掀起的心学运动也是向孔子折中。那么，批评朱子之学的阳明是不是比朱子更接近孔子呢？从儒学史的角度看，就是阳明能否进入儒家道统，或在道统中处于何种位置的问题。自明末清初以来，学术界对此一直意见纷纭，有人甚至主张将阳明归入异端。这些判断主要是基于对王阳明学术的分析，或者兼论为学工夫，对于阳明的教育方法涉及不多。教育方法不等同于为学工夫。对为学工夫，宋儒有一套属于自己的方法，比如格物、致知、居敬、涵养、静坐等。这些工夫

---

* 王胜军（1979 ~)，河北高邑人，贵州大学中国文化书院副教授，研究方向：明清理学、书院教育。

是学习方法，而不是教育方法。因此，本文主要是从教育方法的角度，以阳明为中心，探寻阳明与孔子的差异，为阳明学的研究提供一些新的视角和看法。

一　简易与因材：阳明对孔子教育方法的认知、诠释

阳明对孔子教育方法的认知、诠释缘于对当时儒学教育式微的批判。虽然自明初以来，不乏吴与弼、陈献章等大儒讲学授徒，但是还远远达不到阳明心中的理想状态。在阳明看来，当时的学者"溺于词章记诵，不复知有身心之学"①，以业举、词章、训诂为代表的知识学式的教育，是为人之学，不是能使人"优入圣域"的师友之道。阳明对此大声疾呼：

> 自程、朱诸大儒没而师友之道遂亡。《六经》分裂于训诂，支离芜蔓于词章业举之习，圣学几于息矣。……自予始知学，即求师于天下，而莫予诲也；求友于天下，而与予者寡矣；又求同志之士，二三子之外，邈乎其寥寥也。②

为什么儒学教育衰落成这样呢？阳明将其归结到教育方法上，也就是学者传授儒学的方式出现了问题。那么，孔子又是怎么传授学问于求学者的呢？首先，在阳明看来，孔子的教法是简易明白的，而后世教人者都偏离了这样一个方向。阳明指出：

> 圣人之言明白简实，而学者每求之于艰深隐奥，是以为论愈详而其意益晦。……圣人之示人无隐，若日月之垂象于天，非有变怪恍惚，有目者之所睹。③
> 圣人教人，只怕人不简易，他说的皆是简易之规。以今人好博之心观之，却似圣人教人差了。④

---

① 王阳明：《王阳明年谱》，《王阳明全集》，上海古籍出版社，1992，第1226页。
② 王阳明：《别三子序》，《王阳明全集》，第226页。
③ 王阳明：《论元年春王正月》，《王阳明全集》，第913页。
④ 王阳明：《传习录》，《王阳明全集》，第104页。

也就是说，孔子讲学是切近身心性情的，是易懂、易行的；而当时的教育，将外在知识的广博作为目的，求艰深、求怪诞、求高妙，走向了孔子简易之教的反面。这种教育方式不仅不能导人向善，还会使人变得诡诈、庸劣。其中，童蒙教育体现得最明显。阳明批判说："近世之训蒙稚者，日惟督以句读课仿，责其检束，而不知导之以礼；求其聪明，而不知养之以善；鞭挞绳缚，若待拘囚。彼视学舍如囹狱而不肯入，视师长如寇仇而不欲见，窥避掩覆以遂其嬉游，设诈饰诡以肆其顽鄙，偷薄庸劣，日趋下流。"① 总之，当时有关儒学的教术是不得其法的。

那么，孔子的教术又简在何处呢？在阳明看来，孔子的讲学是"讲之以身心，行著习察，实有诸己者也"②，也就是说，只有离开对外在知识的讲授、猎取，返回到身心行为上，才称得上是"简易之学"。阳明以心学特有的语言指出："圣人之学所以至易至简，易知易从，学易能而才易成者，正以大端惟在复心体之同然，而知识技能非所与论也。"③ 知识技能是艰深的、复杂的，是不易知、不易学的，与之相对的简易之学是"复心体同然"的"良知之学"。因此，阳明在教学时，试图由博入约，痛诫生徒泛滥无归之习，将"致良知"之学视作"优入圣域"的简易法门。

其次，阳明关注的是孔子因材施教的方法。在阳明看来，"优入圣域"是儒学教育的终极理想，但是人的资质（包括气禀、性情等）不尽相同，不可作整齐划一的教育。他批评说："人品不齐，圣贤亦因材成就。孔门之教，言人人殊，后世儒者始有归一之论，然而成德达材者鲜，又何居乎？"④ 为什么孔门之教言人人殊呢？因为教育对象的资质有不同。后儒著书立说，不关心教育对象的具体情况，只是从知识学层面抽象地去诠释圣人之学，远离了活生生的、不同资质的人，便造成了"成德达材者鲜"的结果。

因此，阳明特别强调对教育对象资质的考察，认为："人的资质不同，施教不可躐等。"⑤ "教人为学，不可执一偏：初学时心猿意马，拴缚不定，

① 王阳明：《传习录》，《王阳明全集》，第88页。
② 王阳明：《传习录》，《王阳明全集》，第75页。
③ 王阳明：《与德洪》，《王阳明全集》，第55页。
④ 王阳明：《寄希渊》，《王阳明全集》，第158页。
⑤ 王阳明：《传习录》，《王阳明全集》，第103页。

其所思虑多是人欲一边，故且教之静坐、息思虑。久之，俟其心意稍定，只悬空静守如槁木死灰，亦无用，须教他省察克治。"① 并且，在《传习录》中，阳明多次提及孔子的因材施教，为自己的主张寻找合理依据。比如，颜回问"为邦"，孔子回答说："行夏之时，乘殷之辂，服周之冕，乐则韶舞。放郑声，远佞人。郑声淫，佞人殆。"对此，阳明指出：

> 颜子具体圣人；其于为邦的大本大原都已完备。夫子平日知之已深，到此都不必言，只就制度文为上说。……盖颜子是个克己向里、德上用心的人，孔子恐其外面末节或有疏略，故就他不足处帮补说。若在他人，须告以为政在人，取人以身，修身以道，修道以仁，达道九经及诚身许多工夫……②

可见，在阳明看来，孔子对弟子提问的解答是与特定的教育对象联系在一起的，抛开具体、实际对象的整齐划一的教育是后儒所为，难以促人成德。

因材施教与致良知的简易之教是紧密联系的。从一方面看，因材施教实际上也就是要达成致良知，前者是途径，后者是目标。因材施教是因为人的资质有所不同，致良知是因为不同资质的人具有相同的天命之性善。因此，因材施教就是要矫正人在性情上的偏颇，正如阳明所谓："圣人不欲人人而圣之乎？然而质人人殊。故辩之严者，曲之致也。是故或失则隘，或失则支，或失则流矣。是故因人而施者，定法矣；同归于善者，定法矣。因人而施，质异也；同归于善，性同也。夫教，以复其性而已。自尧、舜而来未之有改，而谓无定乎？"③ 正是因为因材施教要达成良知，良知是内在的，是反求诸己而有的，是我欲仁斯仁至矣，因而是简易之教。

从另一方面看，所谓"优入圣域"的教育，只是从要求人致良知的角度讲的，而不是从人学多少知识、多少技能的角度讲的。因材施教在指向良知的同时，同样指向人的资质。它可以根据人资质的不同，有次第、有重点、有选择地传授其知识技能。阳明举例说："匠斫也，陶垣也，圬墁

---

① 王阳明：《传习录》，《王阳明全集》，第 16 页。
② 王阳明：《传习录》，《王阳明全集》，第 38 页。
③ 王阳明：《别王纯甫序》，《王阳明全集》，第 232～233 页。

也，其足以成室，亦一也。是故立法而考之，技也。各诣其巧矣，而同足于用。因人而施之，教也。"① 阳明认为儒学教育的最终目标只能是可以"同一"的良知，而不是知识、技能。知识、技能上的差别无碍于一个人"优入圣域"。正如阳明所批评的，当时的教育"是以皋、夔、稷、契所不能兼之事"，"初学小生皆欲通其说，究其术"②。实际上，每个人只要依自己的资质，学到能学的知识、技能就行，绝不要贪多求大、整齐划一，否则就是作伪。贪多求大、整齐划一的知识技能式的教育，只能使教育对象走向良知的反面。

二　思辨与牲情：阳明对语言的运用与孔子的差异

语言是人类思维、交流的工具，是人类文化、教育得以绵延传承的重要条件。儒家教育当然也离不开语言，但是孔子对语言的运用却很审慎。比如，孔子讲"言未及之而言谓之躁，言及之而不言谓之隐，未见颜色而言谓之瞽"，又讲"述而不作"，"行有余力，则以学文"，还高度赞扬"木讷"，反对巧言，认为"刚毅木讷近仁"，"巧言令色鲜矣仁"，"巧言乱德"，"有言者不必有德"，如此等等。孔子的教育轻"言"重"行"，讲学语言往往是判断式的，不做分析，直接针对问题的，正如后世学者所指出的，"孔子尽是明快人"③，"圣人怀之，众人辩以相示"④。

阳明在揭示孔子简易之教的基础上，批判了重"言"轻"行"的知识学式教育。早年的阳明一直试图走朱子的道问学之路，但是自龙场悟道之后，阳明发现见闻与良知之间的关系并非如朱子所谓。阳明曾讲："学问最怕有意见的人，只患闻见不多。良知闻见益多，覆蔽益重。反不曾读书的人，更容易与他说得。"⑤ 对于学者而言，语言文字属于见闻的重要方面，阳明反对朱子教人读书成圣的方法，就是反对学者沉溺在语言文字中，正如黄宗羲称阳明是"承绝学于词章训诂之后，一反求诸心"⑥。阳明

---

① 王阳明：《别王纯甫序》，《王阳明全集》，第 232 页。
② 王阳明：《传习录》，《王阳明全集》，第 56 页。
③ 程颢、程颐：《二程集》，中华书局，1981，第 77 页。
④ 牟宗三：《心体与性体·序》，正中书局，1968。
⑤ 王阳明：《传习录拾遗》，《王阳明全集》，第 1172 页。
⑥ 黄宗羲：《明儒学案·师说》，中华书局，1985，第 6 页。

大力批判朱子式的教育，认为记诵之广、知识之多、闻见之博、词章之富不仅不足以成就圣学，还会"长其敖""行其恶""肆其辨""饰其伪"。①可见，就对语言、文字、知识的态度而言，阳明是试图绕过朱子的烦琐支离而向孔子的简易明白迈进的。

不过，阳明对语言的运用和肯定，实际上大大超过了孔子。阳明很强调孔子的讲学，在其看来："孔子犹曰'学之不讲，是吾忧也'，今世无志于学者无足言，幸有一二笃志之士，又为无师友之讲明，认气作理，冥悍自信，终身勤苦而卒无所得，斯诚可哀矣。"②"山中友朋，亦有以此学日相讲求者乎？孔子云：'德之不修，学之不讲，是吾忧也。'而况于吾侪乎哉？"③ 因此，以讲学奋起自任，一直是阳明及其弟子的自觉使命。从讲学的语言运用上看，阳明关于弟子的答问充满思辨，明人"牛毛茧丝，无不辨析"的精神体现无余，不像孔子语言运用得更明快、简捷、审慎。

为什么孔子的语言更明快、更简捷和更审慎呢？因为孔子对语言的运用常是要触动人性情的。比如，子贡论人短长，孔子说"赐也贤乎哉？夫我则不暇"，孔子没有对子贡直接批评，但是这种讽喻也足以启发子贡去反省了。还比如，以语言著称的宰我向孔子发难说："三年之丧，期已久矣。君子三年不为礼，礼必坏；三年不为乐，乐必崩。旧谷既没，新谷既升，钻燧改火，期可已矣。"从知识思辨的角度，宰我反对三年之丧的理由似乎也很充分！当然，孔子要从知识学上反驳也未尝不可，但是孔子只是从性情的角度对宰我讲："食夫稻，衣夫锦，于女安乎？""今女安，则为之！"难怪李泽厚讲儒学是情本体的哲学，从孔子的教育方法来看是有道理的，至少孔子是针对性情而非知识和思辨。相对而言，阳明对弟子则一定要讲出道理来，让学生去思考。比如，有位弟子曾问："先儒谓一草一木亦皆有理，不可不察，如何？"阳明也以孔子的方式回答说："夫我则不暇。"不过又添了一句："公且先去理会自己性情，须能尽人之性，然后能尽物之性。"④ 这增添的一句话显然是需要通过逻辑思辨才能理解的。

在对仁、良知等核心命题的解答上，孔子、阳明运用语言的差异就更

① 王阳明：《传习录》，《王阳明全集》，第56页。
② 王阳明：《与王纯甫》，《王阳明全集》，第158页。
③ 王阳明：《与陈国英》，《王阳明全集》，第176页。
④ 王阳明：《传习录》，《王阳明全集》，第34页。

显著。孔子在解答弟子问"仁"时，都是将其引向现实的思考和行为，以触发人的情感。比如，樊迟问仁，孔子回答得极简单，说"爱人""居处恭，执事敬，与人忠"，这些要求都是直接触动人的情感的。而阳明对于"良知"，一方面认为它是从百死千难中得出，不可易轻说，另一方面还是试图用语言进行描述、辨析，尤其是大量使用书面语言进行说明。比如在《答陆原静书》中阐释"良知"时，便写道：

> 良知者，心之本体，即前所谓恒照者也。心之本体，无起无不起，虽妄念之发，而良知未尝不在，但人不知存，则有时而或放耳；虽昏塞之极，而良知未尝不明，但人不知察，则有时而或蔽耳，虽有时而或放，其体实未尝不在也，存之而已耳；虽有时而或蔽，其体实未尝不明也，察之而已耳。若谓良知亦有起处，则是有时而不在也，非其本体之谓矣。①

又如，阳明对陆澄解释"未发之中"即"良知"时，竟用了近七百字的篇幅，还集中使用了"内外""浑然一体""有事无事""动静""寂然感通""本体""理""欲""酬酢万变""未发""已发""至诚""太极""生生""妙用""常体""屈伸""隐显""转法华"等一系列内涵极为复杂的词语。② 这些词语都有很深的知识学背景，很多都是宋明理学中的重要命题。如此重要而又繁多的命题集中出现，无疑大大增加了对教育对象的思辨要求。其实，孔子对宰我讲"汝安则为之"时，何尝不是在激发其良知？然而阳明却一定要用思辨的方式将良知讲出来。

不仅如此，阳明在使用这些词语时，还对某些词语进行了自己的解释，这样，就进一步增加了受教育者的思辨难度。比如，知、行在一般意义上并不难理解，即亦从知识学的角度不难理解，并不抽象，但是在阳明的思想世界中，知是行之始，行是知之成，是从本体上讲知行的，因此受教育者必须将思维抽象到"知行合一"的本体角度才能理解。又如，对《大学》中的"格物"，阳明将"格"解为"正"，将"物"解为"心"，事实上也增加了思辨的难度。如果不去了解心外无理、心外无物，以及阳

---

① 王阳明：《传习录》，《王阳明全集》，第 61~62 页。
② 王阳明：《传习录》，《王阳明全集》，第 64~65 页。

明对朱子事事物物有定理的批评，包括阳明所谓"理"与朱子所谓"理"的区别，就很难做出准确的判断和理解。

很多时候，阳明还会借用佛教的一些说法，如"正藏法眼""本来面目""学者的究竟话头""个个圆成""清净自在"，等等。有时阳明的讲说如诗似偈，比如"哑子吃苦瓜，与你说不得。你要知此苦，还须你自吃"，"东家老翁防虎患，虎夜入室衔其头。西家小儿不识虎，持竿驱虎如驱牛"之类，连"无善无恶心之体"的四句教都有佛家偈子的味道。临终时，阳明还用佛教的话语说："此心光明，亦复何言？"尽管阳明借用佛教语言做法，多受学者讥评，但它被大量运用在对生徒的教育当中。理学的形而上概念，已然是不易理解，佛教语言对于从事儒学的学者来说，无疑又增加了一种负担，因为从学者不得不去了解佛学的相关概念和教义。

三　张扬与裁正：阳明在分辨教育对象上与孔子的区别

阳明事实上也关注到了教育对象的性情问题，只是不同的是，阳明倾向于张扬，而孔子则裁抑、矫正多一些，与阳明认为"圣人教人，不是个束缚他通做一般：只如狂者便从狂处成就他，狷者便从狷处成就他"① 实际上是不同的。孔子对弟子很少称许，即便称许一般也比较具体，比如说颜回"不迁怒""不二过"，身在陋巷、箪食瓢饮而不改其乐；还比如肯定弟子的德行、言语、政事、文学等。裁正者不胜枚举，多指向其性情，比如评论柴、参、师、由四弟子"柴也愚，参也鲁，师也辟，由也喭"；认为"由也好勇过我，无所取材"，"吾与回言终日，不违如愚"；等等。

当然，阳明对弟子也不乏裁正。比如以狂放见称的王艮，其所创泰州学派被黄宗羲称作"掀翻天地，前不见有古人，后不见有来者"②。王艮初名银，阳明为其取名为艮，字汝止，就是希望其能以《易》之"艮止"收敛其狂放。王艮曾一度自创蒲轮车，衣冠异人，在京师"招摇"。阳明移

---

① 王阳明：《传习录》，《王阳明全集》，第 104 页。
② 黄宗羲：《明儒学案》卷三十二《泰州学案》，中华书局，1985，第 703 页。

书责之归，"以其意气太高，行事太奇，痛加裁抑，及门三日不得见"，直到王艮长跪称错为止。① 但是这种现象并不具有普遍性。况且，当王艮最后讲"仲尼不为己甚"，指责阳明对待自己的惩罚太过分时，阳明又原谅了王艮。孔子似乎比阳明不近人情。王艮是阳明的爱徒，颜回是孔子的爱徒。颜回去世，其父颜路要求孔子卖车为颜回制椁，孔子却回答说："才不才，亦各言其子也。鲤也死，有棺而无椁。吾不徒行以为之椁。以吾从大夫之后，不可徒行也。"门人欲厚葬颜回，孔子不肯。门人厚葬之，孔子还要批评说："回也视予犹父也，予不得视犹子也。非我也，夫二三子也。"

阳明其实也认识到语言教育离不开对性情的考察。比如在《与王纯甫》一信中便写道："纯甫所问，辞则谦下，而语意之间，实自以为是矣。夫既自以为是，则非求益之心矣。吾初不欲答，恐答之亦无所入也。"② 但是，阳明仍然试图或者认为通过知识思辨能够让王纯甫明白成圣的道理。王阳明对其深加体谅，说：

> 故前书因发其端，以俟明春渡江而悉。既而思之，人生聚散无常，纯甫之自是，盖其心尚有所惑而然，亦非自知其非而又故为自是以要我者，吾何可以遂已？故复备举其说以告纯甫。③

也就是说，阳明更倾向于从知识学的角度向弟子去解释，更相信语言的力量能够改变人，更愿意张扬弟子的性情，而不愿意对其过多裁抑，故将王纯甫自以为是的骄吝之心说成是由于知识学上的不足。

孔子对弟子的作答则往往是依据其性情、发问时的心态，通过裁抑使之趋向中和的。比如，子贡一次问孔子说："如有博施于民而能济众，何如？可谓仁乎？"孔子却作了严厉的批评，认为连尧舜都做不到，问题并不是尧舜做得到与否，而是对子贡自以为富能济人的自得、炫耀的心态，孔子认为不可，因而让其从身边做起。孔子对其他弟子亦然。比如，孔子有次夸赞颜回说："用之则行，舍之则藏，唯我与尔有是夫！"子路听了不

---

① 黄宗羲：《明儒学案》卷三十二《泰州学案》，第710页。
② 王阳明：《与王纯甫》，《王阳明全集》，第155页。
③ 王阳明：《与王纯甫》，《王阳明全集》，第155页。

高兴，就说："子行三军，则谁与？"似乎要与颜回一比高下，子路以勇武著称，无疑胜过颜回。孔子要是据实而答，那自然就是子路无疑了。然而，子路这时表现出的是一种"兼人"的心态，孔子对此明察秋毫，于是便说："暴虎冯河，死而无悔者，吾不与也。必也临事而惧，好谋而成者也。"对子路勇有余而谋不足进行了批评，对其骄吝攀比之心进行了裁抑。

相对于孔子裁抑弟子性情以趋中和的思路，阳明在张扬弟子的性情时，却是要努力激发弟子"狂者进取"的心态和意志。正如其讲的："昔孔门求中行之士不可得，苟求其次，其惟狂者乎？"① 阳明称赞弟子极多，用语极高，亦不具体，比如称赞聂豹说："今诚欲求豪杰同志之士于天下，非如吾文蔚者而谁望之乎？如吾文蔚才与志，诚足以援天下之溺者；今又既知其具之在我而无假于外求矣，循是而充，若决河注海，孰得而御哉？"② 称赞王艮说："向者我擒宸濠，一无所动，今却为斯人动矣。"③ 阳明还常用"圣人"等词来肯定弟子，比如有一次，阳明对侍坐的弟子说："尔胸中原是圣人。"还比如，王艮一次出游回来，对阳明说："见满街人都是圣人。"阳明答说："你看满街人是圣人，满街人到看你是圣人在。"董澐出游，回来也说，"见满街人都是圣人"，"此亦常事耳，何足为异？"这则教育事例从表面上看很接近于孔子对子路、冉有的"闻斯行诸"之教，其实不然。

我们来看孔子对子路、冉有"闻斯行诸"之教究竟如何。"闻斯行诸"是孔子因材施教的一个典型案例。当时，子路、冉有两人问了孔子同一个问题："闻斯行诸。"意即听到了道理就要依着去做吗。孔子对子路的回答是："有父兄在，如之何其闻斯行之？"要子路与父兄商量。对于冉有，孔子却说："闻斯行之。"让他听到后就去做。弟子公西华不明白，就问："由也问闻斯行诸，子曰'有父兄在'；求也问闻斯行诸，子曰'闻斯行之'。赤也惑，敢问。"孔子回答说："求也退，故进之；由也兼人，故退之。"这是孔子根据子路、冉有不同的情性来进行教育的。阳明讲"你看满街人是圣人，满街人到看你是圣人在"，无疑是张扬了王艮的个性，可

① 王阳明：《王阳明年谱》，《王阳明全集》，第 1576 页。
② 王阳明：《答储柴墟》，《王阳明全集》，第 81 页。
③ 黄宗羲：《明儒学案》卷三十二《泰州学案》，第 710 页。

是王艮本来就是张扬之人；阳明虽然看似裁抑了董沄，可是还是承认其有"见满街都是圣人"的眼光。可见，阳明对王艮、董沄的称许主要是依其见解来的，而非性情。

再以孔子"闻斯行诸"之教与阳明"天泉证道"之教进行对比。"四句教"是阳明教术的集中体现，阳明认为："以此自修，直跻圣位；以此接人，更无差失。"据史载，钱德洪与王畿论为学宗旨。王畿认为阳明"说知善知恶是良知，为善去恶是格物，此恐未是究竟话头"。在其看来，"心体既是无善无恶，意亦是无善无恶，知亦是无善无恶，物亦是无善无恶。若说意有善有恶，毕竟心亦未是无善无恶"。钱德洪则认为："心体原来无善无恶，今习染既久，觉心体上见有善恶在，为善去恶，正是复那本体功夫。若见得本体如此，只说无功夫可用，恐只是见耳。"两人求证于阳明，阳明很高兴地回答说："正要二君有此一问！我今将行，朋友中更无有论证及此者，二君之见正好相取，不可相病。汝中须用德洪功夫，德洪须透汝中本体。二君相取为益，吾学更无遗念矣。"从这里可以看出，阳明对两人都做出了肯定，虽然说"汝中见得此意，只好默默自修，不可执以接人"，认为："上根之人，世亦难遇。一悟本体，即见功夫，物我内外，一齐尽透，此颜子、明道不敢承当，岂可轻易望人？"[①] 然而，这实际上等于肯定了王龙溪是上根人。王畿本来性格张扬，"跌宕自喜"，"善谈说，能动人"，之后也未遵阳明"不接人"之训，而是杂以禅机，讲学林下四十余年，"士之浮诞不逞者率称龙溪弟子"[②]，因此渐失阳明之矩矱。

余 论

综上所述，可以发现，事实上，阳明在教育方法上并没有完全达到他对孔子简易之教、因材之教的境界。原因何在呢？首先，阳明、孔子的教育目标有差异，前者企望圣人，后者但求君子。孔子对通过教育改变人性持有审慎的态度，在其眼中，有君子，有小人，有生而知之、学而知之、

[①] 钱德洪：《王阳明年谱》，《王阳明全集》，第1306~1307页。
[②] 张廷玉等：《明史》卷二百八十三，中华书局，1974，第7274页。

困而知之、困而不学之人，"唯上智与下愚不移"，"民可使由之，不可使知之"。阳明却认为"天下无不可化之人"①，因此，试图使人人有知，致其良知以"优入圣域"。所以，当有人问阳明："上智下愚如何不可移？"阳明就回答道："不是不可移，只是不肯移。"②

其次，两人性格有差异。阳明负有豪杰之气，有扭转一世颓风的勇气，面对师道衰微，阳明高声疾呼："今天下波颓风靡，为日已久，何异于病革临绝之时……非有豪杰独立之士的见性分之不容已，毅然以圣贤之道自任者，莫之从而求师也。"③阳明更像一个时代的狂者，肯定狂者，表示自己要做狂者，如其所谓："在今只信良知真是真非处，更无掩藏回护，才做得狂者。使天下尽说我行不掩言，吾亦只依良知行。"④孔子的性格则是温、良、恭、俭、让，对于成就圣人、君子的事业，孔子一直都持"无可无不可""卷而怀之""欲居九夷""乘桴浮海""以道事君、不可则止"的态度，正如孟子讲的，孔子是"可以仕则仕，可以止则止，可以久则久，可以速则速"。

阳明对人性美好的希望，对教育生徒成圣的热切愿望，与孔子的态度形成了鲜明对比。"成圣"是宋明以来理学家一贯的理想，正像张载所指出的，"学必如圣人而后已"，"求为贤人而不求为圣人，此秦、汉以来学者大蔽也"⑤。周、程、张、朱无不如此，阳明不仅不例外，其热情似乎更高。因此，阳明为了让弟子明了良知等"性与天道"的高深问题，就不得不将道理讲向高处。这样，一方面，要讲得够高、够明白，必然要运用大量烦琐的语言，从而引发与孔子简易之教的冲突；另一方面，希图人人成圣的愿望往往高于现实中人的资质，教育有时就不免脱离实际，这样便使因材施教也打了一定的折扣。

再次，与时代关心的问题也有关系。作为教师，不可能离开教育对象而独立存在，正如阳明自己讲的："此道本无穷尽，问难愈多，则精微愈显。"⑥从弟子的提问中可看出，那一时代理学的知识化倾向仍然很重，重

①　王阳明：《象祠记》，《王阳明全集》，第 894 页。
②　王阳明：《传习录》，《王阳明全集》，第 31 页。
③　王阳明：《答储柴墟》，《王阳明全集》，第 814 页。
④　钱德洪：《王阳明年谱》，《王阳明全集》，第 1287 页。
⑤　脱脱等：《宋史》卷四二七，中华书局，1977，第 12724 页。
⑥　王阳明：《传习录》，《王阳明全集》，第 125 页。

"知"轻"行"。比如，有人问"心要逐物，如何则可？""闲思杂虑，如何亦谓之私欲？"这些都给阳明提出了分析、逻辑式回答的要求。其实，宋代以来诸子提出的有关天理、人欲、性情、知行、动静、阴阳等命题本来也都是极具思辨性的。孔子时代则不然，学者似乎关心"行"重于"知"。比如颜回问仁，孔子说"克己复礼"，那么具体如何呢？孔子只讲"四勿"，颜回就不再追问。

虽然如此，阳明终其一生，仍然是在取法孔子，追寻孔子的足迹，在教育方法上实现了重大的转向。阳明针对当时以朱子学为中心的、以"知识学"路径为取向的教育风气、教育方法，通过讲学的实践，又将孔子因材施教、明白简实的教育方法和理念揭示出来。从此之后，心学运动推动当时的教育由外向的、知识技能的教育，开始转向内在的、身心性命的教育。教育的重心从书册又回到人的生命和生活中，这无疑与孔子的精神是合拍的。

正是因为摆脱了知识学的层层束缚，没有了按书本整齐划一的讲说，儒学教育便有可能根据不同对象，在不同时间和地点，授以不同的知识，示以不同的进路，给予不同的解答，从而展现出它鲜活的一面和时中的特征。正如孔子讲起"仁"来有各式各样的答案一样，阳明讲起"心之本体"来，诸如"至善是心之本体""知是心之本体""乐是心之本体"，也各具意趣，也更贴近作为独立个体的受教育者。于是，受教育者的性情从支离破碎的文字、理念中跳脱出来，渐渐地有了融贯、中和的可能，因此，阳明后学即便有空疏之病，但精神总是充沛的，气象总是光明的。

也正是由于简易的致良知之教，儒学又有了回到现实社会生活的可能。自汉唐宋明以来，从精舍到书院，教育渐渐从生活中独立出来，这对儒家基于现实社会伦理生活的孝、悌、忠、信等道德培养模式提出了巨大的挑战，因为恻隐、羞恶、辞让、是非的四端之心都是因性情感物而发生的。由于汉宋以来的知识学倾向，儒学实际上主要是在士大夫中间传播、流行。这样，知识学角度的评价便渐渐地取代了道德的评介，"优入圣域"的条件成就了儒学知识的广博，实际生活中的孝、悌、忠、信却无与焉。从这个角度看，至少在阳明追寻孔子教育方法的过程中，道德评判标准开始摆脱知识本位，向着实际的社会生活迈进，向着孔子的教育理想迈进。

论王阳明致良知学与萨特
现象学还原的相似点

◎王路平[*]

摘要：王阳明是中国明代心学大师，萨特是当代法国存在主义巨擘。从根本上说，两者的哲学都是关于人如何存在的哲学，都是要追究生活意义和追求人生价值的哲学，同属于一种带有浓厚伦理色彩的人文主义哲学。如果仅从传统认识论的角度去解析，难免方枘圆凿，两不相接，终不能明其底蕴。目前，国内外学术界已有把阳明与萨特相比者，然而，从现象学还原的层面比较两者的哲学，鲜有专文详论。本文作为这方面的尝试，试从二者的相似点切入（相异点不在此论），以期能引起更深入的研究。

关键词：王阳明　萨特　真己　自为　致良知　现象学还原　相似

一　阳明"真己"与萨特"自为"的相似点

阳明与萨特都把伦理主体归结为"吾心"，把"吾心"视为本体，在宇宙中据有不可替代的主导性地位，不仅统摄了天地万物，而且也是衡量世间一切事物的价值尺度；只有"吾心"才能自觉地建构一个伦理目的的

* 王路平，贵州省社会科学院研究员、教授，贵州省易学与国学研究中心主任、贵州省黔学研究院副院长、贵州省省管专家、贵州省社会科学院博士后工作站导师、贵州大学硕士生导师、贵州省文史研究馆特聘研究员、无锡灵山书院特聘导师，系中国哲学史学会理事、中国宗教学会理事、贵州省夜郎文化研究会常务副会长、贵州省宗教学会副会长、贵州省易经研究会副会长、贵州省阳明学学会副会长、贵州省民族文化学会副会长等。

王国，赋予世界以价值意义。据此，他们分别把摒弃物欲和外在引诱进而实现人与世界浑然一体的"吾心"（个人存在）归结为"真己"和"自为存在"的理想人格。

在阳明心学中，"真己"是一种道德之称，表明道德主体的真实存在，其他如"真吾"、"仁者"、"君子"、"大人"以及"圣人"也都可以和"真己"互通。阳明说："心之本体，原只是个天理，原无非礼，这个便是汝之真己。这个真己是躯壳的主宰。若无真己，便无躯壳，真是有之即生，无之既死。汝若真为那个躯壳的己，必须用着这个真己，便须常常保守着这个真己的本体。"① 所谓"真己"即真正的自我存在，即心之本体，"心之本体无所不该，原是一个天。只为私欲障碍，则天之本体失了"②。阳明认为心就其本体而言，本来就广大深远，统摄天地万物，如果能把蔽障本心的种种私欲去除净尽，使心回复到本来的真己状态，它就会成为人的道德准则和天地万物价值意义的无尽源泉。

同样，萨特也认为真正的吾心便是自为，自为是一种本真的存在。在萨特哲学中，自为、意识、虚无、自由是同一个意思，都是指人的真正的自我存在，都是指人的主体性的绝对自由。如果要进行逻辑上的划分，那么只能讲，"自由"表示人的行为的基本内涵和人的目的，"意识"则是自由的根据；"虚无"是意识的特点、自由的本性，而"自为"则是人的自由行动的表现。自为在超越自身的过程中，展示和揭露了外部世界，这也是自为赋予外部世界以价值意义的过程。萨特说："由于意向是对目的的选择而且世界通过我们的行为被揭示，因而，正是对目的的意向性选择揭示了世界，而世界则是根据选定了的目的而揭示为这样或那样的（按这样或那样的秩序）。"③ 因此，自为在不断向外超越的过程中通过与外部世界（自在存在）的统一所产生的"存在"（现象世界），就是一个以自为为中心向外无限扩张的人化世界。

阳明和萨特都认为，人之所以贵于万物和禽兽，便在于人人都有此本心（本心良知和纯粹意识）。阳明说："良知之在人心，无间于圣

---

① 《语录》（一），《王阳明全集》，上海古籍出版社，1992，第36页。
② 《语录》（三），《王阳明全集》，第95~96页。
③ 〔法〕萨特：《存在与虚无》，三联书店，1987，第612~613页。

愚，天下古今之所同也。"① 萨特说："不容有决定论，人是自由的，人就是自由。"② 他们认为正因为人有此本心，所以不应把人归结为物，而应给人以尊严。人人都有此本心，故人人都可以成为真己（圣贤）和自为的存在。由于人的伦理主体有此本心，故人就应对自己的一切伦理行为负有完全的伦理责任，就应勇于承担责任而无所辩解和逃避。人生的价值和目的就在于实现自己的真己和自为，因此阳明和萨特的哲学最关切的就是如何通过自我的觉悟和努力而成为真己和自为。他们的哲学因对真己和自为的终极关怀而具有强烈的平等意识和批判精神。

二　阳明 "人心遮蔽" 与萨特 "意识物化" 的相似点

阳明和萨特认为，在现实世界中，人的存在如果不以本心为主宰则难免发生错位：本心良知和纯粹意识陷入物化而丧失自己（真己和自为），这正是人的最大悲剧。揆其缘由，有数端。

首先，人一开始便存在于这个异己的物化世界中，故阳明谓人心难免"昏蔽于物欲"，迷遂于物而为物化；萨特则认为人是被抛到这个世界中的存在，"它存在，因为它被抛入一个世界之中，弃置于一种'处境'之中"③。这个外在世界对人来说完全是荒谬的、令人恶心的。

其次，人必借由身体才能存在，心必借由身才能行动，而身体从自然立场论亦莫非物，以其一身而物交物，心随之在"躯壳上起念"，遂于物而物化，是心借由身为资具，反为资具所用，成为一个生理学—心理学的身心，由此必然丧失人之存在的生命价值。对此，阳明以道心与人心、本心与习心予以解说。他说："道心者，率性之谓，而未杂于人。无声无臭，至微而显，诚之源也。人心，则杂于人而危矣，伪之端矣。"④ 道心即本心良知，是率心中纯净之性而动，于心能主宰万物，物物而不物于物者；而人心则是已被物化的人欲之心，已非性之本体，而是外在私欲遮蔽本心良

① 《语录》（二），《王阳明全集》，第79页。
② 〔法〕萨特：《存在主义是一种人道主义》，见《存在主义哲学》，商务印书馆，1963，第342页。
③ 〔法〕萨特：《存在与虚无》，第121页。
④ 《文录》（四），《王阳明全集》，第256页。

知的结果。因而人心也称"习性""习心",是指由历来积累的"从躯壳上起念"的物欲所形成的一种心理状态,它在本心之外却又对本心起污染作用。但是道心人心"初非有二心也",而是"人心之得其正者即道心,道心之失其正者即人心"①。故道心与人心并非二心并存,而是一心的不同状态,"得其正"即为道心,"失其正"即为人心,即一心之"明"与"昏"。同样,在萨特那里,不仅外界的世界令人恶心,而且自己的身体也令人恶心。他说:"意识不断地'拥有'一个身体。……对我的这种自为的不断把握,就是我们在别的地方在'恶心'名下所描绘的东西。一种隐蔽的,不可克服的恶心永远对我的意识揭示我的身体:我们可能有时会遇到愉快的事或肉体的痛苦以使我们从中解脱出来,但是,一旦痛苦和愉快通过意识被存在,它们就反过来表露了意识的散朴性和偶然性,并且它们正是在恶心的基础上被揭示出来的。"② 恶心昭示意识与身体的同时临场,如果只有意识,人就没有恶心的理由;如果只是单纯的身体,恶心亦无从涌现。身体的事实性和荒谬性只有在人的恶心意识面前才能呈现出来。对自己物化身心的恶心激励着人不断地超越自身,趋向未来。

再次,造成人丧失本心的不仅有外物的诱惑、环境的感染,还有学术上的二元论和决定论的影响。故阳明认为程朱二元论有把心与物、心和理分离之病,学人受其影响而外求于物,以致迷失真己而终不知返。阳明抨击明代的所谓学人:"外假仁义之名,而内以行其自私自利之实,诡辞以阿俗,矫行以干誉,掩人之善而袭以为己长,讦人之私而窃以为己直,忿以相胜而犹谓之徇义,险以相倾而犹谓之疾恶,妒贤嫉能犹自以为公是非,恣情纵欲而犹自以为同好恶。"③ 因此阳明所要解决的问题便是把人从程朱的先验之理的束缚下解放出来,给人自觉的道德行为以绝对至上的意义。同样,萨特亦认为,受传统的二元论和决定论影响,常人总是服从外物和社会一般道德规范的要求,去做世俗社会和他人要求他做的事,从而丧失了自己的自由,一切言行受必然性支配。为此萨特批判了那种所谓的"严肃的精神":"严肃的精神事实上有双重的特性,一方面是认为价值是超越的,独立于人的主观性的给定物,另一方面又把'可欲的'特性从事

---

① 《语录》(一),《王阳明全集》,第7页。
② 〔法〕萨特:《存在与虚无》,第440页。
③ 《语录》(二),《王阳明全集》,第80页。

物的本体论结构里挪到事物的简单物结构上。……这是一种以自身为耻并且不敢说出自己名字的道德；这种道德把它所有的目的都隐蔽起来以便解脱焦虑。人摸索着寻求存在，而对自己掩藏起这种探索这自由的计划，他做出一种姿态，好像他的道路上已经安放下种种任务，等待着自己去完成。对象是无言的要求，而自身不是别的，只不过是对这些要求的消极服从。"① 萨特认为"严肃的精神"是逃避人的自由的哲学表现。这种态度或如机械决定论，把价值视作异己的客观事物的属性，人的价值完全受客观事物支配；或如黑格尔的二元论，对道德理性形式的极度强化，把价值当作在人心之外的客观精神，使人在行动之前就受到这种伦理教条的制约。

总之，受物欲和学术的影响，常人与学者虽殊，而向外则一，外则离本，成为异化。这种异化之人是一种非本真的存在，阳明称之为"愚人""躯壳的己"，萨特称之为"自欺的人"。虽然这种人的内在本心还存在，但变得极为脆弱，以至完全物化为"习心"。他的存在状态实际上已经变得与外物和禽兽无异，他已从人降低为物，其昂然七尺之躯只是一堆自在的死物。在萨特眼里，这种"自欺"是对意识的自我否定，是对自由选择的逃避。日常生活中自欺的人所采取的社会行为，往往不是个人自由选择的产物，而是顺从他人与社会意愿的结果。通过此种社会角色的扮演，人们将真正的自我掩盖，剥夺了自己绝对自由的权利，而很多人对自己所扮演的角色还感到兴高采烈，津津乐道，这真是可悲之至。阳明和萨特的哲学正是要唤醒这些人的良知和意识，恢复人们的自由和尊严，从而改变这个世界。

三　阳明"致良知"与萨特"现象学还原"的相似点

为了追求存在的意义，矫正本心的错位，克服存在的异化，使人从"愚人""躯壳的己"向"真己"（圣人），从"自欺"向"自为"（本真的存在）自我转化，返本归真，彻底清澈生命存在的本体，阳明提出了"致良知"，萨特提出了"现象学还原"。如果我们不拘泥于概念的分疏，仅就两者哲学的意蕴而言，致良知与现象学还原的内在理路似不谋而合。

---

① 〔法〕萨特：《存在与虚无》，第 796～797 页。

二者都是把本体论、认识论、伦理学、存在论融而为一的"大学问",都是全体大用、全幅彰显式的。如果我们对其之领悟不是全而观之,而是只及一端,不是立体洞察,而是平面解析,则难免方枘圆凿,成为巨谬。

根据阳明的思想,致良知之"致"包含恢复、扩充,躬行、格物和实现的意思。这实际上包含了致良知的一体两面:内转的复明、返本、扩充与外推的躬行、格物、实现。前者是明其体,后者是行其用;前者是知善知恶之知,后者是为善去恶之行;前者是尊德性,后者是道问学。两者的关系是一而二、二而一,如鸟之双翼,车之两轮,缺一则致良知便不能成立。王学末流,或高谈其体而忽略其用,或执着其用而失却其体,皆成巨谬。与阳明相似,萨特的现象学还原亦为内转外推。从内转说,现象举还原在本体上首先把人的意识彻底虚无化,清洗掉一切经验的内容和经验的主体,使之成为一种在世界之中不停活动和作为的纯粹意识;从外推论,纯粹意识通过其本身的意向性投射,使外在的天地万物具有人的意义,从而在实践上使虚无化的人心成为人生在世的行为活动之最高主宰,使人不仅能在意识中、在存在本体上,而且也能在生活世界里真正成为人,这即是"即现象即本体"。因此纯粹意识及其意向性是现象学还原所要达到的同一个过程的两个方面,这两个方面的统一构成了人的真实存在。比较阳明致良知和萨特现象学还原的理论,至少有以下三点相似。

第一,本心在本体上是虚无,它必须显现在万事万物中。阳明常言:"心之本体,原无一物。"因此"须是平日好色、好利、好名等项一应私心扫除荡涤,无复纤毫留滞,而此心全体廓然,纯是天理,方可谓之喜怒哀乐未发之中,方是天下之大本"[1]。"心之本体"原是一无形无体的知觉灵明,是一纯粹意识,其"性之本性原是无善无恶的"[2],它并不能独立自存,它本身是虚无,它要作为本体存在只能以天地万物的感应为体,如此方显为善去恶之用,否则只是虚无而已。故阳明认为他讲的本心虚无与佛教禅宗讲的本心虚无不同。禅宗的虚无是离事物而讲心的"虚寂",而他讲的虚无只是指本心良知的能动超越性,是与人事万物结合的虚无,正如

---

① 《语录》(一),《王阳明全集》,第23页。
② 《语录》(三),《王阳明全集》,第115页。

251

天的虚无包含日月山川一样："良知之虚，便是天之太虚；良知之无，便是太虚之无形。日月风雷山川民物，凡有貌象形色，皆在太虚无形中发用流行，未尝作得天的障碍。"① 正因为本心良知虚无，所以能显现天地万物而成为最高的本体；反过来说，除却天地万物，心也就无所谓本体，因为心只能在天地万物中显现为本体的存在。所以阳明才说："目无体，以万物之色为体；耳无体，以万物之声为体；鼻无体，以万物之臭为体；口无体，以万物之味为体；心无体，以天地万物感应之是非为体。"② 此点与萨特的本体论证明极为相同："意识是对某物的意识，这意味着超越性是意识的构成结构；也就是说，意识生来就被一个不是自身的存在支撑着。这就是我们所谓的本体论的证明。"③ 这就是说意识本身永远不是客体，而是一个虚无；意识本身的虚无性使它只能依赖自在存在才能成为本体存在；意识不是一种与客观外物对立的存在，它的存在是从客观存在的那里获得的。这就是萨特的意识之所以存在的本体论证明。由此可见，阳明和萨特所讲的主体并不是传统西方哲学的认识主体，也不是康德、胡塞尔的先验自我，而是从传统认识论框架中解放出来的伦理主体，是与存在本体论意义所蕴含的主体性统贯在一起的具体存在。因此他们所讲的主体并不是自我封闭主义，也不是唯我论（孤立的自我）的。

第二，由于本心的意向性，它必然指向外物，而外物存在的意义亦由本心来贞定。阳明所谓的"心外无物"论，既不是指"在心之外什么也没有"，也不是说"心创造产生万物"，而是说天地万物如果没有人心的照射，便只是自在的存在，是一大混沌，毫无意义。在阳明的心目中，天地万物的自在存在是不言而喻的，但若其未经人心的照射，就不能称之为"物"（人化的事物）。此点他的昼夜之喻可印证："夜来天地混沌，形色俱泯，人亦耳目无所睹闻，众窍俱翕，此即良知收敛凝一时。天地既开，庶物露生，人亦耳目有所睹闻，众窍俱辟，此即良知妙用发生时。可见人心与天地一体，故上下与天地同流。"④ 本心良知不发生照射的活动，天地万物皆隐而不显，但这并不意味着天地万物变成绝对的虚无，只是说天地

① 《语录》（三）《王阳明全集》，第 106 页。
② 《语录》（三），《王阳明全集》，第 108 页。
③ 〔法〕萨特：《存在与虚无》，第 21 页。
④ 《语录》（三），《王阳明全集》，第 106 页。

万物此时如一大混沌，无形无色如处幽冥之中，毫无意义。故这并不是阳明心学一元论的目标。他追求的目标和境界是"良知妙用发生"，天地万物彰显呈现，万物得其理，万事得其位，天地万物不逃于吾心照射之外，天地间无有一物遗之以成其为物，自在之物化成为我之物。由此不仅实现了本体论上的人的自我存在，而且实现了伦理学上的价值信念和终极关怀。本心良知之所以能如此，是因它先天地必然发用，具有意向，不能着空，不肯物化，自然会发出一股巨大的力量，鞭策人们致良知于事事物物中。萨特同阳明一样，把存在物区别为两种：自在存在和现象世界。前者与阳明的"混沌"之物相同，它虽然客观存在着，但没有意义。不过在本体论层次上，它并不依赖自为（吾心）而存在，"也就是说，不是相对于意识的存在。……如果我应该能够做某种一般的事物，那么我就应该在一些其存在是不依赖于我的一般存在的存在上面，特别是那些不依赖于我的行动的存在上面进行我的活动。我的活动能够向我揭示这种存在，它并不制约这种存在"①。后者与阳明的"心外无物"之"物"大致相当，它是吾心赋予自在存在以某种意义，使之成为"存在于此"的存在，即呈现心物统一的人化世界。这种"现象世界"之所以发生，乃是自为（吾心）的作用使然："自为和自在是由一个综合联系重新统一起来的，这综合联系不是别的，就是自为本身。"② 因此具有本体论意义的是自为和自在的统一现象。自为之所以能如此，乃是因为意识的意向性是一股自发的、永不停息的流，它先天如此，其锋芒所指，便赋予对象以意义，建立起人与世界的联系。"当我在世界上重新构造世界的归属中心——世界正是为之而安排的——时，我就是这个人差。"③ 在萨特那里，便表现为这样一种世界：最外圈的是未为人所照射的存在即自在，里面一圈是人所照射的天地万物即现象界，居于圆心的则是人（自为），人（自为）是整个世界的中心！这点在阳明那里亦早有明言："人者，天地万物之心也；心者，天地万物之主也。心即天，言心则天地万物皆举之矣。"④

第三，本心通过自己的意向行为，不仅体验到世界的存在，而且体验

① 〔法〕萨特：《存在与虚无》，第 649 页。
② 〔法〕萨特：《存在与虚无》，第 786 页。
③ 〔法〕萨特：《存在与虚无》，第 417 页。
④ 《文录》（三），《王阳明全集》，第 214 页。

到自己的存在。阳明说："心者身之主也，而心之虚灵明觉，即所谓本然之良知也。其虚灵明觉之良知，应感而动者谓之意；有知而后有意，无知则无意矣。知非意之体乎？意之所用，必有其物，物即事也。……凡意之所用无有无物者，有是意即有是物，无是意即无有是物矣。"① 又说："良知是天理之昭明灵觉处，故良知即是天理，思是良知之发用。若是良知发用之思，则所思莫非天理矣。良知发用之思自然明白简易，良知亦自能知得。"② "良知只是一个，随他发用流行处当下具足，更无去求，不须假借。"③ "良知即是独知时，此知之外更无知。""知得良知却是谁？自家痛痒自家知。"④这就是说本心良知在发用流行的意向行为中，直接体验到外部世界的存在，贯彻吾心天理于万事万物，而与此同时又在此意向行为中当下体验到自己的本心良知存在，因此这种体验是直接的而非对象的，是领悟的而非认识的，是自己心上独自体认的而非向外求得的。其本心与自己和万事万物的关系就如同"明镜"一样，在照亮物的同时也照亮了自己，在致良知于事事物物的同时也觉悟了自己的存在。"是故良知常觉常照，常觉常照，则如明镜之悬。"⑤ 阳明此意亦莫逆于萨特之心，在萨特那里，"意识是对某物的意识"，意识的意向发生使人与世界结合在一起，在其中不仅能体验到世界的存在，而且能体验到自己的存在。因此意识的意向性是"对对象的位置性意识同时又是对自身的非位置性意识"⑥。但这种体验不是一种对象性的认识，而是一种直接的领悟。在萨特哲学中这种领悟往往通过否定性的情绪如厌烦、恶心等表现出来："存在将以某种直接激发的方式（如厌烦、恶心等）向我们揭示出来，而且本体论将把存在的现象描述成它自己显露的那样，也就是不需要任何中介。"⑦ "对对象的位置性意识"是指外在的某物是意识的意向性设置的照射对象，而不是认识的对象。"对自身的非位置性意识"是指意识在指向某物的意向中，并没有把自己设置为照射的对象，但在意向行为中直接体验到自己的存在。

---

① 《语录》（二），《王阳明全集》，第47页。
② 《语录》（二），《王阳明全集》，第72页。
③ 《语录》（二），《王阳明全集》，第85页。
④ 《外集》（二），《王阳明全集》，第791页。
⑤ 《语录》（二），《王阳明全集》，第74页。
⑥ 〔法〕萨特：《存在与虚无》，第10页。
⑦ 〔法〕萨特：《存在与虚无》，第5页。

　　两位哲学家都一致认为自己对经过还原后的真实的意识和意向行为的深刻体验，标志着人的觉悟，而这种觉悟往往需要经过痛苦的生命体验。阳明遭受"百死千难"而"龙场悟道"，最终觉悟圣人之道吾性自足，其后经宸濠之乱、张许之难而毫不动摇，反而在艰难困苦之际，生死存亡之间，更加感受到自己的本心良知，从而主宰万物，不惧权势，不为富贵名利所动。所谓"富贵不能淫，贫贱不能移，威武不能屈"，正是阳明一生存在的写照。萨特成名之作《恶心》中的主人公洛根丁的经历被视为是萨特本人的经历。洛根丁来到布维尔小城，开始对存在并没有什么明确的意识，他处在这个小城的人和物中，思索着周围发生的一切，痛苦地体验着存在，最后他明白了，越是思索得多，就越会清楚地意识到"我"的存在，就越会体验到自我就是外在与内在相遇的场所。当他觉悟这一点后，再看小城中的芸芸众生，他们心满意足，屈从于自己的身份和周围的压力，对自己的存在和外界的荒谬毫无察觉，他们都是自欺的人；而那些达官贵人，一个个道貌岸然，实际上是一群混蛋。这一切的一切都使他感到恶心！萨特通过这部小说向人们揭示：恶心是人对人生和世界的意识，是人存在的觉悟，是对于存在意义的关怀。恶心使人走向超越的自由，去挣脱这个肮脏的世界，去消除这个世界的丑恶！由此可见，阳明和萨特的哲学可称得上是"体验之学"、"觉悟之学"和"救世之学"。

　　通过比较中西这两位大师哲学的思想，不难看出阳明心学与现代西方存在主义现象学之间可以相互诠释，从而使阳明心学与现代西方存在主义哲学在精神上找到对话和接头的地方，由此彰显阳明心学具有的现代价值。

王阳明与舍勒教育思想之比较探析

◎ 阮朝辉*

摘要： 通过对王阳明和舍勒的教育思想进行比较分析发现：两位哲学大师都强调教育的本体就是人的精神或人心；教育必须以至善人格、致良知为核心；教育方法不是外在的施与，而是楷模、圣贤的感召。因此，教育必须是精神为第一性，生命为第二性。

关键词： 舍勒　王阳明　教育

"在弗雷德里克·古里奇·亨克（Frederick Goodrich Henke）1916 年编著出版《王阳明哲学》（*The Philosophy of Wang Yangming*）以前，西方人几乎不知道王阳明。"① 虽然现象学泰斗马克斯·舍勒（Max Scheler，1874 ~ 1928）的主要著述都呈现于《王阳明哲学》之后，且其著述中对孔子、老子、庄子等的研究也随处可见，但其对王阳明没有只言片语；可是，这并不影响"阳明思想的特征与广义上的现象学有着深切的相通之处"。本文仅就两位大师的教育思想做一点粗浅的比较探析，以供方家指正。

一　对教育本质之直观

本质（essence）是与"现象"相对的范畴，是事物固有的普遍的、相对稳定的内部联系。顾明远教授认为："教育是传递社会生活经验并培养

---

* 阮朝辉，贵阳学院图书馆馆长、教授，贵阳阳明学与地方文化研究中心研究员。
① 余怀彦：《王阳明五百年》，贵州教育出版社，2009，第 196 页。

人的社会活动……教育是永恒的范畴。"① 但是，舍勒和王阳明对教育本质的理解却各异。

舍勒认为："教育首先是一种个体性的特殊形式、成形和节奏。人的一切自由的精神活动在其界限内并按其尺度展开，人的'行为'的所有心身无意识的生命表现形式（表达和行动，言谈和沉默）也由其引导和控制。因此，教育不是一个知识和体验的范畴，而是一个存在范畴。"② "教育是神性的事业。"③

王阳明虽然未直接对"教育"的本质进行界定，但是他认为，"人者，天地万物之心也；心者，天地万物之主也。心即是天，言心则天地万物皆举之矣"（《答季德明书》）；"心外无物，心外无事，心外无理，心外无义，心外无善"④；等等。对此，杨军昌教授认为："王阳明'心即理'即为其教育本体论。""心即理"之"心"是宇宙万物的本原，"圣人之学，心学也，尧舜禹之相接受"（王守仁《象山全集·叙》）；"心之体，性也；性即理也"⑤ ……由此观之，王阳明对教育本质的理解应该是"减人欲，得天理，致良知"的存在范畴。

不论是舍勒还是王阳明，他们对教育本质（或本体）的直观之共同视角都是基于人心（Person）、人的精神（Geist）、人的欲望（Drang）的引导（Lenkung）和控制（Drangsale）来直观教育的实然与应然的。二位大师对教育本质的觉察的哲学基础都具有悬置此在教育不顾而直观其理或本原的倾向。当然，就存在范畴的教育而言，舍勒似乎更直接一些，王阳明更隐晦一些。

二　对教育对象之体认

既然教育是基于人、生成于人、成形人并伴随人的永恒范畴，教育的对象就是人；而人是精神和生命有机统一的存在，教育必然是到达人心

---

① 顾明远：《教育大辞典》，上海教育出版社，1990，第725页。

② 刘小枫编《舍勒选集》，上海三联书店，1999，第1369页。

③ 刘小枫编《舍勒选集》，第1384页。

④ 王守仁：《王阳明全集》，上海古籍出版社，1992，第156页。

⑤ 王守仁：《王阳明全集》，第42页。

（精神）和人身（生命）的至善的桥梁。对此，舍勒和王阳明对教育对象的人心、人身的思辨结果既有许多相似点，也略有不同。

舍勒认为："人之所以为人的原则，除了我们可以在最广的意义上称之为生命的东西之外……还包括确定等级的尚待说明的情感和意志所产生的行动，例如善、爱、悔、畏等等，这就是精神（Geist），即人本身（Person）。"① 在舍勒看来，人先验地存在着冲动和本能，而且冲动和本能是人和动物乃至生物所共有的属性，是不需要教化、驯养的，是自然强化或自动蜕化的。但是人毕竟不是动物，"人是比他自己和世界都优越的存在物"②。这种超动物的优越性就在于其精神之在："精神是唯一能使自身成为对象的存在……精神的中心，即人本身是一个时刻在自己身上产生着的行为的秩序结构。"③ 因此，教育的对象不是身体，也不是本能，而是精神。只有对精神进行引领，并趋向至善（神），人才能真正从动物界中超拔出来成其为人本身（Person），才能抑制人的动物性的本能冲动、贪婪，所以舍勒说"引发本能压抑的正是精神"④。

王阳明认为，"心外无学"；⑤ "身之主宰便是心，心知所发便是意，意之本体便是知，意之所在便是物"；⑥ "心之本体，原只是个天理，原无非礼，这个便是汝之真己。这个真己是躯壳的主宰"；⑦ "致善是心之本体"；⑧ 等等。这就是说，教育的对象应是对"心"的引领，教育就是针对"心""心之本体（天理）""至善之心"的教化活动。

由此观之，无论是舍勒的"精神"，还是王阳明之"心"，都指的是人之本体的存在。教育作为以人为核心的存在范畴，"精神"和"心"是教育的核心对象，只有把"精神"和"心"作为教育的核心对象，才能真正达到"致良知"（王阳明）以及"才能救赎自己，成为有教养的人"（舍勒），才能再现教育的本质之在，也才是教育本身。当然，在王阳明和舍

---

① 〔德〕舍勒：《人在宇宙中的地位》，陈泽环译，上海文化出版社，1989，第26页。
② 〔德〕舍勒：《人在宇宙中的地位》，第34页。
③ 〔德〕舍勒：《人在宇宙中的地位》，第35页。
④ 〔德〕舍勒：《人在宇宙中的地位》，第48页。
⑤ 王守仁：《王阳明全集》，第239页。
⑥ 王守仁：《王阳明全集》，第6页。
⑦ 王守仁：《王阳明全集》，第36页。
⑧ 王守仁：《王阳明全集》，第2页。

勒看来，人身（生命）并不是教育的对象，人的生命（身体、肉身）是自在自为的成长、衰变、蜕化过程，是人和动物、生物所共有的属性，是不需要刻意教育的存在，只需要养育。

三 对教育内容之体察

人是唯一能把自己作为对象加以直观的存在，也是唯一能进行自我救赎的存在；人是在自身中超越一切生命及其价值，乃至超越整个自然、整个时空的存在。这种直观、自我救赎和超越并不是无根之木，也不是无源之水，而是通过知识、认识、积极参与进程等得以实现；这便是教育内容的实事性。

舍勒认为，精神之所以是人的实事性，是因为精神位格之力来自本能压抑的需求，来自人对知识的分有；"知识是一种存在关系，并且是一种以整体和部分的存在形式为前提的存在关系"；① 而人力所能及的有三种知识，"即宰制知识或成效知识（Herrschafts—odei Leistungswissen）、本质知识或教化知识（wesens—oder Bildungswissen）、形而上学知识或救赎知识（metaphy—sischesoder Erlösungswissen）。所有这三种知识没有一种是自在自为的。每一种知识都是为了改造存在着。这种存在者可以是物，也可以是人自身的构成形式，或者就是绝对物"②。而且"这三种知识不能相互'替代'或'代表'：如果某种知识排斥了另外两种或另外一种知识，那么这种知识就将要求其唯一有效性和唯一统治，这种状况必然会严重损害人类整个文化此在的同一与和谐，严重损害人类肉体和精神本性的统一"③。舍勒认为，大多数人都是从传统中获得世界观的，即使是有教养的人，也最多接受了宰制知识和教化知识的教化，并没有进行或很肤浅地进行了救赎知识的体察与觉醒，这正是教育失败的根源所在。

王阳明认为，教育内容应是"养心""纯（天）理""成德""明伦""至道"。王阳明说："古圣贤之学，明伦而已……道心也者，率性之谓也，

---

① 刘小枫编《舍勒选集》，第 1395 页。
② 〔德〕舍勒：《哲学与世界观》，曹卫东译，上海人民出版社，2003，第 78 页。
③ 刘小枫编《舍勒选集》，第 1403 页。

人心则伪矣。不杂于人伪，率是道心而发之于用也。"① "圣人之心纯乎天理。"② "士之学也，以学为圣贤。圣贤之学，心学也。道德以为之地，忠信以为之基，仁以为宅，义以为路，礼以为门，廉耻以为垣墙，《六经》以为户牖，《四子》以为阶梯。"③ 也就是说，在王阳明看来，以圣贤之道的"心学"为教育内容的总纲，以"道德、忠、信、仁、义、礼、廉耻"为教育内容的主体，以"六经""四子"为教育内容的突破口和基础，最终构成教育内容形而上的"养心""纯（天）理""成德""明伦""至道"的核心内容。

由此观之，舍勒教育内容中的宰制知识与王阳明的"六经""四子"等内容有着共同的属性——是人立足于这世界的生命存在的必备知识；舍勒教育内容中的教养知识与王阳明的"道德、忠、信、仁、义、礼、廉耻"等内容也有共同的属性——是成为"有教养人"的基础知识；舍勒教育内容的救赎知识与王阳明的"养心、纯理、成德、明伦、至道"等内容也有共同属性——是人救赎自己、救赎世界，是人之为人的本己知识。

四　对教育方式之觉察

教育方式方法是实现教育目的的桥梁，是教育内容被主体吸纳、统整创造并成形主体至善人格的必备手段。舍勒和王阳明的教育方式也有着惊人的相似。

在舍勒看来，"教育最有效、最有力的外在刺激手段……是赢得我们的爱和尊敬的个体价值典范"④，教育必须奠基于"爱"，"爱始终是激发认识和意愿的催醒女，是精神和理性之母"⑤。"谁把握了一个人的爱的秩序，谁就理解了这个人。"⑥ 有了爱的先验，"从塑造我们的人生……并使之转向善或恶的许多神秘莫测的权力和力量就是楷模和领袖"⑦。也就是说

---

① 王守仁：《王阳明全集》，第 253 页。
② 王守仁：《王阳明全集》，第 263 页。
③ 王守仁：《王阳明全集》，第 990 页。
④ 刘小枫编《舍勒选集》，第 1387 页。
⑤ 刘小枫编《舍勒选集》，第 751 页。
⑥ 刘小枫编《舍勒选集》，第 740 页。
⑦ 刘小枫编《舍勒选集》，第 1114 页。

真正的自我教育或教育人，就是善良者、完美者、应然者的"至高的、最具普遍性的楷模典型以一种在、一种灵魂的形态"，临在于效仿者精神之前。"典范通过引诱和拉拢，这种典范悄悄地把我们拉向其怀抱，以至于被他抓住。"① "我们爱它（楷模），进而我们自身之在中成为与它类似者……以楷模为尺度塑造我们自己（而实现教育之在）。"② 当然，舍勒把教育意向的楷模分成了五级——圣者、天才、英雄、文明精神的主导者和生活艺术家。楷模活生生地、有效地临在于受教育者精神之前，受教育者"通过不由自主的模仿，通过参与性的、先于一切有意识的理解态度、表达方式、行为，形成了这个人的未来命运的构图"③ 而实现教育之在。

王阳明认为以"圣人""圣贤""君子"为楷模进行选择、效仿并进行心灵向圣贤等看齐是教育的基本方式。"知行合一"是王阳明教育的基本方法。他说："心之良知是谓圣。圣人之学，唯是致此良知而已。自然而致之者，圣人也。勉然而致之者，贤人也。自蔽自昧而不肯致之者，愚不肖者也。"④"圣人可学而至。谓吾心之灵与圣人同也，然则非学圣人也，能自率吾天也。"⑤"君子之政，不必专于法，要在宜于人；君子之教，不必泥于古，要在入于善。"⑥ 也就是说，在王阳明看来，教育须以"圣人""圣贤"为德范；但是，施教方式和学习方法又不能完全拘泥于古人定制，必须契合自我之"心""圣人之心""致良知之心"。王阳明说"知是行的主意，行是知的工夫，知是行之始，行是知之成"⑦，这就是说，教育学习的基本方法就是"知行合一"，不可偏废。

由此观之，不论是王阳明还是舍勒，都强调"楷模"的临在性、精神性；对至善、至高楷模的效仿、看齐是教育方式、方法的基础，也是应然和必然；教育方式绝不是把对象塑造成什么，而是对象自己想成为什么；自己心中的楷模便是自己成形的方式和目的；有楷模并不等于就能成其为并肩者，而是要通过自己对楷模的"不由自主的模仿，通过参与性的、先

---

① 刘小枫编《舍勒选集》，第 1387 页。
② 刘小枫编《舍勒选集》，第 1129 页。
③ 刘小枫编《舍勒选集》，第 1134 页。
④ 王守仁：《王阳明全集》，第 280 页。
⑤ 王守仁：《王阳明全集》，第 1339 页。
⑥ 王守仁：《王阳明全集》，第 897 页。
⑦ 王守仁：《王阳明全集》，第 4 页。

于一切有意识的理解态度、表达方式、行为"及"知行合一"，才能真正使自己成为意向楷模的并肩者。

五 教育目的之含蕴

教育的目的是因教育的意向而存在，教育的意向并不是预设的，而是基于人之为人的先验性存在，是教育目的的真实性。

舍勒认为教育"拯救灵魂是最高原则"[①]，"外在教育的目的，即为健全化的人身而存在"[②]，"教育目标是全面的人、优雅的人，精神自由和有教养的人"[③]，"学校应该有助于真正的教养培养，而绝不能反过来由它支配"[④]。对于什么是有教养的人，舍勒认为："只有具有一种个体结构的人，只有由此具有整个灵活的统一风格的图式的人，才是有教养的人……"[⑤]也就是说，在舍勒看来，外在教育的目的是养育健全的人身，内在教育的目的是养育有教养的人。教育意向的真正目的是培养"全人"，而"全人"的核心就是具有至善精神的人格。如果没有至善精神位格的引领，使人抑制本能的贪欲，作为精神生物的人也有可能会陷入绝对空虚，也会倒退到野蛮中去。

王阳明认为教育的目的就是要"去人欲、致良知、济大同、成圣人"。王阳明认为教育首要目标就是"学为圣人之道，学以变化气质，学以致良知"；教育应实现"共明良知之学于天下，使天下之人皆知自致其良知，以相安相养……以济于大同"[⑥]。对个体而言，只有"减得一分人欲，便复得一份天理"，"世之君子惟务致良知，则自能公是非，同好恶，视人犹己，视国犹家，而以天地万物为一体，求天下无治，不可得矣"[⑦]。对此，杨军昌教授认为："致良知是阳明教育思想的核心和目标……'致良知'的过程实际上就是逐步成为'圣贤'的过程，而教育的根本目的就是把人

---

① 刘小枫编《舍勒选集》，第 1384 页。
② 刘小枫编《舍勒选集》，第 1385 页。
③ 刘小枫编《舍勒选集》，第 1385 页。
④ 刘小枫编《舍勒选集》，第 1405 页。
⑤ 刘小枫编《舍勒选集》，第 1403 页。
⑥ 王守仁：《王阳明全集》，第 81 页。
⑦ 王守仁：《王阳明全集》，第 79 页。

培养成为圣贤。"王阳明认为圣人不是天生的，而是后天通过教育学习养成的，而且人人都可以成为圣人。王阳明说："愚不肖者，虽其蔽昧之极，良知又未尝不存也。苟能教之，即与圣人无异矣。此良知所以为圣愚之同具，而人皆可以为尧舜者。以此也。"① "人之学为圣人也……"②

由此观之，无论是舍勒还是王阳明，都强调教育的目的就是养育具有至善精神的人格（舍勒）或圣贤（王阳明），而精神或圣人之心是人先验就具有的本性，但是人能否最终成为至善之人或圣贤，就在于精神能否抑制本能"去人欲、存天理、破心中贼"，能否积极升向至善的神（舍勒）或圣人（王阳明）。

总之，教育作为一个存在范畴，是伴随人始终的存在。在王阳明和舍勒看来，教育内容必是以人的至善精神、致良知为核心。世风日下的本源，在舍勒看来是"统一的民族教育已经迷失了方向……几乎整个文明世界都面临着消失的危险"③；王阳明认为只是"良知之学，不明于天下，几百年矣。世之学者，蔽于见闻习染，莫知天理之在吾心，而无暇于外也"④。对此，教育必须拯救灵魂并使之至善，建构至善人格；必须存天理、致良知、知行合一。也就是说，就教育论教育而言，王阳明和舍勒都主张"精神（心）第一性，生命第二性"，而不是相反。

---

① 王守仁：《王阳明全集》，第280页。
② 王守仁：《王阳明全集》，第281页。
③ 刘小枫编《舍勒选集》，第1364页。
④ 王守仁：《王阳明全集》，第958～959页。

阳明后学与学派研究

王门朱得之的生平与思想

◎三浦秀一[*]

摘要：据《传习录》，朱得之就良知问题询问过王阳明，阳明之答语，条理井然。如此，凸显出提问者的粗疏。推断这一问答当发生在朱得之年过二十岁的某一时段。既然如此，朱得之是否就是一个未能充分理解阳明良知说，甚至提出草木有无良知这一迂问的青年呢？本文的目的之一，即以推察这一问答产生的思想背景为线索，解明朱得之对阳明学说的理解以及他自己的思想。就他自己的思想而言，尤其引人入胜的是他对于所谓道家三子（老子、庄子、列子）的注释工作。他将《老子》与《庄子》等视为应当加以注释的典籍，他所做的评价又具有怎样的意义呢？对于此问题的考察，则是本文的另一目的。

关键词：朱得之　生平　思想　良知说

绪　言

朱得之，字本思，号近斋，王守仁（号阳明，1472～1528）之弟子，《明儒学案》卷二十五《南中王门学案一》^① 亦载录其言行。读过《传习录》的人，或许会记住这位坦率的提问者。在《传习录》卷下黄修易所录部分，可以看到这样的问答：^②

朱本思问："人有虚灵，方有良知，若草木瓦石之类，亦有良

---

* 三浦秀一，日本东北大学文学研究科教授。

① 《明儒学案》，中华书局，1985。

② 《王阳明全集》（以下简称《全集》），卷三《语录》三（第74条），上海古籍出版社，1992。

知否？"

阳明答曰："人的良知，就是草木瓦石的良知。若草木瓦石无人的良知，不可以为草木瓦石矣。岂惟草木瓦石为然，天地无人的良知，亦不可为天地矣。盖天地万物，与人原是一体，其发窍之最精处，是人心一点灵明。风雨露雷、禽兽草木、山川土石，与人原只一体，故五谷禽兽之类皆可以养人，药石之类皆可以疗疾，只为同此一气，故能相通耳。"

阳明虽然使用了"有""无"之语，但并非以人类与草木瓦石是否具有良知的问题本身为主旨。正如上文所云："天地无人的良知，亦不可为天地矣。"这一回答展现的是其根据良知来认知世界的理想方式，即阳明所谓：人正是通过良知，才能把握草木与瓦石等无情之存在，并做出相应的价值判断。以良知认识世界为前提，人与天地万物本是一体的思考才得以成立。最后，阳明言及了在存在论上支撑万物一体论的"气"之同质性。

阳明之答语，条理井然。正因为如此，更凸显提问者的粗疏。推断这一问答当发生在朱得之年过二十的某一时段。既然如此，朱得之是否就是一个未能充分理解阳明良知说，甚至提出草木有无良知这一迂问的青年呢？本文的目的之一，即以这一问答产生的思想背景为线索，解明朱得之对阳明学说的理解以及他自己的思想。就他自己的思想而言，尤其引人入胜的是他对于所谓道家三子（老子、庄子、列子）著作的注释工作。他将《老子》与《庄子》等视为应当加以注释的典籍，他的这一评价又具有怎样的意义呢？对于此问题的考察，则是本文的另一目的。

为了解决上述两个问题，以下首先概观朱得之的生平，然后阐述他钻研良知说形成的思想内容，进而在此基础上分析、考察其著作《庄子通义》。

一 朱得之的生平

朱得之生长于江苏常州东北的靖江县，正确的生卒年未详。其传记详见光绪《靖江县志》卷十四《人物志·儒学》①。本文以此传记（以下称

---

① 光绪《靖江县志》，台北成文出版社"中国方志丛书"，1974。

《传记》）为主，配合其他史料，对其生平略加检视。

《传记》记录了他"以岁贡官桐庐县丞，寻挂冠归"那短暂的仕途，旋继之曰："少负大志，闻王文成公良知之说，心契之，遂往受学。"从他现存的著作《稽山承语》来看，最迟在嘉靖四年（1525）十月，他开始师事阳明，但是嘉靖六年（1527）七月左右，他已经离开阳明。之后，嘉靖二十年（1541）前后，他成为贡生，置籍于国子学，嘉靖二十三年（1544），结识师事阳明门下刘魁的国子学正尤时熙。① 是时，尤时熙已经四十二岁了，朱得之更为年长。倒推回去，可以推断朱得之在嘉靖四年左右师事阳明时，他还是不到三十岁的青年。如果这样的推断可以成立，他的年纪应该略小于阳明高足钱德洪（号绪山，1496～1574）与王畿（号龙溪，1498～1584）。

嘉靖二十九年（1550），朱得之以岁贡生的资格，补江西新城县丞，但遭遇近亲之死，仅任职一月。② 嘉靖三十二年（1553）再补浙江桐庐县丞。关于其人其政，干隆《桐庐县志》卷八《官师》赞美他："学问渊博，才识敏达，能以正学启士类，以古谊教百姓。"③ 但他"寻挂冠归"，不再出仕。

《传记》归纳朱得之的学问说"体虚静，宗自然"，透露出他的学问近似老庄思想。《传记》并提及他重视"立志之真"，赞许他在为阳明服丧时"在及门中，尤为笃挚"。某年，常州府一带遭逢干旱之际，他讲《中庸》首章的时候，突然下起雨来。因此人们就称他为"朱中庸"。《传记》接着说："尝修靖江邑志，为文献资。著详《艺文志》。郡邑志俱列理学，祀毗

---

① 尤时熙，字季美，号西川，河南洛阳人，生于弘治十六年（1503），卒于万历八年（1580）。《明儒学案》卷 29《北方王门学案》有传。其弟子编纂《尤西川先生拟学小记》六卷（嘉靖三十八年序）、《续录》七卷、《附录》二卷［收录于《四库全书存目丛书》子部第 9 册，台南庄严文化出版公司影印同治三年（1864）刻本，1996 年］，也收录了他与朱得之讨论思想的书简。两人的遭遇在同书《拟学小记续录》卷 4《王龙阳书》说："甲辰之岁，得事晴川刘先生于京师。因得会遇近斋朱先生，始得闻老师冢嗣有我龙阳先生"（第 878 页）。尤时熙略历参见收录于"附录"上卷的《墓志铭》（第 897 页）。

② 同治《新城县志》卷 7《秩官表》，台北成文出版社"中国方志丛书"，1974。《明儒学案》（卷 25）说他"贡为江西新城县丞，邑人称之"（第 586 页），并没有提到他作为桐庐县丞的经历。

③ 干隆《桐庐县志》，上海书店《中国地方志集成》，1993。

陵先贤祠。"他在嘉靖四十四年（1565）开始编纂《靖江县志》，但最终刊行，大致是在隆庆三年（1569）。① 在《传记》的最后，附带记录了其弟岁贡生东阳县丞朱庶之、盘石卫知事其子朱正中、岁贡生常熟训道迁通山县教谕朱正定、其从子朱正初等人的名字。

根据《传记》的记录，朱得之具有足以感动上天的精神，学识渊博且爱护乡土，足为士人楷模。关于他的著作可从光绪《靖江县志》卷九《艺文志》中找到，列举其著作名称，依次有：《四书诗经忠告》、《苏批孟子补》（有序）、《老子通义》（有序）、《庄子通义》（有序）、《列子通义》、《正蒙通义》、《杜律阐义》、《心经注》和《宵练匣参元三语》。《千顷堂书目》卷十一儒家类著录《正蒙通义》与《宵练匣》十卷，卷十二儒家类著录《参元三语》十卷，卷十六道家类著录《三子通义》计二十卷。但是现存的著作除了《三子通义》以外，仅有上述的《稽山承语》与《宵练匣》。②

《庄子通义》十卷本的刊刻是在嘉靖三十九年（1560）末。在此之前，嘉靖三十四年（1555），他的"同门友"王潼（字云谷）在云南发现南宋末期褚伯秀所撰《南华真经义海纂微》，并委托朱得之刊行。③《庄子通义》是在朱得之注释《庄子》之后，加上从褚伯秀浩瀚的《南华真经义海纂微》抽取出来的《管见》。《老子通义》有嘉靖四十二年（1563）的陈烁刻本④，《列子通义》"自序"乃嘉靖四十三年（1564）所作，再刻"老子通义序"则是作于嘉靖四十四年（1565）六月。将这些注释书合刻，便是《三子通义》。

现存《宵练匣》是全一卷十七条的语录，收录于隆庆刊《百陵学山》，又与《明儒学案》里的《语录》十七条完全相同。⑤ 但是关于原本《宵练

① 隆庆三年（1569）冬十月望执笔的"跋"说："县志纂次始于壬戌，成于乙丑。其成也，或已知啧啧，或以之訾訿，若存若亡者久之。逮己巳，始获镌木以传。"隆庆《靖江县志》（东京国立公文书馆藏本）。
② 隆庆《靖江县志》卷8"附录文"收有《答三石知言理财辨》与《大同感》两篇逸文。
③ 《读庄评》第十二条，《庄子通义》［收录于《四部全书存目丛书》子部第256册，台南庄严文化出版公司影印嘉靖三十九年（1560）浩然斋刻本］，第184页。
④ 天津图书馆编《稿本中国古籍善本书目书名索引》，齐鲁书社，2003，第1136页。
⑤ 《明儒学案》收有《尤西川纪闻》一文，其中有朱得之语八条。这些是从《拟学小记》卷6《纪闻》抽录出来。

匣》十卷，《四库全书总目》卷一二五《子部杂家类存目》说："是书凡分三编。曰《稽山承语》，纪其闻于师者也；曰《烹芹漫语》，纪其闻于友者也；曰《印古心语》，纪其验于经典而有得于心者也。"可以知道《稽山承语》本来是《宵练匣》的第一部。如果拿个别的条文对照，《宵练匣》从开头到第七条，与《稽山承语》中所载文章重复。因此，同理可证，《宵练匣》其他的文章应该分别收录于《烹芹漫语》与《印古心语》才是，而《参元三语》当即是《宵练匣》的别名。[①]

关于《稽山承语》，它本来是承接《阳明先生遗言录》[②]的，两著都被收录到嘉靖二十九年（1550）八月有"重刻序"的闽东本《阳明先生文集》[③]。此书收录嘉靖初期阳明的发言，包括朱得之在内的阳明晚年门人与其师的问答，共有四十五条。该书纂述的时间虽然不详，但在嘉靖二十九年（1550）八月以前，也就是说他去江西新城县赴任之前已经编纂了。

二　朱得之的阳明学

（一）良知说的接受

正德十六年（1521）八月，阳明从在任的江西南昌返回浙江会稽的家乡。翌年，嘉靖元年（1522）二月，其父王华物故，他曾短暂滞留乡里，并提倡致良知之说。未几，四方慕名之士凑集门下。嘉靖三年（1524），知州南大吉创立稽山书院，据说"八邑彦士"云集，朱得之也是其中一员。以下概述他钻研阳明学说的轨迹。

嘉靖六年（1527），朱得之将辞别阳明，希望得到他最后的教诲。《稽山承语》第四十条记载了阳明当时的谆谆教诲。阳明一开口便说：不应该

---

① 《拟学小记·续录》卷 7 卷末附载的《朱近斋得之与赵麟阳锦书》注曰："见参元长语第四卷"（第 895 页）。

② 日本东北大学狩野文库藏有江户时期的写本，陈来曾经加以翻刻，相关著作有《〈遗言录〉、〈稽山承语〉与王阳明语录佚文》（1994）与《王阳明语录与王阳明晚年思想》（2000）一同收录于《中国近世思想史研究》，但他的翻刻没有收录《稽山承语》写本的第二十七条。

③ 中研院傅斯年图书馆藏本。参照永富青地《王守仁著作文献学的研究》（东京汲古书院，2007），第 78 页等。

依靠任何外在的权威，而应该信任和发挥良知。① 接着他对比近代"堕落"的学者和他们应该学习的"朴实头的"人。前者是那些"不去实切体验，以求自得"之人，也就是徒然倚仗口耳之学，便杂之以"己见"，沾沾自喜之人；后者则是"此心常自迥然不昧，不令一毫私欲干涉"，并且"渊默躬行，不言而信，与人并立而人自化"般的人物。

从这样的教诲中可以引申出两种问题。一是良知应该如何与似是而非的"己见"区分，也就是人们怎样判断良知的正当性。二是可以发挥自我良知的人物，不尝试策动他者，又如何感化对方？由此可以想见嘉靖初年阳明门下以良知为主题热烈讨论的景况，其中，朱得之肯定是对"自己的良知与他者教化的关联性"此一课题特别关心。在前引《传习录》卷下朱得之与阳明的问答中也反映出这个关心。《传习录》在别的地方以"良知是造化的精灵"为前提，说"这些精灵生天生地"，又喝破"我的灵明，便是天地鬼神的主宰"。此处阳明的回答都是一样的。② 如果不是良知的作用，不只是人事种种，连天地万象，对于当事人而言都失去了适当的存在意义。

《稽山承语》第十条是类似的问答③，就是王嘉秀（字实夫）与阳明的问答。关于当时的情况，朱得之记录在嘉靖四年（1525）"与宗范、正之、惟中，闻于侍坐时者"④，王嘉秀对阳明曰："心即理，心外无理，不能无疑。"阳明晚年的弟子对于作为本性的良知并没有丝毫怀疑，但是对于良知会规定所有存在的存在形式这样的想法，可能还没有形成明确的认识。对此，阳明答道，以天地为首的世界存在全部都是依气而存，其中最精粹的存在就是人类，最灵妙者就是心。⑤

> 故无万象则无天地，无吾心则无万象矣。故万象者，吾心之所为也；天地者，万象之所为也。天地万象，吾心之糟粕也，要其极致，

---

① 师曰："四方学者来此相从，吾无所裨益也。特与指点良知而已。良知者，是非之心，吾之神明也，人皆有之，但终身由之而不知者众耳。各人须是信得及，尽着自己力量，真切用功，日当有见。六经四子，亦惟指点此而已。"（陈来：《中国近世思想史研究》，生活·读书·新知三联书店，2010，第632页。）

② 前者乃第六十一条，后者乃第百三十六条，朱得之与阳明的问答在第七十四条。

③ 参见陈来《中国近世思想史研究》，第610页。

④ 这篇记录文章是其在嘉靖六年（1527）七月所做的追述。

⑤ 陈来：《中国近世思想史研究》，第627页。

> 乃见天地无心。而人为之心，心失其正，则吾亦万象而已。心得其正，乃谓之人，此所以为天地立心，为生民立命，惟在于吾心。此可见心外无理，心外无物。所谓心者，非今一团血肉之具也。乃指其至灵至明，能作能知者也，此所谓良知也。然而无声无臭，无方无体，此所谓道心惟微也。

灵妙的"心"就是自己的良知。阳明主张：只要心得正，天地万象进而皆得以为森罗万象。这就是说：主体只要找到适当正确的定位，外界事物也就得以各正其位；相反，如果主体缺乏自己的主体性，人类的地位也就沦落到与万物同列，都属于被动的存在。相对于天地万物的存立，承担主体责任的人类，其根据就在于自身的"心"，或是"良知"。此处阳明用"心外无理，心外无物"来说明，而且关于"心"，他规定是"无声无臭，无方无体"，超越个别的存在，也没有固定的实体。

那么，关于良知属性的"无"，朱得之给予其什么样的定位呢？一般来说，阳明后学对于"无"的认识有一些差距。在这些差距之中，对每个人的定位，大抵以其对所谓四句教的态度为指标来推定。《稽山承语》第二十五条中，杨文澄提出"意有善恶，诚之将何稽"的疑问，阳明以"无善无恶者，心也；有善无恶者，意也；知善知恶者，良知也；为善去恶者，格物也"的四句教作为回答。①针对杨文澄一再提出"意固有善恶乎"的问题，阳明以"意者心之发，本自有善而无恶，惟动于私欲而后有恶也，惟良知自知之，故学问之要，曰致良知"作答。朱得之对于四句教的立场，与《传习录》卷下钱绪山基本相同，他一方面认为人的本性必须自代表善恶的种种价值观独立出来，从而才有创造善的可能；另一方面认为人类若在现实中为"私欲"所动，势必产生"恶"，因此他认为"为善去恶"的修养是必要的。

从《稽山承语》末尾的条文可以得知朱得之认识良知的含义，此条记录了有人询问阳明关于裴休撰述《圆觉经》"序"一文的意见。那时，阳明改"序"中"具足圆觉而住持圆觉者，如来也"的文句，认为当作："具足圆觉而住持圆觉者，罗汉也。终日圆觉而未尝圆觉

---

① 《明儒学案》卷25（第587页）所收《语录》这段削去"心也，有善有恶；意也，知善知恶者；良知也，为善去恶者"部分，登载"无善无恶者，格物也"，应是有意的改编。

者，如来也。"① 裴休的序文中，"终日圆觉而未尝圆觉"指并未认识到应该存在自身内部的"圆觉"的凡夫而言，但阳明认为这段话表现凡夫境界，也同时表现如来不执着自身"圆觉"境界的存在样式。进而，裴休的序文中没有提及的罗汉，也就是只管自己开悟，不顾他人的救济的存在，认为他们"住持圆觉"比如来低了一截。

超越对于良知的执着，也就是真正发现良知，与认为"无善无恶"乃是人类本性此一见解，都是对一般定义下的"善恶"的价值产生疑问，进而对自身"善恶"的判断产生怀疑，这些问题都是相互重合的。朱得之考量自己的良知与他者教化之间的关系时，着眼于良知属性的"无"的含义。

（二）晚年的"格物"解释

朱得之在国子学游学时结识了尤时熙，尤时熙作为朱得之的盟友，记录了许多朱得之的发言。嘉靖、隆庆之际，晚年的朱得之向尤时熙做出关于格物新的解释。他将"格物"的"格"训为"通"，主张应该将"格物"解释为"通物情"。②

尤时熙从阳明格物说中分析出格物的两个层面："要去其心之不正，以全其本体之正"与"致吾心之良知于事事物物，则事事物物皆得其理，故吾心之良知者，致知也。事事物物皆得其理者，物格也"。③ 但他将重心置于前者，提出将"格"训为"则"，将"物"训为"好恶"的解释方式，就像"吾心自有天则，学问由心，心只有好恶耳"的说法，他将备具于自己的"天则"放在格物说的核心位置。针对这种解释，朱得之所提出的是"通物情"的说法，并附上了"物我异形，其可以相通而无间者，情也"的解说。作为每个独立的个体，自己与他者应该怎么构筑正当关系，是他一贯关心的问题，也是他对这个问题的回答。

---

① "终日圆觉而未尝圆觉者，凡夫也。欲证圆觉而未极圆觉者，菩萨也；具足圆觉而住持圆觉者，如来也"乃序文的一部分，裴休的序文在《大方广圆觉修多罗了义经略疏》开头的部分（《大正新修大藏经》，第39册，第523页）。

② "格物通解序"，《拟学小记》卷3（第821页），隆庆元年二月记。

③ 彼此的根据是《传习录》卷上第七条（《全集》卷1，第60页）中"先生又曰：'格物如孟子大人格君心之格，是去其心之不正，以全其全体之正。'"和卷中《答顾东桥书》（《全集》卷2，第89页）。

尤时熙一听到朱得之的意见，就把他的解释作为将重点放在阳明说两个层面的后者，给予高度评价，并且认为其符合阳明的真意。尤时熙说：

> 但日正、日则，取裁于我，日通，则物各付物。取裁于我，意见易生，物各付物，天则乃见。且理若虚悬，而情为实地，能通物情，斯尽物理。而日正日则日至，兼举之矣，是虽（阳明）老师所未言，而实老师之宗旨也。

关于"意见"的流弊与"物各付物"的意义，阳明已经有过明确的意见①，将"格物"解释为"正事"，应该没有不足之处。尽管如此，朱、尤二人还是批判以"正"或"则"解释"格"的立场，认为这种解释容易陷入"意见"，也就是流于主观的认识判断。另外，相对于此，若解释作"通"，便不会有此流弊，将事物看作事物自身的方法，值得高度评价。朱得之自己当然也明白：致良知是成为"圣人"，也就是自我实现的实践理论。《稽山承语》中也有"良知无动静，动静者，所过之时也。不论有事无事，专以致吾之良知为念，此学者最要紧处"（第九条），"心之良知谓之圣"（第十七条），"良知无有不独，独知无有不良"（第十八条）的记述。但是在他的周围可以看到"以习惯自便之心为良知者"。② 在日常生活中，如何明确区分"良知"与"习惯自便之心"或"意见"，对他们来说是个切身的课题。

不难想见，朱、尤两人的关心点不止从阳明的格物说分析出以上两个层面。如何正确地自我实现，这当然是个重要的课题，但是这种正确性到头来是否只能在自我内部实现？这个问题挥之不去。于是朱得之得出一个结论：自己良知的正当性必须完全放在自我与他人相互关系的场域来加以检验。就像他对格物的解释，说"物各付物，天则乃见"的时候，才能够

---

① 若举出《传习录》卷下第十七条批判"意见"的地方，其曰："九川问，此功夫却于心上体验明白，只解书不通，先生曰，只要解心，心明白，书自然融会，若心上不通，只要书上文义通，却自生意见。"（《全集》卷3，第133页）关于"物各付物"，《与滁阳诸生并问答语》曰："阳明子曰，纷杂思虑，亦强禁绝不得，只就思虑萌动处，省察克治，到天理精明后，有个物各付物的意思，自然精专，无纷杂之念"（《全集》卷26，第744页，并参《年谱》四十二岁条下）。

② 《与近斋先生书》（六），《拟学小记·续录》卷3，第863页。

正确发现自己的良知，这始终是他念兹在兹的课题。

尤时熙"能通物情，斯尽物理"中所言之"理"，并不是从个别的"情"乖离出另外先验的存在，但是在主客相对的场合，那种"理"也并不是由主体一方可以恣意设定的。《明儒学案》记录了朱得之的发言：

> 近六月中病卧，忽觉前辈言过不及与中，皆是汗漫之言。必须知分之所在，然后可以考其过不及与中之所在，为其分之所当，中也，无为也。不当为而为者，便是过，便是有为。至于当为而不为，便是不及，便是有为。①

另外《宵练匣》也说："人无善可为，只不为恶，有心为善，善亦是恶也。"关于自身的"分"与"善"存在的样式，被认为是实践主体有意识的创造，陷于"有为"的境地。刻意的"善"与"意见"相互交织的情形，便是良知"似是而非"的状态，职是之故，这也被视为"恶"。此处所说的"无为"，正是发现作为良知属性的"无"此一要素的充分条件。那么，朱得之面对良知的"无"的性格与其格物解释之间的关系又是如何？这两者之所以产生关联的契机又是如何获得的？如果暂时先看一部分结论的话，可以看出：他与老庄思想的邂逅加深了对于两者个别的认识，从而使两者在理论上连接起来。

三 《庄子通义》的纂述

（一）朱得之看老庄思想

阳明对于佛、道两教的态度对朱得之的影响殆无可疑。嘉靖二年（1523），阳明批判兼修佛道二教的弟子贪多务得，而迷惑于多样性这点更是严重的缺失，指示他们真正应该关心的是发生这一切的根源，也就是自己的心。他认为如果从发挥自己良知的圣人境界来看，儒、佛、老、庄等的任何说法都不过只是"吾之用"而已。② 当时阳明采用了"三间厅堂"

---

① 《尤西川纪闻》第九条，《明儒学案》卷25，第591页。
② 《年谱》，《全集》卷34，第956页。

的譬喻。《稽山承语》也继承了这样的说法，曰："或问三教同异。师（阳明）曰：'道大无外。若曰各道其道，是小其道。心学纯明之时，天下同风，各求自尽。'"① 此文使用"就如此厅事，元是统成一间，其后子孙分居，便有中有傍。……三教之分，亦只如此"的譬喻，亦见于王龙溪之作。嘉靖三十六年（1557），他在福建举办的讲会记录《三山丽泽记》，曰："先师尝有屋舍三间之喻。"龙溪在此篇用儒家的语言来对道家的各种概念加以解释。②

朱得之在《庄子通义》"引"中，对庄周的思想与文章称赞不已，说："求文辞于先秦之前，庄子而已。求道德于三代之季，庄子而已。"③ 进而在《读庄评》一文中，以"皆以扫迹为义"总括《庄子》三十三篇的主旨，认为其与"迹"相关联，说："老庄论性，以虚无为指，盖就人生而静以上说。故谓仁义有情有迹，不足以尽性。"这里的发言反映出朱得之批判现状的意识。他对当时社会上通行僵化的伦理观念深感不安，以为这种僵化的教条规范无法充分发现人的本性。相反的，他认为老庄思想从根本上对于人性有明白的掌握。但他对《庄子》注并不满意，决定自撰注释。④

《庄子通义》呈现了朱得之获得自己思想时的轨迹，而《老子通义》则以完整成熟的方式呈现此种思想见解。⑤ 从《老子通义》《读老评》第四条，可以看到他在思想上与《庄子》挣扎过，进而迈向成熟的轨迹。⑥ 他肯定《庄子·天下》篇对老子的理解，认为庄子思想是承继老子的遗志发展而成。他解释《天下》篇中关于老子的四句评语，其言曰：

> 《庄子》书曰："老聃建之以常无有，主之以太一，以濡弱谦下为

---

① 《庄子通义·读庄评》第十一条也说："或谓二氏之书，不当以儒者之学为训，窃惟道在天地间一而已矣，初无三教之异"（第184页）。

② 《三山丽泽记》根据《龙溪会语》卷2所收的文本。参考中纯夫《王畿の讲学活动》，《富山大学人文学部纪要》26期（1997年3月）。

③ 《四库全书存目丛书》第256册，以下附记引用之处的页数。"引"的部分在第182页。

④ "纵观古注，互有得失。亦未免于一人之见也。"（《读庄评》第十条，第183页。）

⑤ 另一方面，列子的位置较老庄低，《列子通义》的序文有："《列子》八篇，杂记以阐大道者。……意者，庄子时，此书尚未出。故周闻而述之，以见前辈作圣之功，有若此者，其未以为然者，多不述也。"

⑥ 根据萧天石辑《中国子学名著集成》（台北中国子学名著集成编印基金会，1978）第50册所收的影印本。

表，以空虚不毁万物为实"。余惟"无"者，道之常；"有"者，道之用。有、无皆"常"，则体不离用，用不离体矣。立此志以自淑，立此学以淑人。而又"主之以太一"，则超乎体用之外，而不离乎体用矣。"一"者，常也。一而加曰"太"，无常可执也。"濡弱谦下"之德，人所共见，人所共沾者。故曰"为表"。其心"空"如太"虚"，而不弃万物，不着万物，以为实功，非善继志者。不能此言。阳明先生曰：本体要虚，工夫要实，意正如此。①

《天下》篇中关于老子的四句评语，第一、二句与第三、四句是相对应的。第一句，朱得之解释："无"与"有"各自对应于道的"体"与"用"，用以说明事物与人世的存在样态。而针对第二句，他以"超乎体用之外，而不离乎体用"来解释，看来也适用于第四句的解释。他就这句解释道：心如太虚，加以解放，不离不着，既不离开万物，又不一一针对万物加以干涉，而要求化为具有实效性的行动。因此，第二句主要说明：一方面从体用相即的个别事物获得自由，一方面主张扣紧着事物实现它自身应有的样式，而将其理解为主张实践主体当有的存在样式的言论。

上引《读老评》末尾所见的阳明发言，在《稽山承语》第十九条有"问乾坤二象，曰：'本体要虚，工夫要实'"。接着在第二十条，朱得之就体用关系说："合著本体，方是工夫。做得工夫，方是本体。又曰：做得工夫，方见本体。又曰：做工夫的，便是本体。"这里的主旨在于：本体的发现只能存在于具体的工夫中，同时，透过实际的工夫才有可能发现本体。因此，可以发现：朱得之在《读老评》中所引阳明的说法，以"本体即工夫"的思维为基础，发现本体带有"虚"的自在，也要求工夫要实，也就是说带有具体性。

朱得之认定，阳明的这样说教如同庄子对老子的理解，进而也就是他自己所强调的实践主体的样式。他透过《庄子通义》，将双方的思想一致化，或者援用道家的言论让阳明的思想更加明确化。朱得之似乎由此确立了属于他个人的阳明学认识。客观来看，其结果与阳明自身思想的龃龉或与老庄思想之原意有所乖离也未可知，但就他个人而言，这种问题并不构

---

① 《庄子通义》中引用《老子》与《庄子》的本文，加引号来表示。

成困扰。

(二)"扫迹"与良知"无知"论

朱得之以"扫迹"来认识老庄思想的主旨,此种论调在《庄子通义》并不是随处可见。但从其对《大宗师》篇中坐忘一段,"于此可见孔、颜之所以忘,亦可以见庄子笃信孔、颜处,而他章扫迹之旨,益昭然矣"①的说法可以得知:"扫迹",正是他读解《庄子》的基轴。

由于"扫迹"之故,在《庄子》各种精彩的论议中,他特别重视"忘"的意义。在解说坐忘一段时,他说:"此举圣功,以忘为极。而乃先仁义、次礼乐者,正指世俗假仁袭义之弊而言。忘仁义,不落欢虞也;忘礼乐,自脱桎梏也;坐忘者,不特忘形骸,并其知亦忘之矣。""先仁义,次礼乐"指这段文本从"忘仁义",接着"忘礼乐",至"坐忘"的次第叙述。他以此为基础,提倡一种阶段式的实践方式,那就是:先"忘仁义",不要陷溺于欢乐的情状,因为在战国时代,霸者为满足自己的欲望,借口仁义的名目;②进而"忘礼乐",超越外在规范(僵化的仁义)的桎梏,脱去肉体的界限;进而达到 不只是自己的肉体,而且"并其知亦忘之矣"的坐忘境界。这意味着最终到达的境界,是连实践主体自身也一并忘却的状态。③"扫迹"是个以坐忘为目标的实践论。朱得之用《庄子》的措辞,将应该遗忘的对象从外部的事物收敛到对自我本身的意识。

朱得之主张人要忘却"识知",回到"无知"的状态,就像他在《胠箧》篇中就"绝圣弃智"一语,说:"原夫智之所由倡,实自圣人始。而袭之者,违天背义,假仁袭义,以乱天下之真。故曰:'绝圣弃知'然后可以反朴还淳,复于无知,而人性不凿也。"④圣人之所以提倡"智"乃至于"知",从《缮性》篇"故原仁义礼乐之初,起于良心,而狗名失本者之基乱也"⑤的注文可以窥见一斑。此文是对《庄子》所

---

① 朱得之:《庄子通义》,第239页。
② 根据《孟子·尽心上》。
③ 说到《达生》篇的"忘"的一段,朱得之将其归纳为"此言忘之为德,以见无为之境"(第315页)。其中"始乎适而未尝不适"的说法,他解释为"初尚有适之情,至于无所不适,则所谓适者亦忘之矣,此之谓真适"。
④ 朱得之:《庄子通义》,第255页。
⑤ 朱得之:《庄子通义》,第296页。

说"少仁义而耻礼乐"的解释。圣人原本依据人类先天的"良心"，运用智慧，制成仁义的规范。但是规范一旦制成，不免成为人们的桎梏了。一般人为外在规范所约束，而迷途知返的方法，就是以坐忘为目标的渐进式的实践。

另外，朱得之就《大宗师》篇开头，天与人之间的一段话说道："盖天机惟生其体而寓其用，人之道以其觉性而用其体。惟循天机之本然，闷闷醇醇，不起知识，以此终身，不为半途而废，是人而不失其天也。其为性真，完全无失，岂不畅茂敷荣而盛乎。"① "天机"就是万事万物之"体"，也就是产生本来面目的根据，但为了掌握它具体的样相，必须等待觉醒人类的具体作为。此时，实践主体因循"天机之本然"的超越人为的样式，不需要人类知识的介入。这里特别值得注意的是，在解释这一段的时候，他特别标举"吾之良知"一词，认为良知的支撑使"天机"的人为发挥成为可能。他说：②

> 又如牛马，天也。耕驾，天人合也。穿鼻络首，人也，亦天也。故其所谓天亦人，人亦天，必能如此知，如此用，然后为真知。……事物未成时，"有待而未定也"，吾之良知，通贯乎始终，以待其当。虽天亦人，虽人亦天矣。

针对《大宗师》篇中"进于知"一句，他也注解说："知者，良知也；进于知，犹曰造于无知。"③ 如果只是从字面来理解，不过是强为曲解而已。但是，在这种不得已之中，他坚持以"良知"来解释"无知"。当然，这样的理解本来是以阳明的发言为根据。阳明曾说："无知无不知，本体原是如此，譬如日未尝有心照物，而自无物不照。无照无不照，原是日的本体。良知本无知，今却要有知，本无不知。今却疑有不知，只是信不及耳。"④ 朱得之在《庄子通义》之中，展开阳明的良知无知说。例如他注《应帝王》：

---

① 朱得之：《庄子通义》，第 231 页。
② 朱得之：《庄子通义》，第 231 页。
③ 朱得之：《庄子通义》，第 237 页。
④ 《传习录》卷下第八十二条（《全集》卷 3，第 145 页）。龙溪在《艮止精一之旨》说："良知无知，然后能知是非，无者，圣学之宗也。……良知无知而无不知，人知良知之为知，而不知无知所以为知也。"见《王龙溪全集》［台北华文书局影道光二年（1822）刻本，1970］，卷 8，第 537 页。

"气者，性体无知之本来者也。"① 注《天地》："……乃躯壳之念，取舍汩心，失其无知无识顺帝则之本性。"② 注《田子方》："此虽忘其知，而湛一无知者，千世而不变者也。"③ 以"无知"之语解说人类本性的说法，在此书中经常可见。

朱得之在撰述《庄子通义》过程中，将人类应该"无知"的理由与"智"发生的相互关系来分析，为了到达"无知"的境界，构筑了渐进的"忘"之实践。这种理论，对他而言，正是他所信奉的普遍理念的致良知说，也就是以良知无知论为基调的开展。那么，这种《庄子通义》的主张与他的格物解释又有什么关系呢？

（三）主客感应得关系与"格物"解释

在提倡迈向"坐忘"的实践论时，朱得之将区分主客内外的意识视为一个重要的问题。关于这个问题，他用"滞于一，不通于万也""守其心，不屑于物也"这些文字来解释《天地》篇本文的"识其一，不知其二""治其内，不知其外"，进而说："即其见一二，分内外，偏蔽矣。不通于二，不屑于物，不明白矣。是以其知其非真修也。'混沌'之道，'明白入素，无为复朴，体性抱神'，不离世俗而已。"④ 他认为分别主客内外的意识是既盖覆自己的本性，又与万事万物不相关涉的修养，不能看作是真正的实践，因为此与"明白"的存在样式有异。如上所述，朱得之对格物的解释是对"物各付物，天则乃见"的实践。为了阐明他对格物的解释，我们必须阐明他在《庄子通义》当中如何解释跟实践主体相关的事"物"。

朱得之用"此以无形之气发端，示人当复其初也"来解释《天地》篇"泰初有无"，接着说：⑤

> "形体保神"，天能之必具也。"性修反德"，人道之当然也。造化之始，冥冥漠漠，"无"也。何所"有"乎？何所"名"乎？万有生

---

① 朱得之：《庄子通义》，第242页。
② 朱得之：《庄子通义》，第276页。
③ 朱得之：《庄子通义》，第325页。
④ 朱得之：《庄子通义》，第273页。
⑤ 朱得之：《庄子通义》，第270页。

于一无，此无乃"一之所起"。"一"虽起而未露，正万物所"得"以生之本，虚灵之窍也。此"无"虽未形露，而其机则灿然之分，已具于中而有不得已者。

一切万物都是从"无"所由而生，不过此"无"并不是意味着绝对无存在之意。① 在朱得之的认识当中，万物有作为万物具体的形，而且具有相互实现其存在样式的可能根据，也就是森罗万象具有"灿然之分"，具有在此世中应然的位置。让天与之"分"具体化即是作为"人道之当然"的实践。朱得之从《庄子》中发现恰好表明这样认识的一段话，并加以注释。就《天道》篇的"休则虚，虚则实，实则伦"一段，他说：

> 言修德而复于无为者，止息于"恬淡寂漠"之天，则本体纯阳如干而无一朕，"虚"也；流行变化，万感从此而应无间可容发，"实"也；流行感应，既无发可间，则其先后抑扬，亲疏尊卑，物各付物，莫不得其条理矣。②

接着就"虚则静，静则动，动则得"一句，他说道：

> 言廓然无感，寂然如镜，"静"也；本体虚明，设有所感，不得已而应之，是"动"也；其应出于无心，不失本静之体，内不失己，外不失人。故曰："动则得"也。

在实践主体来说，"虚"则"无心"，因此可以自在应接各式各样的对象，就像"其先后抑扬，亲疏尊卑，物各付物，莫不得其条理"或"内不失己，外不失人"所说的一样，达到具有一定秩序的境界。

为了让森罗万象在世界中具有各自的位置，人类的作用有其必要性，但是这种作用必须在"无知"的境界中才能发挥。就《天地》篇"泰初有无"一段，朱得之加以注释说："性得其修，而能复其'未形'之

---

① "'生死出入'自有矣，而'无形可见'，是谓'天门'，惟一无而已。万有本于此，不直曰无，而必曰'无有'者，万象皆有也。本于无，盖曰无其有也。虽曰无，而亦无所谓无者"（《庚桑楚》篇注，第343页）。又说："此道之在天下，无方无体，无臭无声，不可执持，而又不可谓之无"（《徐无鬼》篇注，第358页）。
② 朱得之：《庄子通义》，第279页。

'德'。造于极致，则与'太初'本来之无，浑然不二。其'虚'其'大'，无尘可栖，无物不容。如此而有言，皆天机之自然，合于鸟鸣之机矣。"① 到了实践的极致的时候，其主体与"太初本来之无"浑然一体。对那样的主体来说，在这种境界，就泯灭了主客内外的区别，只是"天机之自然"而存在着。

同样，朱得之对《德充符》篇开头王骀"命化守宗"一段话，用"即老子既知其子，复守其母，孟子谓过化存神之意"来理解，说："虽天地覆坠，其虚灵之体，昭然独存，不与形器同变幻。故其应感明见，真理息息见存，无所假待。是以不随物而迁，因物赋物，而独存其神也。"② 这里所说的"虚灵之体"与"无知"的良知当为同义。这个本体，因应感应的个别情形而以片刻的"真理"显现，并且一无依傍。

在这一段话中，他引用了《孟子·尽心·上》篇的一句"过化存神"，这是其《庄子通义》全书都爱用的。③ 他用"盖神存而过化，则因物赋物，物各得所，太和充塞于宇宙间，故臻此也"④ 来解释《逍遥游》篇"神凝，使物不疵疠，年谷熟"。关于《在宥》的篇题，他说："'在'，则神常存；'宥'，则事不滞。不滞即化也，神则不淫，化则不迁。"⑤ 针对《则阳》篇一段，他也说："得道应世，随物曲成，不用智者，是以与物相为'终始，几微天时'，皆归于无知；'日与万物迁化'者，以其所存之'一未尝化'也，此即过化存神之旨。"⑥ 在这些注释当中，朱得之说明了实践主体既确立了自身的主体性，又让万事万物各得其所，同时，从面对对象的指向性中解脱出来。"无知"的实践主体与对象关联的境界，只有

---

① 朱得之：《庄子通义》，第 270 页。

② 朱得之：《庄子通义》，第 223 页。

③ 《老子通义·读老评》第十条说道："天机只是过化凝神，作圣之功只是'（夫君子）所过者化，所存者神'。故圣人之言，只摩写过化存神之方。过化则机械不生，存神则淳朴可复，学者于此默识而请事焉，然后见老子经世之志。横渠先生曰：'性性为能存神，物物为能过化。'（笔者按：《神化篇第四》）又曰：'存神则善继其志，过化则善述其事。'（笔者按：《西铭》：'知化则善述其事，穷神则善继其志。'）非达天机者，不能及此"（第 19 页）。特别值得注意的是，他引用宋张载的说法。他原本有《正蒙通义》的注释书，但关于这本注释，后来的几种《正蒙》注释里都没有提到。

④ 朱得之：《庄子通义》，第 196 页。

⑤ 朱得之：《庄子通义》，第 257 页。

⑥ 朱得之：《庄子通义》，第 361 页。

在对象是主客未分的"物"时才会出现。

结　论

　　关于格物的"格"，晚年的朱得之用"通"字来解释，或许是以这样的解释来说明自他感通、超越内外的境界所呈现的实践内容。因此，主客未分的"物"作为"物"当然的存在。朱得之将其视为"天则"的实现。[①] 就实践主体而言，《庄子通义》以"无知"境界的实现来理解良知的发现和此种境界中主体和客体的存在样式，以及朝向此主客一体境界的实践论。以这样的理解为基础，他构想出属于他自己的格物论，同时也将自我良知的发现与对他者的教化问题相结合，尝试解答他从青年时期便持续关心的问题。

---

　　① 　参考注《德充符》篇所言："'独成其天'，犹曰独成其性，言性则着人而天隐矣。言天则性在其中，曰独者，无他念，独成其天德，不以智巧杂之也"（第227页）。

《明儒学案》缺载"黔中王门"考论

——兼论"黔中王门"源流演变及其心学成就

◎张 明*

摘要：王阳明在"龙场悟道"之后，揭橥心学于贵州。黔中弟子亲炙于阳明门下，首传阳明心学，是为最早出现的阳明后学学派——黔中王门。他们数代相传，成绩斐然，遍及全省，蔚为壮观。然而，黄宗羲编撰《明儒学案》时，却漏掉了黔中王门这一重要学派。本文对黔中王门启、承、盛、衰四个时期之源流演变及其心学成就进行梳理，进而深入考证《明儒学案》缺载"黔中王门"的三大具体原因，希望为当前阳明学和黔中王门研究提供一定的帮助和启示。

关键词：王阳明 黔中王门 黄宗羲 《明儒学案》

黄宗羲《明儒学案》是包举有明一代学术思想的集大成之作，在中国学术思想史上具有开山之功。该书以王阳明为大宗，王阳明及王门后学在该书中占有大量篇幅和重要地位。① 然而，由于当时主客观条件限制，《明儒学案》对亲炙阳明门下、首传阳明心学的"黔中王门"阙而不载，这无疑是该书的一个重大缺憾。而《明儒学案》缺载"黔中王门"的原因究竟何在？这一问题的解决，对当前阳明学和黔中王门研究都具有一定意义和

---

* 张明，贵州大学人文学院副教授。

① 黄宗羲《明儒学案》将有明一代学者按学术思想、主旨流派、师承传授划分为十七个学案，记187人，另卷首《师说》一章记17人，共204人。全书按时间先后分为三个时期：前期以程朱之学为主，陆学次之；中期专述阳明之学及王门后学，列"姚江学案"和王门后学七大学案（浙中、江右、南中、楚中、北方、闽粤、泰州七大王门学案）；末期述王学修已派，立东林、蕺山两学案。可见该书是以王阳明及王门后学为大宗和主线的，这与黄宗羲作为王学之殿军人物和集大成者的文化身份是完全相符的。

价值。本文首先从四个方面考察黔中王门的源流演变及其成就，其次对《明儒学案》缺载"黔中王门"的三大原因进行深入考证，最后做出一个简短的结论。

一 黔中王门源流演变及其心学成就

自 20 世纪八九十年代以来，经过贵州省内外专家 30 余年不懈研究，久埋于历史烟尘中的黔中王门逐渐恢复本来面貌，并得到中外学术界大多数专家的认同。① 到目前为止，"黔中王门"的存在已经是一个不争的事实，在此不必赘述。以下在吸收前人研究成果的基础上，进一步从四个方面梳理"黔中王门"的源流演变及其心学成就，为后文论证《明儒学案》缺载"黔中王门"的三大原因做一铺垫。

1. 王阳明亲自开启了黔中王门的源头

王阳明是中国古代一位具有原创精神的伟大思想家、政治家、军事家、教育家，对后世产生重大影响。王阳明与贵州有着极其深厚的渊源，贵州见证了王阳明一生的转折。具体而言，王阳明"龙场悟道"以及"格物致知""心即理""知行合一"等心学基本理论最初就是在贵州体悟的；而他以"龙冈书院""文明书院"为标志讲学运动也始于贵州，揭开了明代中后期王门弟子凭借书院进行大规模心学讲学运动的序幕。换言之，王

---

① 到目前为止，研究"黔中王门"的文章主要如下。谭佛佑：《黔中王门主要思想及书院活动述略》，《贵州文史丛刊》1991 年第 4 期；张坦：《黔中王门——一个被忽略的地域学派》，《贵州文史丛刊》1995 年第 3 期；刘宗碧：《贵州的王门后学》，《中国哲学史》1997 年第 2 期；王晓昕、李友学：《王学从贵阳走向世界》，《贵阳文史》2001 年第 3 期；张明：《贵州阳明学派思想流变初探》，2003 年贵州师范大学硕士论文；张明：《王阳明与黔中王学》，张新民主编《阳明学刊》（第一辑），贵州人民出版社，2004；李友学：《黔中王门是阳明后学的重要学派》，《第十届明史国际学术讨论会论文集》，人民日报出版社，2004；钱明：《黔中王门论考》，《贵州文史丛刊》2007 年第 2 期；钱明：《王阳明与贵州新论》，《贵阳学院学报》2009 年第 2 期；张新民：《论王阳明龙场悟道的深远历史影响：以黔中王门为中心视域的考察》，《教育文化论坛》2010 年第 1 期；张小明：《黔中王学研究》，2011 年南京大学博士学位论文；黄文树：《孙应鳌与王门学派的交谊》，（台湾）《屏东教育大学学报》（人文社会类）第三十八卷，2012 年 3 月；张明：《王阳明与黔中王门的书院讲学运动》，《贵阳学院学报》2014 年第 2 期。综述性文章有罗正副：《黔中王门后学研究综述》，张新民主编《阳明学刊》（第三辑），巴蜀书社，2008；陆永胜：《纪念王阳明龙场悟道五百周年暨黔中王门研究三十年学术讨论会综述》，张新民主编《人文世界》（第三辑），巴蜀书社，2009。

阳明心学的旗帜首先飘扬在贵州高原之上，并由贵州影响到全国乃至东亚世界。① 黔中弟子亲炙于阳明门下，首传阳明心学，成为最早出现的阳明后学学派——黔中王门。可以这样说，正是王阳明本人亲自开启了"黔中王门"的源头，这是黔中王门的"开启"时期。在这一时期，王阳明还亲笔留下了天下王门的第一份弟子群体名单。

从目前能够找到的史料可以看出，当年来自省内外，亲临龙冈、文明两大书院听讲的王门弟子已达数百人之多②，包括湖南的蒋信、冀元亨和云南的朱克相、朱克明兄弟，都千里奔赴，就教于门下。③ 王阳明因此在贵州留下了与早期王门弟子有关的诗文，从中可见王阳明当时或喜悦畅快，或淡淡伤感的心情。④ 王阳明在贵州与王门弟子结下了深厚的友谊，当王阳明离开贵阳时，有的弟子饯别于贵阳城南蔡氏楼⑤，有的弟子迎候于城外道边，甚至有的弟子于大风雪中将王阳明送到离贵阳 60 里之遥的龙里驿。⑥ 他们通宵长谈，依依惜别。王阳明到达距离贵阳 700 里的镇远府旅邸时，在离开贵州边界之际，他还念念不忘对贵州弟子表达感谢之情和教诲之意，一口气连写三封书信。⑦ 在此三封书信中提到有字有号（信中弟子用字号，未用名）的弟子总共 23 人，他们是：陈宗鲁、汤伯元、高鸣凤、何廷远、陈寿宁、张时裕、向子佩、越文实、邹近仁、范希夷、郝升之、汪原铭、李惟善、陈良臣、叶子苍、易辅之、詹良臣、王世臣、袁邦彦、李良臣、朱氏兄弟、阎真士。这是王阳明亲笔留下的天下王门的第一份弟子群体名单，其中三大弟子——陈宗鲁（名文学）、汤伯元（字昂）、叶子苍（名梧）是黔中王门早期著名的代表人物。

此外，还值得一提的是，王阳明离开贵州之后，继续与贵州弟子保持

---

① 王晓昕、李友学：《王学从贵阳走向世界》，《贵阳文史》2001 年第 3 期；张明：《阳明心学对近代东亚世界的影响》，《当代贵州》2013 年第 13 期，转引自《儒家中国网》ht-tp：//www. rujiazg. com/article/id/3899/，最后访问日期：2014 年 3 月 21 日。

② 徐节：《新建文明书院记》。

③ 张明：《王阳明与黔中王门的书院讲学运动》，《贵阳学院学报》2014 年第 2 期。

④ 王阳明在《居夷诗》中有多首诸生诗，表达了王阳明与黔中王门弟子的交往及深厚感情。

⑤ 王阳明：《将归与诸生别于城南蔡氏楼》，《王阳明全集》，吴光、钱明、董平、姚延福编校，上海古籍出版社，1992，第 1072 页。

⑥ 王阳明：《诸门人送至龙里道中二首》，《王阳明全集》，第 1072 页。

⑦ 王阳明：《与贵阳书院诸生书》（三通），束景南：《阳明佚文辑考编年》（上），上海古籍出版社，2012，第 291～294 页。

密切联系，互通信件，互致问候。① 王阳明《寄叶子苍》云：

> 消息久不闻，徐曰仁来，得子苍书，始知掌教新化，得遂迎养之乐，殊慰殊慰。古之为贫而仕者正如此，子苍安得以位卑为小就乎！苟以其平日所学熏陶接引，使一方人士得有所观感，诚可以不愧其职。今之为大官者何限，能免窃禄之讥者几人哉？子苍勉之，毋以世俗之见为怀也。寻复得邹监生乡人寄来书，又知子苍尝以区区之故，特访宁兆兴，足仞相念之厚。兆兴近亦不知何似？彼中朋友，亦有可相砥砺者否？区区年来颇多病，方有归图。人远，匆匆略布闲阔，余俟后便再悉也。

受王阳明影响，其随身弟子徐爱（字曰仁，号横山）与贵州弟子保持联系，相互交流，结下深情厚谊，留下重要诗文。徐爱《赠临清掌教友人李良臣》云："吾师谪贵阳，君始来从学。异域乐群英，空谷振孤铎。文章自余事，道义领深约。南宫屈有待，东州教相许。知新在温故，人师岂名作。春风促归舟，流水绕华阁。客路合离情，悠然念□廓。"②该诗"文章自余事"与王阳明《赠陈宗鲁诗》"文章本余事"之教导如出一辙，这为研究王阳明、徐爱与黔中王门早期弟子之间的交往提供了珍贵的原始资料。

2. 黔中王门建立天下王门第一家阳明书院

如果说王阳明在龙冈、文明两大书院的讲学运动开启了"黔中王门"源头的话，接下来就是"黔中王门"弟子在贵州如何传承王学思想的问题，黔中王门进入"承续"时期。"黔中王门"勇于担当，不畏强权，不负众望，建立第一家阳明书院（1534），标举王学为"正学"，并建立"正学书院"（1539）。黔中王门在王学最晦暗的时期，旗帜鲜明地传承阳明心学之学脉。

早在王阳明在世之时，王阳明因平定宁王之功遭到权臣嫉恨，加之他创立的王学与官学（朱子学）相对立，故王学成为靶子遭到朝廷抵制，一

---

① 王阳明离开贵州后，还有《寄叶子苍》《寄贵阳诸生》等书信寄回贵州，详见钱明《王阳明散佚诗文续补考》，张新民主编《中华传统文化与贵州地域文化研究论丛》（二），四川出版集团巴蜀书社，2008。

② 徐爱：《赠临清掌教友人李良臣》，《横山遗集》卷上页七。

时谗言四起，王阳明因此隐退浙江老家六年。后因广西少数民族之乱，王阳明被起用，前往平定。1529 年初，王阳明病逝于回师途中的江西南安。值此事变之秋，王阳明亲故，其弟子均遭到压制，朝廷取消王阳明爵位，取消对王阳明的祭祀活动，同时斥王学为"伪学"，禁止天下书院讲习。王学遭遇空前危机，王学处于最晦暗的时期。得到王阳明真传的"黔中王门"弟子陈文学、汤伯元等①，敢冒天下之大不韪，与朝廷针锋相对，尊崇王阳明如初，一如在龙场挺身而出维护王阳明尊严之壮举，他们照例年年祭祀王阳明——或在家遥拜，或到八十里外的龙场亲祭。1534 年，王阳明私淑弟子王杏巡按贵州之时，"每行部闻歌声，蔼蔼如越音"。陈文学、汤伯元、叶子苍等数十辈，请王杏为先生立祠，以便追崇阳明，"以慰边人之怀"。王杏从其请，允许赎贵阳城东白云庵旧址以建"阳明书院"，并亲撰碑记②。这是"黔中王门"在贵州建立的天下王门第一家阳明书院。

黔中王门的义举受到天下王门弟子敬仰和效仿。1539 年，楚中王门弟子蒋信提学贵州，他在陈文学、汤伯元、叶子苍的请求之下又恢复了龙冈书院、文明书院，并新建"正学书院"，他亲撰碑记指出心学即"正学"③，以示对朝廷斥王学为"伪学"的轻蔑之意。尽管蒋信被朝廷以"擅离职守"的罪名罢免回乡，但贵州四大心学书院（龙冈、文明、阳明、正学）得以流传下来，阳明心学在贵阳和少数民族地区得以传承。由此可见，黔中王门在王学最晦暗时期延续王学之功不可忽视，值得大力表彰。

3. 前后三先生与五大王学重镇

黔中王门人数众多，他们与其他王门广泛交流。经过前后两代弟子的不断努力，16 世纪 40 至 70 年代，黔中王门出现了前后三先生，产生五大王学重镇，同时将贵州打造成天下王门朝拜的"王学圣地"，"黔中王门"进入兴盛时期。

---

① 《黔诗纪略》称陈宗鲁"得王阳明之和"，称汤伯元"得阳明之正"。

② 王杏：《新建阳明书院记》。

③ 蒋信《新建正学书院落成记》云："正学何为者也？正学者，心学也。尧、舜、禹、汤、文、武、周公、孔子之所谓学也。譬之正路然，自夫此学弗讲，士惟旁蹊曲径之趋，甚者临荆棘赴坑堑，莫有极也。贵之士朴野尚仅存焉，可无望于此乎？是正学之所以名也。"

黔中王门不是一个封闭的学派，数代弟子都与其他王门保持密切联系。早在王阳明在龙冈、文明书院讲学之时（1508～1509），就有数百弟子聆听王阳明讲学，培养出黔中王门早期的三大著名弟子——陈文学、汤伯元、叶子苍。他们学有所成，是为黔中王门的"前三先生"。① 他们与王阳明本人及王门弟子徐爱、王杏、蒋信等保持联系，新建"阳明书院""正学书院"，恢复"文明书院""龙冈书院"，在王学被打成"伪学"的情况之下，率先在贵州高原举起"正学"的大旗。

到16世纪40年代之后，黔中王门进入"成熟和兴盛"的时期，涌现出黔中王门第二代著名弟子、三大"理学名臣"——孙应鳌、李渭、马廷锡，是为黔中王门"后三先生"。他们广交天下王门，将黔中王门的影响力辐射到陕西、四川、江浙、两广、云南等地区。为简便起见，黔中王门前后三先生的生平事迹与著作移后交代，此处仅以孙应鳌②为例，将其与当时著名王门学者的交游情况列表如下（见表1）。

表1　孙应鳌与著名王门学者交游一览

序号	姓名	籍贯	派系	交游情况
1	徐樾	江西贵溪人	泰州王门	《公渡河哭波石先生》
2	耿定向	湖北黄安人	泰州王门	《寄楚侗四首》
3	耿定理	湖北黄安人	泰州王门	
4	罗汝芳	江西南城人	泰州王门	《别罗近溪》
5	赵贞吉	四川内江人	泰州王门	
6	蒋信	湖南常德人	楚中王门	《正学先生道林蒋公墓志铭》
7	胡直	江西泰和人	江右王门	《送庐山胡正甫序》
8	邹善	江西安福人	江右王门	《连得邹颖泉书》
9	邹德涵	江西安福人	江右王门	《上孙淮海公书》
10	罗洪先	江西吉水人	江右王门	《念庵公寄示近作》

① 贵州省贵阳市修文县王阳明纪念馆的广场上塑有王阳明与黔中王门"前三先生"陈文学、汤伯元、叶子苍的青铜雕像。
② 孙应鳌是明代嘉靖、隆庆、万历时期天下"四大贤人"之一。江右王门学者胡直云："宇内讲明正学，楚有黄安耿公、蜀有内江赵公、黔有清平孙公、豫章有南城罗公，皆贤人也。"此"四大贤人"分别是湖北耿定向、四川赵大洲、贵州孙应鳌、江西罗汝芳，他们是当时最著名的王门学者。清代贵州学者莫友芝称孙应鳌为"贵州开省以来人物之冠"。

序号	姓名	籍贯	派系	交游情况
11	王 畿	浙江山阴人	浙中王门	《太平兴国宫用王龙溪韵》
12	王宗沐	浙江临海人	浙中王门	《赠别王敬所三首》
13	姜 宝	南直隶镇江府丹阳人	南中王门	《寄孙淮海》
14	邹元标	江西吉水人	江右王门	邹元标流放贵州都匀卫,"所至必称二先生"(孙应鳌、李渭)

由上可知,以孙应鳌为代表的黔中王门与其他王门保持紧密联系,这是向外的一方面。另外,向内的一方面则是其他王门纷纷前往贵州朝拜阳明遗迹,留下一些重要诗文和碑刻,他们与黔中王门一起将贵州打造成天下王门朝拜的"王学圣地"。现将有关外省王门弟子朝拜"王学圣地"情况列表如下(见表2)。

表2 外省王门弟子朝拜贵州"王学圣地"

序号	姓名	籍贯	职官	事迹
1	王 杏	浙江奉化	巡按贵州	建阳明书院,设贵州贡院,作《新建阳明书院记》
2	蒋 信	湖南常德	提学副使	新建正学书院、重修文明书院,置龙场王阳明祠田。李渭、马廷锡、孙应鳌从之游,成一时之名士
3	徐 樾	江西贵溪	提学副使	讲明心学,陶熔士类,不屑于课程,尝取苗民子弟衣冠之……孙应鳌就学于徐樾,樾一见奇之,以为必魁多士,鳌果乡举第一,中进士
4	王学益	江西安福	贵州巡抚	以行保甲、增解额二事为贵州人士所称
5	刘大直	上海华阳	贵州巡抚	申保甲,清屯田,军政肃然。甫六月而卒,贵人士为之罢市巷哭
6	胡尧时	江西泰和	贵州按察使	新阳明书院,刊守仁书于贵州,编《遗言集》,令学徒知所景仰,士风为之大变
7	赵 锦	浙江余姚	巡按贵州	建阳明祠于龙场,仍题"龙岗书院"。遣人千里求《记》于著名学者罗念庵
8	张鹗翼	上海	贵州巡抚	与赵锦同举龙场阳明祠祀
9	万虞恺	江西南昌	贵州布政司右参议	嘉靖三十四年与谢提学同往龙场,论知行合一工夫,修葺阳明讲学遗迹
10	谢东山	四川射洪	提学副使	举龙场阳明祠祀,作《龙场记》
11	罗洪先	江西吉水		作《龙场阳明先生祠记》

续表

序号	姓名	籍贯	职官	事　　迹
12	万士和	江苏宜兴	提学副使	请马廷锡讲学阳明书院
13	阮文中	江西吉水	贵州巡抚	作《阳明书院碑记》
14	冯成能	浙江慈溪	贵州按察使	作《阳明祠记》
15	吴国伦	江西兴国	提学副使	抵清平，晤孙应鳌于山甫书院，有诗《与孙山甫道故》《龙场驿壁间见王伯安先生遗笔追叹成诗》《谒王先生祠》等
16	邹元标	江西吉水	谪臣	谪贵州都匀卫。建南皋书院，讲明心学。"所至必称二先生"（孙应鳌、李渭）
17	罗汝芳	江西南城	云南参议	万历五年，与李渭论学，携子游贵州龙场驿，题阳明洞而去
18	郭子章	江西泰和	贵州巡抚	作《黔记》六十卷，其《理学卷》总结黔中王门百年历史。建李渭祠、孙应鳌祠，刻龙场阳明洞题词

万历年间，泰州王门巨子罗汝芳（字近溪）游历贵州龙场，江右王门名士、东林党领袖邹元标谪戍都匀卫，形成了泰州、江右两大王学名流与黔中王门"后三先生"同现黔省的盛况。他们相互论学，增建书院，培植人才，使阳明心学覆盖贵州全省。贵州出现了以龙场、贵阳、思南、清平、都匀五大王学重镇为中心的书院讲学运动①，为贵州古代教育史和学术史上的前所未有的盛举。

4. 黔中王门长期刊刻王阳明著作，不断推出新著，积累重要心学著作

黔中王门是明代最早刊刻王阳明著作并坚持最久的学派。早在王阳明离开贵州之际，就在《镇远旅邸书札》中千万嘱咐贵州弟子刻书："……梨木板可收拾，勿令散失，区区欲刊一小书故也。千万千万！"王阳明亲自交代的"区区欲刊一小书"乃是指王阳明在贵州期间创作的一些诗文。迄今可考最早刊刻的王阳明的著作推测为《居夷集》，早于《传习录》的刊刻，说明黔中王门弟子有刊刻王阳明著作的开先之功。

不仅如此，王阳明去世之后，黔中王门弟子又刻印了《遗言集》和《阳明集》。陈宗鲁《阳明集诗》可证："不拜先生四十年，病居无事检遗

---

① 张明：《王阳明与黔中王门的书院讲学运动》，《贵阳学院学报》2014 年第 2 期。

编。羲文周孔传千圣，河汉江淮会百川。"① 惜《遗言集》《阳明集》具体内容无从考证。此外，黔中王门弟子还继续刻印了《传习录》《阳明文录》《新刊阳明先生文录续编》等。1608 年，江右王门学者郭子章著《黔记》六十卷，对百年黔中王门进行了第一次总结②，除了记载有关"前三先生"陈文学、汤伯元、叶子苍的事迹外，还特为后三先生孙应鳌、李渭、马廷锡作《理学传》一篇。郭子章又特邀黔中王门殿军陈尚象作"序"一篇，置于《黔记》全书之首。甚至到了王阳明龙场悟道 127 周年，距离明朝灭亡只有九年之遥的明末崇祯八年（1635），余姚学者施邦曜③还在贵阳刊刻了《阳明先生集要》，这是王门弟子在明代进行的最后一次刊刻王阳明著作的活动。以上可见贵州刻印王阳明著作之早、之久，同时也反映黔中王门对王阳明先生爱之深，思之切！

黔中王门不仅刊刻王阳明著作，同时还不断推出新著，比如"前三先生"陈文学、汤伯元、叶子苍，"后三先生"孙应鳌、李渭、马廷锡，以及黔中王门的殿军人物陈尚象等，都有重要著作流传于世。仅孙应鳌、李渭两人的著作，在卷数上就分别超过了王阳明先生的著作。今将黔中王门前、后三先生之生平事迹与著作汇总列表如下（见表 3）。

表 3　黔中王门前、后三先生之生平事迹与著作一览

序号	姓名	字	号	生平	籍贯	官职	著作
1	叶梧	子苍		1513 年举人	贵州宣慰司（今贵阳市）	新化教谕镇安知县	《凯歌集》
2	陈文学	宗鲁	五粟山人、孏蓬生	1516 年举人 76 岁卒	贵州宣慰司（今贵阳市）	耀州知州（不乐仕进，有求道之心，辞官归里）	《耀归存稿》《余历续稿》《孏蓬闲录》《何陋轩歌》《中峰书院记》

① 万历《贵州通志》卷《艺文志》。
② 从 1508 年王阳明"龙场悟道"，到 1608 年郭子章《黔记》编成，是为黔中王门两大标志性事件，前后共 100 年。
③ 施邦曜（1585～1644），浙江余姚人，字尔韬，世称四明先生。万历进士，任顺天武学教授，历国子博士、工部员外郎。因反对魏忠贤弄权，出任漳州知府，后升四川按察使、福建左布政使，官至左副都御史。1635 年，施邦曜在贵阳刊刻《阳明先生集要》。1644 年，李自成攻入北京，明亡，施邦曜自杀殉国。

序号	姓名	字	号	生平	籍贯	官职	著作
3	汤㕙	伯元		1516 年举人 1521 年进士 81 岁卒	贵州宣慰司（今贵阳市）	南户部郎 潮州知府 巩昌知府	《逸老闲录》 《逸老续录》 《表贤祠记并序》
4	马廷锡	朝宠	心庵	1540 年举人	贵州宣慰司（今贵阳市）	什邡教谕 内江知县	《渔矶集》 《渔矶别集》 《动静解》 《自警辞》 《警愚录》
5	李渭	湜之	同野	（1514～1589） 1534 年举人	思南府（今思南县）	华阳知县 和州知州 高州同知 南户部郎 韶州知府 广东副使 云南左参政	《先行录》十卷 《先行录问答》三卷 《毋意篇》一卷 《简寄》三卷 《杂著》一卷 《诗文》三卷 《家乘》十二卷 《大儒治规》三卷 《易问》 《同野自纪》 《渔矶别集序》 《修思南府学记》 《务川县迁学记》
6	孙应鳌	山甫	淮海 道吾	（1527～1584） 1546 年乡试第一 1553 年进士	清平卫（今凯里市）	户科给事中 江西佥事 陕西提学 四川左参政 湖广布政使 巡抚郧阳 刑部右侍郎 国子监祭酒 南京工部尚书	《律吕分解发明》四卷 《淮海易谈》四卷 《庄义要删》十卷 《春秋节要》 《四书近语》六卷 《左粹题评》二十卷 《督学诗集》四卷 《督学文集》四卷 《学孔精舍论学汇编》八卷 《学孔精舍汇稿》十六卷 《学孔精舍续稿》 《道林先生粹言》 《雍谕》 《教秦总录》 《教秦绪言》 《归来漫兴》 《幽心瑶草》

明末万历以后，贵州战乱仍频，黔中王门进入衰落时期，然其影响一直延续至清代。① 正如清光绪年间孙应鳌之裔孙孙茂榅先生在《孙文恭公遗书跋》中说："吾家以如皋籍来隶清平，再传至文恭，遂阐阳明良知之旨，为黔儒宗，流风余荫，霑溉历数百年。"② 明代黔中王门的一些重要心学著作历经明清易代之变后仍然保存了下来。③ 清代贵州学者以整理前代文献为己任，大力收集和整理地方文献，如郑珍、莫友芝、黎庶昌、陈田四大文化世家，对明清以来的贵州文献长期进行收集和整理，出版《黔诗纪略》《黔诗纪略后编》等，其中就包括了明代黔中王门的一些重要资料。孙应鳌的八种著作被莫祥芝汇集为《孙文恭公遗书》刻印出版。特别值得一提的是孙应鳌在国内已经亡佚的著作《督学文集》被黎庶昌从日本收集回国，编入《黎氏家集》和《黔南丛书》并印行，弥足珍贵。清代贵州学者对黔中王门资料的收集整理，对后人深入研究黔中王门之心学功莫大焉。

二 《明儒学案》何以缺载"黔中王门"

清光绪年间，贵州学者莫祥芝在《孙文恭公遗书叙录》中这样感叹道："公（孙应鳌）以词臣洊践卿式，外历参政、巡抚，镌巨珰，论革除，清国学，政事赫一时，而《明史》无传，此可为公惜者一也。公受阳明、心斋之学于徐越，与罗洪先、汝芳、蒋信、胡直、赵贞吉、耿定向、定理相切劘，发挥良知，张望眇悟，而《学案》不载其姓字，此可为惜者又一也。"④ 莫祥芝为孙应鳌系"中外名臣"而不入《明史》一叹，为其乃"理学大儒"而不入《明儒学案》而再叹。在"黔中王门"中出类拔萃、

① 笔者认为黔中王门在明末衰落之后，其影响一直延续到清朝。详见张明《贵州阳明学派思想流变初探》，2003 年贵州师范大学硕士学位论文，全国优秀硕士论文数据库。
② 孙茂榅：《孙文恭公遗书跋》，见《孙文恭公遗书》，宣统二年南洋官书局本。
③ 黔中王门有少部分著作保存到 20 世纪 20 年代（如马廷锡的《渔矶集》《警愚录》被收入1923 年的《黔南丛书》清样目录，准备整理出版发行，后亡佚）；有的甚至保存到 20 世纪 80 年代才被毁掉（如李渭的部分著作新中国成立后收藏在贵州思南县文化馆，但到了20 世纪 80 年代，竟被该馆主事者连同其他古籍当作废纸卖掉，最终化为纸浆。后来主事者被依法判刑。此为笔者 2014 年暑期在思南县实地调查得知。）
④ 莫祥芝：《孙文恭公遗书叙录》，见《孙文恭公遗书》卷首。宣统二年南洋官书局本。

独占鳌头，具有最高成就的代表人物孙应鳌尚且如此，遑论黔中王门的其他成员。孙应鳌不入《明史》已经有学者论及；① 孙应鳌不入《明儒学案》仍被忽视。以下不专讲孙应鳌与《明儒学案》之关系，而是将黔中王门作为整体来具体考证《明儒学案》缺载"黔中王门"的三大原因。

第一，徐爱早逝造成黔中王门早期流入江浙地区的资料散佚（远因）。

由前述可知，王阳明离开贵州后，继续与黔中王门弟子保持联系。由于徐爱是王阳明早期最亲近的弟子，故徐爱与黔中王门有直接交往，他熟悉黔中王门情况，成为较早收集和整理王阳明著作的代表人物之一。具体言之，早在 1512 年，徐爱与王阳明从南京同舟回浙省亲时，就开始收集王阳明的资料，同时也收集其他王门资料以作《传习录》和《同志录》。从目前资料来看，徐爱至少与黔中王门的李良丞（当时在山东）、叶子苍（在湖南）保持直接且良好的交往关系。李良丞、叶子苍将黔中王门的情况通过徐爱转告王阳明本人，故有王阳明《寄叶子苍》《寄贵阳诸生》信札的出现。此外，从徐爱遗著《横山集》可以看出，徐爱曾经进行了一次西行漫游，最西达湖南境内的常德、岳麓、沅陵等地，均有《横山集》中之诗文为证。这一线路是王阳明流放贵州两次所经过的驿道，大约是徐爱有意要进行一次重走阳明路的体验之旅，他如果继续西行，很快就会进入贵州东部的平溪卫、镇远府，但不知何故停止。② 徐爱在湖南见到了时任新化教谕的黔中王门弟子叶子苍。这是黔中王门与王阳明和徐爱的三者之间关系最密切的时期。

1517 年 5 月，徐爱英年早逝，时年 31 岁。他本人的著作以及收集的王阳明语录③、《同志录》和其他包括黔中王门在内的资料大多散佚。其父徐玺检其遗稿，托蔡宗兖正误、补缺、作序，编成《徐横山遗集》付梓刊行。虽然抢救了徐爱的部分资料，对研究早期王门弟子有一定积极作用，但徐爱的去世对黔中王门还是产生了不利影响，加之王阳明戎马倥偬，黔中王门与王阳明和其身边弟子的联系逐渐减少，于是，黔中王门逐渐被江浙学者所遗忘。这既是徐爱的个人悲剧，也是黔中王门的遗憾。这是黔中

---

① 刘汉忠：《关于明史无孙应鳌传及有关考证》，《贵州文史丛刊》1994 年第 2 期。

② 有部分学者认为徐爱曾经追随王阳明到达贵州龙场驿，这是明显错误的。笔者将另有《徐爱"黔中之行"贬谪》一文论述，此不赘述。

③ 徐爱所录王阳明语录只剩十四条，后收入《传习录上》，只占全部 129 条的 10.85%。

王门资料不能到达江浙地区的一个客观原因，是为后来《明儒学案》缺载"黔中王门"的远因。

第二，钱德洪编著《阳明文录》时，购书令和购书人均未到达贵州，收书不全，这是后来黄宗羲无法见到黔中王门资料的间接原因（中因）。

徐爱去世四年之后［正德十六年（1521）］，王阳明已平定宁王之乱，省亲归姚，钱德洪率侄子、门生74人迎请王阳明于中天阁，并拜王阳明为师。钱德洪聪明勤学，成为王阳明晚年最著名的弟子之一。收集阳明著作是浙中王门弟子的重要职责，这一任务落在钱德洪身上。除续刻《传习录》外，1535年，钱德洪又准备在江苏刊刻《阳明文录》。钱德洪曾作《购书令》分送天下王门后学，又委托弟子王安成作为代理人前往各地购书。钱德洪曾不无骄傲地说：

> 自闽、粤由洪都入岭表，抵苍梧，取道荆、湖，还自金陵，又获所未备，然后谋诸提学侍御闻人邦正，入梓以行。①

从本段文字可以看出，钱德洪似乎是在夸耀弟子王安成行路之远、收书之广，故能"获所未备"。仔细考察后可以发现，这次购书在地域上确实包括了长江以南绝大部分地区，而且确实也是王阳明曾经亲自到过的地区，但问题就在于恰恰漏掉了王阳明"龙场悟道"的"王学圣地"贵州高原。具体来说，王安成已经"抵苍梧，取道荆、湖"，也就是他到达了广西、湖南，即在贵州的南部和东部转了半个圈，但他或许视"飞鸟不渡"的贵州高原为畏途，竟然没有进入贵州一步，这就造成黔中王门虽然在贵州刻印有王阳明遗著等第一手资料（从前述可以看出，黔中王门其实在收集和整理王阳明著作方面行动早、效果好、积累多），但最终未能收入钱德洪苏版《阳明文录》。通过对照浙版《阳明文录》、《阳明文录续编》与黔版《新刊阳明先生文录续编》，我们可以进一步看到王阳明与黔中王门相关的一些诗文根本就没有被江浙地区的王门学者收录过，这实在是因为王安成畏缩避黔、钱德洪匆忙行事。从钱德洪所编王阳明著作集来看，当时也有不同的声音，可见当时即有人发现其文录不全面的缺点，不过可能

---

① 钱明编校整理《徐爱 钱德洪 董澐集》，凤凰出版传媒集团 凤凰出版社，2007，第184～185页。

因为钱德洪系王阳明首座弟子和主编的权威，明知有遗漏也固执己见，匆忙出书，造成遗憾。① 这是后来黄宗羲无法见到黔中王门资料的间接原因，可以说也是《明儒学案》缺载"黔中王门"的中因。

第三，明清之际战乱，文献破坏严重，加之黄宗羲"一人之闻见有限"，未曾见到"黔中王门"的第一手资料，这是《明儒学案》缺载"黔中王门"的直接原因（近因）。

黄宗羲是天下王门的殿军人物和集大成者，总结百余年王学的成就与得失的重任自然落在他的肩上。然而黄宗羲所处的时代，恰逢明清易代之际，战乱频繁，国破家亡，人民颠沛流离。为保存故国文献史料，传一线文化血脉，黄宗羲于清康熙八年（1669）开始编撰《明儒学案》，前后历时 8 年，于康熙十五年（1676）最终完成。他以一人之力，用 8 年时间收一代之书，著一代之史。全书 62 卷，涉及地域广大，人物众多，且乱世之后，文献荡然一空，故遗漏在所难免。正如黄宗羲在《明儒学案发凡》中明确告诉世人：

> 书是搜罗颇广，然一人之闻见有限，尚容陆续访求。即所见而复失去者，如朱布衣语录，韩苑洛、南瑞泉、穆玄庵、范栗斋诸公集，皆不曾采入。海内有斯文之责者，其不吝教我，此非一人之事也。②

这是黄宗羲的真诚告白，表现了一个渊博学者的谦虚态度和求实精神。从上可以看出三个要点：首先，黄宗羲完全明白当时还有资料遗漏，一时无法收集齐全，故"尚容陆续访求"。其次，即使已经收集到手的资料，如朱布衣语录，韩苑洛、南瑞泉、穆玄庵、范栗斋诸公集，也因"所见而复失去"而"皆不曾采入"，可见战乱对文献破坏之惨烈。再次，黄宗羲呼吁：斯文之职乃天下大事，"非一人之事也"，天下学者应当共同保存天下文化。对于以上问题，梁启超也有深刻认识，他于民国十二年（1923）这样说："梨洲《明儒学案》，千古绝作，其书固以发明王学为职

---

① 钱德洪所编《王阳明年谱》也曾提到陈文学、汤伯元，但并没有收集到他们的文集以及他们在贵州所刻的《新刊阳明先生文录续编》等相关资料。

② 黄宗羲：《明儒学案》（修订版），沈芝盈点校，中华书局，2008，第 15 页。

志，然详于言论，略于行事，盖体例然也。其王门著籍弟子，搜采虽勤，湮没者亦且不少。"① 明确指出该书有湮没和遗漏资料的问题。

联系当时黄宗羲所处明清交替之际，战祸相连，国破家亡，集前代思想学术之著以存故国文献，藏之名山，以待后世，自有其大义存焉。然而，受战乱破坏和文献亡佚等客观原因所制约，要收集天下王门所有资料实属不易。浙中、江右王门弟子尚且"湮没者亦且不少"，更何况远在西南边地的黔中王门弟子，如何能够囊括无遗？退一步说，假使黄宗羲来到贵州，想要得到黔中王门的第一手资料，希望也是极其渺茫的，因为黔中王门的资料在明末以来历次战乱中大多被焚毁，所剩也非完帙。如康熙三十五年（1696），仅仅晚于黄宗羲《明儒学案》20 年而出任贵州巡抚的德州进士田雯，就亲眼看见孙应鳌祠破败的情形。他在《重修孙文恭公祠碑记》中说：

> 当明世庙时，边寓乂安，崇尚儒术，公一鬼方产耳，以著书讲学自任，树立勋名，入为司成，出应节钺，有古仲山甫风。何以历今不二百年，里之父老及公之子孙，遂无传闻绍述之者。所以余入黔时，扼擘抵掌，慷慨论列，流连追慕其为人，且重有感于祠之废而累歔流涕也。②

田雯弟子王耘收集孙应鳌著作，他在《合刻孙文恭三书跋》（1714）中说："理学三先生，各有著述。于二十年前，犹及闻文恭《学孔精舍汇稿》，为抚黔者檄取购求而去。夫能于购取诚贤矣，而竟拔本而去，一线之存，竟成绝响，视郭公何如？非徒追慕之为难，而表章传述之为难。"至清雍正年间，孙应鳌后裔所藏其著作已无完帙。裔孙茂檀在《孙文恭公遗书跋》中说："先文恭公著述，自雍正乙卯（1735）后，家藏已无完帙。"

因此，我们必须从当时客观条件上体察和理解上述情况，黄宗羲《明儒学案》缺载黔中王门是情有可原的，不可苛刻责备。这是《明儒学案》

---

① 梁启超：《阳明先生传及阳明先生弟子录序》，余重耀编《阳明先生传纂附阳明弟子传纂》，中华书局，1924，第 1~2 页。
② 田雯：《重修孙文恭公祠碑记》，见田雯《黔记》卷。

缺载"黔中王门"的直接原因（近因）。

结　语

综上所述，黔中王门的存在是真实不虚的。黔中王门在明代中后期一百余年间经历了启、承、盛、衰四个阶段，先后出现四代王门弟子，建立40余所书院，形成五大王学重镇，积累了一些心学著作，取得了重要的学术成就。从王阳明贵州"龙场悟道"亲自开创黔中王门源头，至黄宗羲编撰完成《明儒学案》的160余年（1508～1676），浙中王门弟子徐爱、钱德洪、黄宗羲先后三次收录天下王门后学资料，但遗憾的是，黔中王门都失去了这三次重要机会，这些遗憾构成《明儒学案》缺载黔中王门的远、中、近三大原因。自20世纪80年代以来，经过贵州省内外学者30余年的艰苦探索研究，黔中王门已经逐渐呈现本来面貌，并得到阳明学界绝大部分学者的赞同和认可。尽管黔中王门研究已经取得一些可喜成绩，但笔者认为，很有必要在前人研究成果基础之上继续深入挖掘黔中王门散佚著作和史料，这仍然是当前和未来研究黔中王门的基础性工作之一。

晚明徽州讲会与心学传播

◎ 解光宇*

摘要： 南宋以降，徽州被称为"程朱阙里"，表明徽州是程朱理学的重要阵地。那么陆王心学对徽州有无影响？尤其是明代白沙心学和阳明心学对徽州影响如何？从有关史料看，白沙心学和阳明心学在徽州曾兴盛一时，尤其是阳明心学对徽州影响较大。阳明高足邹守益、王畿等纷赴徽州举办讲会，培养弟子，在徽州形成心学传播思潮，表明阳明学成为这个时期徽州学术的主流。

关键词： 讲会　湛若水　阳明后学　徽州讲会

宋明时期的徽州一向被称为"朱子故里""程朱阙里"，程朱理学在徽州有很高的地位。但在明代中晚期，心学特别是阳明学在徽州盛行，并以讲会的形式传播，以至郡有郡会，邑有邑会，一家一族亦莫不有会。《江南通志》谓"皖南讲学之盛一时，民淳俗朴有三代风"，正是反映了心学在徽州的传播和兴盛的状况。

一　湛若水徽州讲会活动

徽州的讲会活动，是由湛若水开端的。湛若水是陈献章的及门弟子，他与王阳明及其后学同时讲学，各立门户，并且与邹守益、王畿等王门高足在徽州讲过学。

---

* 解光宇，安徽大学中国哲学与安徽思想家研究中心研究员，徽学研究中心兼职研究员，哲学系教授，博士生导师。中国孔子基金会学术委员会委员，韩国成均馆大学讲座教授。主要研究方向：儒学与徽学（新安理学）。

关于湛若水赴徽州讲学，据《还古书院碑记》记载：

> 嘉靖中，南海、东越、西江言学六君子结辙而入新都，过海阳（休宁），递式阙里。六邑之士多就之者，紫阳讲诵之风视洙泗河汾埒矣。①

"南海"即指湛若水。关于湛若水赴徽州讲学的时间，《婺源县志》的记载更为详细：

> 新安旧有紫阳与今福山，斗山为三大书院，而甘泉先生有像在焉。嘉靖丙申（1536）先生以礼乡北上，过新安，一时俨然临之如泰山北斗。会于是，与多士竟究于是。②

罗大纮撰的《墓表》亦云，湛若水"在徽州即有福山、斗山馆穀"③。这说明，嘉靖丙申（1536）湛若水即来徽州婺源的福山书院、歙县的斗山书院讲学，而且这两所书院的建立与修缮也都与湛若水讲学有关。如福山书院"在婺南四十五里。嘉靖间湛甘泉先生门人赎山地，请于邑令吴辕，为立精舍于刚柔二山之中、福山寺侧，素心亭一所，膳田若干亩，为六邑讲学所，门人为之肖像"④。康熙《婺源县志》亦载："嘉靖间，尚书湛若水与邑令吴辕及门人方纯仁等讲学其间，赎回山地，建书院十间及素心亭于洗心池上，手书匾并诗于亭壁。"⑤歙县的斗山书院，在歙府城东斗山之上。嘉靖十年（1531），知府冯世雍修葺为书院。嘉靖丙申，湛若水在斗山书院讲"孟子见梁惠王"章⑥，并作《宿斗山书院诗》。诗序说："斗山书院者，歙诸学子所建为文会之地也，且以俟甘泉子谒文公庙庭于婺源过而讲焉。"⑦

除福山、斗山两书院外，休宁的天泉书院、祁门的全交馆也是湛若水

---

① 道光《休宁县志》卷二十一《艺文·纪述》。
② 康熙《婺源县志》卷十二《艺文·纪述》。
③ 湛若水：《湛甘泉先生文集》卷三十二《外集·墓表》，《四库全书存目丛书》本。
④ 嘉靖《徽州府志》卷九《学校·福山书院》。
⑤ 康熙《婺源县志》卷十二《通考·福山寺》。
⑥ 《湛甘泉先生文集》卷二十《斗山书院讲章》，《四库全书存目丛书》本。
⑦ 《湛甘泉先生文集》卷二十六《宿斗山书院诗》，《四库全书存目丛书》本。

讲学之处。汪佑在《还古会籍序》中说："海阳西牧旧有天泉书院，郡大夫三石冯公所建，甘泉湛先生主教所也。"① 湛在此讲"尽心"章②。祁门的全交馆（后湛若水将之改为神交精舍），则是湛若水弟子谢显所建的讲会之所。湛若水曾为全交馆写过《全交馆铭》，改为神交精舍后又作了《神交精舍记》。③ 另外，徽州黟县的中天书院也是湛若水讲学所到之处。

湛若水在徽州讲学，不仅传播了心学思想，而且培养了一大批弟子，如洪垣、方纯仁、方瓘、谢显等。

洪垣（约1507～1596），字峻之，婺源官源人，学者称觉山先生。嘉靖十一年（1532）登进士第，后官至温州府知府。敢谏，明世宗尝称其"言官一人"。41岁致仕，优游46年，年90卒。其学以忘己为大，以慎独为功，以中正为矩矱。所著《觉山史说》二卷、《觉山先生绪言》二卷，分别收入《四库全书存目丛书》和《续修四库全书》。洪垣在登进士第后，即师从湛若水。丁未年（1547）致仕，又与友人方瓘往广东罗浮山再从学于湛若水。湛若水为之建二妙楼，曰："吾道之托在是。"在徽州的讲学活动中，洪垣是关键的人物。从嘉靖十五年（1536）随湛若水讲学徽州以来，他参与了大部分的讲学活动。如嘉靖二十九年（1550）邹守益于徽州讲学，嘉靖三十六年（1557）王畿在歙县福田山房和婺源普济山房讲学，隆庆五年（1571）王畿在休宁建初山房的讲学，以至后来的潘士藻建白岳功德堂讲学，而祝世禄讲学休宁时，洪垣亦"俨然辱而临之"。

方瓘，字时素，号明谷，婺源人。初从学湛若水于南都，湛命其为诸生向导。其不喜著述，厌科举，遂不复仕，年45岁卒。《正学存稿》为其门人所辑。方瓘对徽州讲会的最大贡献是创办三山六邑讲会。湛若水在祭方瓘文中说："子倡三山六县会辅仁，洪置田，予亦少助。"④ 即是说三山六县讲会是方瓘倡导并主持，在洪垣、湛若水的支持下设立的。

谢显，字惟仁，号一墩，祁门人，学者称其为一墩先生或谢一墩。据

---

① 施璜:《还古书院志》卷十五《艺文二》，道光二十三年刻本。
② 韩梦鹏:《新安理学先觉会言》卷二《天泉临讲尽心章旨》，民国安徽通志馆传抄本。
③ 韩梦鹏:《新安理学先觉会言》卷一《全交馆铭》，民国安徽通志馆传抄本。
④ 《湛甘泉先生文集》卷三十《奠徽州方时素文》，《四库全书存目丛书》本。

道光《祁门县志》记载，谢显著有《一墩稿》和《圣谕演易说文集》（即《易说》二卷）。谢显初从学湛若水于南都，喜静坐，久之得湛若水之学。归徽州后，建全交馆（后湛将其改为神交精舍），与同是湛若水弟子的方瓘、谢芊等共同阐明性理，宣传、弘扬湛若水心学。谢显对徽州讲会活动的突出贡献，是他创办的徽州六邑大会。《祁门县志》说："嘉靖庚戌（1550），一墩谢先生师事湛文简，与闻正学。复集都人士，延东廊邹先生登讲东山，六邑之会昉于此。"① 《紫阳书院志》也说："新安有讲会，始自吾祁。谢一墩氏布衣芒履，跋涉宣、皖、池、饶之间者，三年而讲始成。其亦闻王湛二子之风而起者欤。嗣是，郡之绅衿囊助，六邑轮延名贤主坛阐绎（如王、如邹、如钱、如周）章章者，而讲始大，呜呼，可不谓盛欤！"② 说明六邑大会举办前，谢显曾用三年时间筹备，并奔走宣州、池州、饶州以及安庆、桐城一带进行宣传。徽州的绅士和学者纷纷赞助，筹集经费。六邑大会正式举办后，轮邀当时的名学者作为讲会的主讲，如王门高足邹守益、王畿、钱德洪等。第一个登上六邑大会讲坛的是邹守益，时间是嘉靖二十九年（1550），故"六邑之会昉于此"，同时也标志着徽州讲会由湛若水时代转向阳明学时代。

二　阳明后学徽州讲会活动

嘉靖二十九年，应谢显之邀，阳明高足邹守益至徽州祁门东山书院讲学，这一事件既标志着新安六邑大会的开始，又标志着阳明学登上徽州学术讲台的开始。实际上在邹守益来徽讲学之前，徽州已有许多学者接受了阳明学，如谢显、洪垣等人在六邑大会的前一年就参加了在江西贵溪龙虎山冲玄观举行的冲玄会。冲玄会是嘉靖年间阳明学大型系列讲会之一，王阳明大部分高足如邹守益、王畿、钱德洪、罗洪先、聂豹等都参与了该会，与会者百人。在同一年，谢显等还至吉安复古书院向邹守益求学："嘉靖己酉（1549），谢子显率其弟铉，偕江生山、韩生一之，不远千里，冒盛暑以入复古，切磋两月而未能别。"③ 可见，谢显、

---

① 同治《祁门县志》卷十八《学校志·书院》。
② 陈二典：《紫阳书院会讲序》，《紫阳书院志》卷十八《艺文》，清雍正三年刻本。
③ 邹守益：《东廊邹先生文集》卷八《寄题祁门全交馆》，《四库全书存目丛书》本。

洪垣等徽州著名学者对阳明学是非常推崇的，这才有了阳明众高足来徽州讲学之举。

邹守益首场讲学在东山书院，接着到齐云山、建初山房、岩镇、斗山书院等地讲学。邹守益在其《书祁门同志会约》中说："予游齐云以谒紫阳，诸友翕然咸集，而王子大中、方子汝修请予升东山讲座。"① 嘉靖《徽州府志》所载邹守益文亦曰：

> 婺源王生价、洪生奎、王生鸿宾、余生纯明趋学于复古，订齐云之游。予携王甥一峰、朱甥震及两儿美、善泛番湖，历东山书院，相与剖富贵利达之关。……既而邑之诸生以次集于齐云，复以次集于建初。让溪游司谏聚讲岩镇。觉山洪郡侯趋别斗山，持其邑之会约以相示，规过劝善，期以共明斯学。②

上述史料说明，洪垣、谢显等徽州著名学者，通过在复古书院求学的婺源籍学生王价、洪奎、王鸿宾等，邀请其师邹守益赴徽州讲学。可以推测，在此之前的冲玄会上，洪垣、谢显可能已向邹守益、王畿等王门高足表达过邀请其赴徽州讲学的意向。而这次邹守益徽州之行，不过是对徽州学者数年筹备的落实。

王畿（1498～1583），字汝中，别号龙溪，浙江山阴人。20岁时中举人，后受业于王阳明。嘉靖五年（1526）进士，与钱德洪皆不廷试而归。嘉靖十一年（1532）廷试，授南京职方主事。不久病归。又起原官，稍迁至武选郎中。后谢病归林下四十余年，在吴、楚、闽、越、江、浙皆有讲舍，潜心传播王学。所至之处，听者云集。

关于王畿赴徽州讲学一事，早在嘉靖二十七年（1548）宁国举办水西会时，就请王畿和钱德洪作为主讲。此后，王畿经常到水西讲学，有时即借道徽州。如他曾在嘉靖二十八年（1549）孟夏"发自钱塘，由齐云而历紫阳，以达于水西"③。经过齐云和紫阳时，极有可能会会学友，甚至于讲学。王畿在《福田山房序》中说：

---

① 《东廓邹先生文集》卷七《答问》，《四库全书存目丛书》本。
② 嘉靖《徽州府志》卷九《学校·紫阳书院》。
③ 王畿：《龙溪王先生全集》卷二《水西会约题词》，《四库全书存目丛书》本。

嘉靖丁巳春暮，予赴水西期会，新安歙县学谕徐子汝洽闻予至，遣友人程元道辈趋迎于水西，遂从旌德以入新安，馆于福田山房。至则觉山洪子偕六邑诸友颙颙然俟予旬日矣。①

可见，王畿在水西讲学期间，歙县学者专程赴水西将其迎至福田山房讲学。

王畿还在《建初山房会籍申约》中说：

新安旧有六邑同志之会，予与绪山钱子分年莅会以致返修之益。初会斗山，后因众不能容，改会于福田。今年秋仲予复赴会休邑，邵生汝任、吴生希中、刘生安甫辈驰报，让溪、觉山、周潭诸公举六邑之会，期以十月九日大会于休邑。予以趋归之急，不能久持。诸生因出建初山房会籍，祈予致一言，用助警策。予念甲子与诸君相会，七年于兹矣。②

王畿题写《建初山房会籍申约》是在"隆庆庚午秋九月"，即1570年。说明在此之前，王畿即与钱德洪"分年莅会"，而王畿"甲子与诸君相会，七年于兹矣"。

有关史料证明，王畿曾多次来徽州讲学，如1557年在歙县福田山房和婺源普济山房讲学，1564年、1570年和1571年在歙县建初山房讲学，1575年在歙县斗山书院讲学，等等。

王畿在徽州讲学，重点是传播王阳明的"致良知"思想，效果极佳。许多徽州学子就是听其讲学后才深信阳明学的："先生赴新安六邑之会。绩溪葛生文韶、张生懋、李生逢春追谒于斗山。叩首曰：'某等深信阳明夫子良知之学，誓同此心以此学为终始。惟先生独得晚年密传，窃愿有所请矣。'……固请问致知格物之旨。"③

这一时期，除王畿、邹守益外，钱德洪、耿定向、罗汝芳等阳明高足和后学，也纷纷前来徽州讲学，传播王学。

---

① 韩梦鹏：《新安理学先觉会言》卷一《福田山房序》，民国安徽通志馆传抄本。
② 韩梦鹏：《新安理学先觉会言》卷一《建初山房会籍申约》，民国安徽通志馆传抄本。
③ 《龙溪王先生全集》卷五《颖宾书院会纪》，《四库全书存目丛书》本。

三　徽州学者的讲会活动

从隆庆三年（1569）到万历十年（1582）这段时间里，高拱抑制讲学，张居正禁讲学、毁书院。直到16世纪80年代，讲会活动才有所恢复，徽州的讲会活动也随之恢复。在这一时期的徽州讲会活动中，主持人系徽州当地学者祝世禄、潘士藻和时任歙县县令彭好古。祝世禄创办了休宁的还古书院，潘士藻创办了白岳之会。

祝世禄，字延之，号无功，德兴人。万历十七年中进士，钱德洪、王畿讲学江右时，其即参加讲会。嘉靖四十一年（1562），耿定向督学南畿，祝世禄与管志道、潘士藻、焦竑、方学渐等人从学于其。祝世禄中进士后即知休宁县。在知县任上，祝世禄大力提倡讲学，创建了还古书院，此后还古书院成为六邑大会在休宁讲会的主要场所。万历二十五年（1597），还古书院首次承办六邑大会，由祝世禄主会。还古书院还承办过池、宁、徽、饶四府大会。

潘士藻，字去华，号雪松，婺源人，万历十一年（1583）进士，曾任监察御史，仕至尚宝司少卿。万历戊子（1588），他自京师回徽州，便投入讲会中去："万历戊子自京师抵家，秋会于休阳之山斗。闻彭令君理歙有民誉，则同天台先生之门者。明年会于祁。冬祝无功来令休阳，则予所共晨夕者。于是会当轮歙，彭令君主之。遂与无功登郡仙姑山所筑谈经处为会，七校之士诜诜然至。意气勃然，若有兴益信乎君子之德风也。予因商订会所于白岳之功德堂，且谋聚金买田为会费。是议也，彭君又实倡之。"[1] 可见，徽州讲学在歙县知县彭好古和潘士藻的倡议下，已经运行起来，而祝世禄知休宁县，更进一步推动了徽州讲会的发展。

万历十九年（1591），潘士藻出任南京刑部照磨，祝世禄也在万历二十六年（1598）至南京任职，但他们创建的讲会则一直延续了下去。如万历三十年（1602），周汝登讲学于婺源的霞源书院、歙县岩镇的南山道院；万历三十一年（1603）十月九日，焦竑讲学于还古书院举办的六邑大会，时"听讲几千人"[2]。

---

① 韩梦鹏：《新安理学先觉会言》卷一《书六邑白岳会籍》，民国安徽通志馆传抄本。
② 施璜：《还古书院志》卷十一《会纪》。

这一时期的徽州讲会活动，是以地方官祝世禄和彭好古以及当地学者潘士藻为主角，而不再向此前讲会那样由外来学者主持讲坛。当地学者主持讲坛，在讲会的主旨上也发生了一些变化，即由心学逐渐转向朱子学。徽州素有"程朱阙里"之称，尤其是朱熹，在徽州有相当大的影响力。讲学的地方化趋势，遂促使当地学者对本地先贤"新安朱子"及其学术思想进行重新评估并加以推崇，从而导致原来以阳明心学为宗旨的徽州讲会回归朱子学。如祝世禄在《书六邑白岳会籍》开首就说：

> 新都自子朱子兴理学，鸣者云集，称东南小邹鲁。五百年来，代不乏人。①

彭好古也说：

> 新安为紫阳托迹之所，自宋至今，道脉在人心，昭揭如中天。而一线真传缕缕如丝，几绝。而复续夫昭揭如中天者，所谓由也，而缕缕如丝则在知之者。由可使，知可使也？不佞谓讲则知，不讲则不知，讲故所以使哉。②

可见，祝世禄等虽是心学传人，但作为这个时期新安理学的代表人物，始终牢记"道以紫阳师"③，以至到汪应蛟、余懋衡主持徽州讲会时，讲会宗旨已完全转为朱子学。如余懋衡"为学推本紫阳，精研天人性命之故而以身验之"④；汪应蛟虽不满"当日诸儒各立门户"，"欲无所偏倚"，然"于王守仁所云'无善无恶心之体'一语论之尤详"⑤，与东林反"无善无恶"论之宗旨颇为相近。这种尊崇朱子的思想倾向，反映在徽州讲会中，表现为批评王学而复尊朱学，并由此实现了由王返朱。至此，心学逐渐销声匿迹，告别了徽州讲会的讲坛。

上述可见，心学在晚明徽州大有压倒朱学之势，成为这一时期徽州学术的主流。除了湛若水、王畿、邹守益外，钱德洪、耿定向、罗汝芳、周

① 韩梦鹏：《新安理学先觉会言》卷一《书六邑白岳会籍》，民国安徽通志馆传抄本。
② 韩梦鹏：《新安理学先觉会言》卷一《书六邑白岳会籍》，民国安徽通志馆传抄本。
③ 潘士藻：《闇然堂遗集》卷四《赠郡中同志》，明万历刻本。
④ 徐开任：《明名臣言行录》卷八十三"尚书余懋衡"条，北京图书馆出版社，2008。
⑤ 纪昀：《四库全书总目》卷九十六"汪子中诠"条，中华书局，1965。

汝登等阳明高足和后学亦纷纷来徽州讲学，传播王学。但心学并没有占领徽州，实为不结果实的花朵。其中的原因有这样两点：第一，受王学末流弊病的影响。晚明时期，王学末流游谈无根，近于狂禅，其弊病已暴露无遗，由此导致徽州讲会的变化，"即或者像周汝登那样受到讥讽和排斥；或者像祝世禄、潘士藻那样用折中朱王的姿态开展讲学活动；或者像余懋衡、汪应蛟那样，展开对王学的全面反击。而相比之下，无疑又以余、汪等朱学坚定分子的反击举措影响更大。这可谓新安之正统文化对王学之流行文化的反击阶段"①。第二，讲会者"揶揄晦庵"，导致"程朱阙里"的学者不快。心学学者赴徽州讲学，除了传播心学，还想通过"动拈本体，揶揄晦庵"②，以破来立，但都没有达到预期目的。这是因为徽州为"程朱阙里"，在徽州传播学术必须在尊重程朱，特别是尊重朱子思想的前提下进行，否则只能无功而返。即使是徽州当地的心学学者如潘士藻，在讲学时也常讲"道以紫阳师"③，足见徽州地区朱学传统之深厚。

---

① 钱明：《王学在新安地区的遭遇与挫折——以王守仁与汪循关系为例》，《黄山学院学报》2008 年第 4 期。
② 施璜：《环古书院志》卷十五《艺文二·环古书院会讲序》，道光二十三年刻本。
③ 潘士藻：《闯然堂遗集》卷四《赠郡中同志》，明万历刻本。

阳明学史料考论

近代东亚的阳明先生肖像

◎ 崔在穆*

摘要：在近代东亚，阳明先生肖像在一般群众特别是青少年中起了传播"实践精神"的媒介作用，肖像的选取各有其意义。也可以说，肖像为传播思想起了助推作用。本文首先考察王阳明生前至逝后出现的肖像，再通过崔南善的《少年》和东敬治的《阳明学》中的阳明先生肖像探讨其思想战略的近代意义。

关键词：近代东亚　阳明　肖像　思想　意义

序　言

在越来越受西方思想影响的近代东亚，王阳明（名守仁，1472 ~ 1528）思想重新被评价为不仅可以对抗西方思想，也可以衔接近代思想并改革当时社会风气的具有"近代"意义的传统东方思想。[①]

在明治维新时期的日本，起源于中国的王阳明思想被重新评价，并形成了一种与朱子学、古学一样的新领域——"阳明学"。与中国和日本相比，阳明学在韩国的发展虽然在时间上稍晚，但也渐渐发展成一门学科。在东亚内部，帝国主义扩张的同时，留学生及知识分子的互动交流，使近代知识的传播与交流越来越频繁。其中，"阳明先生肖像"作为近代精神的重要标志之一，起着一种传媒作用。即，它虽然从中国传入，但韩国和日本从另一个

---

* 崔在穆，韩国阳明学会会长，韩国岭南大学教授。

① 参见崔在穆《关于崔南善〈少年〉志的"新大韩少年"规划》，《日本文化研究》第 11 辑（东亚细亚日本学会，2006）；《崔南善　出现在〈少年〉志的阳明学及近代日本阳明学》，《日本语文学》第 32 辑（日本语文学会，2006）；《在郑寅普阳明学演论中的黄宗羲与明儒学案理解》，《从本民到民主——黄宗羲民本思想国际学术研讨会论文集》（浙江古籍出版社，2006）；《郑寅普〈阳明学演论〉的王龙溪之理解》，《阳明学》第 16 号（韩国阳明学会，2006）。

新角度来进行复制或再生产，将阳明先生肖像刊登在刊物或著作中。

以中国肖像画为代表的东方肖像画被称为传递精神的一种画法。它不单纯描绘人的外貌，关键在于表现其精神，这是一种创造。因此，肖像画是通过创造，使所画对象的精神深入人心，以提高人的思想觉悟的一种比较容易的途径。我们可以想象耶稣、孔子、毛泽东、退溪、金日成的肖像挂在大街上的情景。和这种情况一样，著作里若有一幅再现王阳明人格和思想的肖像，就说明编者有某种意图或传达一种信息。① 本人认为，在这里可以找到近代韩国和日本"近代思想"里隐藏着的另一种战略。目前，此类研究并不多，一般认为这是美术或艺术领域的研究，但它又的确属于思想史的范畴。

王阳明在生前及逝后有多种肖像，其中一部分流入韩国和日本，并被复制或摹仿。而一部分在中国已失传，只存在于日本，这也符合近代东亚的复杂情况。在当时以朱子学为主流的韩国，阳明学的发展受到诸多阻碍，因此基本不存在阳明先生肖像。《少年》终刊号刊登的《阳明先生肖像》可以说是唯一的一幅。作为特刊，此刊大幅刊登了谦谷朴殷植（1859～1925）的《王阳明先生实记》。而在日本，包括东敬治（号正堂，名敬治，1860～1935）主管之阳明学会发行的《阳明学》在内的多种刊物②和著作里，都有大量的阳明先生肖像。在这里只对影响朴殷植的《阳明学》进行探讨。③ 仅《阳明学》就刊载

---

① 比如，楠本正继的《宋明时代儒学思想之研究》（千叶广池学圆出版部，昭和60年）在所刊登的新建伯王文成公像（明代，黄节氏所藏）后做了如下解说："早在昭和4年秋至第二年春，作者停留在北京。此照片是朋友桥川时雄氏借黄节氏所藏的一捆书画里的一幅明代肖像画。谢廷桀的《王文成公全书》卷首中画像并不是在流传的唯一的一幅阳明肖像，但作者相信这幅是最好的一幅表现哲人面貌的画像。特别感谢两位的好意。"就像这样，选取肖像也存在一种观点，那么，《阳明学》第49号刊登的阳明先生肖像与日本陆军乃木希典将军有关，意味着什么？

② 主要有：①《阳明学》[吉本襄编，铁华书院刊，明治29年（1896）7月至明治33年（1900）5月]，②《王学杂志》[东敬治编，明善学舍刊，明治39年（1906）3月至明治41年（1908）11月]（继承吉本襄的阳明学运动，三年发行31期）③《阳明学》[东敬治编，阳明学会刊，明治41年（1908）11月至大正7年（1918）8月]（《阳明学》是《王学杂志》的续刊，即《王学杂志》改为《阳明学》，明善学舍改为阳明学会）④《阳明学》[石崎东国编，大阪阳明学会刊，大正6年（1917）1月至大正7年（1918）8月]⑤《阳明主义》[石崎东国等编，大阪阳明学会刊，大正8年（1919）1月]。

③ 朴殷植曾写两封信《给日本阳明学会主干》《再与日本哲学士阳明学会主干东敬治书》，其中后一封信的部分内容刊载于《阳明学》16号[明治43年（1910）2月1日]第36页的《文苑》一栏。它可能是朴殷植通过《阳明学》了解近代日本阳明学及当时在日本讨论的阳明学知识并进行交流的一种形式。

过多幅阳明先生肖像，而这些肖像在中国几乎失传。

总之，在近代东亚，阳明先生肖像在一般群众特别是青少年中起了传播"实践精神"的媒介作用，肖像的选取各有其意义。也可以说，肖像为传播思想起了助推作用。本文首先考察王阳明生前至逝后出现的肖像，再通过崔南善的《少年》和东敬治的《阳明学》中的阳明先生肖像探讨其思想战略的近代意义。

一　王阳明去世前后出现的肖像画

王阳明的肖像是在他生前或逝后出现并流传的，主要目的是为了纪念王阳明，弘扬他的品德和思想。在佛教里，佛分为代表其肉体的色身和代表真理的法身，佛像是用来代替其色身。在儒学里，以肖像代替其身体向人们传达其心意。

研究王阳明肖像的同时考察其铜像、石像可能更有意义。比如，王阳明降职赴任的贵州省修文县阳明洞"阳明园"内新立的王阳明像，以及贵州省贵阳市阳明祠、六广河边、余姚王阳明故居等地的多种多样的王阳明像，都是了解王阳明的重要资料。本文对此不做探讨。本文只是简略地说明目前笔者收集的王阳明肖像的出处及有关事项。每幅画像都表现出王阳明的人格与思想。这些肖像可作为后面将韩国、日本的肖像进行比较的一种标准。

①　②　③　④

⑤　⑥　⑦　⑧

⑨　⑩　⑪　⑫

⑬　⑭

对上面肖像附简单说明如下：

（1）王阳明晏服肖像（贵阳阳明祠）[①]。

（2）新建侯文成王公小像[②]。

（3）王阳明像（余姚市文物管委会，为纪念其封为新建伯）[③]。

（4）王文成公像（不明，与江西某地方立功有关之肖像）。

（5）王阳明像（中国历史博物馆藏）[④]。

（6）新建伯王文成公像［明代，黄节氏所藏，与（7）（12）相似］[⑤]。

（7）王阳明像（与王圻编《三才圆会》里的新建伯王文成公守仁像相似，面露病容）[⑥]。

（8）王阳明像（孙天人提供）[⑦]。

（9）王阳明先生朝服大像（光绪七年仲春月贵筑杜瑞微捐刊，贵阳阳明祠）[⑧]。

（10）先儒王子像[⑨]。

（11）新建伯王文成公守仁像（王圻编《三才圆会》）[⑩]。

（12）王氏三世祖土元公迁移余姚后至王阳明为止7代人物画[⑪]。

（13）新建伯[⑫]牌坊[⑬]。

[①] 贵阳市文物保护委员会、贵阳市文化局编《贵阳阳明祠阳明洞碑刻拓片集》，贵州人民出版社，2002，第56页。

[②] 山本正一：《王阳明》，中文馆书店，昭和18。

[③] 王守仁：《王阳明全集》（卷1），上海古籍出版社，1992。

[④] 计文渊编《王阳明法书集》，西泠印社，1996。

[⑤] 楠本正继：《宋明时代儒学思想之研究》，（千叶广池学圆出版部，昭和60）。楠本正继氏在该书前言里有如下评价："谢廷桀的《王文成公全书》卷首中画像并不是在流传的唯一的一幅阳明肖像，但作者相信这幅是最好的一幅表现哲人面貌的画像。"

[⑥] 间野潜龙：《朱子和王阳明——新儒学和大学的理念》，东京清水书院，昭和63。

[⑦] 张祥浩：《王守仁评传》，南京大学出版社，1996。

[⑧] 贵阳市文物保护委员会、贵阳市文化局编《贵阳阳明祠阳明洞碑刻拓片集》，贵州人民出版社，2002，第1页。

[⑨] （明）吕维编著《圣贤像赞》，孔子文化大全编辑部，1989。

[⑩] （明）王圻编著《三才圆会》，是部百科全书。

[⑪] 计文渊编《王阳明法书集》，西泠印社，1996。

[⑫] 正德十六年（1521）12月，王阳明被封为具有"新建土地之伯爵"意义的"新建伯"，后来余姚设立了"新建伯"牌坊。

[⑬] 计文渊编《王阳明法书集》，西泠印社，1996。

（14）王阳明的山水画（正德元年一月七日后的作品，故宫博物院藏)①。
以上肖像经常出现在中国、韩国、日本的近代及现代著作中。

二　韩国、日本的阳明先生肖像

1. 崔南善《少年》中的阳明先生肖像

从朝鲜时代到近代韩国，朱子学一直是主流，虽有杂志或报纸介绍了一些
王阳明思想，但其肖像并未流传。《少年》终刊号的"阳明先生肖像"可以说
是仅有的一幅，是在大幅介绍谦谷朴殷植（1859～1925）的《王阳明先生实
记》② 中刊登的。《少年》于1908年11月1日（第1年第1卷）创刊，因日本
帝国主义严格的检阅措施，1911年5月15日（第4年第2卷）停刊。从阳明
学角度来考察此特刊，可以说它把重点放在阳明学上，整刊基本上介绍阳明
学。首先，刊载了崔南善写的很长一篇前言《关于提倡王学》③，摘录如下。

> 现在我们一切之痛苦就掌握在我们少年之手中，省悟也好，施舍
> 也罢，闪光也好，抹黑也罢，都取决于我们之行为。（中略）打破他
> 人之物，勉强压制自己欲望之火者（＝斯文乱贼射毒箭者，斥邪植正
> 挂盾牌者）其意尽到，终不得不将自己之物而延命，故自己周围不存
> 在他人的身影。这些人首先咬住的是阳明先生和他的良知学。（中略）
> 故（某些人）连根拔掉提倡心即理与主张知即行的阳明学也是其中之
> 一，（中略）揭穿其谎言者是其复活之救世主，揭开其面沙者是其再
> 造之恩人。我们深信，王子之学是对其唯一的良斧好锯。（中略）少
> 年们，不要犹豫，与我们共同接受王学（阳明学）之洗礼。你已得病
> 为何不求良药，你已虚弱为何不用珍世之补药，你将远行，为何不备

---

① 因刘瑾被弹劾而上诉，正德元年（1506，阳明35岁）2月王阳明被捕，此山水画是1月7
　日阳明被捕之前画的。
② 崔在穆:《朴殷植的阳明学和近代日本阳明学的关系》，《日本文化研究》第13辑，东亚
　细亚日本学会，2005。
③ 高丽大学亚细亚问题研究所编《六堂崔南善全集》卷10（玄岩社，1974）（以下又收入
　《六堂全集》，第145～148页）。《少年》志有上下两卷影印本［崔南善，《少年》（上
　下），文阳社，1969］（以下《少年》页码与原页码相同），另有高丽大学亚细亚问题研
　究所编纂的《六堂崔南善全集》（玄岩社，1974）（以下《六堂全集》是按分类收入，
　2003年发行的影印本全集《六堂崔南善全集》1～14卷也按分类收入）。

坚硬的拐杖。还顾虑什么？大道是笔直的，还忌讳什么？混王的头颅
已挂在市上，无拦截之者。让社会栋梁之少年铭记此理，成为真正的
儒家（事业家、活动家）。只希望教会他们道义和策略，（中略）认为
王学就是途径，因此我们提倡王学，我们宣传王学。①

在这篇文章中，崔南善敦促人们重视知行合一的王学。朴殷植的《兴
韦庵书》认为王学是活学，王阳明是事业家，阳明学对振兴青年事业心有
贡献。② 因此，崔南善用"儒家"（表示事业家、活动家）一词也有类似
的意思。《关于提倡王学》一文以"阳明先生王守仁之像"，明治维新前后
致力于王学的著名人士（如佐久间象山、吉田松阴、西乡隆盛），朴殷植
的《王阳明先生实记序》，凡例，《王阳明先生实记》的顺序整理了资料，
即：以中国哲学思想家王阳明像为首，后面刊登继承其精神的日本三名志
士之像，最后才是《王阳明传记》。

附以上内容的四张复印件如下。

（1）　　　　　　　　　　（2）

（3）　　　　　　　　　　（4）

---

① 《六堂全集》卷10，第145~148页。
② "王学活学也，事业家也，学不明，则士气不活，青年之事业心，亦无由以振兴也。"
（《白岩朴殷植全集》第Ⅴ卷，第126页。）

（1）目录及会话"阳明先生王守仁之像"部分。

（2）"阳明先生王守仁之像"。

（3）朴殷植《王阳明先生实记》部分。

（4）明治维新前后致力于王学之士：佐久间象山、吉田松阴、西乡隆盛。

《少年》刊登的"阳明先生王守仁之像"与前面加以说明的《三才圆会》刊登的肖像很相似，也许是影印画，也许是临摹中国原画或《三才圆会》肖像的作品。不过不清楚该画像是由朴殷植提供的还是崔南善本人收集的，可以确认的只是此画的选取是由崔南善决定的。有趣的是，当时在日本流传很多带有武士风格的庄重的阳明肖像，而这幅更像韩国的儒学学者或元老学者，富有文人风采，不同于武士风格的其他阳明肖像。

2. 东敬治《阳明学》中的"阳明先生肖像"

近代东亚产生"阳明学"一词与日本明治、大正、昭和时期阳明学研究潮流有关。日本从明治时期开始使用"阳明学"一词，其后，日本、中国、韩国也广泛使用。① 从名称的变化来看，明治以前的江户时期（即中国明代末期至清代中期）曾将其称作"姚江学""良知学"②，幕末维新时期（即中国清代末期）则称作"王学"③，明治后期才称作"阳明学"④。因此，明治以后出版的有关王阳明、阳明学的著作及论文及《传习录》等翻译作品非常多，这也说明当时研究王阳明及阳明学是一个热门，也许还是日本知识分子的必修课程。

---

① 参见吉田公平《阳明学在日本》，东京淘河社，1999，第 5～24 页。下面有关日本阳明学内容也参考了此书。

② 比如明末清初黄宗羲《明儒学案》中的《姚江学案》，清朝中期彭定求的《姚江释毁录》和罗泽南的《姚江学辨》等。

③ 张武承：《王学质疑》，〔日〕丰田信贞：《王学辨集》，〔日〕野田冈齐：《王学论谈》，〔日〕吉田秋阳：《王学提纲》，〔日〕山口菅山：《王学驳议》，〔日〕东敬治编《王学杂志》等。

④ 日本有吉本襄编《阳明学》，东敬治编《阳明学》，石崎东国编《阳明》、《阳明主义》以及大阪阳明学会等阳明学会的建立，井上哲次郎的《日本阳明学派之哲学》，井上哲次郎、蟹江义丸编《日本伦理汇编》第一部分的"阳明学派"，三岛复的《王阳明的哲学》，高濑武次郎的《日本之阳明学》《阳明学阶梯》《王阳明详传》等。中国有梁启超的《阳明学》，钱穆的《阳明学要》。韩国有朴殷植的《阳明先生实记》，郑寅普的《阳明学演论》，李能和的《朝鲜儒界之阳明学派》等。

从明治至昭和，日本阳明学研究具有以下几个特点：一是深受时代影响的阳明学信徒们以启蒙、宣传为目的而进行的研究；二是因为大部分著作是信仰王阳明及阳明学并为其倾倒的信徒们倾力而出的大作，所以直到现在，很多书都仍有参考价值；三是大胆地与西欧及印度思想进行比较研究。明治、大正时期推进阳明学研究的动力，主要来自以阳明学为基本纲领的民间社团以及由它们发行的普及宣传阳明学的刊物。

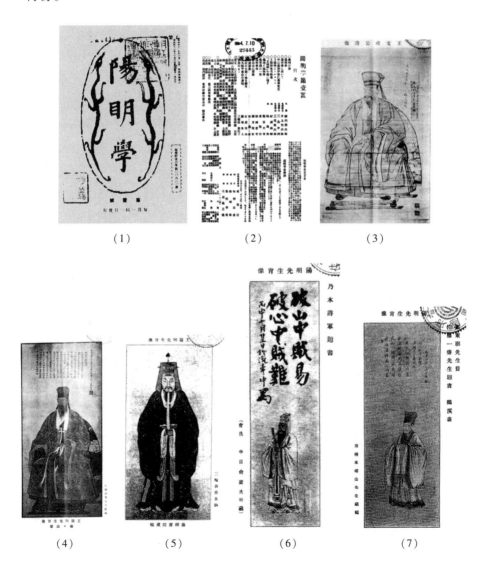

（1）　　　　　　　　（2）　　　　　　　　（3）

（4）　　　　　　（5）　　　　　　　（6）　　　　　　　　（7）

（8）

（9）

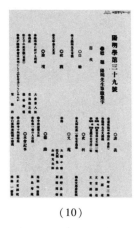
（10）

（11）

（12）

（13）

对上述肖像附简单说明如下：

（1）《阳明学》第 1 号［明治 41 年（1908）11 月 3 日］封面。

（2）《阳明学》第 1 号目录。

（3）王文成公遗像，见《阳明学》第 1 号［明治 41 年（1908）11 月 3
日］。椿恒吉摹仿三轮执斋所藏的明代曾鲸（波臣）之画①。

（4）阳明先生肖像［《阳明学》第 15 号（明治 43 年 1 月 1 日），大桥
讷庵所藏，椿椿山书写。天保 14 年阴历十一月三十日大桥周道邀请佐藤坦
（一斋）临摹清代彭定求颂词的《王文成公画像》］②。

（5）王阳明先生肖像［《阳明学》39 号（明治 45 年 1 月 1 日）三轮
执斋所赠，由纪念中江藤树的《藤树书院》所藏］。

（6）阳明先生肖像［《阳明学》第 49 号（大正 1 年 11 月 1 日），乃木
将军题词，阳明学会会员中目尚广氏所藏。题词是"破山中贼易，破山中
贼难"］③。

（7）阳明先生肖像［《阳明学》第 51 号（大正 2 年 1 月 1 日）。写有
"故楠本端山先生所藏，邹东廓先生赞，佐藤一斋先生题词，鹅溪画"］。

（8）在余姚的阳明先生亲笔题写"第一山"的石碑照片［《阳明学》
第 81 号（大正 4 年 7 月 1 日），高濑武次郎（石碑左侧之人）所藏］④ 此
照片与王阳明肖像并无直接关系，但却是与近代日本主要阳明学研究者之
一高濑武次郎有关联的重要资料⑤。

（9）阳明像（安冈正笃所藏，画家桥本关雪在余姚龙山观参观阳明像

---

① 东敬治说明了该肖像的复杂由来。简要地说：三轮执斋藏有明代普京（波臣）的画，宫
川侯手抚把它赠送给佐藤一齐，大桥讷翁得到此画后让椿山临摹（等于副本）。椿山因另
有想法，让自己儿子椿恒吉再临摹副本，就是此幅画。["右文成公肖像，先君子云，获
之路卿，其幅出于三轮执齐，传于佐藤一齐先生而大桥讷翁使椿山摹之，而此其副本，
然今既疑曰，纪正民写，而又曰，宫川侯手抚见赠，曰椿恒吉摹，其言既叠见错出，而
又皆与先君子所识不合，然其实恒吉作之。恒吉名彰，号华合，椿山长子，亦有画名而
早没云，先君子以之为椿山所作之副本者，盖误以恒吉为椿山，抑亦路卿当时告之先君
子亦漫信之耳，予以谓，宫川侯手抚云云，及纪正民等字，亦皆恒吉识之。（中略）总而
言之，最初曾波臣真迹原画，则三轮执齐所藏，而宫川侯手抚其圆以赠一齐先生，大
桥讷翁又就其一齐所藏，命椿山写之，椿山别有所见，一齐藏副别使其子恒吉摹之，即
此副是也。（后略）"]
② 据《阳明学》第 15 号刊载之肖像说明，肖像上部前面有《王文成公画像清彭定求颂》，
后面有《天保十四年仲冬晦为大桥周道属、江都佐藤坦书》。
③ 正德十三年（1518）正月，阳明 47 岁，他从江西与广东临界山区大帽出发征讨三利。此
话是当时写给原在湛甘泉门下读过书的弟子杨仕德（和弟弟杨仕鸣一起当弟子）、薛尚谦
的信（《阳明全书》卷 4《与杨仕德薛尚谦》）中内容。
④ 底部有《本会评议员高濑博士寄赠》，（左侧）蹲踞碑下者即高濑博士也。
⑤ 高濑武次郎及其对韩国近代阳明学的影响参考崔在穆《关于高濑武次郎的〈王阳明详
传〉》，《日本语文学》第 34 辑，日本语文学会，2006。

后，于大正9年夏天作此画并附题阳明诗《啾啾吟》)①。

（10）《阳明学》第39号目录。

（11）阳明先生笔迹集［《阳明学》39号（明治45年1月1日）封面］。

（12）王阳明像［冈田武彦氏藏，日本文化9年摹仿明代末期画家曾鲸（波臣）的原画，画家不明，原画有三轮氏藏字样，似三轮执斋]② 与《阳明学》无直接关系。

（13）王阳明像（似前九州大学教授故冈田武彦氏所藏，可推定为最近作品)③，与《阳明学》无直接关系。

综上可以看出，这些阳明先生肖像的基本特点是，基本上由继承了日本阳明学始祖中江藤树至熊泽藩山思想的主要阳明学者三轮执斋和佐藤一斋，以及与近代阳明学有关联的楠本端山，现代日本阳明学者安冈正笃、冈田武彦所收藏，为中国原画或赝品。贵重的王阳明肖像大部分流入日本的原因并不明，但通过阳明先生肖像可以看出，日本阳明学不仅是一种抽象的理论，而且通过表现王阳明心理的肖像的传播更趋完整。另外，中国的肖像大多是半身像，而日本以全身像为多。

在王阳明肖像上题词"破山中贼易，破心中贼难"的木乃将军是指将1904至1905的俄日战争引向胜利的乃木希典（1949～1912）。非常信任他的明治天皇去世后，出殡那天，乃木和夫人一起在家自杀。他是当时自杀的日军中的最高指挥官，后与东乡平八郎一起被神化为"海军的东乡、陆军的乃木"。和东乡一样，乃木也对阳明学有浓厚的兴趣，这与日本的武士道——军国主义不无关联。④ 近代日本的阳明学以日本近代帝国主义为背景，这一点也说明日本再生产并传播阳明先生肖像的意义和目的。

---

① 后被越后长冈的野本互尊翁所藏，重新赠送给安冈正笃。参见安冈正笃的《阳明学十讲》，东京二松学舍大学阳明学研究所，平成4年说明文。

② 〔日〕荒木见悟：《朱子·王阳明》，东京中央公论社，1974。

③ 题词下方有"丁卯之秋"，参见冈田武彦《王阳明大传》（一），东京明德出版社，2002，无特别说明。

④ 〔日〕小岛毅：《近代日本的阳明学》，东京讲谈社，2006。详细叙述了近代日本的"阳明学—武士道—国学"是如何与西欧学术相结合，以及在日本帝国主义掌握国民国家的权力方面所做出的贡献。

结束语——阳明先生肖像的近代思想战略

可以看出，阳明肖像及题词明显表达了一种信息：被评价为具有实践性、实际性、行动性的阳明学，是一个宣传近代思想的战略工具。阳明学具有近代思想的东方思想，它可以与近代西方思想相对抗。当然，不可否认的是，这一点同时也对帝国主义理论的形成起到了一定作用。

在近代东亚，特别是日本《阳明学》刊登的"阳明先生肖像"，曾起到过很重要的传播近代思想的媒介作用。那么，日本的近代思想与阳明学有何联系呢？荻生茂博氏说：近代阳明学的显著特点之一，就是不仅仅把王阳明当成是著作或讲坛里讲的学者，在政界他还被认为是伦理的实践者，人们从而重视反映其曲折的一生的传记。在日本近代，以"知行合一""事上磨炼"为中心的阳明哲学认识论体系被概括理解为实践第一。井上哲次郎在《日本阳明学派之哲学》（1900）一文中提出的"朱子重视学理，阳明崇尚实行"遂成为定论。继承井上的阳明学说的高濑武次郎著《王阳明详传》（1904）的理由是"王阳明传记具有鼓舞读者精神，特别是鼓舞青少年精神的力量"。这里应注意的是，重视王阳明传记的背景为当时西方流行伟人传，特别流行为近代国家建设做出贡献的"国民英雄"的传记。日本在幕末维新时期，已开始流传拿破仑、彼得大帝的诗歌，只是那是一种浪漫的憧憬；到明治中期，日本对世界政治形势情报方面有质的变化，日本在世界上的地位也开始上升，传记类书籍因不失连贯性的同时又有其特点而受到宠爱。尤其是传记类书籍的主要读者是青少年，从而使"青年/少年"一词在日本产生"国民国家"的明治20年代前期是具有重要意义的历史用词。德富苏峰写了《新日本之青年》（明治20年，当时德富25岁）一文后，便一跃成为当时的最高学者。在此论文中，他规定明治维新至自由民权运动期的一代为"天保老人"（旧世代），而他们自己的那一代则被称为"我们明治青年"（新世代），认为"旧日本几乎灭亡"，"明治青年的命运就是明治世界的命运"，并大力鼓吹青年应站在"知识世界第二次革命"之社会运动的前沿。"青年/少年"是他们所指望的新日本（国民国家）"国民"

325

的代名词，而读传记则成了培养他们的主要形式①。按照荻生茂博氏的理论，"阳明先生肖像"属于培养"新日本（国民国家）国民"的传记（伟人传）范畴，是启蒙青少年的一种工具。和中国、韩国的半身像不同，日本喜欢全身像的理由会不会隐藏着从全身角度能更加直观地理解王阳明思想的意图呢？

在近代，与朱子学或其他学说相比，我们无疑应从新的角度来研究阳明学中流传更广泛的阳明肖像。近代意义上的阳明学研究并不局限于单纯地读阳明著作，写一些论文或专著等来提高修养。不得不说，"阳明先生肖像"具有某种让青少年亲身感受阳明精神，并把他们引向具体行动和实践的奇特效果。仔细调查并比较当时韩国、日本的刊物及著作里的"阳明先生肖像"，可以从新的角度更加明确地看到这些国家的近代思想战略。

---

① 荻生茂博：《近代阳明学在日本的成立》，《季刊日本思想史》第 59 号，东京淘河社，2001，第 13 页。

王阳明居黔三年时间考

◎ 杨德俊*

摘　要：根据资料完全可以证实，王阳明是正德二年（1507）五月进入贵州，六月初到达龙场的，并非《年谱》记述的正德三年（1508）春才到龙场。王阳明于正德四年（1509）底离开龙场赴江西庐陵任知县，居黔的时间是正德二年、正德三年和正德四年。

关键词：王阳明　居黔　考证

在《王阳明先生传习录》中，有一段是萧惠好仙、释，阳明先生警之："吾亦自幼笃志二氏，自谓既有所得，谓儒者为不足学。其后居夷三载，见得圣人之学若是其简易广大，始自叹悔错用了三十年气力"；[①] 在答《黄以方问》中有"及在夷中三年，颇见得此意思乃知天下之物本无可格者"；[②] 在《与王嘉秀、萧惠好谈仙佛》中有"其后居夷三载，始见圣人端绪，悔错用功二十年"[③] 等语句，可见阳明多处谈到自己居黔的时间是三年。

按照《王阳明先生年谱》（以下简称《年谱》）记载，关于王阳明自京师（北京）被谪，至贵州龙场的叙述："武宗正德元年丙寅（1506），先生三十五岁，在京师。二月，上封事，下诏狱，谪龙场驿驿丞。""二年丁卯（1507），先生三十六岁，在越。夏，赴谪至钱塘（杭州）。""三年戊辰（1508），先生三十七岁，在贵阳。春，至龙场。"（见图1）如果说王

---

* 杨德俊，男，1954年2月生，贵州省修文县人。修文阳明文化研发中心常务副理事长，贵州大学中国文化书院兼职研究员，主要从事阳明文化、地域文化研究。

① 《王阳明全集》，上海古籍出版社，1992，第36页。
② 《王阳明全集》，第120页。
③ 《王阳明全集》，第1237页。

阳明是正德三年春至龙场，那么他离开龙场的时间是正德四年底，居黔时间不但没有三年，而且不足两年。是王阳明写错，还是《年谱》记错呢？笔者通过考证，认为《年谱》所载王阳明于正德三年春至龙场的时间是错的，赴谪时间和行程也有误。经查阅相关资料，考证如下。

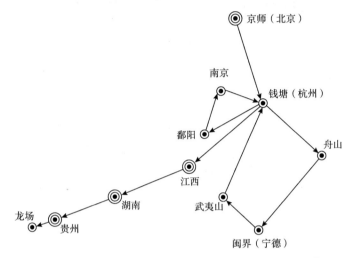

图1　王阳明赴谪路线示意（按《王阳明先生年谱》记载）

第一，正德元年的记述是不准确的。王阳明在《咎言》一文中有"正德丙寅冬十一月，守仁以罪下锦衣狱"。① 上封事、下诏狱并不是二月之事。笔者认为，岁时宫廷太监刘瑾并不是想置王阳明于死地，而是要狠狠地教训他一顿。因为王阳明的父亲王华时任礼部左侍郎（副长官，正三品），又是皇帝的老师，在朝还有友好同僚，刘瑾心存顾忌。王阳明在狱中一个月能写15首诗，说明伤势不很严重。他在狱中关押约一个月，十二月刘瑾就假传圣旨，将其贬为贵州龙场驿丞。春节过后，阳明便离开北京赴龙场。

第二，如果说王阳明是正德二年的夏天才从北京赴谪至钱塘的，那么刘瑾在正德元年十二月就下令贬他到贵州龙场，怕他逃走不去，还派人跟踪侦察，就不可能让王阳明在京待上几个月。又说阳明托言投江逃脱，后乘商船游舟山，偶遇飓风，被一日夜吹至福建界。屈指算来，这段路线沿

---

① 《王阳明全集》，第661页。

海岸线行驶，要从杭州经舟山、象山、台州、温州才能到福建界（福建和浙江交界处宁德），有近 1000 公里。当时木船行驶速度缓慢，至少要 10 天，一日夜绝不可能吹至福建界。在海上肯定会遇惊涛骇浪，虽然找不着丝毫记载，仅有在武夷山偶遇故僧，邀其进寺内，与之交谈，并有诗作记载。但不是经舟山、象山、台州、温州、福建界至武夷山的。然后王阳明走小道至武夷山，再返钱塘，又从钱塘经鄱阳往南京省父。十二月返钱塘，赴龙场。这里一是他不可能这样反复往返折腾行走，因这需要近三个月的时间；二是他根本未到南京看望父亲王华。因为王华迁任南京吏部尚书，而未到南京就职就被刘瑾勒令致仕。杨一清撰写的《海日先生墓志铭》记述："丁卯，迁南京吏部尚书，犹以旧故慰言，冀必往谢，公复不行。遂推寻礼部旧事与公本不相涉者，勒令致仕。"[1] 杨一清弘治十五年（1502）任都察院左副都御史，正德、嘉靖年间在朝为官，正德五年（1510）五月，杨一清和太监张永设计诛灭刘瑾，对王阳明贬谪龙场和王华迁任南京吏部尚书之事十分清楚，所记史实十分可信。另在陆深撰写的《海日先生行状》中有："丁卯，升南京吏部尚书。瑾犹以旧故，使人慰之曰：'不久将大召。'冀必往谢。先生又不行。瑾复大怒。然先生乃无可加之罪，遂推寻礼部时旧事与先生无干者，传旨令致仕。"[2] 陆深原为翰林院编修，正德三年（1508）被刘瑾改调为南京刑部主事，对王华迁任南京吏部尚书之事也非常清楚。根据以上两文所记，王华都没有到南京就任，何谈王阳明到南京省父之事？既然王阳明未到南京，行程就没有这 1500 多公里近两个月时间的耽误。

第三，如果说王阳明是正德三年（1508）春才到龙场的。从正德二年（1507）春节后开始，到正德三年春季这一年多时间，多时无行踪，又无在何处停留十天半月的记载，仅有王阳明在钱塘《赴谪次北新关喜见诸弟》、《忆别》、《别三子序》和《示徐曰仁应试》等诗文。《忆别》诗中有"忆别江干风雪阴，艰难岁月两侵寻"[3]句，说明在杭州时还是初春，天气很冷。在武夷山作《武夷次壁间韵》："归去高堂慰垂白，细探更拟在春分。"[4]

---

① 《王阳明全集》，第 1389 页。
② 《王阳明全集》，第 1396 页。
③ 《王阳明全集》，第 684 页。
④ 《王阳明全集》，第 684 页。

说明是在三月。其余大多数时间看不出王阳明在什么地方，找不出其行迹。

第四，根据黄绾撰《阳明先生行状》记载，这段行程是从北京至钱塘，再从钱塘潜入武夷山，由武夷山至广信，溯彭蠡，历沅、湘，至龙场。①无《年谱》中的从武夷返钱塘后，又从钱塘经鄱阳往南京省父，再返钱塘的记载。王世贞撰《新建伯文成王公守仁传》，也无到南京省父和返钱塘这一段。笔者认为黄绾的《阳明先生行状》可信度是很高的。因黄绾正德五年（1510）正月在京任后军都督府都事，十一月在北京大兴隆寺结识王阳明，与其订终生共学之盟，对阳明贬谪龙场的经历是最了解的。黄绾又是阳明的挚友，阳明逝世后，在其子王正亿危难的时刻，黄绾将女儿嫁给正亿，将幼小的正亿抚养长大，使其不致受人欺凌。嘉靖二十年（1541），黄绾以年老辞官归家，创办"石龙书院"，研究阳明学说。为捍卫"王学"，黄绾经常与人辩论。王阳明曾称赞黄绾说："吾党之良，莫有及者。"钱德洪是正德十六年（1521）才在余姚师从阳明的，对王阳明贬谪到龙场的这段经历并不清楚。阳明这段时间所作诗文多未注明年月，《年谱》又是阳明过世后的嘉靖二十六年（1547）才由钱德洪在"嘉义书院"完成自阳明出生到贬谪龙场这段历史的，是过了 40 年之事，钱德洪又未派人到龙场了解和搜集资料，40 年前之事，自己的经历都不可能记清楚，何况别人的事。因此，《年谱》中出现错误是完全可能的，但作为研究阳明文化者，要善于辨别，要加以考证。

根据以上资料和王阳明在《咎言》一文中所说的"正德丙寅冬十一月，守仁以罪下锦衣狱"可得出正德元年十二月刘瑾就假传圣旨，贬王阳明为龙场驿丞。正德二年春节后，王阳明便离开北京，赴谪钱塘，然后赴贵州龙场。笔者大致算一下，北京至杭州约 1400 公里，最慢速度每天走一个驿站 30 公里左右（事实上有时每天可走两个驿站约 60 公里），行程不到 50 天时间，最多 2 个月能到达杭州。这段时间刘瑾派人跟踪，王阳明不可能沿途停留。由此阳明于是年二月中旬即到杭州，停留几天会友，于三月初赴龙场。从杭州至龙场约 1900 公里，每天走一个驿站 30 公里左右（多数时间能行 60 公里），60 多天时间，也就是 2 个多月时间能到龙场，若途中停留，加上到武夷山约 1 个月，最多也是 3 个月时间能抵达龙场。

---

① 《王阳明全集》，第 1408 页。

也就是说王阳明于正德二年（1507）六月初到达龙场是完全有可能的。

在《王阳明全集》中，有的不是"赴谪诗"而放在"赴谪诗"里。如《卧病静慈写怀》和《移居胜果寺二首》，是正德十四年（1519）九月，王阳明把擒获的宁王朱宸濠交付给太监张永，在西湖净慈寺养病时所写。《卧病静慈写怀》中"把卷有时眠白石，解缨随意濯清漪"① 就可说明。《广信元夕蒋太守舟中夜话》是王阳明平定朱宸濠之乱后，于正德十五年（1920）春节在广信所写，而这几首诗都被放在"赴谪诗"里。有的诗文因未注明写作时间，编者又未细看原稿，排列或注有错。又如在《吊屈平赋》中，王阳明说："正德丙寅，某以罪谪贵阳，取道沅、湘。感屈原之事，为文而吊之。"② 编者标时间为"丙寅"。这是王阳明赴谪到湖南以后写的文章，至少是在"丁卯"后。如《瘗旅文》中说是"维正德四年秋月三日"③，正德四年是"己巳"，编者标时间为"戊辰"。还有多处说王阳明是"瑾诛，量移庐陵知县"。事实上刘瑾是正德五年（1510）五月被都御史杨一清和太监张永揭发17条大罪被抓的，当年八月被处以凌迟。王阳明是在1510年3月18日就到庐陵上任的，并不在刘瑾被诛后。这种错处较多，不一一列举。

但从王阳明写的"赴谪诗"中，可得到一些与其正德二年（1507）六月初到达龙场相吻合的信息。如在江西接近湖南写的《袁州府宜春台四绝》诗中，有"持修江藻拜祠前，正是春风欲暮天"。④ 在《宿萍乡武云观》诗中，有"晓行山径树高低，雨后春泥没马蹄。翠色绝云开远嶂，寒声隔竹隐晴溪"。⑤ 这些说明他赴谪到江西接近湖南时正是夏初时季。在湖南所写《陟湘于迈岳麓是尊仰止先哲因怀友生丽泽兴感伐木寄言二首》诗中，有："逾冈复陟巘，吊古还寻幽。""林间憩白石，好风亦时来。春阳熙百物，欣然得予怀。"⑥ "春阳熙百物"是说太阳使万物兴盛，说明这是夏季。吊古是王阳明在这里作《吊屈平赋》，这是端午前后之事。到罗旧驿时写的《罗旧驿》诗，有："布谷鸟啼村雨暗，刺桐花暝

---

① 《王阳明全集》，第683页。
② 《王阳明全集》，第659页。
③ 《王阳明全集》，第951页。
④ 《王阳明全集》，第687页。
⑤ 《王阳明全集》，第688页。
⑥ 《王阳明全集》，第689页。

石溪幽。"① 只有"芒种"前后才能听到布谷鸟的叫声，芒种是在农历五月初十前后。刺桐树在贵州、湖南叫刺楸树，喜强光照射，在农历四月中下旬开花，花期十余天。阳明洞就有几棵刺楸树，开花时节也是在四月底或五月初。"刺桐花暝"的"暝"字这里是花谢花落的意思，"布谷鸟啼"和"刺桐花暝"应是在同一时段，即农历五月上旬。在《沅水驿》诗中有"辰阳南望接沅州，碧树林中古驿楼"② 句，碧树为绿色茂盛的树木，说明这时是夏季。

王阳明在狱中一个月时就写有《狱中诗十四首》，赴谪贵州龙场驿途中一年多才作《赴谪诗五十五首》（其中有几首并不是赴谪途中所写），赴谪途中虽然艰苦，但比起在狱中要好得多，怎么会才写55首诗呢？说明途中时间短，行程比较急。刘瑾贬他到龙场是有到达时间的规定的，且途中又派人跟踪侦察，王阳明不可能在途中游山玩水，行走一年多。如果王阳明是正德二年六月初到达龙场的，在龙场的时间是三年，这可从王阳明写的《居夷诗》中考证。王阳明在龙场时作有《元夕二首》《元夕雪用苏韵二首》《元夕木阁山火》，其中《元夕二首》中有："去年今日卧燕台，铜鼓中宵隐地雷。"③ 说明第一个春节是在北京过的，第二个春节是在龙场过的。《元夕雪用苏韵二首》中有："久客渐怜衣有结，蛮居长叹食无盐。"④ 是说这个元夕龙场下大雪，他的生活艰苦，衣裳破了又补，饭菜无盐可食。《元夕木阁山火》是元夕过龙场木阁箐时写的，描写木阁箐野火烧山的景观。诗的内容完全符合龙场生活情景，足以证实王阳明在龙场时间是三年。如果按《年谱》记载王阳明是正德三年（1508）春至龙场，于正德四年底出发去庐陵上任，他只能在龙场过一个除夕，这与其在龙场写了几首"元夕诗"是不相符的。

王阳明居黔期间，写了《居夷诗》近140首，著有《五经臆说》46卷，撰写各类文章35篇。其住在玩易窝中不便，又搭草菴居住。迁到阳明洞居住一段时间后，又建龙岗书院的何陋轩、君子亭、宾阳堂，并在书院中给弟子讲课；还开荒种菜，浇园除草，采薪做饭。他多次到贵阳游览名

---

① 《王阳明全集》，第693页。
② 《王阳明全集》，第693页。
③ 《王阳明全集》，第705页。
④ 《王阳明全集》，第707页。

胜古迹，并在贵阳"文明书院"讲课近两个月，与当时在贵阳的一些官员交往。他还到蜈蚣坡埋葬客死道旁的三人，到黔西县的灵博山作《象祠记》，并到谷里驿和大方县的金鸡驿，还要处理龙场驿站的一些事务。仅一年多的时间做这么多的事，是不可能的。如果是三年，时间比较充裕，符合情理。所以王阳明于正德三年春至龙场，在时间上是不合实际的。

另在清代张大镛的《自怡悦斋书画录》卷四立轴类中，记有王阳明书法一幅："不藉东坡月满庭，雁来尝寄砚头青。自从惠我庄骚句，始见山中有客星。"注明是纸本，长六尺八寸五分，阔二尺四寸二分，字径五六寸大，落款为"正德二年立秋前二日，邸龙场署中，作句复都门友人，时有索字，因笔以应。余姚王守仁"（见图2）。《自怡悦斋书画录》题为昭文张大镛鹿樵著，甥何树校刊、景长华校录，男元禧、元龄校字。查汉典万年历，明武宗朱厚照正德二年为农历丁卯年（兔年），立秋是农历是六月二十日。按这幅书法的落款时间，王阳明正德二年立秋前六月初就已到达龙场。

张大镛为清代藏书家，今江苏常熟人，是乾隆五十九年（1794）举人，官内阁中书，升侍读，后至观察使。喜收藏，精鉴别。张家为藏书世家，祖父张仁美、父张敦培均有藏书之习。张大镛收录的王阳明这幅书法，又被收入《中国书画全书》第11册第474页，由上海书画出版社1997年4月出版，后又被收入浙江古籍出版社2010年12月出版的浙江文丛新编本《王阳明全集》第五册第1709页，题为《寄京友》。

以上资料完全可以证实，王阳明是正德二年五月进入贵州，六月初到达龙场的，并非《年谱》记述的正德三年春才到龙场。王阳明于正德四年底离开龙场赴江西庐陵任知县，居黔的时间是正德二年、正德三年和正德四年。王阳明说"在夷中三年""居夷三载"是正确无误的。

图2　王阳明书法资料记录

图书在版编目（CIP）数据

王学研究. 第 3 辑/赵平略，陆永胜主编. —北京:社会科学文献
出版社,2015.12
ISBN 978 - 7 - 5097 - 7980 - 4

Ⅰ.①王… Ⅱ.①赵… ②陆… Ⅲ.①王守仁（1472~1528）-
哲学思想-文集 Ⅳ.①B248.25-53

中国版本图书馆 CIP 数据核字（2015）第 203020 号

王学研究（第三辑）

主　　编／赵平略　陆永胜

出 版 人／谢寿光
项目统筹／宋月华　卫　羚
责任编辑／卫　羚　周志宽

出　　版／社会科学文献出版社·人文分社（010）59367215
　　　　　地址：北京市北三环中路甲 29 号院华龙大厦　邮编：100029
　　　　　网址：www.ssap.com.cn
发　　行／市场营销中心（010）59367081　59367090
　　　　　读者服务中心（010）59367028
印　　装／三河市尚艺印装有限公司

规　　格／开　本：787mm × 1092mm　1/16
　　　　　印　张：21.75　字　数：343 千字
版　　次／2015 年 12 月第 1 版　2015 年 12 月第 1 次印刷
书　　号／ISBN 978 - 7 - 5097 - 7980 - 4
定　　价／89.00 元